FINTECH
THEORY AND PRACTICE

金融科技
理论与实践

阮素梅　万光彩◎主编

李伟　李峰　公衍磊◎副主编

清华大学出版社
北京

图书在版编目 (CIP) 数据

金融科技理论与实践 / 阮素梅，万光彩主编 .

北京 : 清华大学出版社 , 2025. 3.

ISBN 978-7-302-68575-3

Ⅰ . F830

中国国家版本馆 CIP 数据核字第 2025Y20V82 号

责任编辑：吴　雷
封面设计：李召霞
版式设计：方加青
责任校对：王荣静
责任印制：刘　菲

出版发行：清华大学出版社
　　　　　网　　　址：https://www.tup.com.cn，https://www.wqxuetang.com
　　　　　地　　　址：北京清华大学学研大厦 A 座　　　　　邮　　编：100084
　　　　　社 总 机：010-83470000　　　　　　　　　　　邮　　购：010-62786544
　　　　　投稿与读者服务：010-62776969，c-service@tup.tsinghua.edu.cn
　　　　　质 量 反 馈：010-62772015，zhiliang@tup.tsinghua.edu.cn
　　　　　课 件 下 载：https://www.tup.com.cn，010-83470332
印 装 者：北京同文印刷有限责任公司
经　　销：全国新华书店
开　　本：185mm×260mm　　　　印　张：17　　　字　数：397 千字
版　　次：2025 年 4 月第 1 版　　印　次：2025 年 4 月第 1 次印刷
定　　价：59.00 元

产品编号：091132-01

前　言

　　在 21 世纪的金融领域，科技的浪潮汹涌澎湃，金融科技（FinTech）作为这股浪潮的先锋，正以前所未有的速度和规模重塑着金融服务的面貌。金融科技的起源可以追溯到 20 世纪 90 年代，随着互联网技术的兴起，金融服务开始向线上迁移，标志着金融科技 1.0 时代的开始。随后，随着移动技术、大数据、云计算等新兴技术的发展，金融科技进入了 2.0 时代，金融服务变得更加便捷、智能。如今，我们正处于金融科技 3.0 时代，一个以人工智能、区块链、物联网等技术为主导的全新阶段，金融科技正深入金融业务的核心，推动着金融行业的创新和变革。

　　本书旨在为读者提供一个全面、系统的金融科技知识结构，从金融科技的起源与演变，到在现代金融体系中的应用与影响，再到未来的发展趋势与挑战，试图使其认识到科技对金融发展的重要性与实践应用。全书共分为三篇、九章，涵盖了金融科技的基础理论和相关技术应用。

　　第一章金融科技概述，对金融科技的内涵及其在现代金融体系中的应用进行了简要系统的论述；

　　第二章金融科技技术基础，简介了 Python、云计算、大数据技术、人工智能技术、区块链技术的基础知识及其与金融的关系；

　　第三章～第七章技术应用与实践篇，分别论述了上述科技方法的技术原理、基础架构及其在金融领域中的实践应用；

　　第八章～第九章监管与展望篇，论述了金融科技的风险与监管方式，并对金融科技的未来趋势与挑战进行了展望。

　　学习方法上提倡理论与实践相结合：读者在学习金融科技理论知识的同时，应关注金融科技在现实世界中的应用案例，通过案例分析来加深对金融科技运作机制的理解；此外，鼓励读者主动探索金融科技的最新发展，培养创新思维和解决问题的能力。

　　金融科技是因地制宜发展新质生产力的关键要素，能够持续推动金融行业的发展创新。金融科技通过运用人工智能技术、大数据技术等技术手段能够提升金融服务效率、降低金融服务成本、扩大金融服务覆盖面以及改善金融服务体验，使得金融服务更加个性化、智能化，能够更好地满足客户的需求。随着 5G、量子计算等新技术的发展，金融科技将迎来更多的发展机遇。然而，金融科技的发展也伴随着风险和挑战，如数据安全、隐私保护、监管适应性等问题。

本书由阮素梅教授、万光彩教授任主编，李伟副教授、李峰副教授、公衍磊博士任副主编。阮素梅教授对全书的章节体系和撰写思路进行了统筹规划和细致安排，并指导和推进书稿的撰写；万光彩教授对全书知识点和知识图谱进行了统筹安排与系统梳理，并保障书稿的撰写质量。具体分工如下：第一章由阮素梅、李伟撰写；第二章由李峰、公衍磊、李伟撰写；第三章由李峰撰写；第四章由公衍磊撰写；第五章由李峰撰写；第六章由李伟、李峰、孙旭升撰写；第七章由公衍磊撰写；第八章由阮素梅、查海峰撰写；第九章由万光彩、查海峰撰写。

由于编者水平所限，书中难免存在不妥之处，恳请广大读者不吝批评指正。

阮素梅　万光彩

2024 年 10 月于安徽财经大学

目　录

第三部分　监管与展望篇

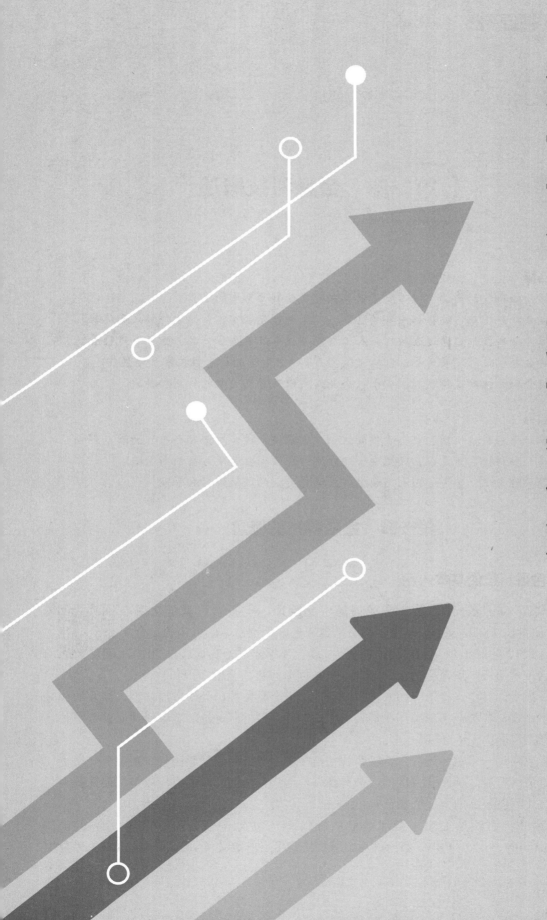

第一部分 理论基础篇

第一章　金融科技概述

学习目标

1. 理解金融科技的定义、核心要素及其在现代金融体系中的重要性。

2. 掌握金融科技与传统银行业务的区别，以及新型互联网银行的运作模式和优势。

3. 学习金融科技如何通过大数据、人工智能等技术改进金融产品、服务和风险管理。

4. 了解金融科技的发展历程，包括 1.0、2.0 和 3.0 时代的标志性技术和事件。

5. 分析金融科技对支持创新、中小微企业发展以及普惠金融的作用和挑战。

素养目标

1. 培养对金融科技伦理和社会责任的认识，理解技术进步对金融公平性的潜在影响。

2. 提高金融科技创新意识，鼓励在合规框架内探索金融解决方案的新思路。

3. 增强风险意识，学会如何利用金融科技进行有效的风险评估和管理。

第一节　金融科技的概念

一、金融科技的基本内涵

金融科技（FinTech）为英文合成词的中文翻译，字面意思就是金融（finance）加科技（technology）。该名词原指消费金融和贸易金融机构的后台程序技术，最初见于 20 世纪 90 年代，只是在最近几年才成为热词。自 2010 年以来，这一术语已扩展至金融领域的各种科技创新，包括金融知识和教育、零售银行、投资，甚至比特币等加密货币领域。由于金融科技仍处于发展初期，涉及的业务模式尚不稳定，各类业务形态存在不同程度的差异，各方所讨论的金融科技涵盖范围并不完全相同，目前尚无国际统一定义。

拓展阅读 1.1
蚂蚁金服

维基百科对这一术语的解释：金融科技是指一群企业运用科技手段使金融服务变得更有效率而形成的一种经济产业。这些金融科技公司通常在新创立时的目标就是想要瓦解眼前那些科技化程度不高的大型金融企业和体系。

在国际经济组织层面上，全球金融治理的牵头机构——金融稳定理事会（The Financial Stability Board，FSB）第一次对金融科技给出工作定义（working definition）："金融科技，是指技术带来的金融创新，它能创造新的业务模式、应用、流程或产品，从而对金融市场、金融机构或金融服务的提供方式造成重大影响。"而世界经济论坛（World Economic Forum，WEF）报告则把金融科技解释为新入行者："在本文档中，我们将金融科技定义为具有强大技术能力的中小型金融服务新进入者。这一定义不包括进入金融服务领域的大型技术公司（如苹果与 Apple Pay），或者现有的将重点放在技术上的金融机构。"国际货币基金组织（International Monetary Fund，IMF）和世界银行（World Bank，WB）对金融科技采用了一种较为宽泛的阐释："金融科技用于描述有可能促进金融服务提供方式转变并促进新商业模式、应用、程序和产品出现的技术进步。"国际证监会组织（International Organization of Securities Commissions，IOSCO）认为，金融科技是有潜力改变金融服务行业的各种创新商业模式和新兴技术。

在国家层面上，爱尔兰都柏林国家数字研究中心（National Centrer for Digital Research，NCDR）把金融科技定义为"金融服务创新"，同时认为这个名词也可以用于指称那些广泛应用科技的领域，如前端的消费产品、新进入者与现有参与者的竞争，甚至比特币这样的新生事物。美国国家经济委员会（National Economic Council，NEC）的定义为：金融科技是指不同种类的技术创新，这些技术创新影响各种各样的金融活动，包括支付、投资管理、资本筹集、存款和贷款、保险、监管合规以及金融服务领域里的其他活动。英国金融行为监管局（Financial Conduct Authority，FCA）指出，金融科技是创新公司利用新技术对现有金融服务公司进行去中介化。新加坡金融管理局（Monetary Authority of Singapore，MAS）指出，金融科技是通过使用科技设计新的金融服务和产品。2017 年 5 月，中国人民银行成立金融科技委员会，该委员会认为金融科技是技术驱动的金融创新。

在行业实践中，金融科技这一术语在不同应用场合具有不同的含义：有时是指对现代金融业务的数字化或电子化，如网上银行、手机银行等；有时是指可以应用于金融领域的各类新技术，如分布式账本、云计算、大数据等；有时是指希望涉足金融领域、与现有金融机构形成合作或竞争关系的科技企业或电信运营商；有时则指采用新技术进行业务创新的金融机构本身。例如，国际咨询机构麦肯锡把金融科技定义为推动新型科技公司，并使银行、证券和保险发生革命性变化的颠覆性技术。特许金融分析师协会（Chartered Financial Analyst Institute，CFAI）将金融科技定义为金融领域的新技术，主要是指区块链、智能投顾、移动支付与 P2P 贷款，包括"金融"与"科技"的多个方面。而第一财经研究院和埃森哲则把金融科技定义为一种金融新范式：金融科技是先进技术应用到金融体系的期限转换、信用转换、收益转换以及风险转换，延展、升级并创新了金融服务理念、思维、流程及业务，并逐步呈现要素整合功能的金融新范式。安永国际会计师事务所的定义是：把创新商业模型与新科技相结合，从而实现、增强并颠覆金融服务。京东金融提出的定位则是："金融科技是遵循金融本质，以数据为基础，以技术为手段，为金融行业服务，帮助金融行业提升效率、降低成本。"

综上所述，目前各界对金融科技尚未形成统一规范定义，不同主体出于不同立场和视角对金融科技有着不同的理解。概括起来，这些看法大体可分为三类：第一类观点认为金融科技就是金融，是新技术条件下金融的一种类型，这种观点以金融稳定理事会（FSB）

为代表，新加坡金融管理局（MAS）的看法也属于此类；第二类观点认为金融科技是一种新兴产业，包括但不限于金融服务业，例如，维基百科与国际证监会组织（IOSCO）的定义就既包含了商业模式也包含了技术因素；第三类观点认为金融科技就是指以新技术应用为核心的技术创新，这种观点的代表有美国金融科技监管框架等。

综合来看，尽管不同主体对金融科技定义的关注点与诉求不尽相同，定义的内涵与外延也不完全一致，但关于科技和创新的核心内涵却基本成为各方共识。因此，对金融科技的内涵可以做如下理解：金融科技，是以创新的方式实现金融的运作，以数据为基础，以技术为手段，核心在于通过各种前沿科技的应用，提升金融服务效率、降低交易成本、创新产品和服务形式，以及改善客户体验。随着理论和实践的进一步发展，相信金融科技的概念还将不断充实和完善。

二、金融科技的外延

在外延上，根据金融稳定理事会等国际经济组织的定义与金融科技行业实践上的丰富性，可以认为，金融科技既包括前端产业也包含后台技术，具体有以下三方面含义。①当金融科技是指前端产业时，其实质含义是指大数据、云计算、人工智能、区块链等新兴信息技术在金融活动中的应用。②当金融科技是指后台技术时，则是指大数据、人工智能等新兴信息技术本身，其实质含义是科技，是金融业务中所使用的新技术。③当金融科技是指技术带来的金融创新载体时，其一指的是金融科技企业，金融科技企业指本身不提供金融服务，却能为金融机构提供技术服务；其二指的是采用新技术进行金融业务创新的持牌金融机构；其三指的是金融科技企业与持牌金融机构的合作联盟，也包括发端于科技企业的利用科技力量进军传统金融市场的新入行竞争者。

三、金融科技与科技金融、互联网金融的联系与区别

为进一步阐明金融科技的概念，还有必要对金融科技与科技金融、互联网金融之间的异同进行辨析。

金融科技与科技金融是两个不同的概念，不能混淆。金融科技的含义较为宽泛，它既可以指金融，也可以指技术，还可以指从事金融科技活动的机构主体，具体含义需要根据语境判断。一般情况下，金融科技强调技术赋能金融。然而科技金融则是我国在国家政策和制度层面上的一个特定概念，指的是通过金融手段支持科技产业、科技企业和科技事业的发展，并由此衍生出科技保险、科技信贷、科技信托等具体政策性概念。例如，蚂蚁金服在2017年3月提出要做科技金融，而不是金融科技，这并非概念混淆，而是蚂蚁金服战略的转变，旨在专注于提供金融科技技术解决方案，回归技术本身。

金融科技与互联网金融既有联系又有区别。互联网金融侧重于利用互联网渠道进行金融业务，是金融渠道的创新，核心在于渠道拓宽，通过互联网技术为客户提供更便捷的服务。而金融科技的核心在于科技创新，强调新技术，例如大数据、人工智能、区块链等，对金融业务的改造、提升和赋能，最终实现金融服务效率的提升和服务模式的创新。虽然两者都是信息技术与金融服务的融合，但互联网金融更强调利用互联网渠道拓展金融服务；而金融科技则更强调技术驱动，利用新技术对金融服务进行根本性的变革与赋能。科

技在金融科技中扮演的角色不再仅仅是渠道拓宽工具，而是成为金融发展的核心驱动力。因此，不能将互联网金融等同于金融科技，也不能用互联网金融的讨论框架来取代对金融科技的探讨。

互联网金融可视为金融科技的早期业态。我国互联网金融的提法，由于把金融与技术相混淆，导致在实践中出现了为数不少的脱离和违背金融行业规则的所谓创新，甚至在监管和经营理念上也出现了偏差，出现了许多风险事件和群体性事件，增加了金融系统风险。随着近两年国内互联网金融专项整治的深入，粗放经营的互联网金融时代已经成为过去。互联网金融阶段的技术和资本沉淀促使新技术与金融深度结合，并对金融行业深度改造，目前正在朝着移动化、数字化和智能化的金融科技阶段发展。从未来发展看，国内的互联网金融概念将逐步为金融科技的概念所融合，最终与国际通行概念保持一致。

拓展阅读 1.2
招商银行的掌
上生活 App

第二节　金融科技的发展历程与现状

一、金融科技的 1.0 时代

1866 年世界第一条跨大西洋海底电缆的成功铺设，标志着金融全球化的开启。这条电缆实现了欧美主要市场之间的即时通信，将世界经济金融连接成一个整体。

第二次世界大战虽然阻碍了金融全球化的进程，但却促进了科技的快速发展，尤其是在通信加密和密码破译领域。例如，IBM（International Business Machines Corporation）将战争时期发展起来的破译代码技术应用于早期计算机。计算机技术的飞速发展，为后来人工智能的兴起奠定了技术基础。与此同时，金融创新也在不断涌现。20 世纪 50 年代，信用卡在美国出现；1966 年，万事达卡国际组织（Mastercard International）的前身成立，创建了新的信用卡体系；1964 年，美国施乐公司发明了更先进的通信工具——传真机。

二、金融科技的 2.0 时代

1967 年，英国巴克莱银行推出全球第一台 ATM（Automatic Teller Machine，自动取款机），标志着现代金融科技 2.0 时代的开启。同年，美国德州仪器公司生产的手持金融计算器也提高了金融行业的运作效率。

在支付领域，BACS（Banker's Automated Clearing Service，银行自动清算业务）、CHIPS（Clearing House Interbank Payment System，纽约清算所银行同业支付系统）和 SWIFT（Society for Worldwide Interbank Financial Telecommunications，环球银行金融电信协会）相继成立，为国际金融交易提供了清算保障。在证券交易领域，1971 年纳斯达克（National Association of Securities Dealers Automated Quotations）的成立实现了股票自动报价，降低了买卖价差，提高了场外市场流动性。

然而，支付和交易系统的自动化也带来了新的风险。1974 年，赫斯塔特银行因无法兑付美元清算指令而倒闭；1987 年的"黑色星期一"，道琼斯指数暴跌引发全球股市大幅下挫。这些风险事件促使各国监管机构加强合作，为监管科技的发展奠定了基础。

随着 20 世纪 90 年代互联网的兴起，1995 年美国富国银行率先通过万维网提供在线账户查询服务，标志着互联网在金融领域的应用正式开启，也为金融科技 3.0 时代的到来奠定了基础。

三、金融科技的 3.0 时代

此次金融科技的发展伴随着 2008 年的全球金融危机。传统金融界陷入僵局，金融科技却快速发展：金融危机的失业效应为金融科技提供了人才资源；金融机构试图通过科技手段提高盈利能力；公众对以银行为代表的传统金融机构的不信任也为金融科技公司提供了市场空间。

2008 年还见证了智能手机的革新。移动数据传输速度的加快，为金融科技 3.0 时代在移动终端领域的开拓提供了广阔的舞台。

在金融科技 3.0 时代，金融科技的科技感得到不断强化。金融科技产业在以人工智能、区块链、云计算和大数据为代表的技术核心的驱动下，涉足支付结算、财富管理、借贷融资、零售银行和保险等领域。"科技创新"正在代替"金融模式创新"。

拓展阅读 1.3
平安金融壹
账通

第三节 金融科技与传统金融的融合

一、金融体系中的共识机制

金融体系的共识机制是指金融领域中各参与方就金融活动及其规则达成的共同认可和理解。这种共识是金融体系有效运行的基础，它确保了各种金融活动能够顺利、高效地进行。金融领域存在多种典型的共识机制，具体如下。

（一）信用货币制度

信用货币是由国家法律规定的，强制流通的，不以任何贵金属为基础的独立发挥货币职能的货币。目前，世界各国发行的货币基本属于信用货币。信用货币是由银行提供的信用流通工具，其本身价值远远低于其货币价值。与代用货币不同，它与贵金属完全脱钩，不直接代表任何贵金属。20 世纪 30 年代，发生了世界性的经济危机，引起经济恐慌和金融混乱，迫使主要资本主义国家先后脱离金本位和银本位，国家所发行的纸币不能再兑换金属货币，因此，信用货币便应运而生。当今世界各国几乎都采用这一货币形态。

信用货币制度是以中央银行或国家指定机构发行的信用货币作为本位币的货币制度。流通中的信用货币主要由现金和银行存款构成，并通过金融机构的业务投入到流通中去，国家通过种种方式对信用货币进行管理调控。具体而言，信用货币制度主要具有五方面特点：①以中央银行发行的纸币为本位币，政府发行的铸币为辅币；②实行不可兑换制度，即本位币不与任何金属保持等值关系，纸币不能兑换金银，不兑现的银行券由国家法律规定强制流通，发行权集中于中央银行或发钞银行，成为无限法偿货币和最后支付手段；③实行自由本位制度，即纸币的发行可以自由变动，不受一国所拥有的黄金数量的限制；④银行券由银行通过信用渠道投入流通，存款货币通过银行转账结算；⑤实行管理纸币本位制度，即发行者为了稳定纸币对内对外的价值，要对纸币的发行与流通进行周密的计划和有效的管理。

（二）国际货币体系

国际货币体系是经典的金融共识机制。具体而言，国际货币体系就是各国政府为适应国际贸易与国际支付的需要，对货币在国际范围内发挥世界货币职能所确定的原则、采取的措施和建立的组织形式的总称。全球大多数国家都有自己的货币，各国内部的贸易活动统一以本国货币结算。为了保障国际贸易，世界经济的稳定、有序发展，使各国的资源得到有效的开发利用，各国在进行跨国贸易之前必须建立起有效的国际货币体系，对货币兑换、国际收支等一系列问题达成基本的共识。国际货币体系一般包含以下几方面的内容：①确定世界及各国货币的汇率制度；②确定有关国际货币金融事务的协调机制或建立有关协调和监督机构，包括对经常项目、资本金融项目管制与否的规定，国际结算原则的规定等；③确定资金融通机制；④确定主导货币或国际储备货币；⑤确定国际货币发行国的国际收支及履约机制。

国际货币体系在其发展过程中经历了三个重要的历史时期：第一个时期为1870—1914年的金本位时期，第二个时期为1945—1973年的布雷顿森林体系下的固定汇率时期，第三个时期是1976年牙买加协议以来的国际货币多元化和浮动汇率时期。

（三）市场机制

市场机制也是金融领域内基础性的共识机制。借助市场机制，各种金融交易活动得以高效开展，提高了社会的资源配置效率。具体而言，市场机制是指通过市场竞争配置资源的方式，即资源在市场上通过自由竞争与自由交换来实现配置的机制，也是价值规律的实现形式。市场机制有一般和特殊（具体）之分。一般市场机制是指在任何市场都存在并发生作用的市场机制，主要包括供求机制、价格机制、竞争机制和风险机制。具体市场机制是指各类市场上特定的并起独特作用的市场机制，主要包括金融市场上的利率机制、外汇市场上的汇率机制、劳动力市场上的工资机制等。

在市场经济环境中，市场机制发挥着基础性的资源配置功能。市场机制主要起到以下几个方面的作用。①传递信息，是指由于商品价值、供求的变化会引起商品价格的涨落，同时还为生产者和消费者提供了商品稀缺状况的信息。市场传递信息，就是市场发出价格信号。②促进利益竞争，这种刺激和激励不断提高市场参与者的自身素质和竞争能力，为经济发展提供源源不断的内在动力。③优化经济，是指市场机制能对经济结构（包括产业结构、产品结构、地区结构、企业组织结构、技术结构等）起到协调、平衡和优化的作用。④推动技术进步，市场经济条件下的竞争机制迫使经济人不断地、积极主动地在科技投入，研究开发及引进、吸收、消化先进的技术设备等方面努力进取，以便在竞争中以性能更好、质量更高、价格更廉、成本更低的商品扩大市场占有份额，获取更多的利润。⑤提高效率。从理论上讲，完全竞争的市场机制能够实现帕累托最优状态，即最优经济效率的状态。

（四）契约机制

契约是双方或多方当事人基于意思表示合致而达成的协议，是私法自治的重要体现。契约的成立包含要约和承诺两个基本要素。要约是指希望与对方达成协议的一方发出的，以获得对方承诺为目的的意思表示；承诺是指对要约的完全接受，其内容必须与要约完全一致，否则构成新的要约而非承诺。需要注意的是，要约邀请并非要约，而是一种意向表达，不具有法律约束力。

市场经济是典型的契约经济，其有效运行依赖于完善的契约制度。在社会主义市场经济体制下，契约机制发挥着至关重要的作用。社会主义市场经济本质上也是契约经济，其运行必须以契约为基础，即各种经济活动都应以契约形式规范和约束。这有助于经济活动遵循内在规律，实现健康发展。作为一种社会行为，信息服务也必然受到契约精神的影响。契约化的信息服务将经济和法律规则融入其中，使其能够在社会主义市场经济环境下更有效、更持续地发展。

二、共享金融

（一）共享经济的内涵与特征

1. 共享经济的内涵

共享经济是一种基于共享平台的新兴商业模式，是指机构或个人以获得一定的报酬为主要目的，通过一定的平台或市场，将拥有物的临时使用权暂时让渡的一种新的经济模式。共享经济这一概念较早被提出，直至近些年才广泛应用于商业环境中。现今，共享经济的概念在各个行业均有实践，典型的共享平台包括租赁平台 Airbnb，出行平台滴滴出行、Uber、哈啰单车，众筹资金平台 Prosper，以及跑腿服务平台 TaskRabbit 等。

2. 共享经济的特征

随着物质资源不断丰富，消费者环保意识不断升华，加之互联网等新兴技术的兴起和互动式平台的大量涌现，共享经济得到了发展和壮大。区别于传统的经济模式，共享经济具有三个关键特征。

（1）共享经济下的交易行为具有短暂性。共享经济下交易的内容是物品的临时使用权，而非传统交易中的永久所有权。当临时使用的时间结束后，物品的使用权就从买方手中回归到卖方手中。

（2）共享经济依赖于技术的支持。买卖双方的共享交易是基于完善的互联网共享平台完成的。为了确保交易的顺利进行，平台发挥着重要的中介角色，它利用信息技术和人工智能技术为交易双方进行匹配，以实现降低交易成本的目的。新兴技术是共享经济得以发展的必要基础。

（3）共享经济的发展依赖于社会信任机制。共享经济的交易活动大多是在陌生人之间进行的，支撑陌生人完成顺畅交易过程的是社会信任机制的建立和信用体制的完善。信用记录能够留存个人或机构的交易信息，在必要时进行追溯，以降低交易过程中的违约风险。

（二）共享金融的内涵

共享金融是共享经济的一种类型，是共享经济在金融领域的应用。共享金融是通过技术或制度创新，突破传统金融的时空限制，构建以资源、要素、功能、利益共享为特征的金融发展模式，实现金融资源更有效、公平的配置。现阶段，我国共享金融的表现形式主要包括众筹、P2P、补充货币以及联保。

受到共享经济发展的影响，金融服务的提供方式也产生了新的变化。在传统金融模式下，大企业已经得到很好的金融服务，但中小企业和个体经营者仍被排斥在正规金融融资渠道之外。在2015年夏季达沃斯论坛上，李克强总理提出"分享经济是拉动经济增长的新路子"的新观点，随后在2015年10月的十八届五中全会上，共享的发展理念被反复强调，共享金融也随之引起人们的高度关注。此后，党的十九大和二十大报告中继续强调了共享发展的重要性，提出要深化金融供给侧结构性改革，增强金融服务实体经济的能力，推动普惠金融和金融科技创新，进一步支持中小微企业和个体工商户的融资需求，促进共享金融的发展。

共享金融平台能够为中小企业提供小额贷款，大大缓解了中小企业融资难的问题，推动了中小企业的长远发展。共享金融平台发展的背后揭示了共享金融的优势。其优势包括以下三方面。

（1）共享金融平台能够有效降低融资成本。与共享经济平台特征相同，共享金融平台通过互联网技术，利用云技术和大数据等新兴技术手段收集、整理和分析借贷双方数据，在提高数据处理效率的同时也降低了借贷双方的交易成本，尤其降低了借方的融资成本。此外，共享金融平台能够依据数据对借贷双方进行有效匹配，越过中介公司，进一步降低融资成本。

（2）共享金融能够为企业的融资提供更多途径。企业尤其是中小企业在生产规模不断扩大的过程中时常面临资金短缺问题。正规融资渠道（如银行）更加偏向于将资金贷给大企业，由此将中小企业排斥在正规融资渠道之外。此外，由于审核时间过长，正规融资渠道极易产生资金发放拖延的问题，影响企业的正常运转。共享金融平台通过缩短审批周期、提供灵活贷款内容等方式补充正规融资渠道，为企业提供更多的资金借贷途径。

（3）共享金融能够通过"好金融"构建公平正义的"好社会"。共享金融能够助推实现普惠金融，缩小贫富差距，为服务实体经济提供助力。对个人而言，共享金融可以服务那些被传统金融排斥在外的低收入人群，使其能更方便、更快捷、更安全地享受到金融产品与服务。对企业而言，共享金融可克服中小微企业发展过程中"融资难、融资贵"的问题，撬动更多金融资源投入实体经济，唤醒金融服务于实体经济的使命，扮演"好金融"的角色。

（三）共享金融的主要表现形式

在经济形势、技术创新、政府鼓励等多重因素的推动下，共享金融发展迅速。共享金融包含网络借贷、互联网众筹、相互保险及供应链金融等，共享金融在有效支持共享经济发展的同时，促进了金融业创新可持续发展，实现了多方共赢。

（1）网络借贷。网络借贷（Peer-to-Peer Lending），简称 P2P 网贷，即点对点信贷。P2P 网贷是指通过商业公司搭建的第三方互联网平台进行资金借贷双方的匹配，是一种"个人对个人"的直接信贷模式。由具有资质的网站（第三方公司）作为中介平台，借款人在平台发放借款标，投资者进行竞标向借款人放贷。在借贷过程中，资料与资金、合同、手续等全部通过网络实现，它是随着互联网的发展和民间借贷的兴起而发展起来的一种新的金融模式。

在 P2P 网贷模式下，资金的供求双方直接实施交易，减少了金融中介的成本，体现了共享金融的理念，促进了实体经济的发展。网贷平台在中国总体分为四种平台模式，包括担保机构担保模式、大型金融集团推出的互联网服务平台、P2P 平台下债券合同转让模式以及借助电商交易参数，将线下电子商务机会与网络相结合的交易模式。

网络借贷的发展也存在一定的弊端，比如征信系统的不完善给互联网金融的信用风险控制带来困难；相关的法律规范、准入机制、监管机制不完善，造成监管风险；网络属于虚拟平台，网络黑客直接影响互联网金融正常运作。由于 P2P 网贷违规惩戒机制不完善、违约成本较低，造成很多蓄意骗贷情况。2019 年 9 月 2 日，互联网金融风险专项整治工作领导小组、网贷风险专项整治工作领导小组联合发布了《关于加强 P2P 网贷领域征信体系建设的通知》，支持在营 P2P 网贷机构接入征信系统。

（2）互联网众筹。众筹的兴起源于美国网站 Kickstarter，该网站通过搭建网络平台面向公众筹资，让有创造力的人能获得他们所需要的资金，以便使其梦想有可能实现。这种模式的兴起打破了传统的融资模式，每一位普通人都可以通过这种众筹模式获得从事某项创作或活动的资金，使得融资的来源者不再局限于风投等机构，而可以来源于大众。互联网众筹在欧美逐渐成熟并推广至亚洲、中南美洲、非洲等开发中地区。众筹平台起步较晚，发展有待完善。国内大多项目以营销为主，质量不高，阻碍了众筹的发展。

（3）互助保险。互助保险（Mutual Insurance）是指社会上有同一风险保障需求的个体联合起来利用相互合作方式办理保险，实行"共享收益，共担风险"。互助保险是一种较古老的模式，保险公司由保单所有人组成，公司盈利以减免保费、分红等方式发放给保单所有人。目前这种保险模式在发达国家地位很高，朝日、日本生命、明治安田等日本寿险行业的领军企业仍是相互保险机构。互助保险机构就相当于一个同质群体中的成员上交资金，第三方专业公司管理，成员之间相互分享收益、共担风险，财险和寿险都可以采用这种形式。在互联网发展迅速的今天，这一模式再次凸显优势。计算机算法和传统的保险精算结合起来，使风险定价更加准确，降低了保险费用，改变了传统保险业务强调经理人作用的模式。这一模式将在互联网模式下实现再发展。

（4）供应链金融。供应链金融（Supply Chain Finance），是商业银行信贷业务的一个专业领域，也是企业尤其是中小企业的一种融资渠道，是指银行向客户（核心企业）提供融资和其他结算、理财服务，同时向这些客户的供应商提供贷款及时收达的便利，或者向其分销商提供预付款代付及存货融资服务。简单地说，就是银行将核心企业和上下游企业联系在一起提供灵活运用的金融产品和服务的一种融资模式。区块链这一技术与模式的出现将供应链金融提升到了一个新的高度。区块链技术在供应链金融中的运用主要以许可链（私有链或联盟链）的形式，重点在于信息难篡改、一定程度的透明化，以及信用的可分割、易流转，但核心企业占据主导地位的现状不会改变。龙头企业、大平台以及掌握核心数据的物流公司、技术服务公司都很有动力构建自己的区块链供应链金融生态。

信用是金融的核心，多参与主体间信用的高效传递是供应链金融的关键要点。实体经济发展中所面临的中小企业融资难、融资贵的问题，其关键突破点在于打通信用流转，以更好地盘活资产。供应链金融围绕核心企业覆盖其上下游中小微企业，需要商业银行、保理公司等资金端的支持，以及物流、仓储等企业的参与，还需要企业信息技术服务、金融科技服务等。在多主体参与的环境中，协同合作的基础是信任与利益分配。区块链作为一种分布式账本，为各参与方提供了平等协作的平台，降低了机构间信用协作的风险和成本。链上信息可追踪但不可篡改，多个机构之间数据可实时同步，还可实时对账。

（四）共享金融的共识基础

共享金融之所以能够被广泛接受，源于其在克服信息不对称方面较传统金融有更多的优点。共享金融利用互联网这一便利的载体，利用互联网大数据、大数据分析方法以及区块链共识机制等实现了共识，使金融活动能以更低的交易成本运行。共享金融帮助金融活动参与者实现共识的过程，就是共享金融的共识基础。

1. 共识的内容

信用是金融活动的本质，对资金的临时性占用并到期还本付息是金融活动的基本内容。那么，开展金融活动势必要求投资者、金融中介与融资者之间就一些基本要素达成共识。这些要素应至少包括融资者资金运用的真实性和偿还能力等。

（1）资金运用的真实性。资金与一般商品不同，当使用权由一方转向另一方后，其所有权是很难保证的。因而，金融活动中首先要防范的是金融欺诈，即确认资金运用的真实性。融资者不按照约定的资金用途使用资金，反映了一种道德风险问题。在现实中，不乏一些骗贷的行为，这正是由于融资者在融资时报告了假的资金运用目的，且一开始就没有打算归还贷款。也有一些融资者在获得资金后，挪作他用，不按照预先约定的资金用途使用，而投资于更高风险的活动。这都将导致投资者遭受损失。共享金融利用大数据技术对以上问题进行了分析和监控。通过收集和分析融资者的大数据，帮助金融中介和投资者识别真实可信的融资者。通过对融资者的持续关注和分析，帮助监督融资者的事后行为。这使金融中介、投资者和融资者等参与主体能就融资者的资金运用真实性达成一致的共识，且使这一共识在金融活动运行过程中始终保持。

（2）偿还能力。偿还意愿和偿还能力是融资者能够还本付息的两个决定因素。在现实中，有时候，融资者虽然有偿还意愿，但并不一定具有偿还能力。如何帮助投资者和金融中介及时了解融资者的偿还能力，对于金融活动顺利运行并管理信用风险具有重要的意义。在供应链金融中，区块链共识机制可保证网络上各个客户能对账户和资金进行相互监督，使得传统金融监管难以覆盖的盲区受到公共金融规则的约束。在互联网上构造共享账户信息系统，可增加金融机构间、金融机构与客户账户间的信息链接，促进商品交易链和资金交易链的透明循环，实现"人人参与"的新模式。在企业生产、运输和销售的每个环节，信息都是相互验证的，投资者和金融中介能够对企业的信息进行全盘的掌握，从而能够对其偿还能力进行实时监控，这使投资者、金融中介和融资者能就偿还能力达成共识。

2. 共识的实现方式

从共识的实现方式看，在传统的金融活动中，共识依靠暴力、法律制裁和道德约束形成。例如，古代的高利贷依靠放贷者豢养的打手来保证借款者履行还款义务。在现代，一些违法的民间借贷活动也存在暴力催收的问题。暴力手段维持了融资者和投资者的共识。当今社会，法律和道德是主要的共识实现方式。当融资者违约时，投资者可以向法院提起诉讼。如果违约金额较小，则可以诉诸道德的审判。这些手段大多是事后的监管策略，是维持共识的方式，难以做到防患于未然。

互联网、大数据、区块链等信息技术为共享金融的共识基础提供了更加客观的实现方式。例如，大数据分析能帮助金融中介和投资者更好地捕捉和了解融资者的特征和过往经历，做到对其性格、行为、信用程度的精准判断，从而能在事前更好地识别融资者。区块链技术能将相关的生产经营活动在去中心化的账本上记录下来，利益相关者共同监督保证信息不可篡改，维持了信息的真实性。这些新兴的方式依靠技术手段，更加客观地帮助金融活动参与者达成共识，这就是共享金融相对于传统金融的优势。

第四节　国内外金融科技学术研究梳理

伴随着金融科技的迅速发展，与金融科技相关的学术研究在近十年来得到了国内外学者的广泛关注，并逐步成为热门研究领域。一方面，金融科技的发展目前已经渗透到了金融体系的所有环节，成为金融发展和经济增长的重要引擎，因此对金融科技进行全面深入的研究，对于提升金融科技服务、促进经济增长十分必要；另一方面，金融科技近年来在快速发展过程中也暴露出了一些风险，对于其未来的发展形成了挑战，因此，对金融科技的学术研究有利于系统性地理解金融科技的价值定位，提升我们认识金融科技场景具体风险的认知，为行业发展和监管政策提供参考价值。

一、金融科技研究领域分类

基于数据可获得性，在针对金融科技的学术研究中，直接研究传统金融转型与重塑、资管与借贷赋能的文章相对较少。目前的研究主要关注全新融资模式（如网络借贷、众筹等）、金融数据与信息服务（如另类数据、社交媒体等）及金融科技基础设施（如区块链技术等）。此外，人工智能与机器学习技术虽然不属于本书对金融科技的发展格局总结的单个模块，但是近年来关注人工智能发展、利用机器学习技术来研究金融问题的文献也越来越多，因此，我们也关注了这类文献。本书将金融科技的学术研究分为以下几个方面：网络借贷、众筹、另类数据、社交媒体、数字加密货币与区块链、人工智能与机器学习。

二、金融科技学术研究的特征

金融科技行业的发展为经济科学研究主要提供了三个方面的特征。

第一个特征是"新数据"。在以往的研究中，学者最常用的数据是传统的财务数据、政府或机构的抽样调查数据等。受益于互联网的发展，尤其是移动互联网的普及，金融科技行业在不断产生新数据。例如，另类数据具有体量大、流动速度大和种类繁多的特征。"新数据"可以为研究带来多个优势。首先，可以利用这些全量、实时的大数据来构建更为精准和高频的宏观指标，或者对宏观指标进行预测。例如，可以利用消费大数据构建消费者物价指数，利用招聘大数据预测就业率或失业率指标，利用投资者搜索数据构建投资者情绪指标等。基于大数据的指标具有更为高频、更为及时、颗粒度更细、延展性更宽及更具有前瞻性的特征。其次，"新数据"可以帮助学者探讨企业和市场内部的"黑箱"，即利用搜寻和收集信息、通信或交流信息、决策信息、微观交易信息等来进行统计学分析，发现企业和市场的内在逻辑。最后，"新数据"可以用于研究一些传统的经济学问题。例如，股票市场有效性问题、信息不对称问题、利用个体层面数据检验经济学基本假设、利用个体层面数据研究行为金融学问题等。

第二个特征是"新方法"。金融科技大数据的出现给传统的经济学实证研究方法带来了巨大挑战，体现在以下方面：非结构化，大量的"另类数据"具有非结构化特征，如社交网络数据、消费数据、物流数据、传感器数据等；维度高，个体层面数据具有多个维度，当数据量越大、数据来源越多时，个体层面数据的数据维度也会越多；文本数据，如社交媒体信息、商品评价信息、项目描述内容信息等。为了应对这些大数据带来的问题，一些金融科技研究中的"新方法"也不断发展成熟。机器学习算法在目前的研究中已经逐渐普遍，并衍生和优化出多种类型的算法，例如被应用于信贷评分领域的机器学习算法包括 BP 神经网络（Back Propagation Neural Network，BPNN）、K 均值聚类算法（K-Means Clustering）、支持向量机（Support Vector Machine，SVM）、随机森林（Random Forest）、LightGBM（Light Gradient Boosting Machine）等。针对文本数据，文本分析技术已经慢慢普及，结合文本分析和机器学习算法可以用于非结构化、大文本数据分析。机器学习算法可以将高维度数据进行有效降维，从而获得少数的关键指标，便于经济学分析。然而，机器学习算法的一个问题是难以进行因果推断。不过，利用金融科技技术和互联网的低成本优势，进行大范围的随机田野实验来研究经济学中的因果效应正在被积极运用，并将逐步完善和普及。

第三个特征是"新问题"。金融科技研究的"新问题"包括两类，分别是新兴行业中的研究问题和传统行业中因为金融科技迅速发展而催生出来的一些问题。在金融科技迅速发展的背景下，技术带动了金融服务创新并产生了新的商业模式、应用、流程和产品。例如，P2P 网络借贷和线上众筹就是金融科技的产物。这些金融科技创新会带来相关的问题，包括 P2P 网络借贷是否真的对借款人有益，数字加密货币在交易过程中有没有价格操纵现象，泰达币（USDT）是否合法，区块链技术如何应用到各个行业并控制风险等。而在传统行业中，金融科技的发展既可以提升其金融服务，也可能带来新的问题。例如，在信贷逾期的催收环节，智能催收降低了成本，但是这种催收方式是否提升了效率，传统商业银行在受到金融科技的冲击之后其业务有何变化，移动支付是否需要更强的监管，等等。

在金融科技的研究中，以上三个特征往往是同时存在的。例如，利用"新数据"来研究"新问题"，利用"新数据"和"新方法"研究传统金融学问题，以及同时利用"新数据"和"新方法"来研究"新问题"等。

金融科技目前已经覆盖到金融体系和经济活动中的各个方面，因此，金融科技研究既可以针对微观个体，也可以针对宏观经济。首先，金融科技研究可以关注个体层面的交易活动，包括网络借贷交易中的借款人和出借人行为、众筹活动中的筹款人和支持者行为、消费者的个体行为等；其次，金融科技研究可以针对企业层面进行分析，包括企业管理层决策、股票信息含量、产品定价、企业招聘、ICO融资等；最后，金融科技研究可以用于分析宏观经济趋势，例如，利用线上消费数据预测消费者价格指数、利用线上招聘数据预测就业率和失业率、利用另类数据预测贫穷问题等。

三、金融科技学术研究动态

为了对全球金融科技的发展和风险有系统性的认识，本书对金融科技六大模块的学术研究动态与前沿，包括网络借贷、众筹、另类数据、社交媒体、数字加密货币与区块链技术、机器学习与人工智能，进行了系统性的梳理与总结，突出了金融科技在经济发展中发挥的作用，并强调了金融科技行业发展过程中的风险和监管问题。

本书对国际和国内的经济、金融、会计、管理、自然科学，以及社会科学领域知名期刊的金融科技研究动态进行了统计与总结。国际期刊包括经济类：*American Economic Review*，*Econometrica*，*Journal of Political Economy*，*Quarterly Journal of Economics*，*Review of Economic Studies*，*Journal of Monetary Economics*；金融类：*Journal of Finance*，*Journal of Financial Economics*，*Review of Financial Studies*，*Journal of Financial and Quantitative Analysis*；会计类：*Journal of Accounting and Economics*，*The Accounting Review*，*Journal of Accounting Research*，*Review of Accounting Studies*，*Contemporary Accounting Research*；管理类：*Management Science*，*Academy of Management Review*，*Academy of Management Journal*，*Strategic Management Journal*，*Journal of Management*，*Organization Science*；自然科学类：*Science*；其他社会科学类：*Proceedings of the National Academy of Sciences of the United States of America*，*Journal of Marketing Research*，*Journal of Business Venturing*，*Management Information System Quarterly*，*Information Systems Research*，*Journal of Human Resources*。国内期刊包括《中国社会科学》《经济研究》《金融研究》《世界经济》《中国工业经济》《管理世界》《管理科学学报》《数量经济技术经济研究》《会计研究》《中国管理科学》《清华大学学报（自然科学版）》《清华大学学报（哲学社会科学版）》。

根据统计，2009—2021年在以上知名国际期刊中发表（含录用）的金融科技类研究总共有200余篇，在2015年之前的发表数量变化较小，而在2015年之后呈现出逐年上升的趋势，在2018—2021年上升趋势尤为明显。

拓展阅读1.4
大语言模型在金融领域的应用：进展、前景与挑战

第五节　金融科技生态体系

一、金融科技产业主体生态结构

我国金融科技产业生态体系主要由监管机构、金融机构、科技企业、行业协会和研究机构组成。其中，监管机构主要是依据国家相关政策法规，对提供金融科技服务的企业进行合规监管；金融机构主要是运用云计算、大数据、人工智能和区块链等先进技术，提供新金融服务；科技企业主要是为监管机构和金融机构在客服、风控、营销、投顾和征信等领域提供新技术服务；行业协会和研究机构主要是进行金融科技产业研究，推动行业交流和标准制定，促进金融科技应用成果的经验分享和互动交流。

（一）金融科技产业主体类型划分

根据我国金融科技产业主体的发展特点，从"新金融"和"新技术"两个不同角度，可将金融科技企业分为两大主要类型：科技金融类和金融科技类。

1. 科技金融企业

科技金融企业主要是利用互联网、云计算、大数据、人工智能和区块链等新兴技术，变革金融业务模式，提供创新型的金融服务。科技金融类企业可以从原生背景和业务领域两个方面，进行更进一步的深入划分。其中，原生背景是指企业最初的行业属性，业务领域是指企业主要提供的业务类型。

（1）科技金融企业——按原生背景划分。

根据科技金融企业的原生背景，可主要分为五大类：互联网背景、金融IT背景、传统金融背景、其他传统行业背景和初创背景。互联网背景的科技金融企业具有技术、数据、平台和人才优势，正在迅速成长为国内金融科技的核心力量，例如蚂蚁金服、京东金融等均是典型代表。金融IT背景的科技金融企业拥有深厚的金融行业科技服务经验，正在积极进行战略转型，开展金融科技服务，典型企业包括金蝶、用友等。传统金融背景的科技金融企业主要是利用新兴科技革新金融服务模式，提供新金融服务，推动自身发展转型，比较典型的包括民生银行、招商银行等。其他传统行业背景的科技金融企业，则是利用自有渠道和用户规模优势，提供跨界金融科技服务，代表性的企业如万达。初创背景的科技金融企业是指以金融科技为核心业务的初创型企业，企业在创立初期就以金融科技领域的技术和商业模式创新为核心竞争力，代表性企业如陆金所、51信用卡等。

（2）科技金融企业——按业务类型划分。

对于科技金融企业，按其主要提供的业务类型可分为两类。一是提供传统金融业务类，包括银行、保险、证券和基金等。开展传统金融业务的企业，转型需求相对迫切，需要利用科技手段提升业务发展能力，发现新需求、降低成本、优化流程，完成转型升级。二是提供互联网金融业务类，包括消费金融、小额信贷、征信、第三方支付等。这类科技金融企业利用新兴技术，大力发展创新型金融服务，在促进普惠金融、小微金融和智能金融方面具有重要作用。

2. 金融科技企业

金融科技企业主要是为金融机构在客服、风控、营销、投顾和征信等服务领域，提供云计算、大数据、人工智能和区块链等新兴技术支撑服务。金融科技类企业可以从技术领域和服务领域两个方面，进行更进一步的深入划分。其中，技术领域是指支撑服务能力聚焦在云计算、大数据等不同技术领域，服务领域是指支撑服务领域分布在客服、风控等不同服务环节。

（1）金融科技企业——按技术领域划分。

对于金融科技企业，按照其为金融行业提供支撑服务的技术领域可分为四大类：云计算、大数据、人工智能和区块链。其中，云计算已经成为金融 IT 架构转型的主流方向，金融云部署较快，企业发展较为成熟。大数据是金融业创新发展的基础资源，提供金融大数据服务的企业数量众多，互联网巨头优势明显。人工智能是金融服务迈向智能化的关键，人工智能应用发展迅速，正在成为金融科技应用的热点方向。区块链是实现金融价值传递的重要支撑技术，金融区块链应用仍处于起步阶段，企业数量相对较少，但发展迅速。

（2）金融科技企业——按服务领域划分。

金融科技企业按照为金融行业提供支撑服务的具体领域可分为五大类：客服、风控、营销、投顾和支付。客服领域企业主要是利用大数据和人工智能技术，通过自动化和智能化客服，实现客服效率和质量的双提升，并实现与精准营销的有机结合，助力客服从成本中心向营销中心转变。风控领域企业主要是运用大数据、机器学习和人工智能等技术，实现智能风控，降低业务坏账率，提高放贷效率。营销领域企业主要是利用大数据和人工智能进行智能营销，建立个性化的顾客沟通服务体系，实现精准营销。投顾领域企业主要是基于算法和模型，实现智能投顾，规避市场风险，获得最大化收益。支付领域企业主要是基于大数据和人工智能技术，将人脸识别、指纹识别等智能识别技术应用于支付领域，实现支付技术的创新发展。

（二）金融科技产业生态体系的关键驱动因素

1. 政策支持与监管创新

政府的政策支持和监管创新是金融科技产业发展的重要推动力。通过制定相关政策法规，政府为金融科技企业提供了一个相对稳定和可预期的发展环境。这种政策支持不仅体现在对金融科技企业的鼓励和扶持上，还包括对金融科技创新的引导和规范上。首先，政府通过出台一系列政策文件，明确金融科技发展的方向和重点领域。这些政策文件通常涉及金融科技的技术创新、市场准入、风险管理和消费者保护等方面，为企业提供了清晰的发展指引。其次，监管机构在金融科技领域不断探索创新的监管方式，以适应金融科技的快速发展。传统的金融监管模式往往难以应对金融科技带来的新挑战，因此，监管机构开始采用"监管沙盒"等创新监管工具。这些工具允许金融科技企业在一个受控的环境中测试其创新产品和服务，从而在不影响金融稳定和消费者权益的前提下，促进金融科技的创新发展。此外，政府还通过设立专项基金、提供税收优惠和推动产学研合作等方式，支持金融科技企业的技术研发和市场拓展。这些措施不仅有助于降低企业的创新成本，还能加速金融科技成果的转化和应用。最后,国际合作也是政策支持与监管创新的重要方面。随着金融科技的全球化发展,各国监管机构之间的合作与交流日益频繁。通过参与国际组织、签署双边或多边合作协议,政府和监管机构能够分享经验、协调政策,从而共同应对金融科技带来的跨境监管挑战。

2. 技术进步与应用创新

技术进步是金融科技产业发展的核心驱动力。云计算、大数据、人工智能和区块链等新兴技术的快速发展,为金融科技企业提供了强大的技术支撑。这些技术的应用创新,不仅推动了金融服务模式的变革和效率的提升,还在多个层面上重新定义了金融行业的运作方式。首先,云计算技术的普及使得金融机构能够更加灵活和高效地管理其 IT 基础设施。通过云计算,金融机构可以实现资源的按需分配,降低 IT 成本,提高系统的可扩展性和可靠性。这种技术的应用使得金融服务能够更快速地响应市场变化和客户需求。其次,大数据技术的应用使得金融机构能够更深入地挖掘和分析客户数据,从而实现精准营销和个性化服务。通过大数据分析,金融机构可以更好地理解客户行为和偏好,提供定制化的金融产品和服务,提高客户满意度和忠诚度。再次,人工智能技术在金融科技中的应用也日益广泛。智能客服、智能投顾和智能风控等应用场景正在逐步成熟。人工智能技术不仅提高了金融服务的自动化程度,还通过机器学习和深度学习算法,帮助金融机构更准确地进行风险评估和决策支持。最后,区块链技术则为金融行业带来了透明性和安全性的提升。通过区块链技术,金融交易可以实现去中心化和不可篡改,增强了交易的安全性和可信度。这一技术在跨境支付、供应链金融和数字资产管理等领域展现出了巨大的潜力。此外,技术进步还催生了新的金融服务模式,如移动支付、互联网金融和数字银行等。这些创新服务模式不仅提高了金融服务的便捷性和可及性,还推动了普惠金融的发展,使更多的人群能够享受到金融服务的便利。

3. 市场需求与用户体验

随着消费者对便捷、高效和个性化金融服务需求的不断增长,金融科技企业通过创新服务模式和提升用户体验,满足市场需求,推动产业发展。用户体验的提升成为金融科技企业竞争的关键因素之一。首先,便捷性是用户体验提升的核心要素之一。金融科技企业通过移动应用、在线平台和自助服务终端等多种渠道,为用户提供随时随地的金融服务。这种便捷性不仅体现在服务的可及性上,还包括简化的操作流程和快速的响应时间,使用户能够在最短的时间内完成所需的金融交易。其次,高效性是金融科技服务的另一大特点。通过自动化流程和智能化技术,金融科技企业能够显著提高服务效率。例如,利用人工智能和大数据分析技术,金融机构可以实现快速的信用评估和风险控制,从而加快贷款审批和资金发放的速度。这种高效性不仅提升了用户的满意度,也增强了企业的市场竞争力。最后,个性化服务是满足用户多样化需求的重要手段。金融科技企业通过对用户数据的深入分析,能够为用户提供量身定制的金融产品和服务。这种个性化服务不仅体现在产品设计上,还包括个性化的客户沟通和营销策略,使用户感受到更贴心和专业的服务。此外,用户体验的提升还依赖于对用户反馈的重视和快速响应。金融科技企业通过建立完善的用户反馈机制,及时了解用户的需求和意见,并迅速进行产品和服务的改进。这种以用户为中心的服务理念,帮助企业在激烈的市场竞争中赢得用户的信任和忠诚。

4. 资本投入与产业合作

金融科技产业的发展离不开资本的支持。大量资本的投入促进了金融科技企业的快速成长，为企业的技术研发、市场拓展和业务创新提供了充足的资金保障。资本的注入不仅帮助初创企业加速成长，也推动了成熟企业的进一步扩张和技术升级。首先，风险投资和私募股权基金在金融科技领域的活跃表现，为众多初创企业提供了重要的资金来源。这些投资机构通过注入资本，帮助企业在早期阶段克服资金短缺的挑战，并支持其在技术开发和市场推广方面的努力。资本的支持使得金融科技企业能够快速迭代产品和服务，抢占市场先机。其次，产业间的合作与融合也在不断加深。金融机构、科技公司和其他行业企业通过战略合作、合资企业和技术联盟等多种形式，共同推动金融科技的创新与应用。例如，传统金融机构与科技公司合作，利用后者的技术优势提升自身的数字化能力，同时为科技公司提供金融行业的专业知识和市场渠道。这种合作模式不仅实现了资源的有效整合，还促进了双方的共同发展。此外，跨行业的合作也在金融科技领域展现出巨大的潜力。零售企业、通信公司和互联网平台等非金融行业的企业，纷纷通过与金融科技企业的合作，进入金融服务市场。这些企业利用自身的用户基础和数据资源，与金融科技企业共同开发创新的金融产品和服务，满足消费者日益多样化的需求。最后，国际资本的参与也为金融科技产业的发展注入了新的活力。全球投资者对中国金融科技市场的兴趣日益浓厚，通过跨境投资和合作，推动了技术和经验的国际交流。这种国际化的资本流动不仅促进了国内金融科技企业的成长，还推动了全球金融科技生态的建设。

二、金融科技产业生态体系发展特点

我国金融科技产业生态体系的发展呈现以下显著特点。

1. 互联网企业成为金融科技领域的支柱力量

互联网企业凭借其数据和技术上的双重优势，快速成长为金融科技领域的重要主体。它们不仅自身发展迅速，还将其验证过的技术提供给其他金融机构，推动整个金融科技行业的发展。

2. 传统金融机构成立科技子公司提供对外技术服务

传统金融机构为了应对金融科技的挑战和机遇，纷纷成立独立化运营的科技公司。这些科技子公司拥有新技术平台搭建能力和行业应用服务能力，较易获得传统金融机构的信任，并为其提供高效的科技服务。

3. 传统金融 IT 企业积极谋取金融牌照

传统金融 IT 企业基于长期的金融 IT 服务实践，拥有先天性的金融科技应用优势。它们通过收购、参股、申请成立子公司和引入投资的方式获得金融牌照，向金融领域跨界转型，以实现科技与金融的深度融合。

4. 零售企业率先转型进入金融科技市场

在传统行业中，零售企业凭借其面向个人用户的服务经验和丰富的用户数据，率先转型进入金融科技市场。它们通过捆绑式服务，大力发展基于原有服务的金融服务，以消费金融、智能风控、智能营销等应用场景为突破口，实现自身的转型升级。

• 思考题 •

　　1. 描述金融科技如何利用大数据和机器学习技术改善对小微企业的信贷服务。

　　2. 比较传统银行业务与新型互联网银行在服务模式和客户覆盖上的主要差异。

　　3. 解释金融科技 1.0、2.0 和 3.0 时代各自的特点，并给出每个时代的关键技术或事件。

　　4. 讨论金融科技在推动普惠金融发展中的作用，并提出可能面临的挑战。

　　5. 基于本章内容，分析共享金融如何通过技术手段降低融资成本并提高金融服务的可达性。

【即测即练题】

自测自练

扫描此码

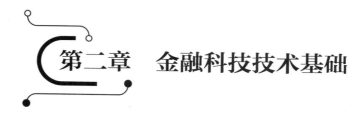

第二章　金融科技技术基础

学习目标

1. 掌握 Python 的安装及在金融数据分析中的常用库和框架。

2. 理解云计算的基本概念、特点和技术，以及金融云的应用。

3. 了解大数据技术的关键组成部分及其在金融分析中的应用。

4. 了解人工智能在银行、证券、保险业，以及普惠金融领域的应用。

5. 掌握区块链的基本概念、核心技术及其在金融领域的应用前景与优势。

素养目标

1. 通过学习 Python 基础知识和实践应用，提高编程能力和解决金融问题的能力。

2. 掌握云计算基础知识，培养资源节约与环保意识，关注普惠金融，提高社会责任感。

3. 引导学生探索大数据技术以及人工智能在金融领域的新应用，培养创新思维、数据保护意识和信息伦理观念。

4. 培养学生理解区块链核心技术及其在金融领域应用的潜力，激发对金融科技的兴趣和探索精神。

第一节　Python 基础知识与金融实践

一、Python 基础知识

Python 是一种易于学习且功能强大的编程语言，广泛应用于数据分析、机器学习、Web 开发、自动化脚本编写等领域。Python 的最初版本是由吉多·范罗苏姆（Guido van Rossum）于 1991 年发布的。从 Python 0.9.0 到如今的 Python 3.x 系列，Python 经历了多次重大的更新和变革。

（一）Python 版本

1. 早期版本：Python 0.9.0 至 Python 2.0

Python 的最初版本是 0.9.0，随后迅速发展到 1.0。在早期阶段，Python 主要作为一个简单的脚本语言，用于自动化一些简单的任务。随着版本的更新，Python 逐渐增加了更多的功能，如类、异常处理等。Python 2.0 是一个重要的里程碑，它引入了列表推导式和垃圾回收机制，使得 Python 更加高效和强大。

2. Python 2.x 系列：稳定与广泛采用

Python 2.x 系列版本在发布后迅速获得了广泛的采用。Python 2.2 版本加入了迭代器和生成器，进一步丰富了 Python 的编程范式；Python 2.4 引入了装饰器，使代码更加简洁和易读；Python 2.5 则带来了上下文管理器和 with 语句，进一步简化了资源管理代码；Python 2.6 和 Python 2.7 则对语言进行了更多的优化和改进。尽管 Python 2.x 系列取得了巨大的成功，但随着时间的推移，一些设计上的不足开始显现。为了解决这些问题，Python 社区开始着手开发一个新的系列——Python 3.x。

3. Python 3.x 系列：革新与现代化

Python 3.0 的发布标志着 Python 语言的一个重大革新。这个版本对 Python 进行了全面的改造，以解决 Python 2.x 系列中存在的一些问题。其中最重要的变化是字符串和字节串的区分，以及 print 语句的函数化。这些变化使得 Python 3.0 在语法上更加一致和现代化。随后的 Python 3.x 版本则带来了更多的新特性和改进：Python 3.1 引入了多行字符串字面量和新的排序算法；Python 3.2 增加了对 Windows 系统的更好支持，并引入了新的 yield from 语法；Python 3.3 则带来了新的文件系统路径表示法和改进的浮点数运算。目前大部分用 Python 2.x 编写的程序无法直接使用 Python 3.x 运行。官方对 Python 2.x 的支持只持续到 2020 年，所以除非有特殊情况，比如只能使用支持 Python 2.x 的库等，否则应尽量使用 Python 3.x。

本书使用的是 Python 3.12.3。

（二）Python 安装过程

（1）访问 Python 官网进入 Python 下载页面 https://www.python.org/downloads/，根据电脑的配置选择合适的版本，如图 2-1 所示。

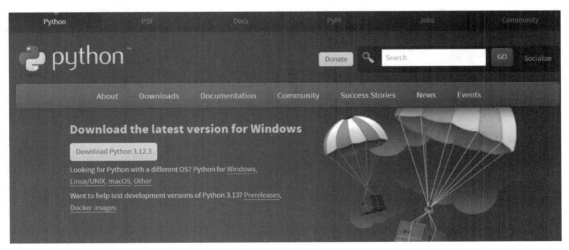

图 2-1　Python 下载界面

（2）单击选择图 2-1 所示界面中的超链接"Windows"进入 Windows 版本的软件下载

界面，根据电脑的配置选择相应的版本。考虑到 Python 2.x 版本的标准库也不再更新，目前仅对 Python 3.x 版本进行更新，所以本书选用 Python 3.x 系列较新的 Python 3.12.3 版本，如图 2-2 所示。

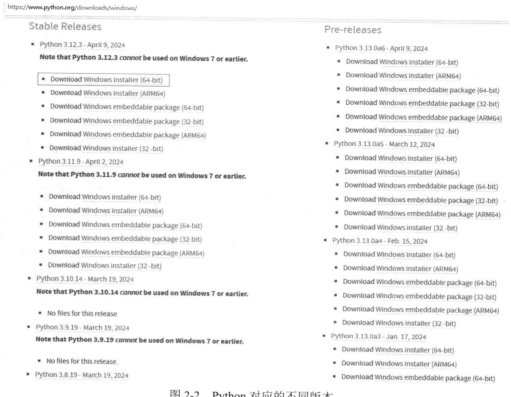

图 2-2　Python 对应的不同版本

（3）单击下载并完成后，双击安装启动程序，如图 2-3 所示。

图 2-3　Python 安装程序启动界面

由图 2-3 可见，Python 有两种安装方式可供选择，其中"Install Now"表示采用默认安装方式；"Customize installation"表示自定义安装方式。"Add python.exe to PATH"选项表示是否将 Python 添加到环境变量，若勾选此选项，安装完成后 Python 将被自动添加到环境变量中；若不勾选此选项，则在使用 Python 解释器之前需要手动将 Python 添加到环境变量中。

（4）勾选"Add python.exe to PATH"，单击"Install Now"后开始安装 Python。安装成功后，单击"Close"即可，如图 2-4 所示。

图 2-4　安装成功界面

（5）安装成功后，可以在计算机的"开始"菜单中搜索"Python"，找到并单击打开"Python 3.12（64-bit）"，如图 2-5 所示。

图 2-5　Python 3.12（64-bit）解释器窗口

同样，也可以打开控制台窗口，在控制台中执行"Python"命令进入 Python 环境，如图 2-6 所示。

图 2-6　通过控制台窗口进入 Python 环境

使用 quit()、exit() 命令或组合键"Ctrl+Z"可退出 Python 环境，也可以直接关闭控制台窗口或 Python 解释器窗口从而退出 Python 环境。

（三）Python 开发工具

Python 开发工具种类繁多，每种工具都有其特定的用途和优势。以下是几种常用的 Python 开发工具，并按照它们的特性和用途进行分类。

1. 集成开发环境（IDE）

（1）PyCharm。PyCharm 是一款由 JetBrains 公司开发的专为 Python 编程设计的集成开发环境（IDE）。它提供了一整套工具和功能，旨在帮助 Python 开发人员提高开发效率、代码质量和开发体验；支持智能编码、代码补全、代码导航、调试等，对于 Python 开发中型或大型系统非常适用；支持 Windows、Linux、macOS 等操作系统。

（2）Visual Studio Code (VS Code)。VS Code 是微软开发的一款轻量级、跨平台的代码编辑器，拥有强大的扩展性，于 2015 年 4 月 30 日由微软在 Build 开发者大会上正式宣布。VS Code 内置了对 JavaScript、TypeScript 和 Node.js 的支持，并通过丰富的扩展（extension）生态系统支持 C++、C#、Java、Python、PHP、Go 等多种编程语言。通过安装 Python 插件，VS Code 可以提供 Python 特有的特性，如 linting、智能感知（代码补全）、调试等，适用于中小型系统的开发。VS Code 支持 Mac OS X、Windows 和 Linux 等多个操作系统，允许开发者在不同平台上进行编程工作。

（3）Jupyter Notebook。Jupyter Notebook 原名 IPython Notebook，是一个交互式笔记本，主要用于数据清理和转换、数值模拟、统计建模、机器学习等多种应用场景。Jupyter Notebook 是一个基于 Web 的集成开发环境，特别适用于数据分析和机器学习项目；允许用户在单元格中编写和运行代码，并支持 Markdown 添加描述和标题；可以导出为 PDF 和 .ipynb 文件；支持多种编程语言，包括 Python。

（4）Spyder。Spyder 是一个专为 Python 编程设计的集成开发环境，特别适用于数据分析、数据可视化和科学计算。Spyder 基于 Qt 库实现了跨平台的图形用户界面（GUI），并内置了许多常用的 Python 库和工具。它模仿了 MATLAB 的"工作空间"功能，使用户可以方便地观察和修改数组的值。

（5）Thonny。Thonny 是一个适合初学者的 Python 集成开发环境，由爱沙尼亚的图尔塔大学（University of Tartu）开发。界面简洁，交互式和文件式同一界面；内部集成 Python3，无须重复安装；高亮显示语法错误。

2. 文本编辑器

（1）Sublime Text。Sublime Text 是一款轻量级的代码编辑器，具有很快的启动速度和响应速度，是一款功能强大、高度可定制的文本编辑器，适用于各种编程语言和技术领域。它的多功能编辑器、插件生态系统、快捷操作和自定义能力，以及跨平台支持，使其成为众多开发者和文本编辑者的首选工具。它支持多种编程语言和框架，提供了丰富的功能和插件支持，如代码片段、多光标编辑、命令面板等。

（2）Vim/Neovim。Vim 和 Neovim 是高度可配置的文本编辑器，特别适合那些喜欢键盘快捷键和自定义设置的开发者，受到程序员和代码编辑者的喜爱。Vim 是一个 modal editor,

可以从"文件编辑"中分割文件。Vim 的脚本允许用 Python 执行几乎所有编程任务。

3. 包管理工具

（1）Anaconda。Anaconda 是一个开源的 Python 发行版本，是一个包含 Python、conda（包和环境管理器）以及超过 180 个科学包及其依赖项的发行版本，主要用于数据科学、机器学习和数据分析等领域的开发。它提供了丰富的数据处理、科学计算、机器学习和深度学习的库，如 Pandas、NumPy、Matplotlib、Scikit-learn、TensorFlow 等。Anaconda 还支持多种编程语言，如 Python、R、Scala 等，通过 conda 包管理器，用户可以轻松安装和管理这些语言的包。总之，Anaconda 是一个功能强大、易于使用的 Python 发行版本，为数据科学和机器学习领域的开发提供了丰富的工具和库。

（2）pip。pip 是 Python 的包安装器，它允许安装和管理额外的库和依赖项，这些库和依赖项不包含在 Python 标准库中。pip 是 Python 社区中最常用的包管理工具之一，极大地简化了 Python 第三方库的安装过程，支持从 Python Package Index 下载和安装超过 393 343 个项目。

4. 终端增强工具

Cmder 是一款在 Windows 平台上的开发者工具，它为开发人员提供了强大的命令行工具和终端仿真器。Cmder 基于 ConEmu，一个开源的终端仿真器，为用户提供了更现代化和美观的命令行体验。Cmder 是一个专为 Windows 设计的终端增强工具，提供了类似 Linux 终端的体验。可以自动将 Linux 命令作用在 Windows 系统里，对于 Windows 用户来说非常实用。

（四）编辑器 PyCharm 简介

PyCharm 操作简洁、功能齐全，既适合于编程新手使用，也可以满足开发人员的专业开发需求。本节将演示如何下载和安装 PyCharm。

1. 下载 PyCharm

访问 PyCharm 官网的下载页面，如图 2-7 所示。

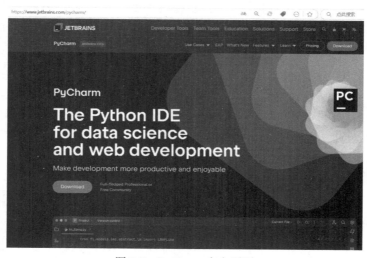

图 2-7　PyCharm 官方页面

PyCharm 提供了两个主要版本：Community Edition（社区版）和 Professional Edition（专业版）。这两个版本在功能和支持上有所不同。访问 PyCharm 官网的下载页面，图 2-8 所示为"Professional"的 Windows 系统下的 PyCharm 专业版页面，根据需要也可以选择 macOS 和 Linux 系统的版本。

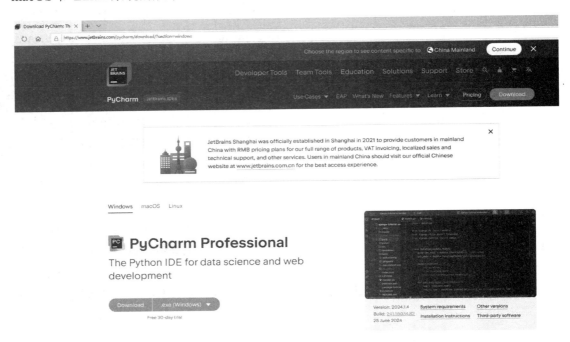

图 2-8 Python 专业版官网

社区版是一个免费的版本，为 Python 开发者提供了强大的基础功能，如智能代码补全、代码质量分析、快速修复、代码重构、版本控制集成（Git，SVN，Mercurial，CVS，Perforce，Bazaar）、单元测试支持等，支持多种 Python 框架，如 Django、Flask、Google App Engine、Pyramid、web2py 等。专业版包含了社区版的所有功能，并增加了许多高级特性，支持远程开发、数据库和 SQL 支持（如数据库视图、数据编辑、ER 图等）、Django 和 Flask 框架的高级支持、HTML/CSS/JavaScript 编辑器增强、专业代码分析（如 Pylint，PEP8 检查等）、Profiler、内存和性能分析等。

2. 安装 PyCharm

下面以 Windows 操作系统为例演示如何安装 PyCharm，具体步骤如下。

（1）双击下载好的安装包（pycharm-professional-2024.1.4.exe），打开 PyCharm 安装向导，可以看到"欢迎使用 PyCharm 安装程序"界面，如图 2-9 所示。

（2）单击"下一步"按钮，进入"选择安装位置"界面，用户可在此界面设置 PyCharm 的安装路径。此处使用默认路径，如图 2-10 所示。

（3）单击"下一步"按钮，进入"安装选项"界面，此处可勾选"创建桌面快捷键方式"和"更新 PATH 变量（需要重启）"，如图 2-11 所示。

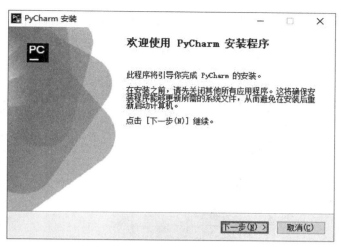

图 2-9　"欢迎使用 PyCharm 安装程序"界面

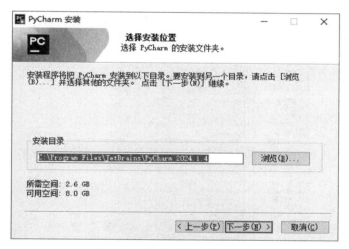

图 2-10　"选择安装位置"界面

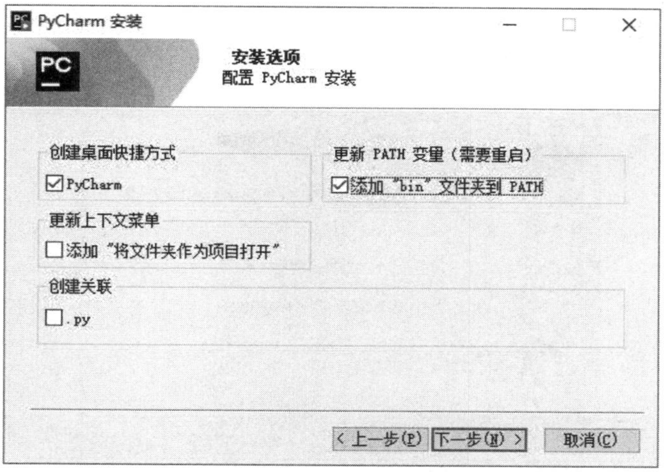

图 2-11　"安装选项"界面

（4）单击"下一步"按钮，进入"选择开始菜单目录"界面，用户可以创建进程的快捷方式，如图 2-12 所示。

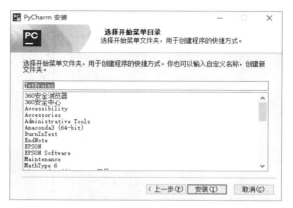

图 2-12 "选择开始菜单目录"界面

（5）单击"安装"按钮，进入"安装中"界面，显示安装的进度，如图 2-13 所示。

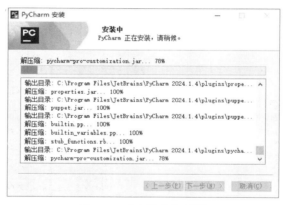

图 2-13 "安装中"界面

（6）安装完成后，显示"PyCharm 安装程序结束"界面，点击"完成"，完成 PyCharm 的安装，如图 2-14 所示。

图 2-14 "PyCharm 安装程序结束"界面

（五）在各种操作系统中搭建 Python 编程环境

1. 在 Windows 系统中搭建 Python 编程环境

（1）下载 Python 安装包。访问 Python 的官方网站 Python.org，在 Downloads 页面，根据 Windows 操作系统的位数（32 位或 64 位）选择合适的 Python 安装包。通常，建议下载最新版本的 Python，因为它包含了最新的功能和安全修复。点击下载链接，等待下载完成。

（2）安装 Python。双击下载的安装包文件，启动安装向导，按照向导的指示完成安装过程。在安装过程中，可以选择自定义安装路径，但通常建议使用默认路径。在安装选项中勾选 "Add Python X.X to PATH"（将 Python 添加到 PATH 环境变量），这样可以在命令行中直接使用 Python 命令。安装完成后，可以通过在命令提示符（CMD）中输入 python --version 或 python -V 来验证 Python 是否已成功安装。

（3）配置环境变量。如果在安装过程中未勾选 "Add Python .exe to PATH"，则需要手动配置环境变量。右击 "此电脑"（或 "计算机"），选择 "属性"，然后单击 "高级系统设置"；在 "系统属性" 窗口中，选择 "环境变量"；在 "系统变量" 区域找到名为 PATH 的变量，选中它并单击 "编辑"；单击 "新建"，然后粘贴 Python 的安装路径（通常是 Python 的安装目录下的 Scripts 文件夹）；单击 "确定" 保存更改。

（4）选择文本编辑器或集成开发环境。Windows 系统上有许多文本编辑器可供选择，如 Notepad++、Sublime Text、Visual Studio Code（VS Code）等。这些编辑器通常支持语法高亮、代码自动完成等功能，有助于提高编程效率。对于复杂的项目，建议使用集成开发环境（IDE），如 PyCharm、Eclipse（通过 PyDev 插件）等。集成开发环境提供了代码编辑、调试、项目管理、版本控制等一站式开发解决方案。

2. 在 macOS 系统中搭建 Python 编程环境

（1）下载 Python 安装包。检查系统是否已安装 Python，macOS 系统通常预装了 Python，但版本可能较旧。可以通过在终端中输入 python --version 或 python3 --version 来检查系统已安装的 Python 版本。

（2）下载并安装 Python。如果系统未安装 Python 3.x 版本，或者需要更新到最新版本，可以从 Python 官网下载适用于 macOS 的安装包（.pkg 格式）。双击下载的安装包文件，按照安装向导的指示进行安装。macOS 的安装过程通常较为简单，不需要过多配置。

（3）配置环境变量。macOS 系统通常会自动配置好环境变量，使得可以在任何终端会话中使用 Python 命令。如果由于某种原因需要手动配置环境变量，可以通过修改用户的 shell 配置文件（如 .bash_profile、.zshrc 等）来实现。

3. 在 Linux 系统中搭建 Python 编程环境

（1）检查系统是否已安装 Python。在 Linux 终端中输入 python --version 或 python3 --version 来检查系统是否已安装 Python 及其版本。大多数 Linux 发行版都预装了 Python，但版本可能因发行版而异。

（2）安装 Python（如未安装或需要更新）。对于大多数 Linux 发行版，可以使用包管理器来安装或更新 Python。例如，在基于 Debian 的系统（如 Ubuntu）上，可以使用 apt-get install python3 命令来安装 Python 3。在基于 RPM 的系统（如 Fedora、CentOS）上，可以使用 yum install python3 或 dnf install python3 命令。

在搭建 Python 编程环境时，应确保下载的是适用于操作系统的 Python 版本，并遵循安装向导的指示进行操作。如果需要同时使用多个 Python 版本，可以考虑使用虚拟环境（如 venv、conda 等）来隔离不同项目的 Python 环境。在选择文本编辑器或集成开发环境时，应根据项目需求进行选择，因为不同的工具在功能、界面、性能等方面可能有所不同。搭建完 Python 编程环境后，建议进行一些基本的测试，以确保 Python 命令可以在命令行中正常使用，并且所选的文本编辑器或集成开发环境可以正确地编辑和运行 Python 代码。

二、Python 在金融领域的实践

随着金融市场的全球化和数据量的爆炸式增长，金融机构越来越依赖于先进的技术来处理和分析这些数据，以提高决策的准确性和效率。Python 作为一种广泛使用的高级编程语言，因其简洁的语法、易读性和丰富的库，在金融领域的应用日益广泛。本节将概述 Python 在金融领域的实践，涵盖数据分析与可视化、量化交易与算法交易、风险管理、投资组合管理等多个方面。

1. 数据分析与可视化

Python 在金融领域的实践非常广泛，这得益于其强大的数据处理能力、丰富的库和框架支持，以及相对简洁易懂的语法。金融数据往往具有时间序列特性，Python 中的 Pandas 库和 Statsmodels 库提供了时间序列分析的工具，如日期时间索引、移动平均、差分等，帮助分析师捕捉金融时间序列的趋势和周期性。使用 Pandas 库进行数据的读取、清洗、转换和聚合等操作，Pandas 提供了丰富的数据结构（如 DataFrame）和函数，方便金融分析师处理各种复杂的金融数据。利用 SciPy 和 Statsmodels 库进行统计计算和回归分析，帮助分析师理解金融数据之间的关联性和因果关系。利用 Matplotlib 库绘制折线图、柱状图、散点图等基础图表，直观展示金融数据的变化趋势和分布特征。使用 Seaborn 库进行更高级的可视化，如热力图、箱线图、小提琴图等，帮助分析师更深入地理解金融数据的复杂性和关联性。同时可以利用 Python 的 Dash 或 Flask 等框架创建仪表板和自动化报告，将数据分析结果以直观、易懂的方式呈现给决策者。

2. 量化交易与算法交易

量化交易（quantitative trading）是一种基于数学模型和统计分析的投资策略，它使用历史数据来预测未来的价格走势，并据此做出交易决策。算法交易（algorithmic trading），也称自动交易或黑盒交易，是一种利用计算机程序根据预设算法自动执行交易指令的金融科技手段。其核心在于通过复杂的算法模型和大数据分析，结合实时市场行情，自动进行订单的提交、撤销及调整，以优化交易执行，提高交易效率和收益，并尽可能减少市场冲击和交易成本。Python 在量化交易与算法交易中的应用主要体现在数据获取与处理、策略开发与回测、信号生成与执行方面。使用 Python 的 Pandas 库可以轻松读取、清洗和转换金融数据，利用 Python 的网络爬虫技术，可以从财经网站获取实时的金融数据。使用 Python 可以开发各种量化交易策略，如均值回归、动量策略等，利用历史数据对策略进行回测，评估其性能和风险。根据量化模型生成的交易信号，Python 可以自动执行交易操

作。与交易所的 API 接口对接，实现实时交易。

3. 风险管理

风险管理是一个重要的商业和财务领域，它涉及识别、评估和监控可能影响项目或企业目标实现的风险，并采取措施来最小化这些风险的影响。在算法交易和其他金融交易活动中，风险管理尤为重要，因为市场波动、技术故障、模型误差等因素都可能对交易结果产生重大影响。在风险管理领域，Python 可以用于多种任务。使用 Python 进行数据抓取、清洗和预处理，为分析准备数据；利用 Python 的统计和机器学习库（如 NumPy、Pandas、SciPy）进行风险量化，如计算在险值 VaR（Value at Risk）、条件风险价值 CVaR（Conditional Value at Risk）等；使用 Python 进行蒙特卡罗模拟、历史模拟等，以评估潜在风险的影响；利用 Matplotlib、Seaborn、Plotly 等库，将分析结果可视化，以便更好地理解风险；甚至 Python 可以与其他技术栈结合，如数据库、Web 框架等，开发全面的风险管理系统。

4. 投资组合管理

投资组合管理是一个复杂的过程，涉及选择、监控和调整投资组合中的资产，以达到特定的投资目标和风险承受能力。Python 作为一种功能强大的编程语言，提供了丰富的库和工具，非常适合进行投资组合管理。Python 在投资组合管理中具有数据获取与处理、投资组合优化、风险评估与管理、性能监控与报告、回测与策略验证以及自动化交易与集成等功能。使用 Python 进行数据抓取，从金融数据源（如 Yahoo Finance、Bloomberg 等）获取股票价格、收益率等；利用 Pandas 库进行数据处理，包括数据清洗、转换和合并；使用 SciPy 库中的优化函数，根据特定的目标函数（如最大化收益率、最小化风险或两者之间的权衡）来优化投资组合的权重；应用现代投资组合理论，如马科维茨模型、资本资产定价模型（CAPM）、Black-Litterman 模型等，进行资产配置；计算投资组合的风险指标，如 VaR、CVaR、波动率等；使用历史模拟法、蒙特卡罗模拟法等来评估投资组合的潜在风险；跟踪投资组合的性能，包括收益率、风险、夏普比率、信息比率等指标；使用 Matplotlib、Seaborn 等库生成图表，可视化投资组合的性能和风险；定期生成投资组合报告，向投资者或管理层提供详细的分析和见解；对投资组合策略进行历史回测，验证其在实际市场中的表现。使用交叉验证等技术来评估策略的稳健性和泛化能力；结合 Python 的自动化能力，开发自动化交易系统，根据预设的规则或算法执行买卖操作；将 Python 与数据库、Web 框架等技术栈集成，构建全面的投资组合管理系统。

拓展阅读 2.1
使用 Python
进行金融数据
分析的全过程

第二节 云计算基础知识与金融云服务

一、云计算基础知识

近几年，云计算风起云涌，如同计算机界的宠儿一般，成为公司与社会重点关注的领域。云是网络的一种比喻说法，是指能提供资源的互联网（电信网）等底层基础设施。狭义的云计算是指 IT 基础设施的交付和使用模式，它通过网络以按需、易扩展的方式获得所需的资源；广义的云计算则是指服务的交付和使用模式，它通过网络以按需、易扩展的方式获得所需的服务。这种服务既可以是 IT 以及与软件、互联网相关的服务，也可以是其他类型的服务。云计算的出现，将会对 IT 的应用和部署模式以及商业模式产生极大的影响，改变传统的以 PC 和服务器为中心的应用模式。

云计算既是一种新的思想方法，也是技术和理念上的一大突破，还是一种新型的计算模式，更是一种基础架构管理的方法论。云计算具有以下四个特点。

（1）云计算意味着计算能力也可以作为一种商品进行流通和交易，就像煤气、水电一样，取用方便，费用低廉，唯一不同之处在于这种计算能力是通过互联网进行传输的且实现了软硬件共享。有了云计算，用户只需要拥有可上网的终端设备，就能享受到自己想要的各种 IT 服务，包括存储服务、计算服务（含超级计算和对等计算）、软件服务、信息处理服务（含数据管理）以及信息资源利用服务等。于是，计算资源、存储资源、软件开发、系统测试、系统维护和各种丰富的应用服务，都将像水、电等公共资源一样方便地被使用。当然，在各种 IT 资源以服务的方式通过互联网交付给用户的同时，也像使用水电等一样，用户可以选择"按需定制资源"，并且"按量计费"。

（2）云计算在技术体系上强调大量节点整合的总体能力，而不再过分强调单个节点的计算能力。云计算采用了把廉价硬件软件化、软件服务化、服务运营化、运营规模化的一套技术和业务模式。通过这样一套模式，云计算具备了这样的优势：可以存储大量数据，并且这些数据能够被低成本且快速地处理；用户还可以配置基于网络的、几乎所有类型的计算软件来处理数据。我们以率先提出云计算理念并进行实践的谷歌（Google）公司的产品来体会云计算的这种模式和优势。众所周知，谷歌的主要产品之一是搜索引擎技术，而搜索引擎本身就是一种典型的云计算应用。这是因为谷歌的搜索引擎是一个没有"端"的系统，用户通过一个简单的搜索框就能完成对海量信息的检索，享受成千上万台服务器的同时服务。值得一提的是，谷歌的服务器战略体现了云计算的理念——够用就行，这与 IBM 等服务器提供商倡导的高性能和不断升级的思想完全不同。

（3）云计算技术将大量的数据处理和计算集中在云计算中心完成，重点关注计算和存储资源的高效利用。同时，计算资源以服务的形式提供给用户，而终端用户的所有交互和操作则交由应用服务提供商来处理。云计算通过网络将庞大的计算处理程序自动分拆成无数个较小的子程序，再交由多部服务器所组成的庞大系统进行处理，经搜寻、计算分析之后，将处理结果回传给用户。通过这项技术，网络服务提供者可以在数秒之内，处理掉数以千万计甚至亿计的信息，完成和超级计算机同样强大效能的网络服务。

（4）云计算可合理配置计算资源、提高利用率，节约能源。在 IT 设备的用电方面，上万台规模的服务器会消耗大量电力。现在虽然硬件的价格不断下降，但是能源的价格却在不断地上涨；而服务器一旦开机，即使没有完全利用全部的计算能力，耗电量却与完全利用时差不多。而且，由于服务器的运作不可避免地产生高温，尤其当上万台机器同时运作时，冷却就是一个重要的问题。目前主要采用空调冷却和水冷技术（水冷节省能源一些）。传统数据中心的 IT 资源利用率普遍较低，一般小于 20%，大量空闲资源在不断消耗电能，造成极大的资源浪费，而基于云计算的下一代数据中心，利用虚拟化技术以及资源管理技术，大幅度提升了 IT 资源的利用率，利用率被提高到了 50% ～ 70%。云计算能够根据需要动态地提供、配置及取消计算和存储平台的服务。这种新型的计算资源组织、分配和使用模式，有利于合理配置计算资源并提高其利用率，促进节能减排，实现绿色计算。

云计算产业链结构如图 2-15 所示。

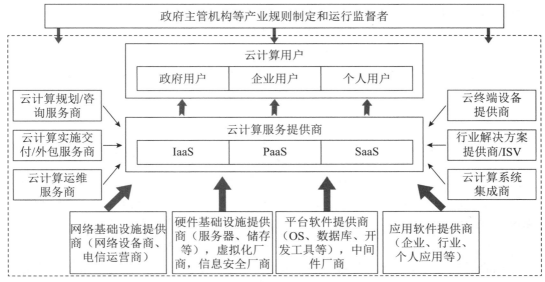

图 2-15　云计算产业链结构

云计算有三种主要的服务类型或者说服务模式，分别是：IaaS（Infrastructure as a Service）——基础设施即服务，PaaS（Platform as a Service）——平台即服务，SaaS（Software as a Service）——软件即服务。

（1）在 IaaS 服务模式下，云计算服务提供商提供给用户的是计算、存储、网络及搭建应用环境所需的一些工具（计算机硬件、虚拟服务器、网络设备等），使得用户能够按需获取 IT 基础设施。因此，IaaS 服务的主要客户群体是负责基础设施运维的人员等。

（2）在 PaaS 服务模式下，云计算服务提供商则是将操作系统、应用开发环境等平台级产品通过 Web（互联网技术）以服务的方式提供给用户。通过 PaaS 服务，软件开发人员可以在无需自行搭建开发环境的情况下开发新的应用程序。因此，PaaS 服务的主要客户群体是软件系统开发人员。

（3）在 SaaS 服务模式下，云计算服务提供商通过互联网为用户提供的一般是软件及应用程序。因此，SaaS 服务的主要客户群体是终端用户。

按照云计算服务的对象，云计算又可以分为三种部署模式，分别是公有云、私有云和混合云。

①公有云通过互联网提供面向公众的服务。公有云的数据都存放在云服务提供商的机房内。

②私有云通过企业内部网络供企业内部使用。私有云的数据存放在企业内部服务器中。

③混合云兼有公有云和私有云的特点。在混合云模式下，企业先使用私有云进行建置，若有不足之处再由公有云补足。

二、主要云计算厂商及其核心技术

云计算其实并不是一种新的技术，它是网格计算（Grid Computing）、分布式计算（Distributed Computing）、并行计算（Parallel Computing）、效用计算（Utility Computing）、网络存储技术（Network Storage Technologies）、虚拟化（Virtualization）、负载均衡（Load Balance）等传统计算机技术和网络技术发展融合的产物。微软强调云计算是一种产生和获取计算能力的新方式的统称。云计算特别融合了"网格计算"与"服务计算"的方法理念：网格计算强调计算资源的虚拟化，服务计算强调网络资源的服务化。从技术层面分，云计算中的"云"分为"存储云"和"计算云"。存储云是指大规模的分布式存储系统；计算云包含资源虚拟化与并行计算两个方面。

云计算的实现依赖于能够实现虚拟化、自动负载均衡、随需应变的软硬件平台。谷歌、亚马逊（Amazon）的 AWS 和微软的 Azure 是全球云计算市场的三大主要供应商。谷歌是第一个将云计算作为一个术语公开使用并广泛传播（但云计算的概念和思想并非最早由谷歌提出）的公司。谷歌开发的 MapReduce 是一种简化的分布式编程模型和高效的任务调度模型，用于大规模数据集（大于 1 太字节）的并行运算。当前各 IT 厂商提出的云计算的编程工具大都是基于 MapReduce 的编程模型实现的。MapReduce 模式的思想是把将要执行的问题分解成 Map（映射）和 Reduce（化简）两个步骤，即先通过 Map 程序将数据切割成不相关的区块，分配（调度）给大量计算机进行并行处理，以达到分布式运算的效果；再通过 Reduce 程序将结果汇整输出。除了上述三大主要供应商，IBM、甲骨文（Oracle）、易安信（EMC）、Saleforce 等公司在云计算领域的地位也都不容小觑。表 2-1 列出了这些云计算领头羊公司的云计算核心技术，从中我们可以初步看到云计算的一些主要技术。

表 2-1　主要云计算厂商技术比较

企业	技术比较			
	开源程度	企业服务	技术特性	核心技术
微软	不开源	Azure 平台	整合其所用软件及数据服务	大型应用软件开发技术
谷歌	不开源	Google App Engine，应用代管服务	储存及运算水平扩充能力	MapReduce，BigTable，GFS
IBM	不开源	虚拟资源池提供，企业云计算整合方案	整合其所有软件及硬件服务	网格技术，分布式存储，动态负载
亚马逊	开源	EC2，S3，SimpleDB，SQS	弹性虚拟平台	虚拟化技术 Xen
甲骨文	部分开源（Sun）	EC2 上的 Oracle 数据库，OracleVM，Sun xVM	软硬件弹性虚拟平台	Oracle 的数据存储技术，Sun 开源技术
Saleforce	不开源	Force.com 服务	弹性可定制商务软件	应用平台整合技术
EMC	不开源	Atoms 云存储系统，私有云解决方案	信息存储系统及虚拟化技术	Vmware 的虚拟化技术，一流存储技术

在云计算的诸多技术中，虚拟化技术是实现云计算"按量计费"和"网络服务"的关键支撑技术之一，可以说，没有虚拟化就没有云计算。虚拟化的目的是让资源分配更有效率。在此对虚拟化技术做重点介绍。

虚拟化技术以软件的方式模拟硬件，通过软件的方式逻辑切分服务器资源，形成统一的虚拟资源池，创建虚拟机运行所需的独立环境。在虚拟化环境中，真实硬件被封装成标准化的虚拟硬件，操作系统和应用被封装成虚拟机，整个虚拟机系统以文件形式保存，这便于进行备份、移动和复制。因此，封装使得虚拟机具有了自由迁移的能力。虚拟化有很多好处：首先，服务器虚拟机使得虚拟机不再依赖硬件，不依赖硬件的虚拟机就可以实现自由移动；其次，运行在同一物理服务器上的多个虚拟机之间是彼此隔离的，这意味着虚拟机与虚拟机之间互不影响，装载在一个虚拟机内的内容不会被泄露给其他虚拟机；再次，虚拟硬件遵循业界统一的标准化接口①，可以保证兼容性，能够兼容多种硬件平台，这样就能支持多种操作系统平台；最后，虚拟化技术可以扩大硬件的容量，简化软件的重新配置过程。比如，CPU 的虚拟化技术可以用单个 CPU 模拟出多个 CPU 并行运行的效果，允许一个平台同时运行多个操作系统，并且应用程序都可以在相互独立的空间内运行而互不影响，从而显著提高了计算机的工作效率。

按照在 IT 基础设施中应用的组件（对象）的不同，虚拟化技术可以分为服务器虚拟化、存储虚拟化、网络虚拟化、应用虚拟化四类。

1. 服务器虚拟化

通过服务器虚拟化技术，用户可以动态启用虚拟服务器（又叫虚拟机），让操作系统（以及在上面运行的任何应用程序）误认为虚拟机就是实际硬件。服务器虚拟化能够通过区分资源的优先次序，随时随地将服务器资源分配给最需要它们的工作负载，减少为应对工作负载峰值而储备的资源，以此简化管理、提高效率。根据虚拟化技术实现方式和原理的不同，特别是对硬件抽象和虚拟机监控程序（hypervisor）依赖程度的不同，服务器虚拟化分为完全虚拟化、准虚拟化和操作系统层虚拟化三类。其中，完全虚拟化通过使用hypervisor（管理程序）在虚拟机（VM）和底层硬件之间建立一个抽象层，由 hypervisor捕获 CPU 指令，然后再将该 CPU 指令转发给指令本来要访问的硬件控制器和外设。这种虚拟化技术能让任何一款操作系统不加（或稍加）改动就可以安装在 VM 上，而它们不会察觉自己运行在虚拟化环境下。完全虚拟化的主要缺点是：hypervisor 的引入增加了系统性能损耗；准虚拟化通过改动客户操作系统，让它以为自己运行在虚拟环境下来实现；经过准虚拟化处理的服务器与 hypervisor 协同工作；操作系统层虚拟化通过在操作系统层面增添虚拟服务器功能实现。这种虚拟化不使用 hypervisor 层，而是由主机操作系统本身负责在多个虚拟服务器之间分配硬件资源，并且让这些服务器彼此独立。如果使用操作系统层虚拟化，所有虚拟服务器必须运行同一操作系统。

---

① 为了方便用户业务由传统 IT 系统向云计算环境的迁移，云计算应为用户提供统一的业务接口。现阶段软件（接口）设计和开发的主要方法论是 SOA（service-oriented architecture，面向服务的架构）组件模型，它通过将应用程序划分为一组松散耦合的服务来实现系统的模块化和可重用性，将应用程序的不同功能单元（称为服务）通过这些服务之间定义良好的接口和契约联系起来。通过云计算，SOA 服务可以在云端部署和运行，实现资源的动态分配和高效利用。

2. 存储虚拟化

存储虚拟化把多个存储介质模块（如硬盘、RAID）通过一定的手段集中起来，并将所有这些存储模块放在一个存储池中统一管理。通过存储虚拟化，主机和工作站看到的将不再是多个硬盘，而是一个逻辑分区或者卷，就好像是一个超大容量的硬盘。

3. 网络虚拟化

基于网络资源的组织方式和管理架构的不同，网络虚拟化从总体上分为纵向分割和横向整合两大类。纵向分割网络虚拟化主要是实现这样一种隔离机制：它把一个企业网络分隔成多个不同的子网络，只有在同一个子网络内才可以访问该子网络内的资源；横向整合网络虚拟化将多台设备连接，并横向整合起来组成一个联合设备，使这些设备能够作为一个单一设备进行管理和使用。经过虚拟化整合后的设备组成了一个逻辑单元，在网络中表现为一个网元节点。

4. 应用虚拟化

应用虚拟化通常包括应用软件的虚拟化和桌面的虚拟化两大类。应用软件虚拟化将应用软件从操作系统中分离出来，用户不再需要安装对应的设备驱动程序；桌面虚拟化技术将所有客户端应用一次性地部署在数据中心的一台专用服务器上。桌面虚拟化实现的效果是：每个用户都不再需要在桌面上部署和管理多个软件客户端系统，用户使用虚拟化的桌面时感觉好像是实际的客户端软件正在他的桌面上运行一样。数据中心不需要通过网络向每个用户发送实际的数据，只有虚拟的客户端界面（屏幕图像更新、按键、鼠标移动等）被实际传送并显示在用户的电脑上。

云计算除了虚拟化技术之外，还有一个与之相关的技术层面的概念是云存储。除了数据存储之外，云存储通过分布式文件系统、网格技术、集群应用等技术，还提供了灵活的数据业务访问服务。现实中大家很可能接触过的一个例子是有道公司提供了一个可以轻松访问、安全存储的云笔记空间，这个云笔记空间就是一个典型的云存储应用。相比传统网络存储，云存储具有更弹性的收费方式和空间扩容方式。

三、金融云服务

金融云是指基于云计算商业模式应用的金融产品、信息、服务、用户、各类机构等的总称，是服务于银行、证券公司、保险公司、基金公司等金融机构的行业云。金融云通过提供满足监管要求的独立机房集群云产品，为金融客户提供更加专业周到的服务。

近年来，建行、中行等大型金融企业实施了行业数据大集中工程，农行等大型金融企业的信息化建设则已进入 IT 资源整合集成阶段。这些银行利用 IaaS 模式，搭建集成的平台，即对各类服务器基础设施应用进行集成，形成能够高度复用与统一管理的 IT 资源池，对外提供统一的硬件资源服务。同时，在信息系统整合方面，建立了基于 PaaS 的系统整合平台，实现各异构系统间的互联互通。在混合云模式下，银行企业可以将灾备中心建立在云服务商提供的公有云上，以节省资金投入，同时保证一旦发生故障，可立即从本单位数据中心系统切换到公有云上的灾备中心，以确保存贷款等关键业务的连续性。除了上述银行外，金融机构已普遍开展了云计算研究，并在全国推广了多方面的云计算应用，包括开发测试（如桌面云）、办公（如外网邮件）、互联网相关业务（如移动营销、网上交易、

Web 前端等）、中后台业务（如收单、资格审查等）和特色业务（托管）。只是出于稳定性、安全性和技术实现难度等多方面考虑，部分金融机构的核心数据库、核心交易系统（甚至核心业务）暂不使用金融云。

金融云的应用前景广阔，有望推动金融系统实现全面升级，有效解决我国金融信息化建设中的发展不平衡问题。相较于实力雄厚的大型金融企业，中小金融企业的信息化投资较低，建立金融行业云计算公有云平台无疑将是其最佳选择。金融云通过建立基于中小型金融企业的各种应用系统，为中小型金融企业提供各种结算服务，使更多的中小型金融企业不必重复建立各种应用系统，打破了传统金融企业数据中心各自建设、各自运营的建设管理模式。中小型金融企业不再需要建立数据中心，一切软、硬件设备和技术问题都交付给云计算服务商完成，利用云计算平台已搭建的各种应用环境即可实现各种应用。除了建设成本，金融云采用的按需使用、即付即得的交付模式，能帮助中小型金融企业进一步节省运营和管理成本。此外，通过提供科技支撑，金融云使中小微金融机构更加专注于金融业务的创新，实现集约化、规模化与专业化发展，促进金融业务与信息科技的合作共赢。同时，虚拟化、可扩展性、可靠性和经济性使金融云能提供更强的计算能力和服务能力，为金融创新提供技术和信息支持，降低中小微金融机构的金融服务门槛，推动普惠金融的发展。目前国内金融企业已经在这方面有了一些成功的尝试，如晋中市商业银行租用某国内云计算服务商的银行卡业务系统，将银行卡业务都部署在该服务商在西安的云计算数据处理中心上，由数据中心向晋中市商业银行提供银行卡业务的交易、管理、报表等服务。

金融云不仅提供了高效、安全的云计算服务，还正在打造一种云上金融生态，这是产融结合在云端的一种具体实现形式。以阿里云为例，其打造的云端金融大生态分为四层。

（1）金融服务层，位于最底层，包括银行、保险公司、证券公司、基金公司、期货公司、交易所、小贷公司、典当公司、担保公司等一系列传统金融机构，还包括征信公司、支付公司等互联网金融企业。金融云作为各类机构之间的多端口转换器，可以降低机构间合作的成本，方便彼此之间进行同业合作，让金融创新变得更简单。

（2）解决方案层，位于倒数第二层，主要包括各类解决方案提供商，由多家科技公司为金融创新提供多种解决方案，金融云集合这些提供商的服务形成一整套云上解决方案。

（3）场景化生态层，位于第二层，是产融结合层，也叫场景化生态层（或金融O2O），这一层的目标是打通金融和产业之间最后一公里，包含了消费侧和供给侧两端的各种实际应用。消费侧的产融结合就是为老百姓的衣食住行提供金融服务；供给侧则是要把金融放进产业的生产活动中，特别是中小微企业的生产和经营活动中。

（4）产业经济层，位于云端金融的最上层，包括小微企业、个人、"三农"等实体经济主体。金融行业所服务的目标是产业，金融云的应用有望为解决中小微企业融资难、融资贵的难题，以及服务农村金融等领域提供有效的解决方案。

通过金融服务层、解决方案层、场景化生态层、产业经济层这四个层级的构建，金融云实现了资金流、数据流、客户流的有效归集与良性循环，实现了金融与产业之间的无缝对接和深度融合。

第三节　大数据技术概述与金融分析基础

　　大数据（big data）是指无法在一定时间范围内用常规软件工具进行捕捉、管理和处理的数据集合，是需要新处理模式才能具有更强的决策力、洞察发现力和流程优化能力的海量、高增长率和多样化的信息资产。大数据涉及的行业非常广泛，除金融外，还包括政治、教育、传媒、医学、商业、工业、农业、互联网等多个方面。根据国际知名咨询公司麦肯锡的报告显示，在大数据应用综合价值潜力方面，信息技术、金融保险、公共事业及批发贸易四大行业潜力最高。具体到行业内每家公司的数据量来看，信息、金融保险、计算机及电子设备、公用事业四类的数据量最大。可以看出，无论是投资规模和应用潜力，信息行业（互联网和电信）和金融行业都是大数据应用的重点行业。

一、大数据技术的国内外发展历程

　　大数据技术的国外发展概况历史可以追溯到多个关键时期和事件，这些时期见证了大数据从概念到实践的转变，以及其在全球范围内的广泛应用和深远影响。以下是对大数据技术在国内外发展概况的详细阐述。

（一）国外主要发展历程

　　1. 起源与萌芽阶段（20 世纪 90 年代之前）

　　（1）数据处理技术的早期探索。20 世纪 50—60 年代，随着电子计算机的出现和初步应用，数据处理技术开始萌芽。美国政府和企业开始尝试使用计算机处理数据，但这些尝试主要集中在科学计算和工程应用领域，数据处理规模相对较小。

　　数据存储技术的发展：磁带和磁盘等存储技术的出现，为数据存储提供了基础。这些技术的发展为后续大规模数据存储和处理奠定了基础。

　　（2）数据库技术的兴起。20 世纪 70—90 年代，随着计算机性能的提升和数据库管理系统（DBMS）的发展，企业开始系统性地生成、收集和管理数据。关系型、层次型和网络型数据库模型逐步发展成熟，为数据的高效组织和管理提供了有力支持。

　　2. 成长与突破阶段（2000—2010 年）

　　（1）大数据概念的提出与传播。21 世纪初，随着互联网的普及和智能手机的发展，数据量开始呈指数级增长。在此背景下，"大数据"概念逐渐兴起，并被广泛接受。虽然"大数据"一词的具体起源存在争议，但其在 21 世纪初的广泛传播标志着大数据时代的到来。

　　2011 年，美国著名咨询公司麦肯锡发布《大数据：创新、竞争和生产力的下一个前沿》报告，首次提出"大数据"概念，并强调其对社会经济发展的重要推动作用。这一报告对大数据技术的全球传播和应用产生了深远影响。

　　（2）关键技术的突破与发展。分布式存储和处理技术：面对海量数据的存储和处理需求，分布式存储和处理技术应运而生。Hadoop 是其中最著名的开源分布式存储和处理框架之一，它由 Apache 基金会开发并推广使用。Hadoop 使用 HDFS 进行海量数据存储，并通过 MapReduce 进行并行计算处理，极大地提高了数据处理的速度和可靠性。

NoSQL 数据库的兴起：随着非结构化数据的增多和互联网应用的复杂化，传统的关系型数据库在处理这些数据时显得力不从心，NoSQL 数据库以其灵活的数据模型和高扩展性受到广泛关注和应用。这些数据库系统通常具有水平扩展能力、高并发读写性能以及灵活的数据模型等特点，满足了大数据环境下复杂多变的数据处理需求。

（3）大数据应用的拓展与深化。在商业领域，大数据技术被广泛应用于市场分析、客户行为分析、产品开发等方面。企业开始利用大数据优化运营决策、提升竞争力并创造新的商业模式和服务模式。除了商业领域外，大数据还在医疗、金融、政府等多个领域得到应用。例如，在医疗领域，大数据技术被用于疾病预测、药物研发等方面；在金融领域，大数据技术则被用于风险管理、信用评估等场景。这些应用不仅提高了相关领域的工作效率和服务质量，还推动了相关行业的创新和发展。

3. 成熟与融合阶段（2010 年至今）

（1）大数据技术的成熟与普及。随着大数据技术的不断发展，开源生态逐渐繁荣起来。Hadoop、Spark、Storm 等开源框架不断涌现和完善，为大数据处理提供了丰富的工具和解决方案。这些开源框架的普及和应用降低了大数据技术的门槛和成本，促进了大数据技术的广泛应用和普及。大数据技术开始与人工智能、云计算等前沿技术融合创新。例如，机器学习算法被应用于大数据分析中以提高数据分析的智能化水平；云计算平台为大数据处理提供了强大的存储和计算能力支持，以实现更高效的数据处理和更快的响应速度。

（2）跨国合作与标准化进程。随着全球化的深入发展，跨国数据流动日益频繁。各国政府和企业开始认识到数据流动对经济发展的重要性，并纷纷采取措施推动数据流动自由化。同时跨国合作机制也逐渐建立起来以加强在大数据领域的国际合作，共同推动大数据技术创新和应用发展。为了促进大数据技术的普及和应用，各国开始推进大数据标准化进程。这些标准化工作涵盖了数据格式、数据处理流程、数据安全等多个方面以确保大数据技术的互操作性和可靠性，同时标准化进程的推进也为大数据产业的规范化和健康发展提供了有力支持。

（3）大数据政策的制定与实施。各国政府纷纷出台政策支持大数据技术的发展和应用。如美国政府通过制定《大数据研究和发展计划》（*Big Data Research and Development Initiative*）等政策措施推动大数据技术创新和应用；欧盟则致力于构建一体化数据市场以推动数据资源的自由流通和利用。这些政策措施为大数据技术的发展提供了良好的政策环境和市场机遇。随着大数据应用的普及和深入发展，隐私保护与数据安全问题日益凸显。各国政府开始加强相关法律法规的制定和实施以保护个人隐私和企业数据安全。例如欧盟通过实施《通用数据保护条例》（*General Data Protection Regulation*，GDPR）等法规加强对个人隐私的保护；美国政府也加强了对数据泄露和滥用行为的打击力度以确保数据的安全性和可信度。

（二）国内主要发展历程

1. 萌芽期（2012—2013 年）

（1）背景与特点。①"大数据"概念的引入：大数据一词在国内开始被提出，标志着我国正式进入大数据探索阶段。此时，大数据技术还处于初步引入和宣传阶段，社会各界对大数据的认知尚浅。②技术引入与应用尝试：Hadoop 等大数据技术被引入中国，并在互联网、电信、金融等行业开始有了零星落地应用。这些应用主要集中在数据存储、处理和分析等基础层面。

（2）关键事件。虽然此阶段尚未出台专门针对大数据的国家政策，但相关部门和机构已经开始关注大数据技术的发展趋势和应用前景。国内开始举办大数据相关的论坛和研讨会，促进技术交流和合作。同时，一些初创企业开始围绕大数据技术进行布局和研发。

2. 发展期（2014—2015 年）

（1）背景与特点。国内云厂商开始积极布局大数据工具链，围绕 Hadoop、MPP 数据库、敏捷 BI 等技术诞生了一批初创企业。这些企业致力于提供大数据解决方案和服务，推动大数据技术在各行业的应用。大数据技术产品不断丰富和完善，逐渐形成了一套相对成熟的技术体系，这些技术产品为大数据的广泛应用提供了有力支持。

（2）关键事件。2014 年，"大数据"首次被写入政府工作报告，标志着大数据上升为国家战略。此后，国家相关部门陆续出台了一系列政策文件，推动大数据产业的发展。随着大数据技术的不断成熟和应用场景的不断拓展，大数据市场开始快速增长，越来越多的企业开始关注大数据技术并尝试将其应用于实际业务中。

3. 快速发展期（2016—2020 年）

（1）背景与特点。大数据技术产品不断成熟和稳定，为大数据的广泛应用提供了坚实的技术基础。这些技术产品不仅性能优异而且易于集成和使用，降低了大数据应用的门槛和成本。大数据应用从消费互联网向制造业、农业、能源、零售等产业互联网渗透，不断赋能实体行业。这些应用不仅提高了企业的运营效率，还推动了产业升级和转型。

（2）关键事件。国家相关部门继续出台一系列政策文件，深化大数据产业的发展规划和布局。这些政策文件明确了大数据产业的发展方向和目标，为大数据产业的持续健康发展提供了有力保障。随着大数据技术的不断成熟和应用场景的不断拓展，大数据市场规模持续扩大，越来越多的企业开始将大数据技术作为核心竞争力之一，并加大在大数据领域的投入和研发力度。

4. 高质量发展期（2021 年至今）

（1）背景与特点。数据要素价值释放，在认识层面数据要素被视为数字经济深化发展的核心引擎。随着大数据技术的不断发展和应用，数据要素的价值得到了充分释放和挖掘，为数字经济的发展注入了新的动力。大数据产业基础不断夯实，产业链保持高效稳定，产业生态日益繁荣。在这个过程中一批具有核心竞争力的领军企业脱颖而出带动了整个产业的快速发展和进步。

（2）关键事件。国家相关部门继续优化大数据产业相关政策文件，加强数据要素市场的培育和发展，推动数据资源的共享和利用；同时加强数据安全和个人隐私保护，确保大数据产业的健康可持续发展。随着 5G、云计算、人工智能等新一代信息技术的快速发展，大数据技术与这些技术的融合创新不断取得新突破。

二、大数据技术关键组成部分

（一）数据采集

大数据时代，数据的来源极其广泛，并且有不同的类型和格式，同时呈现爆发性增长的态势，这些特性对数据收集技术也提出了更高的要求。数据收集需要从不同的数据源实时地或及时地收集不同类型的数据并发送给存储系统或数据中间件系统进行后续处理。数据采集技术通常包括 ETL（extract-transform-load）工具，用于将分布的、异构数据源中的数据抽取到临时文件或数据库中。此外，还有流式数据采集技术，如 Apache Flume 和 Apache Kafka，用于实时数据采集。本节主要介绍两种采集方法：系统日志采集法和网络数据采集法。

1. 系统日志采集法

系统日志是记录系统中硬件、软件和系统问题的信息，同时还可以监视系统中发生的事件。用户可以通过它来检查错误发生的原因，或者寻找受到攻击时攻击者留下的痕迹。系统日志包括系统日志、应用程序日志和安全日志。大数据平台（如百度百科）或者说类似于开源 Hadoop 平台会产生大量高价值系统日志信息，如何采集成为研究者研究热点。目前基于 Hadoop 平台开发的 Chukwa、Cloudera 的 Flume 以及 Facebook 的 Scribe（李联宁，2016）均可称为系统日志采集法的典范。目前此类的采集技术大约可以每秒传输数百MB 的日志数据信息，满足了目前人们对信息速度的需求。一般而言，与我们相关的并不是此类采集法，而是网络数据采集法。

2. 网络数据采集法

目前网络数据采集有两种方法：一种是 API，另一种是网络爬虫法。

API 又叫应用程序编程接口，是网站的管理者为了使用者方便编写的一种程序接口。该类接口可以屏蔽网站底层复杂算法，仅通过简简单单调用即可实现对数据的请求功能。目前主流的社交媒体平台如新浪微博、百度贴吧以及 Facebook 等均提供 API 服务，可以在其官网开放平台上获取相关展示。但是 API 技术毕竟受限于平台开发者，为了减小网站（平台）的负荷，一般平台均会对每天接口调用上限做限制。

网络爬虫，又称为网页蜘蛛，是一种按照一定的规则、自动地抓取万维网信息的程序或者脚本。另外一些不常使用的名字还有蚂蚁、自动索引、模拟程序或者蠕虫。最常见的爬虫便是我们经常使用的搜索引擎，如百度、360 搜索等。此类爬虫统称为通用型爬虫，对于所有的网页进行无条件采集。通用型爬虫工作原理如图 2-16 所示。

首先，给予爬虫初始 URL（统一资源定位符），爬虫将网页中所需要提取的资源进行提取并保存，同时提取出网站中存在的其他网站链接，经过发送请求，接收网站响应以及再次解析页面，提取所需资源并保存，再将网页中所需资源进行提取。以此类推，实现过程并不复杂，但是在采集时尤其注意对 IP 地址、报头的伪造，以免被网管发现禁封 IP，禁封 IP 也就意味着整个采集任务的失败。当然为了满足更多需求，多线程爬虫、主题爬虫也应运而生。多线程爬虫是一种通过同时运行多个线程来执行采集任务的技术，其目的主要是为了提高数据采集的效率。主题爬虫和通用型爬虫截然相反，通过一定的策略将与主题（采集任务）无关的网页信息过滤，仅仅留下需要的数据，此举可以大幅度减少无关数据导致的数据稀疏问题。

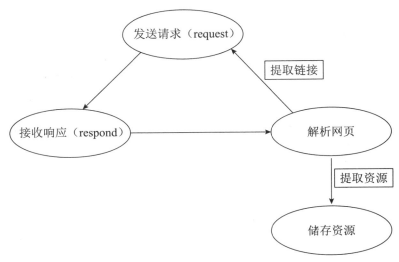

图 2-16　通用型爬虫工作原理

（二）数据存储

数据存储是大数据技术的核心之一，主要解决海量数据的存储问题。大数据技术通常采用分布式文件系统（如 Hadoop Distributed File System，HDFS）和 NoSQL 数据库（如 HBase、Cassandra）来存储数据。这些系统具有高容错性、高可靠性和高吞吐量的特点，能够处理 PB 级别的数据。

（三）数据处理

数据处理是大数据技术的关键环节，包括数据清洗、数据整合、数据转换等步骤。数据清洗主要包括去除噪声、处理缺失值、修复错误等，以确保数据质量；数据整合则是将来自不同数据源的数据整合成一致的数据集，便于后续分析；数据转换则是将原始数据转换为适合分析的形式，如数据聚合、数据降维等技术。

（四）数据分析

数据分析是大数据技术的核心应用之一，主要目的是从海量数据中提取有价值的信息和洞察。数据分析技术包括统计分析、机器学习、数据挖掘等。统计分析用于描述性分析和推断性分析，如计算平均值、中位数、众数等统计量；机器学习则用于预测性分析，通过训练模型来预测未来趋势或结果；数据挖掘则用于发现数据中的隐藏模式或关联规则。

（五）数据可视化

数据可视化是将分析结果以图形、图表等形式呈现出来的过程，有助于用户直观理解数据背后的信息和洞察。数据可视化技术包括各种图表库（如 ECharts、Highcharts）和可视化工具（如 Tableau、Power BI）。这些工具提供了丰富的可视化选项和交互功能，使得用户能够轻松创建高质量的可视化报告。

三、大数据技术背景下的金融分析基础

金融分析是金融行业的核心功能之一，它通过对金融市场、金融机构、金融工具及金融活动等的深入研究和分析，为投资决策、风险管理、资产配置等提供科学依据。在大数据背景下，金融分析的重要性凸显，因为它能够帮助金融机构更好地把握市场动态、优化资源配置、提升经营效率。

（一）数据来源与整合

在金融领域，大数据的来源广泛且多样。金融机构的交易记录、财务报表、客户信息等是传统的结构化数据来源。此外，社交媒体、新闻网站、电商平台等非传统渠道也产生了大量的非结构化数据，如文本、图片、视频等。这些数据对于金融机构了解市场动态、客户行为、产品偏好等方面具有重要价值。

为了充分利用这些数据资源，金融机构需要进行数据整合工作。数据整合涉及数据清洗、转换、加载等多个环节，旨在将不同来源、不同格式的数据整合成统一的数据仓库或数据湖，为后续的数据分析提供基础。

（二）数据处理技术

大数据处理技术是实现金融分析的关键。在大数据背景下，金融机构需要处理的数据量巨大且类型多样，传统的数据处理方法已无法满足需求。因此，金融机构需要采用先进的数据处理技术，如 Hadoop、Spark 等分布式计算框架，以及 NoSQL 数据库等新型存储技术，以提高数据处理的效率和质量。

此外，机器学习、深度学习等人工智能技术的应用也为金融分析带来了新的可能性。这些技术能够自动从数据中提取特征、构建模型、进行预测和决策，极大地提高了金融分析的智能化水平。

（三）数据分析方法

在大数据背景下，金融分析的方法也呈现出多样化的特点。传统的统计分析方法如回归分析、方差分析等仍具有一定的应用价值，但更多地被机器学习、数据挖掘等先进技术所取代。这些新方法能够处理更复杂的数据关系、发现隐藏的模式和规律，为金融机构提供更加精准的决策支持。

拓展阅读 2.2
大数据技术在
金融行业的应
用研究

第四节　人工智能技术与金融分析基础

人工智能最早应用于数据分析和处理领域，而后逐渐开始应用于金融领域。2017 年 7 月，国务院发布《新一代人工智能发展规划》，其中明确提出 2020 年、2025 年和 2030 年的人工智能核心产业规模将分别超过 1 500 亿元、4 000 亿元和 10 000 亿元，同时提出了

人工智能应用于金融业的发展方向。本节对人工智能在金融领域的各种现实应用进行简要介绍。

一、人工智能与银行

银行业的变化比以往任何时候都要快，而人工智能的引入为银行业的发展带来了新的机遇和挑战。目前，各种人工智能技术已广泛应用于银行的渠道（如 ATM、网上银行、移动银行）、服务（如支票图像处理、语音识别、聊天机器人）和解决方案（如 AI 投资顾问和 AI 信贷评估）等方面。大量人工智能技术的引入可以提升银行系统的渗透率，改善成本效益，提升服务质量，增加客户黏性，从而有助于银行业务的拓展和优化。当然，人工智能在银行领域的应用本身也存在一些需要防范的风险。

总体来看，人工智能在银行领域的应用是全方位的，涵盖前台（语音助手和生物识别）、中台（反欺诈风险监测、复杂的法律、合规工作流程）和后台（用智能合约基础设施进行信贷承销）的相关业务活动。其中比较具有代表性的包括信用评估与风险管理、个性化的金融服务、防范和打击犯罪等。

（一）信用评估与风险管理

在银行传统业务的改造方面，人工智能技术已被广泛用于优化标准化的信用评分系统。过去，大多数银行是根据借款人的偿还历史记录来评估其信用水平。在人工智能出现后，银行可以通过多种数据源（如手机或社交媒体活动）来获取大量的数据，然后更加全面地分析借款人的信用水平，从而实现更准确的客户信用评级（参见案例阅读 2.1）。

案例阅读 2.1

人工智能在信用评级中的应用

由于人工智能具有计算速度快、迭代发展迅速、结构化学习能力强的特点，可以在操作过程中采用 LEAD 学习模型来更好地实现人工智能算法。LEAD 学习模型是一种管理结果导向型任务的工具，包含四个部分：listen、experience、analysis 和 do。在人工智能的运算过程中，动态循环以上四步有助于优化升级其运算方式。

1. 听取任务（listen）

听取任务是指执行者要听懂用户需求是什么。对计算机而言，如果希望它清楚信用评级人员下发的任务，如提取数据、筛选数据、建模、分析等，发布人就需要清晰地传递每一个任务的具体信息。信用评级人员可以通过任务拆解的方式，把每一部分都变成人工智能可以读取的小任务，从而完成最终评级的目的。

2. 提取经验（experience）

提取经验是指执行者从过往的经历或者类似事情中提取方案。应用在人工智能中，它是指利用当前任务的特点进行历史任务数据库遍历，完成相似任务的匹配，并提取当前数据可支撑的最优解决办法。例如，在听取任务后，人工智能首先完成特点归纳工作，判断这个任务属于什么类型（是企业评级、股票评级、债券评级，还是个人评级等），然后根据具体的类型选择合适的信用风险度量模型（Z-Sore 模型、打分卡模型、KMV 模型、Credit Metrics 等）。

3. 分析拆解（analysis）

分析拆解是指执行者通过分析历史事件成功的原因来拆解解决逻辑，并思考是否有可能迁移到当前的任务中。经过听取任务和提取经验，人工智能已经了解了当前的评级任务，并且适当地选取了相关经验，但是，过往的方案可能并不适用于当前的状况。因此，人工智能应该结合评级人员的意见对评级任务进一步分析和拆解，构建符合任务情景的信用评级模型。

4. 演算修订（do）

演算修订是指执行者将新方案投入实践并在操作中反思改进。在完成上面的分析后，人工智能需要真正地构建出一个新的信用评级模型，并且应用该模型进行多次计算。这一步骤的重要性在于它可以充分利用计算机的性能完成对信用评级人员模拟演算的补充。为了更好地实现模型，运算前，评级人员需要对模型进行压力测试，并预估可能发生的特殊情况；运算过程中，需要不断调整和修订计算的逻辑；运算结束后，需要多次核算、校对计算出的数值，以确保数据的真实性。如果遇到紧急的情况，要积极地检查模型代码、运算方式等来校正当前的模型。

资料来源：杨涛，邹凯琳.人工智能在信用评级中的应用 [J]. 全国流通经济，2020（16）：160-162.

与此同时，客户的相关数据和信用记录也会通过一个系统进行分析，该系统应用机器学习算法进行快速信贷决策，通过提供更高质量的风险评估，降低银行的违约风险。许多复杂的分类算法被应用于现代信用评分系统，如逻辑回归、判别分析回归、判别分析、贝叶斯分类器、最近邻、分类树、拉索逻辑回归、深度学习（人工神经网络）等。

此外，人工智能技术还可以用于改善银行的风险管理。例如，通过使用机器学习和巨大的数据库进行欺诈检测，银行可以对其所面临的各种风险进行更早和更为准确的估计，以便及时采取预防措施。不仅如此，通过建立风险预测和反欺诈模型，银行甚至可以从控制和预测欺诈风险中获益。

人工智能技术还可以通过对数据的学习自发建立自动化流程，降低操作成本，提高判断的准确性，从而部分取代商业活动中的普通分析人员。例如，人工智能技术可以从大量的数据中找到一些比较客观的结论，从而帮助银行减少由情感和心理因素所造成的决策错误。这不仅有助于控制投资风险和提升资金使用效率，还有利于实现更好的销售业绩。

（二）个性化的金融服务

人工智能是银行提高活动效率的有力杠杆。除了在传统业务方面，机器的高互动学习能力使得它能够快速处理过去出现过的类似业务，从而有效节省时间、人力和财务资源。在个性化的业务定制方面，人工智能技术也显现出巨大的潜力。

例如，企业人工智能领域的世界领跑者 IPsoft 已经推出人形机器人助手 Amelia 来协助银行的业务。Amelia 有着浅色的头发，身着西服套装和白色衬衫，看起来与银行内部的服务人员别无二致。在训练中，Amelia 可以理解 100 多种方言的单词和短语，从而在业务上提供帮助，包括降低运营成本、提高客户满意度和运营效率。当一家公司雇用 Amelia 时，也可以为 Amelia 设计更多的功能（不同角色和垂直领域的公司提供特定的商业战略和程序）来满足公司的多样化需求。

在改善客户服务和提升客户体验方面，聊天机器人是目前使用最频繁的人机交互（HCI）应用产品之一，其原理是通过简单请求的自动化处理来提供客户服务（图 2-17）。可以将聊天机器人理解为虚拟的客户助理，通过文字信息和网络聊天的在线渠道问询和回答客户。聊天机器人并不是一个真实存在的机器人实体，而是一个应用程序。通过这个应用程序，客户可以无限制地自由提问，而聊天机器人则会针对客户的提问予以回答（提供语音和文本信息）。有了聊天机器人，客户不仅可以 24 小时不间断地访问网上银行，而且可以在任何时候与聊天机器人互动，不受时区的限制。

图 2-17 聊天机器人的应用

大部分银行将聊天机器人投放于客户关系管理、销售、营销、投资分析和建议等部门，并利用聊天机器人提供快速的服务和解决方案、个性化数字服务以及具有成本效益的客户服务项目。聊天机器人的运营效率在 Juniper 网络公司的一项研究中得到了印证：通过使用聊天机器人，从 2022 年开始，银行每年可以节省超过 80 亿美元的成本。

此外，现代银行客户对个性化存款、贷款和其他优惠条件均有较高的需求，而这同时意味着人工操作员的工作难度会上升，他们不仅需要准确地记录下每一个客户的需求，还要想办法准确地实现，这些都显著增加了相关工作的难度。但是，如果引入人工智能技术，银行在很多方面能较为容易地处理客户的个性化需求。

在这方面，人工智能技术的一个重要应用是减少银行人工操作的失误。例如，2021 年 2 月，花旗银行由于人工操作失误，将不到 800 万美元的利息付款错误地发送为 9 亿美元（全部本金和所有未付利息）。经过法官裁定，债权人（化妆品公司 Revlon）有权保留资金不予退还。这给花旗银行的收入带来了巨大损失。可以设想，如果将此操作改为由严格执行程序的人工智能来执行，那么失误发生的概率将会大大降低。

（三）防范和打击犯罪

人工智能技术也可以协助银行防范和打击犯罪（见图2-18），具体可分为三个层次：保护、检测和回应。在保护方面，获取报告信息、执行后台的日常工作和评估借款人的信用度，银行通过引入人工智能技术，可以有效避免问题业务、欺诈和洗钱行为的发生；在检测和回应方面，诸如人工神经网络（ANNs）、人工免疫系统、模糊逻辑和遗传算法等方法已被银行成功地用于预防和检测网络犯罪。

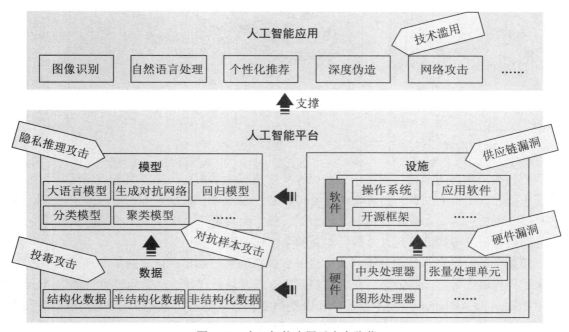

图 2-18　人工智能应用于安全防范

不过，任何事物都有两面性。银行可以利用人工智能来防范犯罪，而黑客也可以利用人工智能来实施犯罪。一个典型的例子是对抗性机器学习（Adversarial Machine Learning，AML）。AML属于机器学习的一种，旨在通过向其提供特定的输入来影响受训系统的输出。考虑到银行业所使用的人工智能系统的数量，AML可能会成为未来主要的威胁之一。此外，生成式对抗网络（GAN）是机器学习的一种配置，主要是通过训练机器学习系统，来寻找另一个机器学习系统产生的输出中的缺陷。GAN技术的成熟使得其生成的内容越发令人信服，从而产生"深度造假"的能力，因此，熟练运用AML技术的黑客会给银行的安全系统造成重大隐患。

二、人工智能与证券

在证券领域，人工智能的使用场景和数量正在激增，一些大型券商甚至已经建立了专门的应用中心，以在整个组织和业务系统中打造与人工智能相关的协同（图2-19）。概括而言，人工智能在证券领域的应用主要包括以下五大方面：客户沟通、投行业务、经纪账户管理、研究业务、投资组合管理和交易。

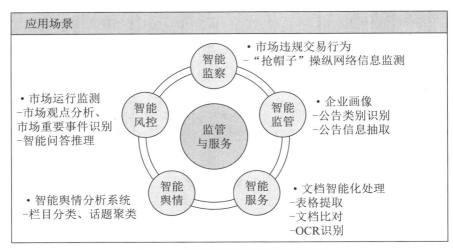

图 2-19　人工智能在证券领域的应用

（一）客户沟通

在与客户沟通方面，目前很多券商已经采用虚拟助手为客户提供服务。虚拟助手使用语音识别和合成语音与客户进行交流，并可以通过编程执行某些任务。虚拟助手可以回应客户要查询的内容，如账户余额、市场数据、投资组合资产、地址更改和密码重置等。一些券商还可借助虚拟助手对订单进行交易和个性化处理。

目前大部分券商都在通过不同的平台部署虚拟助手。除了在自家网站和移动应用程序部署聊天机器人外，一些公司还在尝试与第三方平台进行合作，例如通过亚马逊的 Alexa、谷歌的 Google Assistant 以及苹果的 Siri 来提供虚拟助手服务。此外，一些券商在其呼叫中心集成了基于人工智能的交互式语音响应（IVR）系统。该系统可以在虚拟助手无法回应呼叫时，快速将其分流到适当的人工服务窗口，从而改善客户体验。

在市场营销和客户推广方面，券商可以通过人工智能技术精准地对目标客户进行定位和营销。这些技术和应用程序通过分析潜在客户的行为，判断客户是否对某领域有较大的兴趣进而主动为其提供定制的内容，如针对特定投资产品或资产类别的精选信息、新闻和研究报告等。这些内容可以通过电子邮件或直接通过公司的网站或移动应用程序交付给客户。

（二）投行业务

券商应用人工智能的目的通常有以下三个：①在前端触达客户、服务客户并获取反馈；②在中台支持业务开展和进行管理决策分析；③在后台监督异常行为并提示潜在风险。总体来看，人工智能技术的引入可以使券商的服务模式更加主动和全面，也更加个性化和智能化。同时，券商还可以借助"大中台"能力沉淀数据，实现数据化运营，从而将所有的运营一体化。

在投行业务方面，券商可以借助人工智能搭建涵盖股票、债券和资产证券化等业务在内的一体化、智能化作业平台，并将承揽、承做、审核等业务流程予以综合化和集成化处理。在管理过程中，券商通过引入一些智能化的辅助系统，可以实现相关业务的全面线上化和可视化，从而获得有效和快速的客户响应能力。这不仅能大大提升员工的工作效率，还能显著改善客户体验。

（三）经纪账户管理

在经纪账户管理方面，一些大公司的经纪人账户管理功能已经开始整合基于人工智能的各种工具。这些工具可以为每个经纪人实时提供客户的相关信息，从而更好地了解客户的偏好和交易行为。同时，经纪人也可以利用这些信息来为客户提供更好的服务和建议，从而强化客户关系，最大限度地避免客户流失。

全面客户资料程序可以创建实时的整体客户资料，使用人工智能技术对多来源信息（如客户资产、支出方式、债务余额、网站浏览历史记录和通信记录等）进行分析，从而针对客户可能感兴趣的投资产品提供量身定制的建议。定制研究程序可以直接向客户提供经过策划的市场研究，分享给客户有关投资机会的相关信息。

（四）研究业务

在研究业务方面，人工智能可以为传统研究的各个环节赋能，如将数据搜索、知识提取、分析研究、观点呈现等步骤进行智能化处理，从而提升研究的效率和专业性。

在数据搜索方面，人工智能技术可以帮助寻找行业、公司、产品的基本信息。券商的传统数据收集模式是利用搜索引擎在书籍、报纸等文献资料中进行查阅，或在论坛等场所进行交流；而智能投研则利用系统的智能信息推送功能来进行数据收集，并利用智能词条搜索功能对重点数据进行搜集。数据搜索方面的核心技术包括自然语言处理、自然语言查询、词义联想、语义查询等。

在知识提取方面，人工智能技术可以帮助券商从搜索的信息中提取各种有价值的信息。传统的投研券商主要利用 Wind 等金融数据平台来进行信息提取；而智能投研则利用官方平台公告或新闻自动化摘要、产业链知识图谱、智能投研框架和模块化知识进行知识提取。知识提取方面的核心技术包括实体抽取、段落抽取、表格抽取、关系抽取、知识图谱等。

在分析研究方面，人工智能技术可以通过一些新的自动化程序、工具和模型等来完成相关分析研究工作，不仅大大节约了人力成本，还扩展了分析的内容和深度。传统的投研券商主要运用一些常规统计工具做研究分析；而智能投研可以利用系统技术，自动对事件进因果分析和大数据统计分析等。分析研究方面的核心技术主要是知识推理。

在观点呈现方面，人工智能技术可以将分析的结果进行可视化呈现，且兼具直观、清晰、美观等特点。传统的投研券商主要用 PPT 或者 Word 完成相关结果的呈现；而智能投研则主要使用报告的自动生成功能。观点呈现方面的核心技术包括自然语言合成、可视化、自动排版等。

（五）投资组合管理和交易

在投资组合管理和交易方面，人工智能应用程序可以用于识别新模式，并预测特定产品或资产类别的潜在价格走势。这些应用程序综合利用内部数据、外部信息，以及一些非传统的信息和数据来源（如社交媒体和卫星图像），汇集成多维大数据进行分析，进而提供价格走势预测和投资建议。

在客户识别和金融犯罪的监控方面，相关人工智能程序可以对客户进行识别并监控相关金融犯罪活动，如检测潜在的洗钱分子，识别贿赂、逃税、内幕交易等非法活动。虽然目前此类程序所存在的技术限制导致其报错率较高，但目前很多公司已经开始采用自然语言处理（NLP）和生物识别等技术来使这类程序更加有效。

在司法情报管理方面，相关人工智能程序可以用于解释各个司法管辖区新制定的各种规则。在经过人工智能数字化后，这个原本是手动操作的过程可以通过应用程序对监管情报（包括规则、法规、执行措施和无异议信函等）进行审查并做出解释，从而方便券商更改合规计划。

在流动资金和现金管理方面，相关人工智能程序可以基于机器学习等技术，更好地帮助券商优化其现金和财务流动性的管理方式。此类人工智能应用程序通常基于大量的历史和当前市场数据进行分析，力图更好地识别发展趋势、记录异常情况和做出预测。案例阅读 2.2 给出了券商应用人工智能的其他一些案例。

案例阅读 2.2

券商应用人工智能的案例

1. 东方证券引入艺赛旗 iS-RPA

RPA 机器人流程自动化是一种模拟人类行为，完成重复性任务的软件。引入它的目的在于统筹安排、执行并提升业务工作流程，用户只需通过图形方式显示的计算机操作界面对 RPA 软件进行编程和动态设定即可。由于东方证券在经营中面临运营成本过高，业务效率低，跨系统、网段的数据传输困难和数字化转型需求递增的难题，因此决定引入 RPA。目前东方证券已用 RPA 优化了至少 140 个业务流程，涉及 90 套内外系统，涵盖运营、清算、估值、开户、财务、税务、开闭市、数据处理、日常管理等证券业常见业务场景，每年可节省人力工作时间 2 万小时以上，可节省人力成本约 300 万元。

2. 东兴证券应用弘玑 Cyclone 数字员工

东兴证券财务部工作人员的日常工作涉及大量的数据查询、下载、人工核对、系统登记、数据补录、导出上报等。由于业务量巨大，公司经常出现财务数据报送字段不一致、多数业务系统和财务系统难对接、业务人员多系统录入及查询操作工作复杂且效率低下等问题。因此，东兴证券逐渐开始应用弘玑 Cyclone 数字员工。方案实施后，东兴证券降本增效明显：资金划拨、工资记账两项业务处理效率分别提升 85% 与 93%，业务处理时长平均减少 90%，整体业务处理效率提高 80%。

不过，从目前的发展来看，人工智能在证券领域的应用还比较有限。面对复杂、信息瞬息万变的金融市场，加之机器决策的对手实际上是人，前者在实际的博弈（尤其是长期重复博弈）中未必优于人的决策，特别是在人可以很好地管理自身情绪和非理性行为的情况下。因此，过度地依赖机器进行被动决策和行动，未必能取得理想的效果。

此外，近期的一些研究也表明，人们只需要通过一些简单的手段，就可以成功欺骗某些经过深度学习训练的人工智能模型。因此，在纯机器决策存在其固有缺陷的情况下，人机结合和人机融合智能仍然是未来一段时间内发展的主要方向。

资料来源：本案例由作者整理所得。

三、人工智能与保险

由于商业互动、私人生活和公共生活的日益数据化，现在每天大约有 250 万兆字节的数据被创造出来。随着有价值的客户数据越来越多，保险巨头也开始大力发展人工智能技术。

（一）人工智能对保险行业的影响

人工智能对保险行业的影响主要表现在以下两个方面：①保险公司与客户的互动方式（如销售、客户服务）正在发生转变；②业务流程（如合同处理、索赔报告）与决策（如承保、理赔、产品的销售）进一步自动化。

从保险公司与客户的互动方式来看，原本当客户想要对一个新的产品进行了解和问询时，客户服务需要与代理人、经纪人或银行进行沟通，而使用人工智能技术后，被保险人可以随时以更快的速度获得产品信息和服务，一些产品甚至可以通过聊天机器人直接在线购买，而无须任何线下行动。这使得保险公司能够更加有效地部署人工销售和售后服务。同时，保险公司如果使用人工智能来减少和预防风险（如在有风险的情况下主动与客户联系），那么保险业将从"检测和修复"模式逐渐发展为新的"预测和预防"模式。

在业务流程与决策方面，人工智能技术的应用可以在多个方面加速保险业务的自动化，从而提高工作效率。自动化给保险公司带来的最大好处是节约潜在成本和减少人为失误，从而提高重复性任务的准确性。在这种情况下，保险公司可以将熟练员工更多地集中到增值任务上。索赔的报告和结算的自动化将加速业务流程和提升客户满意度。例如，在核保过程中，传统的人工处理可能需要被保险人回答一些问题；而人工智能应用程序可以处理和分析由远程设备、社交网络或其他设备所产生的大量数据（如客户反馈、图片、视频等），因此在没有客户回应的情况下也能处理相关问题。

（二）人工智能在保险行业的应用举例

人工智能在保险行业的高级应用（如自动理赔管理）通常会结合多种不同的人工智能技术，比较典型的包括文本分析（Text Analytics）、自然语言处理（Natural Language Processing）、图像和视频分析（Image and Video Analysis）、数据模式和异常检测（Pattern and Anomaly Detection in Datasets）等。

在语言和文本转换的应用方面，Lemonade、安联保险（Allianz）、PNB MetLife、安盛集团（AXA）、Aetna 等保险公司均已采用声音识别和自然语言生成技术，利用聊天机器人来回应客户的语言要求或者书面要求。德国保险协会基于文本分析和自然语言处理技术，通过 IBM 的 Watson 机器人来分类处理客户邮件，以此提高售后服务的工作效率。还有一些保险公司采用了情绪检测（Sentiment Detection）技术，通过检测和分析客户语言或书面反馈来提高客户满意率和客户黏性。

在数据模式和异常检测技术的应用方面，Oscar、Fabric、Aegon、平安保险、AXA等保险公司已将其应用于识别欺诈性索赔。另外还有一些健康和汽车保险公司，如MetroMile、Progressive、State Farm、Allianz、John Hancok 等，将预测性分析（Predictive Analytics）技术应用于创新性或个性化定制的保险产品。同时，通过使用推荐引擎（Recommendation Engine）技术，保险公司还能基于历史索赔事件数据，向客户提供关于风险分类方面的建议，同时更好地识别出交叉销售和追加销售的机会。此外，还有一些保险公司通过将卫星图片应用于图像和视频分析技术来为自然灾害提供早期预警，或者使用机器人顾问来完成资产的管理和分配工作，或者利用人脸识别技术来识别使用者是否为公司客户。案例阅读 2.3 给出了保险公司应用人工智能的其他一些案例。

案例阅读 2.3

保险公司应用人工智能的案例

1. 安盛集团和谷歌的 TensorFlow

安盛集团（AXA）每年有 7% ～ 10% 的客户发生车祸，其中大多数是保险赔偿额较低的小事故，但约有 1% 是大额赔付案件（保险赔偿额超过 1 万美元）。由于这种潜在的大额赔付，安盛集团希望谷歌 TensorFlow 建立深度神经网络来分析大量的客户数据，以预测潜在的损失，从而优化其汽车保险政策的价格。

TensorFlow 建立的人工智能在应用对安盛集团大额赔付案件时的预测准确率达到78%，这为安盛集团提供了更高的效率和利润，有助于其生成新的保险产品。

2. 福国人寿保险与 IBM Watson

福国人寿保险（Fukoku Mutual）是一家日本人寿保险公司，与其他保险公司一样，它也在努力解决索赔处理效率低下和运营成本上升的问题。2017 年 2 月，该保险公司开始利用 IBM Watson Explorer 推出的人工智能应用，实现理赔流程的自动化，并准确计算理赔款。该应用根据程序数据（包括住院时间、医疗记录等一系列要素）实现所需功能。

从效果上看，福国人寿保险在医疗索赔处理方面的运营效率显著提高（生产力提高了30%），有效地减少了支付纰漏，且降低了劳动力成本。

3. 全美人寿与 H2O.ai 人工智能平台

全美人寿（Transamerica）是一家位于美国的保险公司，为 2 700 万名客户提供服务，其产品包括保险、年金和退休产品等。由于该保险公司积累了大量的客户数据，它意识到自己可以通过应用人工智能来充分利用这些数据，增加销售机会，同时改善服务和提升客户满意度。全美人寿在 Hadoop 上建立了一个大型数据栈，并从不同的系统中收集数据（如 CRM 数据、客户数据和第三方数据），同时使用 H2O.ai 人工智能平台的开源代码进行机器学习。

通过使用 H2O.ai 平台的机器学习，全美人寿团队能够获得有用的客户信息，从而改善营销活动方案、改善产品推荐，并进行更加有效的交叉销售和追加销售。这反映在改善客户服务、增加收入以及整个公司的未来创新上。

资料来源：本案例由作者整理所得。

（三）人工智能应用的潜在风险

人工智能在保险行业的应用，在促进保险市场发展的同时，也会产生一些新的风险，甚至会导致某些现有市场的消失。例如，一方面，自动化理赔可以提高客户的满意度，让客户始终对保险公司保持高效便捷的印象；另一方面，自动化理赔通常涉及对客户数据的大量收集和处理，因而也会产生相应的道德和法律问题。保险公司将在多大程度上安全、合理地运用数据而不侵犯客户隐私？显而易见，问题的严重性取决于保险公司允许人工智能使用多少数据，数据停留在系统中的时间有多长，以及保险公司所采用的数据保护模式。

此外，人工智能的发展也可能创造出新的行业风险，导致某些市场消失。例如，在自动驾驶领域，人工智能的运用可能会导致事故责任承担人的变化：谁应该对事故的发生负责？乘客、汽车制造商还是人工智能算法的软件开发商？在当前的保险市场上，人工智能的应用主要还是为了利用其计算、速度和准确性等方面的优势。但由于技术限制，使用人工智能得到结论或预测未来仍存在相当大的困难。在技术得到进一步理解和发展后，人工智能对保险业的影响将会更加明晰。

四、人工智能与普惠金融

世界银行全球 Findex 数据库显示，截至 2021 年，全球有 24% 的成年人（约为 18.2 亿人）在金融机构或移动货币服务商那里没有账户，其中的大多数人位于发展中国家。例如在南苏丹，只有 9% 的成年人拥有银行账户；拉丁美洲 70% 左右的人口没有银行账户或银行账户不足。同时，根据国际金融公司提供的数据，发展中国家有超过 2 亿家中小企业无法获得金融服务。

在人工智能出现之前，由于交易成本高、流程烦琐、效率低下等原因，传统银行往往不愿意为低收入人群和中小企业提供服务。但随着人工智能的发展，数字化的金融服务和应用使金融服务的边际成本显著降低，这将增加低收入人群和中小企业等"边缘群体"获得金融服务和产品的渠道和机会，从而提升金融服务的包容性。简言之，人工智能可以通过推动金融机构和服务的数字化转型来促进普惠金融的发展。

（一）风险测量和管理

社会弱势群体之所以经常被排除在传统金融的服务对象之外，一个核心的原因是风险无法得到有效的评估和管理。由于检测和衡量这类群体信用风险的手段有限，加之这些群体的信用记录有限、数据缺乏，银行等金融机构很难通过传统的金融手段来对其风险进行识别和判断。在这种情况下，金融机构出于风险控制的需要，只能对这类群体避而远之。但随着人工智能的运用，一些之前无法利用的数据可以被集中利用起来，同时通过新的信息处理方式和算法支持，人工智能有望开发出专门针对弱势群体的风险测量和管理技术，并通过成本低廉的移动终端（如手机或支付卡等）提供相应的金融服务。

在肯尼亚，M-Pesa 是电信运营商 Safaricom 运营的基于移动电话的汇款服务之一，能够提供支付服务，并在 2007 年推出了小额融资服务。此后，这项服务逐渐扩展到其他许多国家，如坦桑尼亚、莫桑比克、刚果（金）、莱索托、加纳、埃及、阿富汗、南非、印度、罗马尼亚、阿尔巴尼亚等。通过人工智能移动设备，人们可以方便地进行存款、取款、转账、支付和贷款，这使低收入群体可以获得此前在传统银行体系无法获得的金融服务。根据 Safaricom 和 Vodacom 发布的 2021 年年度报告，截至 2021 年，M-Pesa 在非洲的活跃用户数已超过 5 000 万名。此外，人工智能还促进了账户注册的数字化。来自肯尼亚通信管理局的数据显示，2012 年肯尼亚的移动支付用户约为 1 700 万名；根据坦桑尼亚通信监管局的统计，截至 2020 年，坦桑尼亚的移动支付用户数已超过 2 900 万名。

（二）缓解信息不对称

人工智能可以缓解信息不对称，从而有效提升弱势群体获得信贷的机会。例如，利用人工智能的数字普惠金融系统，可以接触到各种在线购物平台和在线社交网络的信息。这些信息可以被银行的人工智能系统捕获并用于客户的信用和风险等方面的分析，从而减少金融机构和个人之间的信息不对称问题。

随着人工智能的应用，目前许多数字化平台都可以基于一定的信用评分机制，提供无抵押的贷款产品。至少在一定程度上，人工智能解决方案使金融机构可以在信贷决策的过程中更加多元化地收集和处理借款人的信息，从而更加准确和全面地评估弱势群体的信用水平和风险承受能力，进而做出更加明智的信贷决策。

（三）提高运营和管理的效率

通过使用人工智能，银行的电子虚拟助理（EVA）对提高客户支持的效率和降低其成本有积极的影响。此外，利用人工智能，金融机构可以提供个性化的银行服务，其中聊天机器人和人工智能助手可以提出个性化的金融建议，且通过自然语言处理技术提供即时的自助式客户服务。这些改变使农村地区的弱势家庭能够获得金融建议和帮助，从而大幅提高了这些群体可以获得金融服务的质量和数量。

在印度，由于一些银行工作人员具有城市偏好，这意味着他们可能没有什么耐心与农村客户交谈，为此，HDFC 银行推出了聊天机器人。通过利用人工智能技术，银行可以用自然区域语言处理机制来训练机器人，从而实现与农村客户用区域语言进行交谈并为其提供相应帮助。经过人工智能训练的机器人可以扮演农村家庭财务顾问的角色，因为这些机器人不仅可以解释银行提供的各种产品，还可以解释农村客户的债务数额，甚至提供关于储蓄的建议。

在我国，阿里巴巴一直在其淘宝网站上使用人工智能聊天机器人。根据阿里巴巴官方网站和相关年度报告，截至 2023 年，阿里巴巴的客服聊天机器人阿里小蜜（Alime Shop Assistant）累计处理了超过 95% 的客户咨询。根据阿里巴巴的估计，如果没有人工智能技术的协助，处理这些查询需要约 10 万名人工客户服务代表。案例阅读 2.4 提供了人工智能用于服务弱势群体、提高银行运营和管理效率的其他一些案例。

案例阅读 2.4

人工智能在一些国家的应用案例

1. 尼日利亚的非洲联合银行

2018 年，非洲联合银行（UBA）在几内亚推出了电子银行平台 Leo，并在非洲 19 个国家上线。借助该电子银行平台，没有 UBA 账户的客户也可以享受 UBA 的服务，包括开户、确认账户、话费充值、转账及其他业务。

Leo 的银行聊天机器人可以帮助客户进行许多交易，如转账、支付账单、购买通话时间和查询账户余额等。客户可以在 WhatsApp、Facebook Messenger 和 Apple Business Chat 上与 Leo 机器人聊天并迅速得到响应。根据 UBA 官方发布的 2021 年年度报告，截至 2021 年，Leo 已服务超过 300 万名客户，促进了区域内的金融包容性发展。

2. 墨西哥的 Konfio 银行

墨西哥的 Konfio 银行为中小企业提供在线金融服务。传统银行需要几个月的时间才可以完成向中小型公司发放所需贷款，而 Konfio 在其贷款决策中利用替代数据源、人工智能和数据科学，仅需大约 24 小时就可以完成此类业务。

根据彭博社 2019 年 9 月 6 日发表的文章，Konfio 银行的贷款利率是传统银行的一半，2018 年的拖欠率为 4.8%，而银行业的整体拖欠率为 5.4%。2019 年 12 月 3 日，知名支付媒体 PYMNTS 发表文章称，Konfio 银行使用具有强大处理能力的系统，使其能够在短时间内处理大量数据，从而缩短贷款流程，贷款者在约 8 分钟内就可以完成申请流程。根据 Konfio 官方网站和相关媒体报道，截至 2021 年，Konfio 已获得超过 1.5 亿美元的融资，进一步扩大了其服务范围，从而支持更多墨西哥的中小企业。

3. 南非的数字银行 TymeBank

南非的数字银行 TymeBank 利用人工智能技术，与客户进行在线交流互动，从而实现以低成本为客户提供服务。为了验证客户的身份，TymeBank 的系统与内政部的数据库相连，以获取客户的生物特征数据。该服务已于 2018 年 11 月启动。

根据 TymeBank 2021 年发布的客户增长数据，截至 2021 年 2 月，该银行已拥有 280 万名客户。与南非银行平均 5 万名员工的规模相比，TymeBank 仅需约 250 名员工。TymeBank 的金融教育应用 TymeCoach 已经开始帮助用户进行金融产品的决策。该应用程序通过聊天机器人回答客户提出的财务管理问题，并为客户提供信用报告和其他相关信息。

4. 防止欺诈和促进网络安全

在信息时代，加强网络安全和欺诈检测工作是所有金融机构都需要解决的一个重要问题。由于每天都有大量的交易通过在线账户进行，因此，人工智能在提高在线金融的安全性方面拥有巨大的潜力。人工智能为在线金融提供安全交易的能力，使普惠金融的发展更加具有持续性。此外，金融科技公司正在使用人工智能应用程序来推进消费者保护，提升客户体验，并管控风险。

在信贷业务中，尽职调查成本高一直是许多发展中国家一个严重的问题。例如，根据印度储备银行（RBI）的统计报告，截至 2020 年，印度的不良贷款约为 7.5%，这对贷款的信用环境造成了挑战。在我国，蚂蚁集团通过使用深度学习技术来检测欺诈行为。深度学习技术可以识别人类无法识别的许多可疑活动，从而帮助欺诈检测系统分析客户的行为和其他信息，并在发生异常活动时触发网络安全机制，进而大大降低涉及洗钱等不法交易的调查成本。据蚂蚁集团官方发布的报告和声明，在使用人工智能技术后，公司支付体系的风险率显著降低，交易安全性得到了提升。

资料来源：本案例由作者整理所得。

第五节　区块链基础理论与金融应用

一、区块链基础理论

区块链是一种按照时间顺序将数据区块顺序相连组合成的链式数据结构，本质上是一个分布式数据库。它具有分布式记账、分布式传播以及分布式存储的特点，能从根本上改变目前管理数据的模式。区块链并非单一创新技术，而是将包括密码学、数学、算法学与经济学等许多跨领域技术融合在一起的产物。区块链技术的最大魅力在于，它以其独特的创新，彻底改变了传统的金融信用体系。它结合点对点网络关系，利用数学基础就能建立信任效果，从而成为一个不需基于彼此信任基础、也无须依赖单一中心化机构即可运作的分散式系统。区块链的工作原理融合了技术实践（具体包括分布式账本的应用、非对称加密技术的安全保障，以及访问控制机制的实现）、机制设计的智慧，以及智能合约的创新应用。简而言之，区块链的基石在于四大核心理论与技术实践的结合：分布式账本的记录方式、非对称加密和授权技术保障的安全性和访问控制、共识机制维护网络一致性的方式，以及智能合约实现自动化交易的功能。

1. 分布式账本

使用区块链系统记录一条交易信息，在形式上对应着：生成一个新的区块并串联到之前的区块链上，从而不断延长它。区块链系统中的每个参与者对应区块链网络中的一个节点。区块链的核心特性之一是它实现了一个分布式账本。分布式账本是一种去中心化的数据库系统。所谓的分布式是指在区块链的交易记录过程中，交易信息的记录是由分布在不同地理位置的多个网络节点共同完成的。每个节点都保存着完整的账本副本，分布式账本在网络中的各个成员之间被共享、复制和同步，这意味着每个节点都能够参与到交易合法性的监督中，并为其他用户提供验证服务。可见，分布式账本（或网络）不同于集中式账本（或网络），集中式账本由单一的机构或中心节点进行管理和维护，数据的存储和处理都集中在一处，存在单点故障风险和易受攻击等问题。而区块链上的分布式账本则具有以下好处：①这种记账方式消除了传统单一记账人可能因各种原因伪造账目的风险，保障了数据的准确性和安全性；②分布式账本数据对所有用户开放，所有参与者都可以在互联网上访问这些数据，确保了账本的公平性；③作为一种由海量计算机节点共同维护的分布式账本系统，区块链上的信息被永久保存且无法篡改。通过复杂的验证机制，区块链上的数据维持着高度的连续性和一致性，即便有部分节点试图伪造或篡改数据，也无法破坏整个系统的完整性和可追溯性。

2. 非对称加密和授权技术

非对称加密技术主要用于用户身份验证。在区块链中，每个数据块都包含了网络交易的信息，而非对称加密技术用于保护这些交易信息的安全性并验证其有效性。虽然区块链上的交易信息是公开透明的，但是通过使用非对称加密信息可以保护用户的身份信息，这是因为除非获得用户的授权，否则无法获取其真实身份信息，从而保障了数据的安全性和个人隐私。不过要注意的是，利用区块链进行身份验证的主要风险在于私钥的安全性。一般情况下，只要用户妥善保管好自己的私钥，就能有效防止他人冒用其身份。

拓展阅读 2.3
比特币下的金融货币体系与区块链运行原理

3. 共识机制

为了维持比特币系统背后的区块链系统的自动运行，显然需要为其提供"动力来源"。区块链系统内的这种持续的动力就来自"共识机制"。前面已经介绍过，区块链依靠网络中的众多节点的协作，共同记录所有的交易信息。"共识机制"的第一层含义是说，要判断整个网络中哪个记录是正确的以及另一个节点拥有的记录是否正确，可以利用"少数服从多数"的原则，通过众多节点共同拥有的相同的记录来验证，即多数人记录的相同的记录是全网公认的正确的记录。因为共识机制达成的基础是众多节点都去共同记录所有的交易信息。但问题来了：众多节点中的每一个节点凭什么为比特币系统的正常运行而辛苦自己去记录每条交易？其实办法也很简单和常用，就是靠"奖励"，给记录交易的节点发放比特币作为酬劳。所有节点都记录交易，给所有节点都奖励显然成本太高了。实际上只需要有一个节点完成交易记录，其他节点都直接"复制粘贴"过去，而且只给这一个节点发奖励就行了。但新问题是，选择给哪个节点发奖励，所有节点才没意见呢？这就涉及一个公平问题，就像任何比赛都需要有一个大家都认可的游戏规则一样，这里的所有人都认可的游戏规则在区块链世界里被称为"共识"，可见共识就是指大家都达成一致的意思。而能达到"共识"效果的具体办法则被称为"共识机制"，此处对应"共识机制"的第二层含义。比特币里的"共识机制"是这样的：比特币系统抛出一道数学难题，所有节点都去解这道题，谁先解出来，那么谁在负责完成交易记录的同时会得到奖励，正如每年各个省成绩最高的省状元去上中国最好的大学，其他考生都不会有意见。这些为了得到奖励而去解题的节点也被形象地称为"矿工"，解数学题的过程被称为"挖矿"。而且，最先解出难题的这个"赢家"从题目发布到解出题的这段时间里，可以认为他相比其他人付出了最多的体力和脑力（实际上是计算机在算，对应的是计算的算力），付出了最大的工作量。因此，比特币使用的这种"共识机制"被叫作"工作量证明机制"（Proof of Work，PoW）。

4. 智能合约

所谓智能合约实际上是代码和数据的集合，它存在于以太坊的合约地址上，能够按照预定的代码自动执行合约条款。其中，以太坊是一个扩展了比特币概念，并引入智能合约功能的开源公共区块链平台。在区块链环境中，智能合约通常对应一组预设的协议，这些协议以可编程的形式存在，并决定了区块链如何处理信息。智能合约的工作原理类似于自动售水机的作用机制：

拓展阅读 2.4
共识机制的细节

当你往自动售水机投入一元硬币时，将触发点击取水按钮后即可自动出水的程序操作。同样地，智能合约在设定的条件被满足时，就会自动执行相应的动作。借助智能合约，可以有效解决互联网时代对信任中介的需求和依赖问题。从理论上看，无论多么复杂的交易活动都能通过以太坊利用编码自动地、可靠地开展。因此，对信任、安全和持久性有较高要求的场景应用，如资产注册、投票、管理和互联网等领域中的应用，都可以借助以太坊实现。

不要小瞧区块链和智能合约的作用。回想当初，支付宝的诞生彻底消除了阻碍电子商务发展的买卖双方间的信任鸿沟，成为当今网络购物热潮不可或缺的基础支撑，其影响力不可谓不大。而且，它与后来出现的诸如腾讯财付通等类似服务一同加速了我国移动支付的普及。展望未来，随着区块链与智能合约的日益普及，它们所展现的效能有望与支付宝相媲美，甚至在某些

拓展阅读 2.5
智能合约与以
太坊

方面超越后者，以更高的信息对称性和可信度重塑信任体系，实现诸多支付宝目前尚难以触及的功能。例如，它们可以使民间的远期交易像交易所执行期货合约一样可靠。在房产交易，尤其是二手房交易中，虽然我们听说过很多陷阱和避坑策略，但仍然难以完全防范。然而，有了区块链技术，这些问题将不复存在。

虽然区块链技术是一项具有开创性和革命性的技术革新，但也许是因为区块链技术是一项底层技术，普通百姓对它的感知并没有像人工智能等技术那么强烈。当我们使用区块链时，只是把该应用的底层技术做了改变。以中央银行采用区块链技术推出数字货币为例，对于普通民众而言，最直观的感

拓展阅读 2.6
区块链的特性
与安全性保证

受可能仅仅是手中多了一种通过数字化手段管理的货币。这种货币的管理与交易背后实则依托于区块链的支撑，但操作界面或许只是手机上的一个新应用。再来看区块链在众筹领域的应用，用户层面的直观体验或许仍然局限于访问一个众筹平台网站，进行项目的浏览与支持操作。然而，不同之处在于，这些众筹项目的信息透明度和可追溯性得到了区块链技术的加强，用户可以

拓展阅读 2.7
区块链的各种
类型

通过区块链浏览器深入追踪查看项目资金的流转详情，这种深层次的变革虽不直接改变用户的交互界面，却极大地提升了众筹活动的信任度和透明度。

尽管区块链技术备受推崇和高度评价，但其普及度和知名度在普通人群中仍然有限。这主要是因为区块链在以下三方面存在需要突破的瓶颈，从而限制了其更广泛的应用和发展。

（1）性能瓶颈。区块链技术的交易处理性能较低，无法适应一些时效性要求较高的应用场景。随着区块链应用的发展和参与记账者数量的增加，对于设备、带宽和能源等资源的消耗会呈现几何倍数的增长，造成极大的成本开销。

（2）数据隐私保护不足。区块链存储了用户数据，因此必须确保这些隐私信息的安全。然而，现有的区块链平台在这方面存在缺陷，部分数据以明文形式存储，容易受到恶意追踪和分析。为了保护客户利益，一些开发者选择不将敏感数据上链，但这限制了区块链在某些场景下的能力发挥。未来，区块链平台将加强对数据的加密处理，并记录所有访问行为，确保最终的数据控制权在用户手中，且任何数据访问都必须得到用户的明确授权。

（3）操作复杂。当前，区块链基础平台的安装、监控及运维等工作仍然较为烦琐复杂，缺乏一些必要的辅助功能，使使用者不得不投入大量精力处理重复性的任务，给区块链应用增加了许多麻烦。为解决这一问题，区块链专属中间件及工具的开发正加速推进，旨在简化操作流程，提升运维效率，为区块链技术的普及与应用提供有力支持。

二、区块链金融应用

区块链技术的引入正在彻底改变传统金融体系的运作方式。首先，区块链技术的引入为解决传统金融体系中存在的信任缺失问题提供了一种创新的解决方案。它允许在没有第三方担保的情况下，在开放的平台上安全地进行远程价值传输。这意味着交易可以在没有中介机构的情况下进行，从而大大降低了交易成本和时间，同时也提高了交易的安全性和透明度。其次，随着这种新型货币流通方式的出现和智能合约技术的广泛应用，可能会催生出一批完全依赖区块链技术运作的新型自治实体，如分布式自治组织（DAO）或分布式自治公司（DAC）。这些自治实体的边界将不再是固定的，而是可以根据预定的目标进行调整。这种灵活的组织结构不仅会改变其内部的连接方式，还会影响其与外部世界的互动模式，推动组织向更高效、更先进的形式发展。最后，随着技术和社会基础设施的不断完善，当中央银行全面推出数字货币时，区块链技术将赋予货币流通以全新的灵活性。通过智能合约的应用，央行可以在数字货币的发行阶段就设置特定的条件来控制货币的流向。例如，可以预先设定一笔资金专门用于支持贫困地区的经济发展，这样就能确保这笔款项只能流向符合条件的地区，从而达到精准援助的目的。

货币作为经济交易的中介，其核心职能在于承载信用。当前货币的流通过程难以追溯，如洗钱行为和贪腐官员赃款转移等资金流动难以被有效记录，贪官私下收受的资金往往不被记录，如同在账面上不存在一样。这导致出现问题时的处理容易偏离客观事实，无法完全体现货币的信用职能。当前，微信钱包、支付宝这类移动支付的普及已经让电子货币快速渗透进了我们的生活，我们的直观感受是已经很久没有用过纸币了。电子货币显然已经在多个方面领先于传统货币，而数字货币则更进一步领先于电子货币。数字货币在法律定义上不同于电子货币，其价值属性不受货币政策影响，完全由供需决定。此外，数字货币的发行、运作、收单、清算等环节也有着完全不同于电子货币的模式。发行数字货币的好处如下：①有效降低了传统纸币发行和流通的高昂成本，提升了经济交易活动的便利性和透明度；②减少了洗钱、逃漏税等违法犯罪行为，提升了央行对货币供给和货币流通的控制力，更好地支持经济社会发展，助力普惠金融全面实现；③有助于建设全新的金融基础设施，进一步完善支付体系，提升支付清算效率，推动经济提质增效升级等。在大多数国家现有的银行系统中，所有银行都是通过中央的电子账本进行账目核对的。为了维护这个中心化系统中的所有数据的准确性，银行需要付出巨大的运营成本。凭借去中心化的特点，区块链技术可以为银行创建一个分布式的公开可查的网络，其中的所有交易数据都是透明和共享的。利用区块链技术进行分布式记账可以削减不必要的银行中介，在一定程度上解放了传统金融机构账户管理和清算的职能，从而节省了大量运营成本。比如，中国农业银行基于区块链的电商融资项目，将区块链与企业相连接，使得贷款支付更加便捷。此外，因为区块链具有不可随意篡改以及可追溯的特点，所以与银行存证类业务具有天然的适配性。区块链技术将形成以"工作量证明"机制为基础的自我监管平台，通过公开透明的方式有效监控诸如股票、债券等有价证券资产的交易过程，降低欺诈行为，提高监管效率。进一步地，中国证券交易所的区块链技术变革，支持股权资产类别的价格发现以及流动性处理，有可能使得纽约和伦敦交易中心的地位发生改变，形成新的世界交易中心。

区块链具有去中心化、开放性、自治性、信息不可篡改性以及匿名性等特点，能够帮助金融机构解决信任问题和数据共享难题。互联网金融的概念正在被"区块链金融"所刷新，重塑着金融行业的面貌。①基础数字货币的发行与流通体系替代了传统金融中的货币银行业务，构成了区块链金融的基石。通过数字货币，人们可以更加便捷地进行交易和支付，无须依赖传统的金融机构。②Token（代币）的发行与流通替代了传统金融中的证券期货业务。这里的Token可以简单地理解为遵循一定的规则和代表一定的份额数字资产。Token的发行与流通过程，实质上就是数字证券、数字期货的创造与交易过程，为资产的数字化提供了可能。③数字智投体系替代了传统的资产管理业务。这里的数字智投体系实质上就是数字化的资产管理服务。这一领域的开创者智投链（IIC）基于前面提到的基础数字货币和广泛的Token发行体系，并结合智能投顾技术，已经为投资者提供了更加智能化的投资决策支持。

在当今数字化浪潮的推动下，区块链技术正逐渐渗透到金融领域的各个方面，构建起一个全新的"区块链+"金融生态体系，为传统金融业务带来了革命性的变革。从银行业务到跨境支付，再到供应链金融、票据市场以及保险业务，区块链技术的应用不仅提高了效率，降低了成本，还增强了交易的安全性和透明度。

1. 区块链+银行

传统银行业务中，烦琐的流程、高昂的成本以及信息不对称等问题，一直是其发展的瓶颈。区块链通过其分布式账本技术，实现了交易数据的实时共享与验证，极大地提高了交易效率，降低了运营成本。同时，区块链的透明性也增强了客户对银行服务的信任度，为银行业提供了更加安全、高效、便捷的金融服务模式。

2. 区块链+跨境支付

传统的跨境汇款方式通常需要3～5个工作日才能完成，且涉及多个中间环节和高额的手续费。而区块链技术通过点对点支付和结算，消除了中间环节，实现了快速清算，支持全天候支付、实时到账，且无隐性成本。例如，渣打银行借助区块链技术，只需短短10秒钟即可完成一笔跨境支付业务。在B2B（企业对企业）跨境支付与结算业务中，使用区块链技术，可使每笔交易的成本从约26美元下降到15美元。

3. 区块链+供应链金融

供应链金融是银行将核心企业与其上下游企业联系起来，为整个供应链上的企业提供灵活多样的金融产品和服务的一种融资模式。传统的供应链金融体系中存在诸多痛点，如信息不透明、操作烦琐、风险高等问题。通过区块链，这些痛点都不难解决。首先，借助区块链的分布式账本技术，供应链上的所有参与方可以共同维护一个分布式账本，实现数据的实时同步与共享；其次，借助区块链的智能合约技术，将原本烦琐的纸质流程数字化，使得款项支付、融资审批等流程自动化、智能化，减少了人工介入，提高了效率，也减少了人为错误；最后，借助区块链公开透明的特性，有助于打破供应链中的数据孤岛，提高数据的真实性与可信度，从而降低融资成本，提高融资效率。

4. 区块链+票据

区块链票据是借助于区块链技术，在现有票据属性、法律和市场的基础上诞生的一种新型票据展现形式。区块链票据通过区块链网络进行发行、流转与兑付，实现了票据全生命周期的数字化管理。这一变革不仅提高了票据的流转效率与安全性，还降低了票据管理的成本与风险。同时，区块链票据的智能化特性也使得票据审核、登记、转让等流程更加便捷高效。

5. 区块链 + 证券

通过区块链网络，证券的发行、交易、清算与结算等流程可以实现去中心化、自动化与智能化管理。这一变革不仅提高了证券市场的透明度与效率，还降低了交易成本与风险。此外，区块链技术还有助于构建更加公平、公正的证券市场环境，有效保护投资者的合法权益。

6. 区块链 + 资产证券化

通过将资产证券化过程中的信息和现金流记录在区块链上，使得资产证券化项目的各个参与方都能够清晰地了解底层资产的真实情况，准确地评估项目价值，从而有效地解决了传统资产证券化过程中的信息不对称问题。区块链技术的介入不仅减轻了信息不对称以及所带来的风险，还提高了投资者的投资意愿并降低了其面临的不确定性风险。这是因为，一方面，由于更完整的信息披露、更有效率的操作流程以及去中介化的交易方式，资产证券化的成本大大降低，同时价格的透明化也使得差价更加合理；另一方面，区块链的透明性不仅促进了参与方之间的信任，还使得主体信用评级和项目信用评级能够真正分离，提高了评级的准确性和可靠性。在现实中的案例方面，"百度—长安新生—天风第一期资产支持专项计划"是国内首个运用区块链技术的交易所资产证券化产品。百度金融为此搭建的区块链服务端，将各参与机构作为各节点紧密连接成一个分布式网络，实现了信息的实时共享与高效协同；京东金融推出的基于区块链技术的资产证券化云工厂底层资产管理系统，则是区块链技术首次在资产证券化领域的实际应用。

7. 区块链 + 保险

传统保险业务中，保险机构作为核心部分，全面负责资金归集、投资以及理赔等流程，导致运营与管理成本高昂。通过区块链技术，可以实现互助保险模式，直接将资金支付给受保人，减少中间环节，降低成本。保险机构可以转型为咨询服务提供商，不再直接承担风险，从而降低成本，提高效率。

拓展阅读 2.8
微众银行对
账平台、
OKLink 和
LendingRobot
Series

·思考题·

1. 列举并比较几种常用的 Python 开发工具（如 IDE、文本编辑器、包管理工具等），并讨论在实际开发中如何根据具体需求选择合适的工具。

2. 解释云计算中虚拟化技术的关键作用。

3. 简述人工智能技术在金融领域的现实应用。

4. 简述大数据处理流程中的主要环节及其作用。

5. 区块链技术在金融领域的应用有哪些？区块链技术如何改善传统金融体系？

【即测即练题】

自测自练

扫描此码

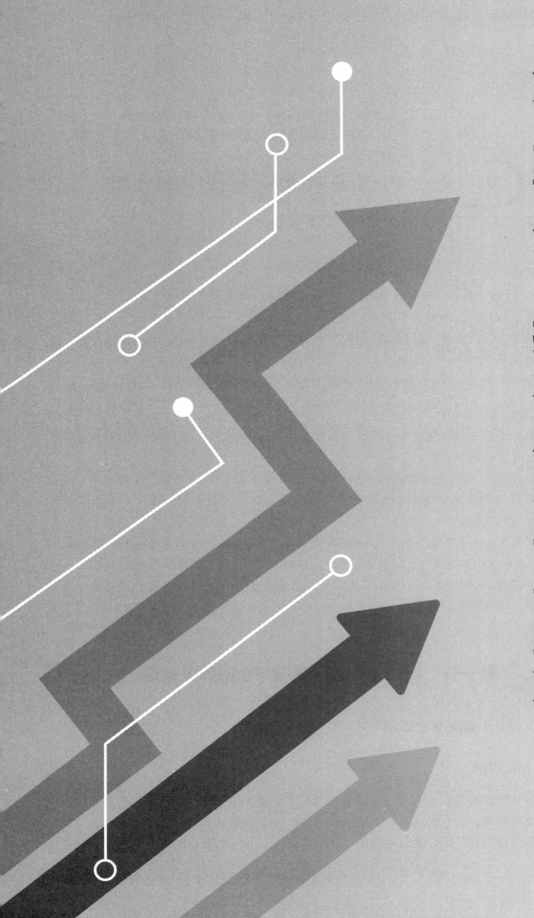

第二部分　技术应用与实践篇

第三章　Python 在金融科技中的应用

学习目标

1. 掌握 Python 基本语法和程序控制结构，为金融数据处理打基础。

2. 理解数据分析方法并能用 Python 进行数据可视化。

3. 掌握量化分析流程，包括数据预处理和模型构建。

4. 掌握使用 Python 构建预测和信用风险模型等，提高风险管理能力。

5. 掌握使用 Python 进行策略回测和模型评估，优化投资组合和提升收益。

素养目标

1. 培养学生在金融数据处理中的信息筛选、整合与分析能力，能够快速准确地从海量数据中提取有价值的信息。

2. 提升学生的 Python 编程能力，熟练掌握 Python 在金融数据分析、量化交易、风险管理等领域的应用技术；培养学生的创新思维和实践能力，能够独立运用 Python 解决金融领域中的实际问题。

3. 增强学生对金融市场和金融产品的理解与认知，具备扎实的金融理论知识和实践能力；培养学生的风险意识和合规意识，能够在金融操作中严格遵守相关法律法规和道德规范。

4. 提升学生的团队协作能力和沟通能力，能够在多学科交叉的金融科技领域中有效合作与交流；培养学生的自主学习能力和持续学习的意识，不断适应金融科技领域的新技术、新挑战。

第一节　Python 编程基础与金融数据处理

一、Python 编程基础知识

（一）语法规则

Python 作为一种高级编程语言，其语法规则既简洁又富有表现力。它支持多种编程范式，包括面向对象、命令式、函数式和过程式。Python 的语法规则设计得易于阅读，同时允许程序员用较少的代码行来表达想法，这大大提高了开发效率。Python 常见的编程语法规则如下。

（1）缩进：Python 使用缩进来表示代码块，而非其他语言常用的大括号"{}"。这是 Python 语法的一个显著特点。正确的缩进对于 Python 代码的运行至关重要。

（2）注释：在 Python 中，单行注释以井号"#"开头，而多行注释则可以使用三个连续的单引号""""或三个连续的双引号"""""。

（3）标识符：在 Python 中，标识符是用于识别变量、函数、类等对象的名称。标识符可以由字母、数字和下画线组成，但不能以数字开头。此外，Python 中的标识符是区分大小写的。

（4）关键字：Python 中有一些保留的关键字，这些关键字在语言中有着特殊的含义，因此不能用作标识符。例如，"if""for""while"等都是 Python 的关键字。

（二）变量的命名及操作

变量，顾名思义，是计算机内存中用于存储数据的一个"容器"。在 Python 程序中，我们通过变量名来访问和操作这些"容器"中的数据。在 Python 中使用变量时，需要遵守一些规则，违反这些规则将引发错误，请务必牢记下述有关变量的规则及常用操作。

（1）变量名只能包含字母、数字和下划线。变量名能以字母或下划线打头，但不能以数字打头。例如，可将变量命名为 message_1，但不能将其命名为 1_message。

（2）变量名不能包含空格，但能使用下划线来分隔其中的单词。例如，变量名 greeting_message 可行，但变量名 greeting message 会引发错误。

（3）不要将 Python 关键字和函数名用作变量名，即不要使用 Python 保留用于特殊用途的单词。

（4）变量名应既简短又具有描述性。例如，name 比 n 好，student_name 比 s_n 好，name_length 比 length_of_persons_name 好。

（5）慎用小写字母 l 和大写字母 O，因为它们可能被人错看成数字 1 和 0。

（6）创建与赋值。在 Python 中，变量的创建与赋值是同步进行的。我们使用赋值语句（如 x = 5）来创建一个名为 x 的变量，并将数值 5 赋给它。此后，x 就代表了这个数值，我们可以在程序中使用它。Python 中的变量是动态的，这意味着我们可以随时改变一个变量的值。例如，x = 10 这条语句会将 x 的值更改为 10。

（7）命名的规范性。虽然 Python 在变量命名上相对灵活，但我们仍应遵循一些最佳实践。例如，使用有意义的名称（如 age 而非 a），以及遵循特定的命名约定（如使用驼峰命名法或下划线分割法）。

（三）数据类型

Python 提供了多种数据类型，用于表示和操作不同类型的数据。以下是一些基本的简单数据类型。

1. 整数（int）

整数是没有小数部分的数字，可以是正数、负数或零。在 Python 中，整数类型用 int 表示。

2. 浮点数（float）

浮点数是有小数部分的数字，用于表示实数。在 Python 中，浮点数类型用 float 表示。

3. 布尔值（bool）

布尔值表示逻辑上的真（True）或假（False）。在 Python 中，布尔类型用 bool 表示，且 True 和 False 是布尔类型的两个唯一值。

4. 字符串（str）

字符串是由零个或多个字符组成的序列，用于表示文本数据。在 Python 中，字符串类型用 str 表示，且字符串可以是单引号（'）或双引号（"）括起来的任意文本。

5. None 类型

None 是一个特殊的数据类型，用于表示变量没有值。它相当于其他语言中的 null 或 undefined。None 常用于表示函数没有返回值或用于初始化变量。

（四）类型转换与操作

Python 允许在不同数据类型之间进行转换，以适应不同的编程需求。

1. 显式类型转换

使用 Python 内置的函数（如 int()、float() 和 str()）来显式地转换数据类型。例如，int(3.14) 会将浮点数 3.14 转换为整数 3。

2. 隐式类型转换

在某些情况下，Python 会自动进行类型转换，以适应运算或函数调用的需要，这被称为隐式类型转换。例如，在字符串拼接时，Python 会自动将非字符串类型转换为字符串类型。

3. 数据类型的操作与比较

Python 提供了丰富的运算符和函数来操作和比较不同数据类型的数据。例如，我们可以使用加法运算符（+）来拼接字符串，或使用比较运算符（如 ==、!=、< 等）来比较数值的大小。

（五）程序流程控制

Python 语言中的程序流程控制是编程的核心概念之一，它决定了程序执行的顺序和逻辑。在 Python 中，程序流程控制主要包括顺序结构、分支结构和循环结构三种基本形式，此外还有异常处理机制。

1. 顺序结构

顺序结构是最简单的程序执行方式，它按照程序中语句的先后顺序逐条执行。在 Python 中，除非遇到控制语句（如分支或循环语句），否则代码将按照从上到下的顺序依次执行。

2. 分支结构

分支结构允许程序根据条件的不同选择不同的执行路径。Python 中主要通过 if 语句来实现分支控制。

（1）单分支结构。单分支结构是最简单的分支形式，它使用 if 语句来判断条件，如果条件为真（True），则执行 if 语句块中的代码；如果条件为假（False），则跳过该语句块继续执行后续代码。

```
if 条件:
# 条件为真时执行的代码
```

（2）双分支结构。双分支结构在单分支结构的基础上增加了 else 语句，用于在条件为假时执行特定的代码块。

```
if 条件:
# 条件为真时执行的代码
else:
# 条件为假时执行的代码
```

（3）多分支结构。多分支结构通过 elif（else if 的缩写）语句扩展了双分支结构，允许程序根据多个条件进行判断，并执行相应的代码块。

```
if 条件1:
# 条件1为真时执行的代码
elif 条件2:
# 条件1为假且条件2为真时执行的代码
else:
# 所有条件都为假时执行的代码
```

（4）嵌套分支结构。嵌套分支结构允许在一个 if 语句块内部再嵌套另一个或多个 if 语句，以实现更复杂的条件判断逻辑。

```
if 条件1:
if 条件2:
# 条件1和条件2都为真时执行的代码
else:
# 条件1为真但条件2为假时执行的代码
else:
# 条件1为假时执行的代码
```

3.循环结构

循环结构允许程序重复执行一段代码多次，直到满足特定的退出条件。Python 中主要通过 for 循环和 while 循环来实现循环控制。

（1）for 循环。for 循环用于遍历序列（如列表、元组、字符串）或其他可迭代对象，对序列中的每个元素执行一次循环体中的代码。

```
for 变量 in 序列:
# 循环体代码
for 循环还可以使用 range() 函数来生成一个整数序列，从而实现计数循环。
for i in range(start, stop[, step]):
# 循环体代码
```

（2）while 循环。while 循环在给定条件为真时重复执行一段代码块。与 for 循环不同，while 循环不是基于序列或迭代器的长度，而是基于条件表达式的真假值。

```
while 条件：
    # 循环体代码
```

（3）循环控制语句。在循环结构中，Python 还提供了 break 和 continue 两个控制语句来改变循环的执行流程。break 语句用于立即退出循环，不再执行循环体中剩余的语句，也不论循环条件是否仍然为真；continue 语句用于跳过当前循环的剩余语句，并继续下一次循环的迭代（如果条件为真）。

4. 异常处理

除了上述三种基本的程序流程控制结构外，Python 还提供了异常处理机制来增强程序的健壮性和容错性。异常处理主要通过 try、except、else 和 finally 关键字来实现。通过异常处理语句块，程序可以捕获并处理在执行过程中发生的异常，从而避免程序因未处理的异常而中断执行。

```
try:
    # 可能引发异常的代码
except 异常类型 1：
    # 处理异常类型 1 的代码
except 异常类型 2：
    # 处理异常类型 2 的代码
else:
    # 如果没有发生异常，则执行此代码块
finally:
    # 无论是否发生异常，都会执行此代码块
```

Python 语言中的程序流程控制通过顺序结构、分支结构和循环结构以及异常处理机制，为开发者提供了灵活而强大的编程能力。掌握这些控制结构，可以帮助开发者编写出逻辑清晰、结构合理的 Python 程序。在实际编程过程中，开发者应根据具体需求选择合适的控制结构，以实现程序的预期功能。

（六）Python 的数据结构

在 Python 中，数据结构是编程的基础，它们为数据的组织和管理提供了框架。Python 内置了几种基本且非常强大的数据结构，这些结构包括列表（list）、元组（tuple）、字典（dictionary）和集合（set）。每种数据结构都有其特定的用途和特性，使得 Python 成为一种灵活且功能强大的编程语言。

1. 列表

列表（list）作为一种基础且极其灵活的数据结构，扮演着举足轻重的角色。它不仅能够存储各式各样的数据类型，还允许用户在创建后对元素进行增添、删除或修改等一系列操作。鉴于列表在 Python 编程中的广泛应用和重要性，以下将对 Python 中的列表进行详尽的阐述，内容将涵盖其定义、创建方式、元素访问与修改方法、切片操作、多样化的列表操作、高级应用技巧，以及与其他数据结构的对比分析等方面。

在 Python 中，列表是一种有序的元素集合，这些元素被整齐地排列在方括号 [] 之内。值得注意的是，列表中的元素并不局限于单一数据类型，它们可以是整数、浮点数、字符串、布尔值，甚至是另一个列表等。这种灵活性使得列表成为 Python 编程中处理复杂数据结构的得力助手。

（1）列表的创建。创建一个列表的过程十分简单，只需将希望包含的元素依次列在方括号内，各元素之间用逗号"，"分隔即可。以下是一个具体的例子。

```
# 创建一个包含多种数据类型的列表
my_list = [1, "hello", 3.14, True, [1, 2, 3]]
```

在上述代码中，我们创建了一个名为 my_list 的列表，它包含了整数、字符串、浮点数、布尔值以及另一个列表作为元素。

（2）访问与修改列表元素。

①访问元素。在 Python 中，我们可以通过索引来访问列表中的特定元素。索引值从 0 开始，代表列表中的第一个元素，以此类推。以下是一个访问列表元素的示例。

```
# 访问列表的第一个元素
print(my_list[0]) # 输出结果为 1
# 访问列表的最后一个元素
print(my_list[-1]) # 输出结果为 [1, 2, 3] 这个子列表
```

②修改元素。同样地，我们也可以通过索引来修改列表中的元素。只需将新值赋给对应的索引位置即可。以下是一个修改列表元素的例子。

```
# 修改列表的第一个元素
my_list[0] = 100
print(my_list) # 输出结果为 [100, 'hello', 3.14, True, [1, 2, 3]]
```

（3）列表切片。切片是 Python 中一个极为有用的特性，它允许我们轻松获取列表的一部分。切片操作通过冒号"："来分隔起始索引和结束索引。以下是一些切片操作的例子。

```
# 获取列表的前三个元素
print(my_list[:3]) # 输出结果为 [100, 'hello', 3.14]
# 获取列表的第二个到最后一个元素
print(my_list[1:]) # 输出结果为 ['hello', 3.14, True, [1, 2, 3]]
# 获取列表的第二个到第四个元素
print(my_list[1:4]) # 输出结果为 ['hello', 3.14, True]
```

2. 元组

在 Python 中，元组（tuple）是一种非常重要的数据结构，它是一个有序的元素集合，与列表类似，但有着本质的不同，但它是不可变的，意味着一旦元组被创建，就不能添加、删除或更改其内的元素。这种不可变性使得元组在某些情况下比列表更加高效，特别是在需要保护数据不被修改时。

元组使用圆括号"（）"来定义，元素之间用逗号"，"分隔。元组中的元素可以是任何类型的数据，包括整数、浮点数、字符串、列表、字典等。由于元组的不可变性，它们在内存中通常比列表更高效。Python 在内部对元组进行了一些优化，使得它们在处理大量数据时比列表更快。元组是不可变的，因此它们是可哈希（hashable）的。这意味着元组可以用作字典的键或集合的元素，而列表则不能。元组可以包含零个、一个或多个元素。

69

只有一个元素的元组需要在元素后面添加逗号，以区分元组和表达式中的普通括号。

（1）元组的创建。Python 提供了多种方式来创建元组，包括使用圆括号 ()、tuple() 函数、列表推导式等。

①使用圆括号 () 创建。

```
my_tuple = (1, 2, 3)
如果元组只有一个元素，需要在元素后面添加逗号：
single_element_tuple = (1,)
```

②使用 tuple() 函数创建。

```
通过可迭代对象创建：
my_list = [1, 2, 3]
my_tuple = tuple(my_list)
```

③通过关键字参数创建。

```
my_tuple = tuple(a=1, b=2, c=3)
```

这将创建一个包含键值对的元组，其中键是字符串。

（2）利用列表推导式创建（注意：列表推导式本身不直接创建元组，但可以结合其他方法实现）。

```
my_list = [1, 2, 3]
my_tuple = tuple([x for x in my_list])
或者更简洁的
my_tuple = tuple(x for x in my_list)
```

（3）元组的访问。元组是不可变的，但可以访问元组中的元素。访问元组元素的方式与访问列表元素的方式相同，都是使用索引。

```
my_tuple = (1, 2, 3)
print(my_tuple[0]) # 输出：1
print(my_tuple[1]) # 输出：2
```

也可以使用负数索引来访问元组中的元素，其中 -1 表示最后一个元素。

```
print(my_tuple[-1]) # 输出：3
```

（4）元组的切片。与列表一样，元组也支持切片操作。切片操作可以返回元组的一个子集。

```
my_tuple = (1, 2, 3, 4, 5)
print(my_tuple[1:3]) # 输出：(2, 3)
```

切片操作返回的是一个新的元组，包含原始元组中指定范围内的元素。

（5）元组的修改（间接）。由于元组是不可变的，不能直接修改元组中的元素。但是，如果元组中包含可变的数据结构（如列表），可以修改这些结构的内容。

```
my_tuple = (1, [2, 3], 4)
my_tuple[1][0] = 'a'
print(my_tuple) # 输出：(1, ['a', 3], 4)
```

在这个例子中，我们修改了元组中列表的第一个元素。虽然元组本身没有改变（它的元素仍然是 1、一个列表和 4），但列表的内容发生了变化。

（6）元组的删除。由于元组的不可变性，不能直接删除元组中的元素。但是，可以通过一些间接的方式来"删除"元素，比如创建一个新的元组，其中不包含想要删除的元素。

```
my_tuple = (1, 2, 3, 4, 5)
new_tuple = my_tuple[:1] + my_tuple[3:]
print(new_tuple) # 输出：(1, 2, 4, 5)
```

在这个例子中，我们创建了一个新的元组 new_tuple，它包含了除了第三个元素之外的所有元素。

（7）元组的排序。元组本身是不可排序的，因为它们的顺序在创建时就已经确定，并且不能更改。但是，可以使用 sorted() 函数对元组进行排序，并返回一个新的列表。

```
my_tuple = (3, 1, 4, 1, 5, 9, 2)
sorted_list = sorted(my_tuple)
print(sorted_list) # 输出：[1, 1, 2, 3, 4, 5, 9]
```

注意，sorted() 函数返回的是一个列表，而不是一个新的元组。如果需要一个排序后的元组，可以将结果转换回元组：

```
sorted_tuple = tuple(sorted(my_tuple))
print(sorted_tuple) # 输出：(1, 1, 2, 3, 4, 5, 9)
```

（8）元组的嵌套操作。Python 支持元组的嵌套，即可以在元组中包含其他元组、列表、字典等数据结构。这种嵌套结构在处理复杂数据时非常有用。

```
nested_tuple = (1, (2, 3), [4, 5], {'a': 6, 'b': 7})
```

在这个例子中，nested_tuple 是一个包含整数、另一个元组、一个列表和一个字典的元组。可以使用索引和键来访问嵌套结构中的元素。

3. 集合

在 Python 中，集合（set）是一种非常重要的数据结构，它提供了一种存储唯一元素的方式，并且支持一系列高效的数学集合运算。集合是一个无序的、不包含重复元素的序列。在 Python 中，集合主要用于成员关系测试和数学集合运算，如并集、交集、差集和对称差集等。以下是对 Python 中集合的详细解析，包括其特性、集合创建、添加元素、删除元素、集合运算等多个方面。

（1）特性。①无序性：集合中的元素没有固定的顺序，每次打印集合时元素的顺序可能会有所不同。②唯一性：集合中的元素必须是唯一的，不能包含重复的元素。③不可变性（可变集合除外）：Python 中的集合（set）是可变的，意味着可以添加或删除元素。但不可变集合（frozenset）一旦创建，其元素就不能被修改。④可哈希性：集合是可哈希的，这意味着它可以作为字典的键或另一个集合的元素。

（2）集合的创建。在 Python 中，可以使大括号 {} 或 set() 函数来创建集合。但需要注意的是，空的大括号 {} 会被解释为空字典，而不是空集合。因此，创建空集合时应使用

set() 函数。

```
示例:
# 使用大括号创建集合
my_set = {1, 2, 3}
# 使用 set() 函数创建集合
another_set = set([1, 2, 3])
# 创建空集合
empty_set = set()
```

（3）添加元素。向集合中添加元素可以使用 add() 或 update() 方法。

add(element)：向集合中添加一个元素，如果该元素已存在，则不会执行任何操作。

update(iterable)：向集合中添加一个或多个元素，参数可以是任何可迭代对象（如列表、元组、集合等）。

```
示例:
my_set = {1, 2, 3}
my_set.add(4) # 添加元素 4
print(my_set) # 输出: {1, 2, 3, 4}
my_set.update([5, 6]) # 添加元素 5 和 6
print(my_set) # 输出: {1, 2, 3, 4, 5, 6}
```

（4）删除元素。从集合中删除元素可以使用 remove()、discard()、pop() 或 clear() 方法。

remove(element)：如果元素存在于集合中，则移除该元素；如果不存在，则抛出 KeyError 异常。

discard(element)：如果元素存在于集合中，则移除该元素；如果不存在，则不执行任何操作。

pop()：随机移除集合中的一个元素并返回它；如果集合为空，则抛出 KeyError 异常。

clear()：移除集合中的所有元素。

```
示例:
my_set = {1, 2, 3, 4}
my_set.remove(2) # 移除元素 2
print(my_set) # 输出: {1, 3, 4}
my_set.discard(5) # 尝试移除不存在的元素 5, 不会抛出异常
print(my_set) # 输出: {1, 3, 4}
removed_element = my_set.pop() # 随机移除一个元素并返回
print(removed_element) # 输出可能是 1、3 或 4 中的一个
print(my_set) # 输出: 剩余的两个元素
my_set.clear() # 移除所有元素
print(my_set) # 输出: set()
```

（5）集合运算。Python 中的集合支持多种数学集合运算，包括并集、交集、差集和对称差集。

并集：两个集合的并集包含了所有在第一个集合或第二个集合中的元素。可以使用 | 运算符或 union() 方法来实现。

交集：两个集合的交集包含了所有同时在第一个集合和第二个集合中的元素。可以使

用 & 运算符或 intersection() 方法来实现。

差集：两个集合的差集包含了所有在第一个集合中但不在第二个集合中的元素。可以使用 - 运算符或 difference() 方法来实现。

对称差集：两个集合的对称差集包含了所有在第一个集合或第二个集合中，但不同时出现在两个集合中的元素。可以使用 ^ 运算符或 symmetric_difference() 方法来实现。

```
示例：
set1 = {1, 2, 3, 4}
set2 = {3, 4, 5, 6}
# 并集
union_set = set1 | set2 # 或 set1.union(set2)
print(union_set) # 输出：{1, 2, 3, 4, 5, 6}
# 交集
intersection_set = set1 & set2 # 或 set1.intersection(set2)
print(intersection_set) # 输出：{3, 4}
# 差集
difference_set = set1 - set2 # 或 set1.difference(set2)
print(difference_set) # 输出：{1, 2}
# 对称差集
symmetric_difference_set = set1^set2 # 或 set1.symmetric_difference(set2)
print(symmetric_difference_set) # 输出：{1, 2, 5, 6}
```

4. 字典

Python 中的字典（dictionary）是一种非常强大且灵活的数据结构，它允许存储键值对（key-value pairs），并通过键来快速访问值。字典在 Python 编程中广泛应用，特别适合于存储和检索数据，尤其是当数据是无序的或需要快速查找某个特定元素时。以下是对 Python 字典的详细解析，涵盖其基本概念、特性、创建、访问、修改、删除以及排序等多个方面。

（1）基本概念。字典是 Python 中的一种内置数据结构，用于存储键值对。键（key）是唯一的，且必须是不可变数据类型（如整数、浮点数、字符串、元组），而值（value）可以是任意数据类型。字典通过键来访问对应的值，而不是通过索引。

（2）特性。①快速查找和访问：字典中的元素可以通过键来快速查找和访问，这使得字典非常适合存储和检索数据。②灵活性和可扩展性：字典的键和值可以是任何类型的数据，这使得字典非常灵活和可扩展。用户可以根据需要添加、修改或删除键值对，而无需重新创建整个字典。③无序性：在 Python 3.6 及以后的版本中，字典是按照插入顺序进行迭代的，但在之前的版本中，字典是无序的。尽管如此，字典的无序性意味着元素的顺序并不固定，且不应该依赖于元素的顺序。④内存效率高：字典只存储键值对，不会存储键和值的重复信息，因此占用内存较少。

（3）字典的创建。Python 提供了多种方式来创建字典，包括使用大括号 {}、dict() 函数、列表推导式等。

①使用大括号 {} 创建。

```
my_dict = {'name': 'John', 'age': 30, 'city': 'New York'}
```

```
使用 dict() 函数创建：
通过关键字参数创建：
my_dict = dict(name='John', age=30, city='New York')
通过包含双值子序列的序列对象（如列表或元组）创建：
list_of_tuples = [('name', 'John'), ('age', 30), ('city', 'New York')]
my_dict = dict(list_of_tuples)
使用 zip() 函数结合可迭代对象创建：
keys = ['name', 'age', 'city']
values = ['John', 30, 'New York']
my_dict = dict(zip(keys, values))
```

②使用列表推导式创建（注意：列表推导式本身不直接创建字典，但可以结合其他方法实现）。

```
keys = ['a', 'b', 'c']
values = [1, 2, 3]
my_dict = {k: v for k, v in zip(keys, values)}
```

③使用 dict.fromkeys() 方法创建。该方法创建一个新字典，以序列 seq 中元素做字典的键，value 为字典所有键对应的初始值。

```
my_dict = dict.fromkeys(['a', 'b', 'c'], 0)
```

（4）字典的访问与修改。

①访问元素：通过键来访问字典中的值。如果键存在于字典中，则返回对应的值；否则，会抛出一个 KeyError 异常。为了避免这种情况，可以使用 get() 方法，它会返回 None（或者指定的默认值）而不是抛出异常。

```
# 直接访问
print(my_dict['name']) # 输出：John
# 使用 get() 方法访问
print(my_dict.get('age')) # 输出：30
print(my_dict.get('job', 'Not found')) # 输出：Not found
```

②修改元素：直接通过键来修改字典中的值。如果键不存在，则添加一个新的键值对。

```
my_dict['age'] = 31 # 修改年龄
my_dict['job'] = 'Engineer' # 添加新的键值对
```

（5）字典的删除。

使用 del 语句来删除字典中的键值对；

使用 pop() 方法来删除键值对，并返回被删除的值；

使用 popitem() 方法（在 Python 3.7+ 版本中保证按插入顺序删除）来删除并返回字典中的最后一个键值对（Python 3.6 之前版本不保证顺序）；

clear() 方法可以清空字典中的所有键值对。

```
del my_dict['job'] # 删除键值对
age = my_dict.pop('age') # 删除并返回年龄
my_dict.clear() # 清空字典
```

（6）字典的排序。由于字典是无序的（在 Python 3.6 之前），如果需要按照某种顺序（如键或值的顺序）来遍历字典，可以使用 sorted() 函数结合字典的 items()、keys() 或 values() 方法来实现。另外，从 Python 3.7 开始，字典保持插入顺序，但如果需要其他顺序，仍然需要使用排序方法。

```
# 按键排序
sorted_dict_by_key = {k: my_dict[k] for k in sorted(my_dict)}
# 按值排序（假设值可以比较）
sorted_dict_by_value = {k: v for k, v in sorted(my_dict.items(),
    key=lambda item: item[1])}
```

二、Python 的金融数据处理

金融数据处理是一个复杂而关键的过程，它涉及将收集到的金融数据通过一系列手段、程序和要求加工成符合目的要求的数据，以支持金融决策、风险管理、业务运营等多个方面。金融数据除了具有数据的一般特性外，还具有其自身的特殊性，主要包括广泛性、综合性、可靠性、连续性等。广泛性指的是金融数据来源于金融活动的各个环节，包括银行业务、证券业务、保险业务等，涉及信贷、会计、储蓄、结算、利率、行情、委托、成交、资金市场供求以及上市公司经营状态等多个方面；综合性指的是金融数据是对金融机构自身经营状况的客观描述，也是对国民经济宏观和微观运行状况的综合反映，因此具有高度的综合性；可靠性表示金融数据必须真实反映客观事物的属性，具备严格的输入审核流程，确保数据的准确性和可靠性；连续性是指金融数据是随着时间连续产生的，具有时间序列的特性，对于分析金融市场的动态变化具有重要意义。

Python 在金融数据处理方面极具优势，这得益于它丰富的数据处理库和生态系统。下面，我们将详细探讨如何使用 Python 处理金融数据，包括数据的获取、清洗、分析、可视化、建模与预测等步骤。

（一）数据获取

金融数据可以从多个来源获取，包括金融数据提供商的 API、公共数据集、数据库等。在 Python 中，常用的数据获取工具包括 yfinance、pandas_datareader、tushare 等。

1. yfinance 获取数据

yfinance 是一个流行的 Python 库，用于从 Yahoo Finance 获取金融数据。

```
import yfinance as yf
# 获取苹果公司（AAPL）的股票数据
aapl = yf.download('AAPL', start='2020-01-01', end='2023-01-01')
print(aapl.head())
pandas_datareader 获取数据
```

2. pandas_datareader 获取数据

pandas_datareader 是另一个用于从多个来源（包括 Yahoo Finance、Google Finance 等）获取金融数据的库。

```
from pandas_datareader import data as pdr
import datetime
# 设置时间范围
start = datetime.datetime(2020, 1, 1)
end = datetime.datetime(2023, 1, 1)
# 获取数据
aapl = pdr.get_data_yahoo('AAPL', start, end)
print(aapl.head())
```

3. tushare 获取数据

tushare 是一个专门用于获取中国金融数据的 Python 库。

```
import tushare as ts
# 设置tushare的token
ts.set_token('your_token_here')
# 初始化pro接口
pro = ts.pro_api()
# 获取上证指数的数据
df=pro.index_daily(ts_code='000001.SH',start_date='20200101',end_
    date='20230101')
print(df.head())
```

（二）数据清洗

数据清洗是金融数据处理中不可或缺的一步，它包括处理缺失值、异常值、重复值等。

1. 处理缺失值

```
# 检查缺失值
print(aapl.isnull().sum())
# 填充缺失值
aapl.fillna(method='ffill', inplace=True)    # 向前填充
```

2. 处理异常值

异常值可以通过统计方法（如 3σ 原则）或业务逻辑进行识别和处理。

```
# 假设收盘价超过某个值即为异常值，这里以 500 为例
outliers = aapl[aapl['Close'] > 500]
print(outliers)
# 可以选择删除异常值或进行其他处理
# aapl.drop(outliers.index, inplace=True)    # 删除异常值
```

3. 处理重复值

```
# 检查重复值
print("重复值的行数:", aapl.duplicated().sum())
# 显示重复值的行（如果有的话）
print("重复值的行:")
print(aapl[aapl.duplicated()])
# 删除重复值，只保留第一次出现的行
aapl = aapl.drop_duplicates()
# 再次检查重复值，确认已删除
```

```
print(" 处理后的重复值行数: ", aapl.duplicated().sum())
```

（三）数据分析

数据分析是金融数据处理的核心，如时间序列分析和相关性分析方法等。
时序分析示例如下。

```
# 计算移动平均线
aapl['MA20'] = aapl['Close'].rolling(window=20).mean()
 # 绘制收盘价和移动平均线
import matplotlib.pyplot as plt
plt.figure(figsize=(14, 7))
plt.plot(aapl['Close'], label='Close Price')
plt.plot(aapl['MA20'], label='20-Day MA')
plt.title('AAPL Stock Price and 20-Day Moving Average')
plt.xlabel('Date')
plt.ylabel('Price')
plt.legend()
plt.show()
```

相关性分析示例如下。

```
# 计算收盘价与其他指标（如成交量）的相关性
correlation = aapl[['Close', 'Volume']].corr()
print(correlation)
```

（四）数据可视化

数据可视化是展示金融数据分析结果的重要手段。Matplotlib、Seaborn、Plotly 等库都可以用于金融数据的可视化，示例如下。

```
Matplotlib 绘制 K 线图
import mplfinance as mpf
# 绘制 K 线图
mpf.plot(aapl, type='candle', style='charles')
使用 Seaborn 绘制热力图
import seaborn as sns
# 假设有一个 DataFrame 包含多只股票的收盘价数据
stock_prices = ...
# 计算股票之间的相关性
correlation_matrix = stock_prices.corr()
# 绘制热力图
sns.heatmap(correlation_matrix, annot=True, cmap='coolwarm')
plt.show()
```

（五）建模与预测

在金融数据处理中，建模与预测是至关重要的环节。常用的建模方法包括时间序列模型（如 ARIMA、GARCH）、机器学习模型（如线性回归、决策树、随机森林、神经网络）等。

```
使用时间序列模型进行预测
from statsmodels.tsa.arima.model import ARIMA
# 以收盘价为例，进行 ARIMA 建模和预测
model = ARIMA(aapl['Close'], order=(5, 1, 0))
fit = model.fit()
pred = fit.predict(start=len(aapl), end=len(aapl) + 10)    # 预测未来10
    天的收盘价
print(pred)
使用机器学习模型进行预测
from sklearn.linear_model import LinearRegression
from sklearn.model_selection import train_test_split
# 假设我们要预测收盘价，可以使用前一天的收盘价、成交量等指标作为特征
X = aapl[['Close'.shift(1), 'Volume.shift(1)']]    # 注意：这里使用了
    shift 来构造特征
y = aapl['Close']
# 划分训练集和测试集
X_train, X_test, y_train, y_test = train_test_split(X, y, test_size=0.2)
# 训练线性回归模型
model = LinearRegression()
model.fit(X_train, y_train)
# 进行预测
pred = model.predict(X_test)
# 评估模型性能
# 这里可以使用均方误差（MSE）、均方根误差（RMSE）等指标进行评估
mse = ((y_test - pred) ** 2).mean()
print(mse)
```

注意：以上代码仅为示例，实际使用时可能需要根据数据进行适当的调整和处理。此外，金融数据通常具有时间序列特性，因此在建模时需要考虑数据的时序性。同时，金融市场的复杂性和不确定性也要求我们在建模时进行充分的验证和测试，以确保模型的稳定性和可靠性。

第二节　Python 在量化分析与算法交易中的应用

量化交易又称算法交易或黑盒交易，是指利用数学模型、计算机技术和统计分析方法对市场价格、成交量、交易规律等实行预测和分析，从而做出交易决策的一种方法。它依赖于预设的模型和规则进行交易决策，避免了人为情绪和主观判断的干扰。量化交易的核心在于利用大量历史数据进行分析和模型构建，以识别出市场价格的模式和规律，从而实现更为准确和系统化的交易决策。作为利用数学模型和计算机算法来分析金融市场、制定并执行交易策略的过程，量化交易对编程语言的性能、易用性、数据处理能力以及社区支持等方面有着极高的要求。

量化交易作为一种现代金融交易方式正逐渐崭露头角并成为金融市场中的重要力量。量化交易是一种利用数学模型、计算机技术和统计分析手段来预测和分析市场价格、成交量等关键信息，并据此做出交易决策的方法体系。因配备了一系列专业的工具和技术支

持，量化交易在交易的客观性、执行的高效性以及策略的系统性上，展现出了明显的优势。然而量化交易也面临着模型风险、数据质量风险和技术故障风险等多种挑战，因此需要不断完善和创新以应对不断变化的市场环境。Python 在量化交易中的应用日益广泛，其独特优势使得它成为这一领域的首选编程语言。凭借其丰富的科学计算库、强大的机器学习和深度学习框架、简洁灵活的语法以及广泛的通用性等特点，在量化交易领域展现出了无可比拟的优势。

一、Python 在量化交易中的优势

（一）丰富的科学计算库

Python 拥有 NumPy、SciPy、Pandas 等成熟的科学计算和数据分析库，这为量化分析提供了坚实的基础。NumPy 支持大规模的数值计算，提供了高性能的多维数组对象和这些数组的操作；SciPy 则基于 NumPy 构建了用于数学、科学和工程的算法库和模块；Pandas 则专注于数据分析和操作，提供了快速、灵活且表达力强的数据结构，旨在使"关系"或"标签"数据的处理工作变得既简单又直观。这些库使得量化交易者能够方便地进行向量和矩阵运算、统计分析、数据处理等，极大地提高了数据处理的效率和准确性。

（二）强大的机器学习和深度学习框架

Python 是当前机器学习和深度学习领域的主流语言，拥有 Scikit-learn、TensorFlow、PyTorch 等优秀框架。量化交易者可以利用这些工具快速构建和训练复杂的模型，以捕捉市场中的非线性关系和高阶特征。通过机器学习算法，如线性回归、支持向量机、决策树等，量化交易者能够更精准地预测市场趋势，制定更科学的交易策略。同时，深度学习框架如 TensorFlow 和 PyTorch 则支持构建更加复杂的神经网络模型，用于处理时间序列数据、图像数据等多种类型的数据，进一步提升了量化交易策略的智能化水平。

（三）简洁灵活的语法

Python 的语法简单、可读性强，适合快速开发和迭代。动态类型、函数式编程等特性也带来了很大的灵活性，便于量化策略的实现。对于非专业编程的金融从业人员来说，Python 的易学易用性大大降低了学习成本，使他们能够更快地掌握量化交易技能。此外，Python 的简洁性还有助于提高代码的可维护性和可扩展性，便于团队之间的协作和策略的优化调整。

（四）广泛的通用性

Python 是一门通用语言，在数据采集、清洗、建模、可视化等量化学习的各个环节都可以派上用场。选择 Python 作为量化交易的主要编程语言，可以用一门语言完成端到端的量化工作流。这种一体化解决方案不仅简化了工作流程，还提高了工作效率。无论是从交易所 API 获取实时数据，还是使用 Pandas 进行数据清洗和处理；无论是使用 Matplotlib 进行数据可视化，还是使用 Backtrader 进行策略回测，Python 都能提供强大的支持。

（五）集成和兼容性

Python 可以轻松地与其他语言和工具集成，如 C/C++、Java、MATLAB 等。这意味着在需要的时候，可以将 Python 的性能瓶颈部分用更高效的语言实现，以提高整体系统的性能。此外，Python 还支持各种操作系统，包括 Windows、Linux 和 macOS 等，这为量化交易策略的开发和部署提供了便利。无论是在本地机器上运行策略，还是在云端服务器上进行大规模计算，Python 都能提供稳定的支持。

（六）开源和免费

Python 是一个开源语言，这意味着它的源代码是公开可获取的，并且任何用户都可以自由地使用、修改、分发或者基于它进行二次开发。无须支付许可证费用。这一点对于个人开发者和小型团队尤其有利。开源社区还提供了大量的库和工具，覆盖了从数据处理到机器学习等多个领域。量化交易者可以轻松地获取这些资源，并根据自己的需求进行修改和扩展。同时，开源社区还提供了丰富的文档、教程、代码示例等资源，帮助量化交易者解决开发中遇到的问题。

（七）广泛的社区支持

Python 拥有庞大且活跃的开发者社区，这为量化交易者提供了强大的支持。在社区中，你可以轻松找到大量的文档、教程、代码示例、讨论和解决方案等。这些资源不仅有助于初学者快速入门，还有助于有经验的量化交易者不断优化自己的策略。例如，BigQuant、果仁网、聚宽量化平台、优矿和米筐量化社区等都是专门为量化交易者提供的在线平台。这些平台不仅提供了免费的金融数据和教学课程，还形成了活跃的社区氛围，方便量化交易者之间的交流和分享。

Python 在量化交易中具有丰富的科学计算库、强大的机器学习和深度学习框架、简洁灵活的语法、广泛的通用性、良好的集成和兼容性、开源和免费以及广泛的社区支持等优势。这些优势使得 Python 成为量化交易领域的首选编程语言。无论是个人投资者还是专业的量化基金，都可以通过掌握 Python 量化交易的能力来优化自己的交易策略，并提高投资效率和收益率。随着技术的不断发展和金融市场的日益复杂，掌握 Python 量化交易的能力将成为金融从业人员的重要技能之一。

二、Python 在量化分析中的应用流程

（一）数据获取

量化交易的第一步是获取市场数据。Python 可以通过多种库获取股票、期货、外汇等金融市场的历史价格和实时数据。例如，使用 pandas_datareader 库从 Yahoo Finance 获取股票数据。

```
import pandas_datareader as pdr
import datetime
```

```
start_date = datetime.datetime(2020, 1, 1)
end_date = datetime.datetime(2023, 12, 31)
df = pdr.get_data_yahoo('AAPL', start=start_date, end=end_date)
```

（二）数据处理

获取的数据可能包含缺失值、异常值等，需要进行清洗和处理。Pandas 库提供了强大的数据处理功能，如删除重复数据、填充缺失值、标准化处理等。

```
df.dropna(inplace=True)  # 删除缺失值
df['Close'].fillna(method='ffill', inplace=True)  # 前向填充收盘价缺失值
```

（三）特征提取

特征提取是量化交易中的关键环节，它决定了模型的预测能力。Python 提供了多种工具和方法来计算技术指标、统计特征等。

```
import ta  # 技术分析库
df['SMA_50'] = ta.trend.SMAIndicator(close=df['Close'], window=50).
    sma_indicator()  # 计算 50 日简单移动平均线
```

（四）模型构建与训练

在量化交易中，常使用机器学习算法来构建预测模型。Python 拥有众多机器学习库，如 Scikit-learn、TensorFlow 等，可以用来构建和训练模型。

```
from sklearn.linear_model import LinearRegression
X = df[['SMA_50', 'Volume']]  # 特征集
y = df['Close'].shift(-1)  # 目标变量（下一日收盘价）
X_train, X_test, y_train, y_test = train_test_split(X, y, test_
    size=0.2, random_state=42)
model = LinearRegression()
model.fit(X_train, y_train)
```

（五）模型评估与优化

使用测试集对模型进行评估，根据评估结果调整模型参数以优化性能。常见的评估指标包括准确率、均方误差等。

```
from sklearn.metrics import mean_squared_error
y_pred = model.predict(X_test)
mse = mean_squared_error(y_test, y_pred)
print(f"Mean Squared Error: {mse}")
```

（六）策略实现与回测

将训练好的模型转化为可执行的交易策略，并通过历史数据测试策略的表现。Python 的 backtrader 等框架提供了策略回测功能。

```
# 假设使用 backtrader 框架
```

```
cerebro = bt.Cerebro()
cerebro.addstrategy(MyStrategy)   # 自定义策略
cerebro.adddata(bt.feeds.YahooFinanceData(dataname='AAPL',
    fromdate=datetime.datetime(2020, 1, 1), todate=datetime.
    datetime(2023, 12, 31)))
cerebro.broker.set_cash(100000)   # 初始资金
cerebro.run()
cerebro.plot()
```

（七）实盘交易

如果策略回测结果满意，可以将其应用于实盘交易中。Python 提供了一些交易接口，如券商的 API 接口，可以实现实盘交易。

以下是一个基于 Python 的量化交易实际案例分析，以股票日内交易策略为例。

1. 数据获取与处理

首先，我们使用 Tushare 库获取沪深 300 指数成分股的历史数据，并进行初步处理。

```
import tushare as ts
ts.set_token('your_token')
pro = ts.pro_api()
# 获取沪深 300 指数成分股列表
df_index = pro.index_weight(ts_code='000300.SH', start_
    date='20200101', end_date='20231231')
stock_codes = df_index['const_code'].unique().tolist()
# 示例：获取其中一只股票的历史数据
stock_code = stock_codes[0]
df=pro.daily(ts_code=stock_code, start_date='20200101', end_
    date='20231231')
df.set_index('trade_date', inplace=True)
df['close_pct_change'] = df['close'].pct_change()   # 计算日涨跌幅
```

2. 特征提取与模型构建

接下来，我们提取一些基本的技术指标作为特征，并使用简单的线性回归模型进行预测。

```
import numpy as np
from sklearn.linear_model import LinearRegression
# 提取特征：前一日收盘价、前 5 日平均收盘价等
X = df[['close', df['close'].shift(5).fillna(method='ffill')]].dropna()
y = df['close_pct_change'][1:]   # 目标变量：日涨跌幅
# 划分训练集和测试集
X_train, X_test, y_train, y_test = train_test_split(X, y, test_
    size=0.2, random_state=42)
# 构建模型并训练
model = LinearRegression()
model.fit(X_train, y_train)
```

3. 策略实现与回测

基于模型预测结果，我们设计一个简单的交易策略：当预测次日涨跌幅大于某个阈值

时买入，小于某个阈值时卖出。然后，我们使用历史数据进行策略回测。

```
threshold = 0.01  # 设定阈值
signals = model.predict(X_test)
positions = np.where(signals > threshold, 1, 0)  # 买入信号
positions = np.where(signals < -threshold, -1, positions)  # 卖出信号
# 计算策略收益
initial_capital = 100000
portfolio = initial_capital * (1 + y_test.cumsum())
strategy_returns = initial_capital * (1 + positions.shift(1) * y_
    test).cumprod()
# 绘制收益对比图
plt.figure(figsize=(10, 6))
plt.plot(portfolio.index, portfolio, label='Buy & Hold')
plt.plot(strategy_returns.index, strategy_returns, label='Strategy Returns')
plt.title('Portfolio vs Strategy Returns')
plt.xlabel('Date')
plt.ylabel('Value')
plt.legend()
plt.show()
```

通过上述分析，我们可以看到 Python 在量化交易中的强大应用能力。从数据获取、处理到特征提取、模型构建、策略回测以及实盘交易，Python 提供了完整的解决方案和丰富的工具库支持。随着人工智能和大数据技术的不断发展，Python 在量化交易领域的应用前景将更加广阔。

案例阅读 3.1

股票投资策略优化案例

一、案例背景

在当前的金融市场环境中，某投资机构面临着前所未有的挑战。作为一家拥有雄厚资金实力的投资机构，其首要目标是在股票市场上实现稳定的收益。然而，随着市场的日益复杂和多变，传统的基于经验和直觉的投资策略已经难以适应新的市场环境。具体来说，传统投资策略往往依赖于投资者的个人经验和市场感觉，缺乏科学的数据支持和系统的分析方法。这种策略在面对市场波动和不确定性时，往往难以做出准确的判断和决策，导致投资收益的不稳定。

为了应对这一挑战，该投资机构决定引入量化分析方法，对股票投资策略进行优化。量化分析是一种基于数据和数学模型的投资决策方法，它能够帮助投资者更准确地预测市场趋势，制定更科学的投资策略，并提高投资收益的稳定性。

二、量化分析方法的引入与实施

1. 数据收集与清洗

该投资机构开始收集股票市场的相关数据，包括股票价格、成交量、财务报告、宏观经济指标等。这些数据是量化分析的基础，也是制定投资策略的重要依据。为了确保数据

的准确性和可靠性，该机构还对数据进行了清洗和处理，剔除了异常值和缺失值。

2. 量化模型的构建

在数据收集和处理的基础上，该投资机构开始构建量化模型。选择了多个与股票收益相关的因子，如市盈率、市净率、净资产收益率、增长率等，并利用这些因子构建了多因子回归模型。通过模型分析，找出对股票收益影响显著的因子，并确定了各因子的权重。

3. 策略的制定与优化

基于量化模型的结果，该投资机构制定了新的投资策略。根据各因子的权重，对股票进行了筛选和排序，选择了具有投资价值的股票进行投资。同时，还根据市场变化和策略表现，不断优化和调整投资策略，以确保策略的稳定性和收益性。

4. 风险管理与控制

在量化分析的过程中，该投资机构始终注重风险管理和控制，设置了止损点，限制了单只股票的投资比例，并定期评估策略风险。通过这些措施，该投资机构有效地降低了投资风险，保障了投资收益的稳定性。

三、量化分析策略的实施效果

经过一段时间的实施，该投资机构的量化分析策略取得了显著的效果。

首先，投资收益得到了明显的提高。由于量化分析能够更准确地预测市场趋势和制定投资策略，该机构的投资收益率相较于传统投资策略有了显著的提升。

其次，投资风险得到了有效的控制。通过风险管理和控制措施，该机构成功地降低了投资风险，保障了投资收益的稳定性。即使在市场波动较大的情况下，该机构的投资策略也能够保持相对稳定的收益。

最后，该机构的投资效率也得到了提高。量化分析能够快速处理大量数据，及时捕捉市场机会，使得该机构能够更快地响应市场变化，抓住投资机会。

四、案例成果与启示

通过引入量化分析方法，该投资机构成功地优化了股票投资策略，提高了投资收益的稳定性和效率。这一案例充分说明了量化分析在金融市场中的应用价值和前景。

展望未来，随着金融市场的不断发展和变化，量化分析将在股票投资策略中发挥更加重要的作用。投资机构可以进一步探索和应用更先进的量化分析方法和模型，以提高投资收益和风险管理水平。同时，监管机构也应加强对量化交易的监管和合规要求，确保金融市场的稳定和投资者的合法权益。

资料来源：本案例由作者整理所得。

第三节　基于 Python 的金融风险管理和预测建模

随着金融市场的不断发展，金融风险已经成为金融机构和投资者不可忽视的重要问题。金融风险管理是指通过分析、评估和管理金融风险，采取预防措施和控制措施，从而保障金融机构的资产安全和利润增长。有效的风险管理是金融机构稳健运营的关键。金融风险管理主要包括风险识别、风险评估、风险控制和模型预测等关键环节。风险识别是金融风险管理的第一步，目的是识别并了解金融机构所面临的各种风险。金融机构可以通过监管机构的指导、内部风险管理部门的分析以及市场监测等方式进行风险识别。风险评估则是对已识别的风险进行评估和分析，以了解风险程度和可能产生的损失，为制定风险控制措施提供依据。金融机构可以采用多种方法进行风险评估，如基于历史数据的模型预测、基于统计分析的方法以及基于专家意见的综合评估等。风险控制是指采取一系列措施，控制金融风险的扩散和影响，并确保金融机构的资产安全和盈利能力。

在金融领域，风险管理是确保金融机构稳健运营、保护投资者利益的核心任务。随着大数据和人工智能技术的发展，Python 作为一种强大的编程语言，在金融风险管理和预测建模中发挥着越来越重要的作用。本节将深入探讨基于 Python 的金融风险管理和预测建模的相关知识。

一、金融风险预测建模技术

（一）传统模型方法

1. 时间序列模型

时间序列模型是金融风险预测的基础模型之一。它以时间为主要变量，根据观测到的历史数据建立起来的模型，能够反映出数据的趋势、季节性和随机性。常用的时间序列模型包括 ARIMA 模型、GARCH 模型等。ARIMA 模型是一种常用于预测金融市场波动性的模型，它基于时间序列的自回归、差分和移动平均的组合；GARCH 模型是一种用于预测金融市场波动性的拓展模型，它考虑了波动性的异方差性，能够更有效地预测市场波动性。

2. 统计模型

统计模型是金融风险管理中最常用的数据建模方法之一。它基于历史数据，并使用统计学概念和方法来预测未来可能出现的风险。常见的统计模型包括线性回归模型、方差分析模型等。线性回归模型用于建立因变量与一个或多个自变量之间的关系，在金融领域可用于分析利率、股票价格等变量与其他因素之间的关系；方差分析模型则是用于对比和分析组间差异的统计模型，在金融风险管理中可用于比较不同投资组合之间的风险水平。

（二）机器学习与深度学习模型

随着人工智能技术的发展，机器学习和深度学习模型在金融风险管理中的应用越来越广泛。这些模型能够通过对大量数据的学习，识别和利用隐藏在数据中的模式和规律，从而进行风险预测和决策支持。

1. 机器学习模型

常见的机器学习模型包括决策树、随机森林、支持向量机和神经网络等。这些模型可以根据已有的数据进行训练，并通过学习得到的模型对未来的风险进行预测。例如，决策树模型通过递归地划分数据集来预测连续型或二值型变量；支持向量机则通过最大化和最小化两个目标函数来找到最佳的分类超平面；神经网络模型则通过模拟人类大脑神经网络的结构和功能来进行复杂关系的学习和模拟。

2. 深度学习模型

深度学习模型是机器学习领域的一种特殊模型，包括卷积神经网络、循环神经网络和深度信念网络等。这些模型在处理非线性关系和高维数据方面表现出色，适用于金融市场的情感分析、投资组合优化、交易策略等方面。例如，通过分析新闻和社交媒体上的情感数据，深度学习模型可以帮助金融机构预测市场情绪变化，并据此调整投资策略。

（三）自然语言处理与大数据分析

自然语言处理技术可以从金融领域的新闻报道和公告中提取关键信息和情感分析，帮助预测金融市场的变化。例如，通过分析新闻报道中的情感和关键词可以预测某只股票的涨跌趋势或判断某家公司的财务状况。此外，大数据分析技术可以从各种数据源中收集和整合数据，包括市场数据、社交媒体数据、传感器数据等，通过对这些数据进行挖掘和分析可以发现更加细致和全面的金融市场风险。

二、金融风险预测建模的应用场景

（一）市场风险预测

市场风险预测是指通过对市场历史数据、宏观经济环境、政策变化、行业趋势等多种因素的综合分析，运用统计学、计量经济学、机器学习等方法，预测市场未来可能的风险水平和变化趋势。市场风险预测对于金融机构、企业和投资者来说至关重要，它有助于决策者制定科学合理的风险管理策略，降低潜在损失，提高投资回报率。市场风险是金融机构面临的主要风险之一。通过构建适当的风险预测模型如 GARCH 模型、时间序列模型等，可以利用历史数据预测市场波动性和趋势，帮助投资者做出更为明智的决策。市场风险预测广泛应用于金融机构、企业和投资者等多个领域。在金融机构中，市场风险预测有助于制定风险管理策略、优化投资组合、提高资本充足率等；在企业中，市场风险预测有助于制定市场营销策略、调整生产规模、降低运营成本等；在投资者中，市场风险预测有助于制定投资策略、规避投资风险、提高投资回报率等。

（二）信用风险评估

信用风险评估是指由专业的机构或部门按照一定的科学方法和规范程序，对借款人或交易对手的信用状况进行全面了解、考察调研和分析，以预测其违约风险的大小，并据此制定相应的风险管理措施。这一过程不仅涉及对借款人基本信息的分析，还涵盖对其财务状况、信用记录、行业环境等多个维度的综合考量。信用风险评估是金融机构对借款人违约风险的重要评估手段。利用机器学习模型如决策树、神经网络等，可以根据借款人的历史数据、个人资料以及其他因素来评估其信用风险，成为金融机构信贷审批和风险管理的重要依据。信用风险评估对于金融机构和投资者来说具有重要意义。通过准确的信用风险评估，金融机构可以更好地识别和管理潜在的风险客户，降低不良贷款率，提高资产质量和盈利能力。同时，投资者也可以通过信用风险评估来选择更加安全可靠的投资对象，降低投资风险，提高投资回报率。

（三）不良资产的风险管理

不良资产通常是指那些无法按时偿还本金或利息的贷款，或者是市场价值低于账面价值的资产，包括银行的不良贷款、企业的坏账、房地产市场的滞销物业等。这些资产虽然风险较高，但如果管理得当，也能带来可观的回报。针对金融机构持有的不良资产，可以利用数据挖掘技术构建预测模型来识别潜在的不良资产，降低风险敞口，通过提前预警和采取措施可以有效减少不良资产带来的损失。不良资产的风险管理需要综合运用多种策略和措施，包括详尽的尽职调查、全面的风险评估、灵活的投资策略、专业团队的合作以及严格的法律和合规性检查。通过科学的风险管理策略和方法，金融机构和投资者可以在不良资产领域找到价值并实现回报。同时，随着金融市场的变化和监管政策的不断完善，不良资产的风险管理也将不断发展和完善。

（四）投资组合优化

投资组合优化是指应用概率论与数理统计、最优化方法以及线性代数等相关数学理论方法，根据既定目标收益和风险容许程度，将投资重新组合，分散风险的过程。它体现了投资者的意愿和所受约束，是投资者实现财富增值的重要手段。投资组合优化是金融机构在给定风险水平下寻求最大化预期收益的过程。利用机器学习和深度学习模型，可以对不同投资组合的风险和收益进行预测和分析，帮助投资者选择最佳的投资组合方案。在实际应用中，投资者可以借鉴成功的投资组合案例并结合自己的实际情况进行优化。例如，通过关注资产的多元化配置、定期调整投资组合、利用专业工具和分析方法以及考虑税收和费用的影响等策略来提高投资效率，实现财富的稳健增长。

三、金融风险预测建模的挑战

（一）金融市场的复杂性

金融市场具有高度的不确定性和复杂性，涉及众多变量和因素，如宏观经济环境、政策法规变化、市场情绪波动等，这些都增加了风险预测的难度。金融市场的复杂性源于其多层次的市场结构、多样的参与者、动态的市场变化、复杂的信息传递机制以及市场互动与反馈机制。这些因素相互交织、相互影响，共同构成了金融市场复杂而多变的特征。为了应对这种复杂性，投资者需要不断提高自身的分析能力和决策水平，以更好地把握市场机会和规避风险。

（二）数据质量和隐私问题

金融风险预测建模依赖于大量、高质量的数据。然而，在实际操作中，数据质量参差不齐，存在缺失、错误、滞后等问题。此外，数据隐私问题也不容忽视，如何在保障数据安全的前提下有效利用数据成为亟待解决的问题。如果数据质量不高或存在噪声则可能导致预测结果不准确甚至误导决策。数据质量和隐私问题是金融市场运行中不可忽视的重要方面。通过加强数据源头管理、完善数据处理流程、建立实时数据监控体系等措施，可以提高数据质量；通过加强法律法规建设、提升技术手段、加强内部管理以及建立合作机制等措施，可以有效保护金融数据隐私。这些措施的实施将有助于维护金融市场的稳定和健康发展。

（三）模型精确度和实时性

金融市场变化迅速，要求风险预测模型具有高度的精确度和实时性。然而，传统模型往往依赖于历史数据，难以捕捉市场的新变化和趋势。同时，模型的训练和优化也需要大量时间和资源。模型精确度和实时性是金融风险预测建模中不可或缺的两个方面。通过提高数据质量、选择合适的算法、优化模型复杂度以及采用高效的计算资源等措施，可以在保证模型精确度的同时提高其实时性，为金融机构提供及时、准确的风险预警和决策支持。

（四）技术瓶颈和人才短缺

金融科技领域的技术创新虽然层出不穷，但仍面临诸多局限性。一方面，现有技术的成熟度不足，很多新技术仍处于研发或试验阶段，尚未达到大规模应用的标准。例如，区块链技术在金融领域的应用虽然备受瞩目，但其性能、安全性和可扩展性等问题仍需进一步解决。另一方面，技术创新的速度跟不上市场需求的变化，导致金融机构在采用新技术时面临诸多困难。金融风险预测建模涉及统计学、数学建模、机器学习等多学科知识，对技术要求较高。目前，金融科技领域的技术瓶颈依然存在，如模型的解释性不足、过拟合问题等。此外，具备跨学科背景的专业人才也相对短缺。技术瓶颈和人才短缺是当前金融科技领域面临的两大挑战。为了应对这些挑战，金融机构需要加强技术研发与创新、提升数据处理与分析能力、加强系统集成与互操作性、强化监管合规能力、加强人才培养与引进以及推动行业合作与交流。通过这些措施的实施，金融机构可以突破技术瓶颈、解决人才短缺问题，推动金融科技领域的持续发展和创新。展望未来，随着技术的不断进步和人才的不断涌现，金融科技领域将迎来更加广阔的发展空间和机遇。

（五）监管合规要求

随着金融科技的迅猛发展，金融行业正经历着前所未有的变革。然而，在这一进程中，监管合规要求作为金融科技领域的基石，扮演着至关重要的角色。金融行业受到严格的监管合规要求，风险预测建模必须符合相关法规和标准。此外，随着监管政策的不断更新和完善，金融机构需要不断调整和优化模型以适应新的监管要求。监管合规要求是金融科技领域的基石与挑战。通过制定和执行严格的监管标准，可以维护金融稳定、保护消费者权益、促进公平竞争。

拓展阅读 3.1
金融工程在量化投资策略中的应用

然而，监管合规要求也面临着技术创新快速性、跨境业务监管难、数据安全与隐私保护等挑战。为了应对这些挑战，金融机构应加强内部合规管理、积极应对监管变化、加强技术防护和安全管理、加强跨境业务合规管理以及建立完善的风险管理机制。未来，随着监管科技的应用、跨境监管合作的加强以及消费者保护的加强，金融科技领域的监管合规要求将不断完善和发展。

第四节 Python 在投资收益与资产定价中的应用

一、投资收益概述

（一）基本概念

投资收益是指投资者在购买资产（如股票、债券、房地产等）后，因资产价值增长或因分红、利息等形式获得的收入。这种收益可以是短期的，也可以是长期的，取决于投资的目标和策略。投资收益是由投资增值和收益分配构成的。资本增值是指投资者购买的资产（如股票、房地产等）在市场上的价格上涨，从而带来的价值增加。当投资者卖出这些资产时，可以获得比购买时更高的价格，从而实现资本增值。收益分配是指投资者从投资项目中获得的分红、利息、租金等形式的收入。例如，股票投资者可以获得公司的分红，债券投资者可以获得债券的利息，房地产投资者可以获得租金收入等。

（二）投资收益的特点

1. 不确定性

投资收益受到多种因素的影响，包括市场波动、政策变化、经济环境等，因此具有不确定性。投资者需要承担一定的风险，以期望获得更高的回报。

2. 时间性

投资收益通常需要一定的时间才能实现。投资者需要耐心等待，同时关注市场动态和项目进展，以便及时调整投资策略。

3. 多样性

投资收益的来源和形式具有多样性。投资者可以根据自己的风险偏好和投资目标，选择不同的投资项目和收益分配方式。

（三）投资收益的衡量

1. 绝对收益

绝对收益是指投资者在投资期间获得的总收益，通常以金额或百分比来表示。例如，投资者购买了一只股票，一年后卖出，获得的收益就是卖出价格与购买价格之间的差额。

2. 相对收益

相对收益是指投资者获得的收益与某个基准或市场平均水平之间的比较。例如，投资者可以将自己的投资收益与股票市场指数进行比较，以评估自己的投资表现。

（四）影响投资收益的因素

1. 市场风险

市场波动可能导致资产价格下跌，从而影响投资者的资本增值和收益分配。

2. 政策风险

政府政策的变化可能对投资项目产生积极或消极的影响，进而影响投资收益。

3. 经济环境

经济周期、通货膨胀率、利率水平等经济因素都会影响投资收益。

4. 投资项目本身的因素

项目的盈利能力、管理团队的能力、市场竞争状况等，都会对投资收益产生影响。

二、资产定价概述

（一）基本概念

资产定价是指对金融工具或证券等资产在未来支付能力基础上进行的价值评估。其核心在于在特定市场条件下，确定某项资产应当具备的价格。这里的资产通常指的是可以在市场上交易的金融工具，如股票、债券、期货、期权等。资产定价的基本原理基于市场供需关系，即资产的价格由市场上的买者和卖者通过交易行为决定。在有效市场中，资产价格能够迅速反映所有可用信息，包括宏观经济状况、企业基本面、市场情绪等。因此，资产定价不仅是一个经济问题，还涉及心理学、社会学等多个领域。

（二）资产定价的特点

1. 市场性与动态性

资产定价首先是一个市场过程，它依赖于市场上买卖双方的交互行为。市场价格是资产供需关系的直接体现，而供需关系又受到经济、政治、社会因素的影响，因此资产价格具有高度的动态性。市场情绪的微妙变化、宏观经济数据的发布、企业业绩的波动等，都可能迅速反映在资产价格的变动上。

2. 前瞻性与预期性

资产定价不仅基于当前的信息，更重要的是对未来收益和风险的预期。投资者在评估资产价值时，会考虑资产未来的现金流、成长潜力、行业前景等因素，并据此形成对资产未来价值的判断。这种前瞻性和预期性使资产定价充满了不确定性，因为未来总是充满变数。

3. 风险与收益的权衡

资产定价的核心在于风险与收益的权衡。一般来说，风险较高的资产需要提供更高的预期收益来吸引投资者。这种权衡体现了投资者对风险的态度和偏好，也决定了不同资产之间的价格差异。风险与收益的权衡是资产定价中最基本也是最复杂的要素之一。

4. 多样性与复杂性

资产定价涉及多种类型的资产，如股票、债券、期货、期权等，每种资产都有其独特的定价机制和影响因素。此外，资产定价还受到市场环境、投资者行为、政策变化等多种复杂因素的影响。这使得资产定价成为一个高度多样化和复杂化的领域，需要综合运用经济学、金融学、数学、统计学等多学科知识进行分析和判断。

5. 理论与实践的紧密结合

资产定价理论为投资者提供了评估资产价值的框架和方法，但实际操作中往往需要考虑更多的市场因素和实际情况。因此，资产定价是一个理论与实践紧密结合的领域。投资者需要在理解理论的基础上，结合市场经验和实际情况进行灵活应用，只有这样才能更准确地评估资产价值并做出明智的投资决策。

三、Python 的应用实例

在金融领域，投资收益与资产定价一直是核心的研究课题。随着大数据和人工智能的兴起，Python 作为一种功能强大且易于学习的编程语言，逐渐成为金融分析师和投资者们的首选工具。本节将通过一个资产管理公司实例分析，探讨 Python 在投资收益与资产定价中的应用，并提供相应的 Python 代码实现。

假设我们是一家资产管理公司，专注于通过量化投资策略为客户实现资产增值。我们的目标是通过 Python 进行数据分析、模型构建和策略回测，以优化投资组合并提升投资收益。

（一）数据收集与处理

首先，我们需要收集股票市场的历史数据，使用 pandas_datareader 库从 Yahoo Finance 获取数据。

```
import pandas_datareader.data as web
import datetime
# 设置数据获取的时间范围
start = datetime.datetime(2010, 1, 1)
end = datetime.datetime(2023, 1, 1)
# 获取股票数据
ticker = 'AAPL'  # 以苹果公司股票为例
data = web.DataReader(ticker, 'yahoo', start, end)
# 查看数据
print(data.head())
```

接下来，我们对数据进行清洗和预处理，包括处理缺失值、异常值等。

```
# 处理缺失值
data.fillna(method='ffill', inplace=True)
# 去除异常值（这里以简单的标准差方法为例）
data=data[abs(data['Close']-data['Close'].mean())<=(3*
    data['Close'].std())]
```

（二）量化投资策略开发

我们决定开发一个简单的动量策略。该策略的基本思想是：买入过去一段时间表现优异的股票，并卖出表现不佳的股票。

```
# 计算动量因子：过去 12 个月的收益率
data['Momentum'] = data['Close'].pct_change(12).shift(-1)
# 根据动量因子排序，选取动量最高的 10% 的股票
top_momentum=data.sort_values(by='Momentum',ascending=False).
    head(int(len(data) * 0.1))
# 假设我们买入这些股票，并持有到期末
```

```
# 这里我们简单计算持有期间的收益率
buy_price = top_momentum['Close'].iloc[0]
sell_price = top_momentum['Close'].iloc[-1]
return_on_investment = (sell_price - buy_price) / buy_price
print(f"Momentum Strategy Return: {return_on_investment:.2% }")
```

（三）Fama-French 三因子模型应用

Fama-French 三因子模型是金融领域广泛使用的资产定价模型。它包括市场风险因子、规模因子和价值因子。

我们需要获取这三个因子的数据。这里，我们假设已经从某个数据源获取了这些数据，并存储在 CSV 文件中。

```
# 读取因子数据
factors = pd.read_csv('factors.csv')
# 合并股票数据和因子数据
merged_data = pd.merge(data, factors, on='Date')
# 构建 Fama-French 三因子模型的回归方程
import statsmodels.api as sm
# 定义自变量和因变量
X = merged_data[['Market_Risk', 'Size_Factor', 'Value_Factor']]
y = merged_data['Return']  # 假设 Return 是股票的月收益率
# 添加常数项以进行截距的估计
X = sm.add_constant(X)
# 构建并拟合模型
model = sm.OLS(y, X).fit()
# 输出模型的摘要信息
print(model.summary())
```

（四）风险管理

在投资过程中，风险管理是至关重要的。我们使用 Python 计算投资组合的 VaR（在险价值）来评估潜在损失。

```
# 假设我们已经有了一个投资组合的收益率序列
portfolio_returns = pd.Series([...])  # 这里用省略号代替实际的收益率数据
  # 计算 VaR
def calculate_var(returns, alpha=0.05):
    if isinstance(returns, pd.Series):
        return -returns.quantile(alpha)
    else:
        raise TypeError("returns must be a pd.Series")
var = calculate_var(portfolio_returns)
print(f"The VaR of the portfolio is {var:.2% }")
```

通过本例的分析，我们可以看到 Python 在投资收益与资产定价中的应用具有广泛而深入的价值。从数据收集与处理到量化投资策略开发，再到 Fama-French 三因子模型应用和风险管理，Python 都发挥了重要作用。

投资机构量化分析策略优化

一、案例背景

随着全球金融市场的日益复杂化和信息化，传统依靠主观判断和经验积累的投资方式已难以满足投资机构对于稳定收益和精准资产定价的需求。在此背景下，某投资机构凭借其雄厚的资金实力和前瞻性的市场洞察，面对复杂多变的股票市场环境，决定引入并优化量化分析策略，提升投资决策的科学性和准确性，以期在股票市场中实现更为稳定且高效的收益。该机构拥有专业的量化分析团队和先进的计算资源，为策略优化提供了有力支持。同时，利用历史数据和先进模型，对资产价值进行更为客观、准确的评估，为投资策略的制定提供坚实支撑。此外，通过量化分析的风险管理措施，有效识别并控制潜在的投资风险，保障投资收益的稳定性。

二、案例实施过程

量化分析策略优化的主要措施如下。

（1）数据收集与整合：该投资机构广泛收集股票市场的相关数据，包括但不限于股票价格、成交量、财务报告、宏观经济指标等，确保数据源的多样性和全面性；对数据进行严格的清洗和预处理，剔除异常值和缺失值，确保数据的准确性和可靠性；同时，整合不同类型的数据，形成统一的数据分析平台，为后续量化分析奠定基础。

（2）量化模型构建与优化：构建多因子选股模型，综合考虑市值、市盈率、市净率、净资产收益率等多个因子对股票收益的影响。通过回归分析等方法，确定各因子的权重，形成科学的量化选股策略；引入先进的机器学习算法，如深度神经网络、支持向量机等，对历史数据进行深度挖掘和分析，发现潜在的投资机会和风险点；通过交叉验证和网格搜索等方法对模型参数进行优化，提高模型预测的准确性和稳定性；结合多因子模型和机器学习模型的优势，形成策略组合；根据市场环境和策略表现，灵活调整不同策略的配置比例，以实现收益最大化和风险最小化。

（3）投资策略制定与执行：基于量化模型的结果，对市场上的股票进行全面的筛选和排序。优先选择评分高、潜力大的股票进行投资，构建投资组合；根据市场变化和策略表现，定期对投资组合进行调整和优化；及时剔除表现不佳的股票，增加新的潜力股，确保投资组合的活力和竞争力；设置严格的止损点和仓位限制，确保在不利市场环境下能够及时止损并控制损失；同时，通过构建多空头寸等对冲策略，进一步降低投资组合的市场风险。

（4）资产定价与绩效评估：利用量化分析模型对资产价值进行精准评估，为投资策略的制定提供有力支持；关注市场动态和基本面变化，及时调整资产定价模型，确保定价的准确性和时效性；定期对量化分析策略的投资绩效进行评估和分析。通过比较实际收益与预期收益、分析风险收益比等指标，评估策略的有效性和稳健性；根据评估结果对策略进行持续优化和调整。

三、案例成果与启示

本案例充分展示了量化分析策略在股票投资中的重要作用。通过科学的数据收集与整合、量化模型的构建与优化以及投资策略的制定与执行等措施，该投资机构能够实现投资收益的稳定提升和资产定价的精准把握。同时本案例也为其他投资机构提供了有益的借鉴和启示，即应积极探索和应用先进的量化分析技术以应对复杂多变的市场环境并提升自身的投资竞争力。

资料来源：本案例由作者整理所得。

第五节　Python 技术对金融科技发展的影响

金融科技是金融与科技深度融合的产物，它借助互联网、大数据、人工智能、区块链等现代技术推动金融服务创新，提高金融服务的效率和覆盖面。在这个过程中，Python 技术凭借其简洁的语法、丰富的库支持和广泛的应用领域，成为了金融科技发展的重要推动力。由此可见，Python 在金融科技中的应用非常广泛。

一、Python 技术对金融数据分析的影响

（一）数据采集与清洗

在金融数据分析过程中，数据采集与清洗是首要步骤。Python 提供了多种工具和库来支持这一过程，如 Pandas 用于数据处理和分析，ScraPy 用于网页数据抓取，requests 用于 HTTP 请求等。通过这些工具，可以方便地获取和处理不同来源的数据，为后续分析提供可靠的数据基础。

（二）数据存储与管理

Python 支持多种数据存储方案，包括关系型数据库（如 MySQL、PostgreSQL）和非关系型数据库（如 MongoDB、Redis）。同时，Python 还提供了 SQLAlchemy 这样的 ORM（对象关系映射）框架，使得开发者可以更加方便地与数据库交互。在金融数据分析领域，合理的数据存储和管理方案对于提高数据访问效率和保证数据安全至关重要。

（三）数据分析与可视化

Python 在数据分析方面表现出色，拥有如 Pandas、NumPy 等强大的数据处理库，以及 Matplotlib、Seaborn 等可视化工具。这些工具使金融数据分析师能够轻松地进行复杂的数据处理和分析，并通过直观的图表展示分析结果。这不仅提高了分析效率，也使得分析结果更加易于理解和沟通。

二、Python 技术对量化交易的影响

（一）策略开发与回测

量化交易依赖于精确的算法和模型来指导交易决策。Python 提供了丰富的数学和统计库（如 NumPy、SciPy）以及机器学习库（如 Scikit-learn、TensorFlow、PyTorch），使得开发者可以方便地构建复杂的交易策略和模型。同时，Backtrader、Zipline 等量化交易平台提供了策略回测功能，帮助开发者验证和优化交易策略。

（二）实时交易执行

Python 可以与多种交易 API 接口对接，实现实时交易执行。例如，通过使用 requests 库发送 HTTP 请求到交易所的 API 接口，可以实时获取市场数据并执行交易操作。此外，一些专门用于量化交易的库（如 QuantConnect 的 LEAN 引擎）还提供了更加高级的实时交易功能和风险管理工具。

三、Python 技术对风险管理的影响

（一）市场风险评估

金融市场的波动性使得风险管理成为金融投资中不可或缺的一环。Python 可以通过分析历史市场数据、宏观经济指标以及公司基本面信息等多维度数据源来评估市场风险。利用 Pandas 进行数据处理，利用 Scikit-learn 进行机器学习建模，可以更加准确地预测市场走势和评估潜在风险。

（二）信用风险评估

在金融信贷领域，信用风险评估是决定是否发放贷款以及贷款额度的关键因素。Python 可以通过机器学习算法对客户的信用记录、收入状况、负债情况等多维度数据进行建模和分析，从而得出更加准确的信用评分。这不仅提高了信贷审批的准确性和效率，也降低了不良贷款率。

四、Python 技术对金融科技创新的推动

（一）技术融合与创新

Python 作为一种多领域通用的编程语言，在金融科技创新中发挥着桥梁作用。通过将 Python 与其他前沿技术（如人工智能、区块链、大数据等）相结合，可以推动金融科技的持续创新和发展。例如，利用 Python 进行大数据分析和人工智能建模，可以为金融机构提供更加智能化的风险管理和投资决策支持；而区块链技术的应用则可以为金融交易提供更加透明和安全的环境。

（二）生态系统的繁荣

Python 在金融领域的广泛应用促进了相关生态系统的繁荣。越来越多的金融机构和科技公司开始投入资源构建基于 Python 的金融科技平台和解决方案。这些平台不仅提供了丰富的工具和库支持，还通过开放 API 接口和社区合作等方式促进了技术共享和创新。此外，随着 Python 在金融领域的影响力不断扩大，越来越多的专业人才开始关注和学习 Python 技术，为金融科技的发展注入了新的活力。

（三）提高决策效率与准确性

Python 在数据处理和分析方面的强大能力使得金融机构能够更加高效地处理海量数

据，提取有价值的信息用于制定决策。通过 Python 构建的量化交易系统和风险评估模型，能够帮助投资者做出更加科学和精准的投资决策，降低投资风险并提高收益。

（四）降低运营成本

Python 的自动化和智能化特性使得金融机构能够降低运营成本。通过自动化脚本和智能算法的应用，金融机构可以减少人工干预和错误率，提高工作效率和准确性。同时，Python 的开源特性也使得金融机构能够节省大量的软件许可费用和维护成本。

（五）推动行业标准化与规范化

随着 Python 在金融科技领域的广泛应用，越来越多的金融机构开始采用 Python 作为技术栈的重要组成部分。这一趋势有助于推动金融行业的标准化和规范化发展。通过统一的技术标准和规范流程的应用，金融机构可以更加高效地开展业务合作和信息共享，促进整个行业的协同发展。

因此，Python 技术对金融科技的发展产生了深远的影响。从数据分析和挖掘到量化交易和风险管理等多个方面，Python 都以其独特的优势和广泛的应用场景推动了金融科技的持续创新和发展。随着金融市场的不断变化和科技的不断进步，Python 在金融领域的应用前景将更加广阔。未来，随着更多前沿技术的融合和创新应用的出现，Python 将继续在金融科技领域发挥重要作用并推动其不断发展壮大。

• 思考题 •

1. Python 在量化交易中的优势有哪些？

2. 请简述 Python 在金融数据处理中的基本步骤。

3. 列举几种 Python 中常用的数据可视化库，并简述其用途。

4. 数据预处理在投资组合优化中的重要性是什么？如何使用 Python 进行数据清洗和特征工程？

5. 讨论 Python 在金融科技创新中的潜力，以及它如何推动金融服务的数字化转型。

【即测即练题】

自测自练

扫描此码

第四章　云计算在金融科技中的应用

学习目标

1. 掌握云计算的基本概念与特征，理解云计算作为新型计算模式如何通过虚拟化技术将计算资源以服务的形式提供给用户。

2. 了解云计算的核心技术，包括虚拟化技术和分布式计算，并能分析这些技术在提升资源利用率中的作用。理解云计算的三种服务模式（IaaS、PaaS、SaaS），掌握各模式的特点、优势及其适用场景。

3. 掌握云计算的安全风险与合规性挑战，包括数据安全、隐私保护等方面的风险，并了解现有的安全措施与合规性管理手段。

4. 熟悉云计算在金融科技领域的应用，了解金融云的概念及其如何提升金融机构的运营效率与客户体验，通过案例分析掌握其实际应用情况。

5. 理解云原生技术与微服务架构，认识到这些新兴技术是如何进一步推动了云计算的灵活性与可扩展性，以及它们在构建现代软件系统中的应用。

素养目标

1. 通过学习云计算的基本概念、关键技术及其在金融科技领域的应用，激发学生对科技前沿的兴趣，培养其科学探索精神和创新意识，鼓励学生在掌握基础知识的同时，勇于探索未知领域，为解决复杂社会问题贡献智慧。

2. 通过了解云计算面临的安全风险与合规性挑战，以及相应的防护措施，增强学生的信息安全意识，使其认识到保护个人隐私和数据安全的重要性，同时培养学生的社会责任感，意识到在享受技术便利的同时，也要承担起维护网络空间清朗的责任。

3. 通过分析云计算技术的国际竞争态势及我国在云计算领域的成就，如兴业银行"银银平台"、京东金融云等成功案例，增强学生的民族自豪感和文化自信，激励学生为国家科技进步和社会发展贡献自己的力量。

4. 云计算技术日新月异，通过本章学习，引导学生树立终身学习的观念，关注行业动态，主动适应技术变革，不断提升自我，以应对快速变化的社会需求。

第一节　云计算与云存储

一、云计算

对于个人而言，当我们每天使用公共服务的邮箱，当我们每天使用公共服务的相册和游戏，当我们每天通过公共服务搜索资讯时，其实我们就已经在使用云计算服务了。对于企业而言，在传统模式下，企业建立一套 IT 系统不仅需要购买硬件等基础设施，还要购买软件的许可证，并需要专门人员进行维护。当企业的规模扩大时，又要继续升级各种软硬件设施以满足需求。但是，对不经常使用该软件的用户来说，这似乎有些浪费。那么，能不能有这样一种服务：给我们提供可以租用的软硬件资源？这就是云计算的最初构想。随着互联网的高速发展，网络中的数据量在增加，服务器集群数量也在增加，用户对软件和计算能力的需求也都在弹性增加。如何有效地管理闲置的计算资源并将其转化为服务资源？云计算顺势而生，它成功地将信息通信技术从依赖投资和实物所有权的工具转变为了可以轻松利用外部资源的工具，也因此成为一个非常重要、非常伟大的技术。云计算被认为是继水、气、电和电话之后的第五大公用事业，是继 20 世纪 80 年代从大型计算机向客户端 / 服务器（C/S）模式转变之后，信息技术领域的又一革命性变革。在强大的社会需求和完美的功能表现加持下，云计算不断发展壮大，迎来了它的高光时刻。近年来，云计算发展迅猛，市场规模也逐渐变得巨大。美国市场研究与咨询公司 Markets and Market 2023 年发布的 *Cloud Computing Market* 报告中称，预计全球云计算市场将在预测期内（2023—2028 年）以 15.1% 的复合年增长率从 2023 年的 6.264 万亿美元增长至 2028 年的 12.664 万亿美元 [①]。云计算技术的发展已经深刻地影响了许多领域，并在越来越多的领域取得了成功。

（一）云计算的定义及理解

云计算中的"云"一词是隐喻性的，通常是指可通过互联网轻松访问的各种可用资源，如硬件、软件及网络服务。之所以称为"云"，是强调云中的资源不是传统的存储在本地计算机硬盘上的数据，而是通过在线远程访问的非本地存储。而云计算中的"计算"主要是指涉及处理或存储的任何与计算机相关的活动。在云计算中，IT 资源不再被视为产品，而是被理解为服务，可以从供应商那里租用和订阅，并通过互联网进行访问。美国国家标准与技术研究院（National Institute of Standards and Technology，NIST）对云计算的定义如下：云计算是一种模型，它使得无处不在、便捷、按需的网络访问成为可能，用户可以访问一个可配置的计算资源共享池，其中包括网络、服务器、存储、应用程序和服务等资源。这些资源能够快速地被配置和释放，用户几乎不需要做太多管理工作，也不需要频繁与服务提供商沟通。

云计算的本质可以与人类用电方式的改变做一类比。在没有发电厂和电网的时代，每家每户都需要购买一台发电机。而现在人们不再需要自己购买发电机，只需要向国家电网缴费，由国家电网向各家各户输送电即可。云计算就好比其中的发电厂，只是它提供的不

---

① 资料来源：https://www.marketsandmarkets.com/Market-Reports/ cloud-computing-market-234.html.

是电力，而是计算能力、存储能力、网络能力等各种服务能力。用户只要通过网络进行连接并得到授权，就可以使用这些能力和资源。云计算还可以跟我国北方城市的集中供暖做类比。北方农村用户很多选择自己在家烧炉子并安装暖气片以便在冬天取暖，而城市住楼房的用户基本都是选择交取暖费后由暖气公司集中供暖的方式取暖。相比之下，集中供暖就类似云计算服务的模式，此时不但用户不需要额外采购炉子，也不需要自己负责烧炉子，更重要的是，集中供暖具有规模优势，并配有专门员工负责管理和维护，供暖效果更稳定。虽然用户需要缴纳一定的取暖费，但硬件成本和人力成本都得到了解放。云计算跟发电站和集中供暖的模式十分类似，它利用大规模的数据中心或超级计算机集群，通过互联网将计算资源以免费或按需租用的方式提供给使用者使用，故"云"可以理解为是互联网连接的大规模计算系统。换一个角度，我们也可以这样理解：将个人电脑中的储存、运算等功能，透过网络全部迁移到一个超级电脑中，这个超级电脑就是所谓的"云"。用户只要进入云端，就可以连接这些超级电脑处理资料。显然，云计算的产生消除了人们在电脑上购买和安装软件的需要。在这种模式下，云服务提供商将计算资源（包括服务、应用程序、基础设施和平台）的使用"出租"给客户。使用这些服务的客户被称为"租户"。对于云计算架构中的资源（例如软件和硬件以及信息），以网络为媒介，最终用户和供应商可以通过这一架构实现共享（图4-1）。

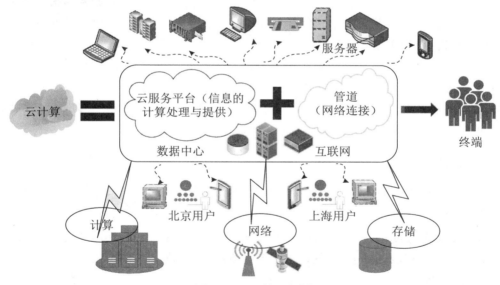

图4-1　云计算示意图

对云计算的理解有以下几个要点。

（1）云计算可以被看作是一种利用互联网技术，以软件、平台和基础设施的形式提供IT服务的方式。

（2）云计算是由一组相互连接和虚拟化的计算机组成的并行和分布式计算系统。

（3）云计算通过网络（通常是互联网）使用计算资源，并根据需求进行扩展。

（4）从技术视角来看，云计算可以细分为云设备和云服务两大部分。①云设备包括用于弹性计算的服务器、用于数据保存的存储设备、用于数据通信的网络设备以及其他用于云安全、互联网应用和负载均衡的硬件设备。这些设备通常基于稳定且成本较低的硬件构建，计算资源倾向于采用分布式、海量的低成本服务器，而不是传统的专有大型机或高端服务器。这一点类似于"货拉拉"，将好的、差的各种档次的车，只要是能正常跑运输的，都集中起来，组成一个强大的物流系统。②云服务涵盖了用于物理资源虚拟化调度管理的弹性计算服务、大数据处理服务、网络应用服务、数据安全服务、应用程序接口服务、自动化运维和管理服务等。这些服务具有明确的服务水平协议（SLA），即服务提供商与用户之间就服务质量达成的一种承诺，确保了服务的质量和可靠性。对外，云服务提供了高效、安全且易于使用的应用程序和服务，以及可靠的数据安全保障；对内，则通过自动化脚本、内外部监控、报警机制等手段，取代了传统的人工业务部署、系统升级、日常巡检和自我测试等工作，极大地提高了效率并降低了运营成本。

总的来看，云计算拓展了企业的资源利用空间，因为它以使用付费的方式提供服务，这允许企业根据当前需求调节信息技术资源的使用水平。云计算的发展对大部分组织尤其是中小企业都是很有好处的。中小企业的 IT 预算比大公司相对较少，使得它们自己开发和部署 IT 资源的能力有限。比如，中小企业可能会犹豫是否值得购买大型服务器硬件以应对偶尔需要的强大算力，也可能会纠结于是否购买昂贵但稳定的正版软件，或者困惑于作为非 IT 企业是否应该雇用专门的 IT 技术员工来负责 IT 基础设施的维护等。有了云计算和云存储后，这些组织面临的这些问题将迎刃而解，云服务提供商们将为它们随时提供"出租和外包服务"。所谓云服务，是指在云计算技术的支持下，由外部提供的按需分配和可衡量的服务，可以用来替代用户本地自建的服务。在云计算时代，云计算这种低成本、高效率地按需付费定价模式，为企业提供了一个不用自建内部 IT 基础设施的有吸引力的替代方案，使得企业可以释放原本用于开发和部署 IT 设施的资源，转而将更多的资源集中在核心业务活动上。因此，云计算具有显著的经济效益，它能够帮助客户节省购买、运行和维护自身硬件和软件基础设施的费用，同时客户也无须再支付额外的软件许可费用。

（二）云计算的基本特征

云计算有着显著的特点：按需自助服务，服务由提供者管理，用户可以决定他们所接受的服务数量，并且可以从世界上任何一台计算机接入网络访问这些服务，等等。根据美国国家标准与技术研究院 2011 年 9 月发布的《NIST 对云计算的定义》（*The NIST Definition of Cloud Computing*）中的内容，云计算的基本特征可以被概括为如下五点。

1. 按需自助服务（on-demand self-service）

该特性让用户能够在无须与提供商进行人工交互的情况下单方面访问资源池中的资源，就如同在自助餐厅就餐和无人超市购物一样，用户可以根据自身业务需求，自主地从云端申请所需的资源，如服务器和网络存储空间。这种模式不仅提高了工作效率，降低了成本，还避免了因人工交互导致的时间浪费和资源损耗。

2. 广泛的网络连入（broad network access）

云计算的出现让全球各地的用户都能借助移动电话、笔记本电脑和平板电脑等多样化的客户端设备，随时随地通过互联网访问丰富的云资源。这种广泛的网络接入不仅打破了地理界限，还确保了服务的无缝覆盖与即时响应。所有功能和资源均存储于云端，用户和管理员可通过网络共享计算资源或获取远程主机服务，享受安全、可靠、可扩展且灵活多样的云服务，无论身处何地都能轻松访问和管理。

3. 资源池化与共享（resource pooling and sharing）

云计算将存储、处理器、内存、网络带宽等资源集中起来形成资源池，以多用户租用的模式提供服务。供应商的资源被统一管理和分配，不同的物理机和虚拟机资源可以根据客户的需求动态地进行配置和调整。客户无须控制或了解资源的确切位置，只需根据自身需求申请相应资源，这些资源可能来自不同地理位置的云计算中心，如北京或上海，但对客户而言并无差异。

4. 快速弹性伸缩（rapid elasticity）

快速弹性主要是指云计算允许资源根据实际需求动态地扩大或缩小。与传统 IT 环境不同，云计算消除了烦琐的物理设备部署过程，如设备购置、场地协调、安装调试等，用户无须投资于基础设施和运维，仅需通过简单的操作即可快速扩展或缩减其资源规模，并且仅需为实际使用的资源付费。快速弹性保证了资源的即时可用性，用户可以根据业务需求实时调整资源，大大缩短了业务部署周期。这些资源可以以较低的管理开销快速安装和发布，从而有效利用资源，节约成本。

5. 计量付费服务（measured service）

云服务提供商通过先进的计量功能，能够根据用户的实际使用量或使用时间来自动调整和优化资源分配，实现资源的灵活高效利用。企业无须一次性购买大量软硬件，而是可以根据实际需求从服务提供商那里租用软件，并选择基于使用量或时间的收费方式按需付费。这种方式大大降低了企业的初期投资成本，提升了资金使用的灵活性与效率。

二、云计算的主要支撑技术

云计算代表了一种基于互联网的新型计算模式，是互联网技术、多核芯片、网格计算、分布式计算、并行计算、分布式系统、网络存储虚拟化和负载均衡等各种传统计算机和网络技术的融合。其中，分布式技术和虚拟化技术是云计算发展的基础。此外，自动部署和管理、大数据存储技术、强大的 Map/Reduce 模式等关键技术进一步丰富了云计算的功能和应用场景。

（一）分布式技术

分布式系统（distributed system）是云计算最基础的架构。分布式系统是指支持分布式处理的软件系统。分布式系统由多个节点组成，每个节点通常是由廉价的终端构成的一个独立运算单元。这些节点分布在不同的地理位置，通过网络通信互联来协同执行任务。分布式系统的核心思想是将应用和服务进行分层和分割，并将这些模块分布式部署，从而提高系统的并发访问能力，减少数据库连接和资源消耗。

分布式系统可根据其架构分为分布式计算系统和分布式存储系统两大类。分布式计算主要关注计算任务的分配与执行，而分布式存储则侧重于数据在不同节点间的存放与管理。

1. 分布式计算（distributed computing）

随着互联网的发展，数据量急剧增长，传统的集中式计算方式已无法满足大规模数据处理的需求，分布式计算应运而生。分布式计算研究如何将一个需要巨大计算能力的问题分成多个小部分，然后分配给多台计算机同时处理，并最终综合各部分的结果得到最终答案。对于用户而言，无需关注分布式计算内部的运作机制及数据计算、分发等复杂细节，这些都被封装在类库中，通过提供接口供用户调用。

云计算是对分布式处理、并行处理、网格计算以及分布式数据库技术的综合改进与发展。它的前身可以追溯到利用并行计算解决大型问题的网格计算和将计算资源作为可计量服务提供的公用计算。随着互联网宽带技术和虚拟化技术的迅猛发展，云计算得以诞生。因此，在探讨云计算中的分布式计算时，我们不可避免地会遇到与其紧密相关的两个概念——并行计算和网格计算。并行计算、网格计算、分布式计算之间有着紧密的联系，它们都是解决大规模计算问题的重要方法，共同的目标是通过分解和分配计算任务到多个处理单元来加快问题的解决速度。但它们的技术重点和优化方向有所不同：并行计算侧重于在同一地点的多个处理器上快速运行任务，将任务分派给系统内的多个运算单元，使用多种计算资源快速解决复杂问题；分布式计算侧重于将任务分配到可能在地理上分散的多台计算机上进行处理，以平衡计算负载；网格计算则是分布式计算的一种特殊形式，利用互联网把地理上广泛分布的各种资源连成一个逻辑整体，就像一台超级计算机一样，便于资源共享和跨组织协作。

拓展阅读 4.1
分布式计算技术：MapReduce 和 Sawzall

在云计算的分布式计算领域，MapReduce 和 Sawzall 技术是两种主要且极具影响力的技术。这两种技术都是由谷歌公司开发，专门用于处理大规模数据集的分布式计算问题。

2. 分布式存储

在云计算环境中，分布式存储技术是实现数据存储、处理和分析的关键技术之一。分布式存储是将数据分散存储到网络中的多个物理节点上的一种数据存储方法。分布式存储技术利用廉价的标准硬件构建存储集群，通过软件定义存储（SDS）技术实现了对硬件资源的高效利用，大大降低了存储成本。在分布式存储系统中，数据被分割成块或对象，并通过网络分散存储在多个节点上，这些节点可以分布在不同的地理位置，每个节点都可以独立处理数据请求，通过网络进行通信和数据交换。在分布式存储架构中，每个节点独立存储数据的一部分。节点间通过网络互相连接，共同构成一个统一的存储系统。数据在各个节点之间进行复制或分片，以确保即使单个节点发生故障，数据仍然可以被访问和恢复。分布式存储存在多方面的优势：①它增强了系统对硬件故障的抵抗力，还能支持数据的并行处理，从而提升整个系统的处理能力和存储容量；②分布式存储支持动态扩展存储容量，能够根据业务需求灵活地增加或减少存储节点，满足随时可能变化的数据存储需求；③分布式存储的设计考虑到了水平扩展能力，在不中断服务的情况下就可以增加更多的存储节点，以应对不断增长的数据量和性能需求；④分布式存储还利用负载均衡技术对数据流量进行了优化，从而避免单个节点过载，确保整体性能的稳定。总之，分布式存储的灵活性和扩展性直接支撑了云计算的核心优势，使云服务能够提供安全、稳定和高效的存储解决方案。

拓展阅读 4.2
四大类分布式存储技术

分布式存储按照存储类型、数据访问和存储机制的不同，可分为分布式

拓展阅读 4.3
经典分布式计算存储平台
Hadoop 简介

文件系统、分布式数据库、分布式块存储、分布式对象存储四大类。分布式文件系统提供文件和目录的创建、移动、删除等功能；分布式数据库用于存储和管理结构化数据；分布式块存储提供类似于本地硬盘的访问方式；分布式对象存储用于存储非结构化数据，如图片、视频等。

（二）虚拟化技术

云架构的重要理念之一是虚拟化。虚拟化是一种将物理资源以逻辑形式表示的技术，使得资源的使用不再受限于实际的物理位置。该技术通过在物理硬件层上添加一个虚拟化层，将硬件资源抽象化为虚拟资源。这些虚拟资源对于上层操作系统和应用而言，就如同真实的硬件资源一样可用，实现了硬件资源的抽象池化，从而有效屏蔽了底层硬件差异的影响。虚拟化层负责资源的管理和调度，向操作系统或应用程序提供一致的接口，为上层应用呈现一个统一、标准化的资源视图。这样一来，上层应用无须关注底层硬件的具体细节，就能实现资源的灵活配置和高效使用，显著提高了资源利用率和系统的可扩展性。云计算使用了大量的虚拟化技术来简化管理并节省能源。云计算也被定义为一种通过互联网以服务的方式提供动态可伸缩的虚拟化资源的计算模式。大多数云服务都是在虚拟机上执行的。现代虚拟化技术正在帮助许多企业显著提高存储利用率、服务交付效率、资源效率和空间利用率。

1. 硬件虚拟化

在现代计算机架构中，提供计算能力的硬件主要有中央处理器（CPU），而支持计算过程的主要硬件包括内存（RAM）和输入 / 输出（I/O）设备（如磁盘、网络适配器等）。要完成计算虚拟化通常就是要对这三种硬件资源进行虚拟化处理，以便它们能够被虚拟机有效利用。通过虚拟化处理，每个虚拟机内部运行的应用程序都能够在相对隔离的环境中执行，彼此间互不干扰。根据所对应的硬件的不同，硬件虚拟化的关键技术分为三种：CPU 虚拟化、内存虚拟化和 I/O 虚拟化。

（1）CPU 虚拟化。通过虚拟化技术，将物理 CPU 资源虚拟化为多个虚拟 CPU（称作vCPU），供多个虚拟机同时使用。这提高了 CPU 的利用率，并允许在同一物理机上运行装载有不同操作系统和应用程序的虚拟机，从而极大地增强了系统的灵活性和可扩展性。CPU 虚拟化技术包括全虚拟化、半虚拟化和硬件辅助虚拟化等多种类型。

（2）内存虚拟化。通过将物理内存分割成多个逻辑分区来实现内存虚拟化。每个操作系统管理一个或多个这样的分区，而实际上这些操作系统共享的是相同的物理内存资源。这种技术提高了内存的使用效率并增强了系统的可扩展性。

拓展阅读 4.4
三种硬件虚拟
化技术细节
介绍

（3）I/O 虚拟化。将物理 I/O 设备抽象成多个虚拟设备，供多个虚拟机共享。这不仅提高了资源利用率，还确保了每个虚拟机的隔离性和安全性。

2. 网络虚拟化

网络虚拟化可以通过多种方式实现，主要归纳为以下四类：①基于隧道技术的虚拟化，最典型的就是 VXLAN（virtual extensible local area network，虚拟可扩展局域网）和NVGRE（network virtualization using generic routing encapsulation）；②基于虚拟网络设

备的虚拟化，鉴于常见的网络设备包括网卡、交换机、路由器、调制解调器和防火墙等，网络虚拟化按照虚拟网络设备的种类又可分为虚拟网卡、虚拟交换机、虚拟路由器、虚拟调制解调器、虚拟防火墙技术；③基于硬件辅助的虚拟化，主要有 Intel VT-d（Intel virtualization technology for directed I/O）和 AMD IOMMU（I/O Memory Management Unit）；④基于软件定义网络（Software Defined Networking，SDN）的虚拟化。

传统的 VLAN（虚拟局域网）技术使用 12 位的 VID 来区分不同的虚拟网络，这意味着最多只能支持 4 096 个 VLAN。对于大型云环境或数据中心而言，这一数量显然不足以满足需求。网络虚拟化技术通过引入新的逻辑分隔机制，如 VXLAN，有效突破了 VLAN 的数量限制。VXLAN 使用 24 位的 VNI（Virtual Network Identifier）替代传统的 VID，从而能支持超过 1 600 万个虚拟网络，极大地扩展了网络虚拟化的规模和能力。网络虚拟化本质上是一种技术，它允许在共享的物理网络基础设施上构建并运行多个逻辑上相互隔离的虚拟网络，这些虚拟网络由各自独立管理的虚拟资源所构成。这一技术使得单一物理网络能够承载多个逻辑上彼此独立的虚拟网络，实现了资源的灵活配置和高效利用。虚拟化技术的应用不仅限于 OSI 模型的某一特定层，而是可以跨层实现。在跨层实现的过程中，使用隧道协议成为了连接不同层级、实现资源高效利用的一种强大且极为常见的方式。这种方式通过封装数据包来创建虚拟的通信路径，VXLAN 便是这种隧道协议的一个典型代表。此外，网络虚拟化服务还扩展到了虚拟专用网络（VPN）服务，VPN 服务允许在公共物理网络上构建并管理安全的虚拟网络环境。

软件定义网络（SDN）的虚拟化是网络领域的一场革命性技术，在这里重点介绍一下。顾名思义，SDN 的核心特点是通过软件编程的方式定义和控制网络，其核心思想是将网络控制层与数据转发层分离，并通过开放的接口实现可编程性。在传统的网络架构中，网络设备（如路由器、交换机等）既是数据转发的实体，也是控制决策的中心。这意味着网络配置和管理通常依赖于每个设备上的本地配置，这种方式不仅复杂，还难以统一管理。SDN 通过将控制平面与数据平面分离，使得网络管理员可以通过一个集中的控制器来管理整个网络。控制平面负责网络的逻辑配置和策略制定，包括路由决策、安全策略、流量管理等；数据平面负责实际的数据包转发，根据控制平面下发的规则执行数据包的处理。这种分离使得网络管理员能够通过中央控制器来动态地调整网络配置，而无须直接干预每个网络设备的设置。控制器通过标准的接口（如 OpenFlow）与数据平面设备进行通信，从而实现了网络资源的集中管理和自动化配置。SDN 的虚拟化技术主要体现在虚拟交换机、虚拟路由器、虚拟防火墙和 SDN 控制器四个方面。

网络虚拟化涉及的内容较多，涉及的技术细节比较复杂，想要了解更多这方面的知识可学习二维码资源"拓展阅读 4.5　网络虚拟化技术纵览"。

拓展阅读 4.5
网络虚拟化技术纵览

3. 桌面虚拟化

桌面虚拟化是一种允许用户通过任何具备网络连接的设备访问其桌面环境的技术。通过虚拟化技术，物理桌面环境被抽象为可被灵活调配的虚拟资源。在传统桌面环境中，每个用户的操作系统和应用都安装在物理机上，导致硬件资源可能未被充分利用，而且需要对每台机器独立管理和更新。通过桌面虚拟化，多个虚拟桌面可以共享同一台物理服务器的资源，优化了资源分配，简化了系统管理和维护。此外，桌面虚拟化极大地增强了工作业务流程的连续性和灵活性。用户无论身处何地，都能通过网络连接到自己的桌面，实现远程工作，尤其在疫情等特殊情况下尤为重要。

桌面虚拟化的原理，简而言之，就是将传统的本地桌面操作系统、应用程序及用户数据等从个人电脑中抽离，转移至服务器端的虚拟机上运行。用户通过网络连接，借助特定的远程协议（如 RDP、PCoIP 等），实现与虚拟桌面的交互操作，就像在本地使用一般。这些远程协议负责将用户的键盘、鼠标操作和显示内容在用户端设备和远程虚拟机之间实时传输。

桌面虚拟化依赖于虚拟机监控器（VMM）来创建和管理虚拟机。VMM 在物理服务器上运行，能够模拟出多个独立的虚拟机，每个虚拟机都可加载操作系统和应用程序。这些虚拟机通过中央存储进行数据存取，确保数据的一致性和安全性。实现桌面虚拟化，通常需要部署虚拟化服务器集群、存储系统以及网络基础设施，并借助虚拟化管理软件来创建、配置、部署及管理虚拟桌面。用户端则可通过各种终端设备，如个人计算机、笔记本电脑，乃至智能手机和平板电脑，安装轻量级客户端软件或直接通过 Web 浏览器访问其个性化虚拟桌面，享受随时随地、安全便捷的工作学习环境。

三、云存储

（一）存储虚拟化

随着大数据时代数据量的增加和数据类型的多样化，数据存储资源分布变得复杂且难以管理。特别是在云计算环境中，需要处理的数据量极大，且常常需要跨越多个异构的磁盘阵列。传统的存储解决方案难以有效地管理和优化存储资源。为了解决这些问题，存储虚拟化技术应运而生。存储虚拟化通过在存储设备的上层添加一个逻辑层，将整个存储设备抽象为一个统一的存储资源池，然后按需分配给云平台的虚拟机使用。这种模式实现了逻辑存储卷与物理存储设备的分离。

存储虚拟化根据其在存储架构中位置的不同分为基于主机的虚拟化、基于存储设备的虚拟化和基于存储网络的虚拟化三种。其中，基于存储网络的虚拟化因其能够整合各种存储子系统而成为主流选择。①基于主机的虚拟化，通过在主机服务器上运行特定的虚拟化软件，实现对存储资源的抽象和管理。这种虚拟化方式可以跨越多个异构的磁盘阵列，通常由主机操作系统下的逻辑卷管理（LVM）软件来实现。②基于存储设备的虚拟化，是当有多个主机服务器需要访问同一个存储设备时的一种有效的解决方案。这种虚拟化方式在存储设备内部的阵列控制器上完成，将存储设备上的磁盘阵列划分为多个存储空间（LUN），供不同的主机系统访问。③基于存储网络的虚拟化技术，通过在存储设备层级之上部署虚拟化管理软件，将这些底层的存储资源汇聚成一个统一的资源池。随后，在资源池之上构建 SAN（存储区域网络），使得存储设备和主机都能够接入到这个 SAN 中。这种虚拟化方式表明，存储资源已不再局限于单独的存储介质，而是被虚拟化软件整合为一个整体的、易于管理的存储资源池。

（二）云存储的定义及理解

云存储是云计算的一个关键组成部分，是 PaaS（Platform as a Service，平台即服务）

或 SaaS（Software as a Service，软件即服务）平台提供的一项重要云服务，它提供了一种灵活、可扩展的数据存储解决方案。云存储是一种在线存储模式，通过高速网络连接，将数据存放在由第三方维护的远程服务器上。这种服务通常基于订阅模式，为用户提供按需分配的存储资源。简单来说，云存储就是将存储资源放到云端，供用户随时随地通过网络存取数据的一种新型方案。云存储的核心目标是保证数据的安全性，并尽可能地节约存储空间。云盘是云存储面向普通用户的一种常见应用形式。人们有时直接将云盘俗称为云存储，但严格来讲云存储范畴更广，而云盘主要是指云存储服务中提供文件存储功能的部分。

云存储的定义和理解

云存储和云计算在概念上相互依存，现实中常常一起使用。云计算需要云存储来保存和处理数据，而云存储也需要云计算的计算能力来提供高效的数据访问和管理服务。云存储的本质可以用银行存款做类比以方便理解。现代社会，人们几乎很少将现金自己存储，而是存在银行，当使用时再从银行取用。这是因为将钱财放在银行让银行替自己保管，不但省去了自己保管钱财的麻烦，而且用起来特别方便，因为很多时候都可以直接刷卡使用，进行转账和交易也都是通过银行。随着人们使用云存储的日益普遍，以及无纸化操作和信息爆炸导致的个人需要存储的在线数据量急剧增加，越来越多的用户选择将大量数据存储在云存储中，而不是像保管钱财一样将其存放在个人电脑或移动硬盘上。现在的百度网盘等各种云存储已经让人们初步感受到了云存储的方便。在云计算出现之前，客户必须将有价值的数据存储在自己的终端上，并且经常无法按需访问数据。有了云计算和云存储后，客户通过与服务提供商建立足够的信任，就可以像今天将资金和其他有价值的资产存放在银行一样放心地将数据存储在"云"中。

云存储系统是指将网络中众多不同类型的存储设备整合起来，构建成一个庞大且高效的存储资源池，并通过协同工作的应用软件，统一对外提供数据存储服务和业务访问功能的系统。云存储系统通常建立在复杂的技术架构之上，涉及的关键技术包括但不限于：分布式文件系统、数据加密技术、身份验证机制、数据冗余和容错技术、负载均衡等。①分布式文件系统允许数据在多个物理服务器之间进行分布存储，从而提高数据的处理速度和存储效率。这种文件系统能够将数据分散存储在多个节点上，并通过元数据服务器来管理数据的分布和访问；②数据加密技术可在传输和存储过程中对数据进行加密，保护数据不被未授权访问；③身份验证和访问控制确保只有经过授权的用户才能访问或修改数据，这些技术共同保障了云存储服务的高性能、高可靠性和高安全性；④数据冗余和容错技术意味着同一份数据会在多个节点上存储副本，这使得即使部分节点发生故障，也能通过其他节点上的副本恢复数据；⑤负载均衡通过合理的算法将用户的请求分配到各个服务器上，确保系统的稳定性和响应速度。

（三）云储存的应用实例

云存储已经被广泛应用于个人数据备份、企业信息管理等多个领域。以下是一些具体的应用案例及其运作方式。

（1）个人云盘，如百度网盘、腾讯微云等，用户可以将自己的文件上传到云盘中，随时随地通过网络进行访问和分享；可以通过任何设备上的客户端或网页浏览器访问自己的云盘，进行文件的下载、分享、删除等操作。

（2）企业云存储解决方案，如阿里云 OSS、华为云 OBS 等，为企业提供了大规模的数据存储和管理服务。云存储系统会根据企业的需求动态扩展存储容量，并提供高可用性和容错性保障。企业可以将自己的业务数据、备份数据等存储在云端，实现数据的集中管理和高效访问。

（3）在线教育平台，如网易云课堂、腾讯课堂等，利用云存储来存储和管理大量的教学视频、课件等教育资源，学生和教师可以随时随地通过网络访问这些资源，开展在线学习和教学。

第二节　云计算服务模型、部署模型与金融云架构

云计算服务的出现彻底改变了 IT 服务的开发、部署、使用、维护和付费方式。与传统计算相比，云计算的优点包括敏捷性、低成本、设备独立性、位置独立性和可伸缩性等。云计算提供了一个环境，使公司能够摆脱对可能不完善且需大量投资的内部 IT 资产的依赖，转向一种新模式。在这种模式下，企业可以购买或租用由云服务提供商管理的资源。根据美国商务部国家标准与技术研究院的文档，云计算模型可以用"三个服务模型和四个部署模型"给出一个立体的刻画。

一、云计算的服务模型

根据服务提供的层级和用户对资源控制的程度，云计算可以分为三种主要服务模式：基础设施即服务（Infrastructure as a Service，简称 IaaS）、平台即服务（PaaS）、软件即服务（SaaS）。基于这三种服务模型，云计算逻辑架构提供的服务也对应地分为三层：第一层是基础设施层，对应的是 IaaS；第二层是平台层，对应的是 PaaS；第三层是应用服务层，对应的是 SaaS。

1. 基础设施即服务（IaaS）

IaaS 是云服务的基础层，隶属最底层，IaaS 云服务提供商在该层向用户提供的是基础设施服务。基础设施包括虚拟化或物理的计算机、存储、网络、负载均衡等设备。如果通过网络使用的 IT 资源主要包括计算能力（如计算服务器）、存储容量或网络服务时，这种服务模型被称为基础设施即服务（IaaS）。IaaS 使客户能够部署和运行自己的操作系统和应用程序，以及在云端上传或下载软件和其他文件。IaaS 既提供硬件资源（如存储、网络），让客户在其上部署操作系统，也提供软件资源（如虚拟化技术），让客户在其上部署应用程序。

IaaS 服务的目标客户是系统管理员和系统运维人员，允许他们根据工作负载增加或减少虚拟机的数量，以提高 IT 资源的使用效率。IaaS 为客户提供大量的计算资源（例如虚拟机），通过互联网向客户交付计算基础设施。客户可以租用基本的计算资源（如处理器和存储），并使用这些资源来运行操作系统和应用程序。云服务提供商负责管理硬件，但IaaS 客户需要自行管理其虚拟机，这包括在虚拟机上安装和配置操作系统、应用程序及相

关配置。在 IaaS 模型下，用户拥有对其部署到云环境中的软件和应用程序的完全控制权，然而，他们对云服务提供商所提供的虚拟基础设施（如计算资源、存储和网络）的直接控制是有限的。用户可以选择和配置虚拟机规格、操作系统等，但底层的物理硬件和大部分的网络架构是由云服务提供商来管理和维护的。

IaaS 云解决方案的典型代表有亚马逊的 Web 服务弹性计算云（Elastic Compute Cloud，简称 EC2）、简单存储服务（Simple Storage Service，简称 SSS）和网络服务（Amazon Web Service，简称 AWS）、Rackspace 的托管云（Mosso Hosting Cloud），以及 GoGrid 的云服务器和 Joyent 的云计算平台。

2. 平台即服务（PaaS）

PaaS（平台即服务）是云计算的第二层级，建立在 IaaS（基础设施即服务）之上，旨在让用户能够利用互联网上可用的基础设施平台进行应用程序的开发、测试、部署和管理。PaaS 提供的服务包括弹性计算服务、存储服务、认证服务和访问控制服务、各种程序的运行服务、队列服务、数据处理服务等。其中，弹性计算服务是指根据业务需求的变动，能够动态地调整并获取云计算中的各种资源，例如 CPU、内存、存储以及网络等，以确保快速适应需求的变化；认证服务则是通过实施多种安全措施来保障用户登录过程的安全性，并且这种服务可以作为独立的组件提供给用户使用；数据处理服务则依托于云计算的分布式计算能力，为用户提供大数据的存储、分析及挖掘等一系列应用服务。

PaaS 服务的主要用户是开发人员。PaaS 向用户提供了一个操作平台，该平台提供了用于创建和托管 Web 应用程序的工具，以及一个完整或部分的应用程序开发环境。用户可以在这一平台上利用服务提供商提供的编程工具和库来开发、测试和部署自己的应用程序。PaaS 提供的 IT 资源包括应用程序托管和部署平台，这些平台使云客户能够使用自己事先上传的源代码来构建和运行软件应用程序。由于 PaaS 帮助用户省去了为应用程序部署合适的硬件和软件的麻烦，开发人员不仅能快速访问用于应用程序开发的各种资源，还能实现多开发人员的在线协作，从而让 IT 专业人员能够更轻松、更快速地开发应用程序并迅速投入使用。

相比于客户自己在本地机上自行创建应用程序，PaaS 平台提供了构建应用程序所需的所有资源的在线访问服务，这些服务包括应用程序设计、开发、测试、部署和托管工具，这些工具提供了对编程语言和库的访问。PaaS 是通过云服务提供商提供和支持的编程接口来构建和运行应用程序的。PaaS 用户能够使用远程 IT 平台构建、运行和部署他们自己的应用程序。如果编程语言在云服务提供商处是通用的，那么客户在 PaaS 上开发和部署应用程序时，就无需购买、安装和管理底层基础设施平台。但是，PaaS 用户对服务器、操作系统或存储等核心云平台并没有绝对的控制权。

PaaS 解决方案的典型代表有微软的 Azure 服务平台、谷歌的应用引擎和 Salesforce 的 Force.com。

3. 软件即服务（SaaS）

SaaS（软件即服务）建立在 IaaS 和 PaaS 之上，是云计算服务的最高层级。SaaS 提供的常见服务有邮件服务、代码托管服务、企业资源规划（ERP）、客户关系管理（CRM）、电子商务网站等。SaaS 允许用户通过其本地设备上的 Web 浏览器进行访问，而实际的软件则在远程的云服务器上安装和运行。它是一种云计算模型，其中应用程序被部署在服务提供商的云基础设施之上，并通过 Web 界面或程序接口直接交付给用户。同时，SaaS 也是一种软件分发模型，在此模型中，应用程序由供应商或服务提供商进行托管和维护，用户则通过网络（通常是互联网）来获取和使用这些应用程序，无须在本地进行安装或维护。

SaaS 服务的目标客户群体广泛，既包括普通用户也涵盖企业用户。SaaS 直接向用户提供软件应用程序作为服务，提供了一系列运行在云基础设施上的应用程序，如文字处理、电子表格、客户关系管理（CRM）、人力资源管理、企业资源规划（ERP）系统等。用户可以随时随地通过互联网访问并使用这些应用程序，无须进行本地安装。SaaS 服务模式旨在为最终用户提供稳定、无故障的操作体验，并帮助企业客户优化和释放其 IT 资源。在这种模式下，SaaS 客户可以选择从云服务提供商处购买、租用或订阅应用程序或服务，以获得在线存储、数据库功能等服务的访问权限。

SaaS 的典型代表有微软的 Microsoft 365 和 Outlook.com（原名 Hotmail）、Salesforce.com、WebEx 等。在各类云计算服务模式中，SaaS 的定制程度相对最低，对于诸如雅虎邮箱、谷歌应用、Salesforce.com、WebEx 和微软 Office Live 等现成解决方案的一些应用程序配置设置，用户的控制较为有限。不过，用户也可以通过开发基于云服务提供商所提供的应用程序编程接口（API）的特定组件，来对产品进行一定程度的定制。

云计算三种模型的比较如表 4-1 所示。

表 4-1　云计算三种模型的比较

服务模型	服务对象	系统实例	服务内容	关键技术
IaaS（基础设施即服务）	需要硬件资源的用户	阿里云、腾讯云	①虚拟化服务：主机（服务器）虚拟化、存储虚拟化、网络虚拟化；②分布式服务：分布式计算、分布式存储、分布式数据库、分布式缓存；③安全防护服务	虚拟化技术、分布式技术等
PaaS（平台即服务）	软件开发人员	微软 Azure	①云操作开发环境和运行平台：Web 服务器、数据库服务器、软件运行环境；②开发管理工具：运行库、中间库、编程库；③权限管理、身份认证等	云平台技术、数据管理技术等
SaaS（软件即服务）	需要软件应用的客户	钉钉	①行业应用：CRM、ERP、OA 等；②虚拟桌面服务；③远程通信软件	Web 服务、互联网应用开发技术等

IaaS 通过互联网为用户提供基础资源服务和业务快速部署能力，在 IaaS 服务模式下，消费者能够管理操作系统、存储空间、已部署的应用程序以及网络组件（如防火墙、负载平衡器等），但不直接控制或管理底层的云基础设施；PaaS 是构建在基础设施之上的软件开发平台，在 PaaS 服务模式下，消费者可以使用平台来运行应用程序，但不对操作系统、硬件或底层网络基础设施进行管理和控制；SaaS 是一种通过互联网提供软件的模式，消费

者可以直接使用应用程序，而无须管理或控制操作系统、硬件或网络基础设施。图 4-2 将这些内容直观地呈现出来，并清晰地展示了 IaaS、PaaS、SaaS 如何将底层开发和部署环境的管理工作交给云服务提供商，从而使客户能够更加专注于自身的核心业务。

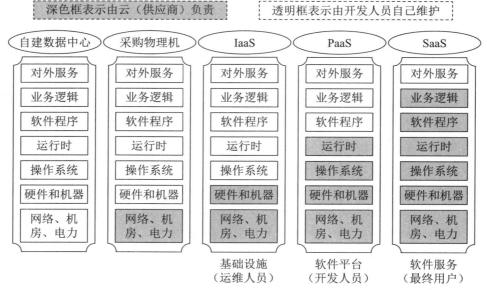

图 4-2　IaaS、PaaS 和 SaaS 帮助客户简化掉的服务部署

二、云计算的部署模型

1. 公有云

公有云是指由第三方拥有和管理所有物理资源，通过互联网向多个用户提供云服务的模式。公有云服务面向公众开放，无论是个人还是企业组织均可使用这些服务。云服务提供商在公有云中通常拥有自己的基础设施，并制定相应的规则和策略。公有云的基础设施多为标准化、商品化的物理硬件，能够被多个客户共享，因此具备规模经济和成本优势。一些知名的公有云服务提供商包括亚马逊 AWS、谷歌云、IBM Cloud 和微软 Azure，以及中国的天翼云、华为云等。

拓展阅读 4.6
云计算的物理
网络架构

2. 私有云

私有云通常专属于一个组织使用并由该组织自行运营。在私有云部署模式下，云基础设施专供这一个组织使用，计算资源被托管在客户自己的数据中心内，由客户自行管理。尽管如此，组织也可以选择与第三方合作，委托其管理和维护私有云的部署工作。私有云使企业能够利用现有数据中心的硬件、数据存储和网络资源，减少额外硬件的采购成本，同时提高运营效率，促进新商业模式的创新和价值创造。通过合理配置带宽，私有云提高了数据管理和流程的效率，确保了系统的弹性和安全性。客户选择私有云的主要原因是希望对公司的数据、安全政策和系统性能拥有完全的控制权。私有云让组织能够更好地掌控安全性、透明度和合规性，不过这也要求组织承担较高的资本和运营成本，并拥有一支技术娴熟的 IT 团队。

3. 社区云

社区云部署是指为具有相似任务、安全需求、策略和合规要求的特定组织群体提供云服务。它被视为私有云的一种扩展形式，允许多个组织共享同一云基础设施。这种部署模式专门服务于那些拥有共同利益的非附属组织，它们共享专门为该群体设计的云服务。与私有云相比，社区云能够通过资源共享实现更低的成本和更高的效率。同时，与公有云相比，社区云在风险控制方面表现得更好，因为参与的组织可以共同制定和执行更严格的安全和合规标准。

4. 混合云

混合云是公共云、私有云乃至社区云等多种云基础设施的组合形式，它是不同云部署模型融合的结果。混合云集成公共云、私有云及社区云部署的优势，因此，当组织在控制力与成本效益之间寻求平衡时，混合云被视为一个理想的解决方案。在混合云架构中，尽管各种云部署被整合在一起，但它们各自的云基础设施保持独立运作。此外，这些云基础设施遵循通用标准，确保了数据和应用程序的可移植性。混合云的典型应用场景如下：将敏感或机密的数据及处理保留在客户自己的数据中心（私有云）中，而将不太重要或需要公开的信息部署在公有云上。在业务高峰期，混合云还支持从私有云向公有云进行"云爆发"，以获取额外的计算资源。基于混合云能够将公有云的高扩展性与私有云的高安全性等优势互补的这一特性，它已成为当今企业广泛采用的计算模式。混合云通过采用专有技术和标准化协议，实现了应用程序和数据在不同云环境之间的可操作性。

混合云计算的一个典型案例是中国铁路客户服务中心的 12306 火车票购票网站。12306 网站最初采用了私有云架构，虽然日常运行稳定，但在节假日等高峰期却常常因巨大的访问量而面临页面响应缓慢、错误频出的问题，严重影响了用户体验。为了解决这一难题，12306 与阿里云展开了战略合作，构建了混合云架构。在这一架构中，阿里云在高峰期提供了额外的计算能力，有效支持了用户的查票需求，而涉及支付等关键业务的操作则继续在 12306 的私有云环境中运行。实施混合云解决方案后，12306 成功应对了高峰期流量的激增，页面加载速度显著加快，系统稳定性大幅提升，用户体验得到了明显改善。这一案例充分证明了混合云架构在应对业务高峰期访问压力、提升服务质量和用户体验方面的有效性，为其他面临相似挑战的企业提供了宝贵的参考。

拓展阅读 4.7
云计算的逻辑架构

拓展阅读 4.8
经典云管理平台 OpenStack 简介

三、金融云架构

金融云架构是现代金融行业与云计算技术深度融合的产物。随着金融业务的日益复杂和数字化转型的不断推进，金融云架构应运而生。金融云架构是指基于云计算技术，专门为满足金融行业需求而设计的一套系统架构。它不仅是一种技术解决方案，还是一种创新的服务模式，旨在促进金融机构间的合作，缩短金融产品的开发周期，提高对客户需求的响应速度。金融云架构在很大程度上借鉴了云计算的通用架构，但因其服务对象是对安全性、合规性和稳定性要求极高的金融行业，所以有着自身独特的特点。从本质上讲，金融云架构旨在为金融机构提供一种高效、灵活且安全的技术基础设施，使其能够在数字化时代更好地开展业务，满足客户需求，并应对日益激烈的市场竞争。

金融云的核心架构主要包括基础设施层、平台层和应用服务层三个层面。

1. 基础设施层

在基础设施层面，金融云架构通常采用高性能服务器、存储设备以及网络设备等硬件设施，以确保金融业务可以高效稳定地运行。例如，在证券交易高峰时段，大量的交易指令需要在极短时间内处理完成，高性能服务器能够保证交易系统不会出现卡顿或延迟现象。存储设备同样重要，金融机构每天都会产生海量的数据，包括客户交易记录、账户信息等。考虑到金融数据的高度敏感性和重要性，金融云在安全措施上也投入了大量资源，比如设置多重冗余备份机制，实现异地多活数据中心配置，即使遇到自然灾害或重大故障时也能保证服务的连续性。在网络架构上，金融云构建了严密的安全防护体系，包括防火墙、入侵检测与防御系统等，以防止外部非法入侵和内部数据泄露。

2. 平台层

平台层是金融云架构的核心部分。在平台层，金融云架构提供的不仅仅是基础的计算资源，更重要的是针对金融行业的特定开发工具和服务环境。这些工具和服务不仅被设计成符合金融行业规范的标准组件，还具备高度的灵活性和可扩展性，方便金融机构进行各种金融应用的开发和部署。例如，在金融交易系统开发中，平台会提供符合金融行业规范的接口和库函数，确保每一笔交易都能准确无误且及时完成。在支付系统中，平台提供的接口能够准确地处理每一笔支付请求，确保资金的准确划转，保证交易处理的速度足够快，满足用户对即时支付的需求。同时，平台层也加强了身份认证和权限管理功能，确保只有授权的用户和角色才能访问、应用金融数据，从而进一步提升了系统的安全性。例如，银行的柜员、客户经理和高级管理人员在登录业务系统时，会根据其职责和权限被分配不同的访问级别。柜员可能只能处理基本的客户业务操作，而高级管理人员则可以查看和管理更高级别的业务数据。通过这种严格的权限管理，可以有效防止内部人员的违规操作和数据泄露风险。

3. 应用服务层

在应用服务层，金融云架构支持广泛的应用场景，覆盖了从网上银行到证券交易系统再到保险理赔等多个方面。这些应用不仅满足了金融业务的功能需求，还注重用户体验和界面友好性。以网上银行为例，用户界面设计简洁明了，方便客户进行账户查询、转账汇款、理财购买等操作。通过金融云架构，金融机构能够快速响应市场变化，灵活调整业务策略，从而提升客户满意度和忠诚度。此外，鉴于金融行业的特殊性质，金融云架构还特别强调与监管机构之间的信息交流机制建设，确保所有操作都符合相关法律法规的要求。例如，在反洗钱方面，金融云可以通过大数据分析技术，对客户的交易行为进行实时监测和分析，识别出可疑交易并及时向监管机构报送相关数据，帮助金融机构履行反洗钱义务。金融云在风险防控方面也发挥着重要作用。通过收集和分析大量的金融数据，金融云能够建立风险预警模型，提前发现金融机构可能面临的风险。例如，对于银行的信贷业务，金融云可以分析借款企业的财务数据、信用记录等信息，评估其信用风险，并为银行的信贷决策提供参考。这种基于大数据分析的风险防控机制，有助于金融机构在保障业务发展的同时，更好地控制风险，确保金融体系的稳定。

金融云架构作为金融行业数字化转型的重要支撑，已经展现出强大的生命力和广阔的发展前景，在微观和宏观方面均有不俗的表现。

（1）金融云架构为各类金融机构提供了强大的技术支持。对于大型银行来说，金融云可以帮助其有效整合内部的多个业务系统，提高运营效率。例如，将不同地区分行的业务系统迁移到金融云上，可以实现数据的集中管理和资源的共享，减少重复建设和运维成本。对于小型金融机构，如小贷公司和担保公司，金融云则提供了一种低成本、高效率的技术解决方案，使它们能够在不需要大量硬件投资和专业技术人员的情况下，顺利开展金融业务。

（2）金融云架构在产融结合方面发挥着重要作用。在消费侧，金融云可以为消费者提供便捷的金融服务。例如，在电商平台上，消费者可以通过金融云支持的支付系统快速完成购物支付，同时还可以享受到基于消费数据的个性化金融产品推荐服务，如消费信贷、分期付款等。在供给侧，金融云有助于将金融服务深度融入中小微企业的生产和经营活动中。中小微企业可以通过金融云平台轻松获取融资支持，有效解决"融资难、融资贵"的问题。例如，一家制造业小微企业可以在金融云平台上提交融资申请，金融机构通过平台获取并分析企业的生产经营数据和信用状况，快速评估并审批贷款，帮助企业扩大生产规模。

第三节　金融云服务的安全与合规性

一、云服务的安全风险和分类

（一）云服务的安全风险

尽管云系统凭借其特有的容灾能力和多副本备份机制，在部分节点故障时仍能确保系统持续运行，展现出其安全的一面；然而，云计算的分布式架构等特性也带来了一系列更为严峻的云安全风险。在云计算环境中，数据可能分散存储于各处，其中数据泄露成为数据安全领域的首要威胁之一。用户虽能够访问自己的数据，却往往对数据的具体存储位置一无所知。加之数据通常由第三方负责运营与维护，有时甚至以明文形式存储，这无疑加剧了数据被滥用于广告宣传或其他商业用途的风险。因此，数据泄露问题以及用户对第三方维护能力的信任缺失，成为云计算安全领域最为突出的两大挑战。除此之外，云安全还面临着技术体系不健全、产品技术实力不足、平台易用性欠佳等难题。这些问题不仅增加了用户的使用难度，还可能因技术上的瑕疵而埋下安全漏洞。同时，运维层面存在的不规范操作以及用户安全意识淡薄等因素，也是导致云安全问题的不可忽视的重要原因。

（二）云服务风险的分类

1. 按照风险的性质、来源及影响分类

从广义角度来看，根据云计算风险的性质、来源及影响范围，使用云计算所面临的安全风险可划分为技术风险、政策和组织风险、法律风险和其他风险四大类别。这些威胁不仅源自外部网络环境，还可能潜藏于内部网络或出自恶意用户之手。

（1）技术风险。技术风险涵盖了数据泄露、资料丢失、流量劫持，以及大流量 DDoS 攻击、SQL 注入攻击、暴力破解攻击、木马、XSS 攻击、网络钓鱼攻击等多种攻击手段，同时还包括云服务中断、云服务滥用、多租户隔离失效、接口安全性不足等问题。

（2）组织和政策风险。政策和组织风险则涉及供应商及数据锁定问题，治理机制缺失、审计监督不到位、内部员工越权操作、权力滥用及操作失误等内部管理问题。

（3）法律风险。法律风险主要聚焦于数据保护合规性、软件许可问题以及安全责任界定模糊等法律层面的挑战。

（4）其他风险。其他风险则主要关联云计算所依赖的基础设施，如网络故障、文件故障等。服务可用性和可靠性的不确定性，特别是对意外停机和服务中断的担忧，可能成为企业采纳云计算的障碍，因为这些因素增加了项目执行和业务运营的风险。

2. 按照架构层次分类

按照云计算环境的架构层次划分，云计算面临的安全挑战可分为网络层次的安全问题、主机层次的安全问题以及应用层次的安全问题三大方面。

（1）网络层次的安全问题，主要聚焦于云计算环境中的网络基础设施，包括网络协议和路由、防火墙等网络设备的安全性，以及网络数据传输的保密性、完整性和可用性保障。该层次的安全措施旨在防范未经授权的访问、数据泄露和篡改以及拒绝服务等攻击。云计算资源分布式部署的特性使得 DDoS 攻击和 DNS 劫持等网络攻击更为频繁且破坏力更强。逻辑隔离取代传统的物理隔离后，尤其是在多租户环境中，安全隔离的重要性更加凸显，内外部攻击风险相应增加。

（2）主机层次的安全问题，主要关注虚拟化技术中的安全挑战，特别是虚拟机管理和 Hypervisor 层面（虚拟机监控层）的安全问题。虚拟机可能会因密钥失窃、服务补丁更新不及时等原因而成为攻击目标。Hypervisor（虚拟机监控）作为虚拟化的核心组件，拥有极高权限，一旦被攻破，其上所有虚拟机将面临无安全保障的境地。若安全措施无法随虚拟机自动创建和迁移，将增加密钥失窃和服务遭受攻击的风险。因此，主机层次的安全防护需着重于防范恶意软件攻击、漏洞利用及数据泄露等。

（3）应用层次的安全问题，则主要关注网络应用程序和数据的安全性，涵盖 Web 服务、电子邮件系统、数据库等关键领域。这些安全问题可能涉及应用程序的设计、开发、部署及运行等多个环节。云计算的开放性使得基础设施提供商与应用提供商可能分属不同组织，应用软件被云调度至不同虚拟机上分布式运行。在这种模式下，应用安全需考虑基础设施与应用软件的协同防护问题，协同不当将产生诸多安全漏洞。例如，静态数据加密虽提升了安全性，但限制了"云"对数据的处理能力；数据在云处理过程中可能未加密，存在被其他用户或管理员获取的风险；虚拟化、热迁移等技术的应用增加了数据追踪难度，对数据真实性、完整性的验证提出了更高要求。

综上所述，云计算安全是一个复杂且多维度的概念，涉及多个层面和方面的技术与措施。这些威胁可通过图片（图 4-3）进行综合展示，以便更直观地理解和应对。

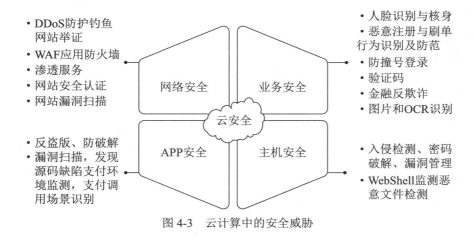

图 4-3　云计算中的安全威胁

二、云服务风险的防控

云计算安全是一项错综复杂的系统工程，要求在数据层、服务器层、网络层、应用层、云平台层以及运维层等多个维度实施全面的安全防护措施。数据层的安全防护手段包括数据库的实时备份、异地容灾备份及加密存储等策略；服务器层则通过实施双重认证、及时更新服务器补丁、实时木马查杀等措施来保障安全；网络层的安全防护涉及部署 DDoS 防护、网络隔离等技

拓展阅读 4.9
DDoS 攻击
简介

术；应用层利用数字证书、Web 应用防火墙等工具提升安全性；云平台层通过强化多租户隔离、优化资源管理等机制来确保安全；运维层则采用堡垒机、多重认证等手段来加强管理。鉴于涉及的内容较多，以下将重点介绍应用层的三种典型防护技术和工具。

（1）下一代防火墙（Next Generation Firewall，NGFW）作为一种高级的网络设备，不仅继承了传统防火墙的功能，还引入了全新架构的智能感知引擎（Intelligence Aware Engine，IAE）和云端沙盒技术。它能提供深度包检测、应用识别与控制等功能，有效识别并阻止 DDoS 攻击、僵尸网络等复杂网络威胁。此外，借助云端沙盒技术模拟执行可疑程序，能够及时发现零日漏洞（Zero-Day Vulnerability），从而增强对未知威胁的防御能力。同时，网络隔离和分段技术也是降低横向移动风险的有效策略。

（2）Web 应用防火墙（Web Application Firewall，WAF）是专为抵御 Web 应用层攻击而设计的安全设备。其工作原理在于：当用户尝试访问网站时，DNS 服务器会先将该域名的请求解析至 Web 应用防火墙集群的 IP 地址。防火墙接管所有进入的访问流量，进行安全防护和清洗，过滤掉潜在的恶意请求或攻击，然后将安全流量转发至网站的真实服务器。同时，网站的响应内容也会经过防火墙的再次检查和清洗，确保用户访问的安全性。因此，Web 应用防火墙能够有效防御 SQL 注入、XSS 攻击、恶意 CC 攻击（防止服务器资源因大量无效请求而耗尽）以及 OWASP 列出的常见威胁（如失效的身份认证、安全配置错误等）。

（3）数字证书是保障通信安全的基础，它确保了数据的机密性、完整性和不可否认性。数字证书是一种用于验证实体身份的电子文档，其中包含公钥信息，用于数据的加密和解密。其基本原理是利用加密算法和公钥对内容进行加密，只有私钥持有者才能解密，从而确保通信双方的真实身份和数据的安全性。

云计算的安全防护框架如图 4-4 所示。

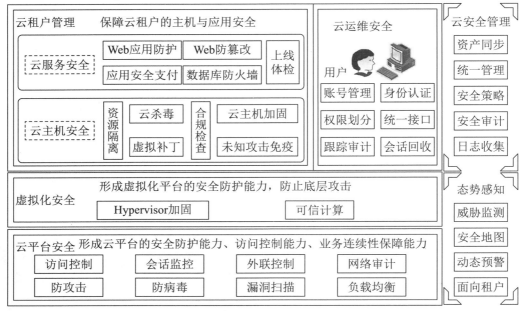

图 4-4　云计算安全防护框架

三、云服务的合规性

云服务的广泛应用引发了一系列合规性与法律问题，特别是在数据安全、隐私保护、知识产权及跨境数据流动等关键领域。云服务合规性是指企业和云服务提供商及其客户必须遵循的一系列技术、操作及法律准则，以确保服务符合特定的行业规定、政府法令及国际条约，涵盖数据保护法、知识产权法以及行业特定规范。随着云计算的广泛应用和数据泄露事件的频发，各国政府和企业日益重视合规性，纷纷制定了一系列法律法规和行业标准。例如，欧盟的《通用数据保护条例》（GDPR）对欧盟境内外的数据处理和个人信息保护提出了严格要求，要求企业采取适当的技术和组织措施保障个人数据安全，并对违规行为施以重罚。美国《健康保险可携带性与责任法案》（*Health Insurance Portability and Accountability Act*，HIPAA）则针对医疗保健行业，规定了严格的隐私和安全标准，确保患者健康信息的安全与隐私。在国内，《云计算服务安全评估办法》明确了云计算服务安全评估的流程与标准，旨在保障云服务的安全可控。为推进云安全发展并符合行业标准，众多组织正积极构建云计算监管框架。美国国家标准与技术研究院（NIST）成立了专门的云计算安全小组，而国际标准化组织 ISO、云安全联盟及 Cloud Audit 等机构也在致力于建立云计算的监管标准。

云计算合规性不仅是一个技术问题，还是一个融合了法律、伦理和组织管理的综合性议题。为确保云服务合规，企业需构建全面的合规战略，涵盖强化技术保护、遵守法律法规、实施定期审计以及制订灾难恢复计划，以保障在日新月异的技术环境中，云服务始终合法、安全且可靠。

（1）深入理解并适应相关法规与行业标准。企业应全面把握适用于其业务的法律、法规及行业标准，清晰认知数据保护法、版权法以及金融、医疗等特定行业的规定，定期评估合规状况，识别差距并制定改进方案。

（2）选择合规的云服务商并制定严格合规政策。企业应优先考虑具备良好合规记录并能提供合规保证的服务商，并制定包括数据保护、隐私政策及访问控制在内的严格合规政策，确保政策得到有效实施。同时，需定期进行内外部审计，确保政策持续有效。

（3）加强技术防护手段。采用先进技术加强数据安全，特别是在数据传输与存储环节，确保敏感数据仅限于授权人员访问，包括实施数据加密、身份认证及访问控制等措施，防范数据泄露和非法访问。

（4）组建专业合规团队并定期开展培训。企业应成立专业合规团队，负责合规政策的制定、执行和监督。同时，定期对员工进行合规培训，提升他们对数据保护和隐私法规的认识与遵守意识，确保全体员工都能理解并遵循企业的合规要求。

第四节　云原生技术与微服务架构和容器化技术

一、云原生技术

（一）云原生的定义、设计模式和数据库

1. 云原生的定义

什么是云原生？云原生计算基金会（Cloud Native Computing Foundation）在 2018 年给出的定义指出，云原生技术是一种使组织能够在公有云、私有云和混合云等现代且动态的环境中构建和运行可扩展应用程序的技术集合。由此可见，云原生是一种构建和运行应用程序的方式，它充分利用了云交付模型所提供的分布式计算概念。实际上，云原生不仅是一套具体的技术实现，还是一种方法论，它是云环境中软件工程理念和最佳实践的集合，旨在帮助企业快速、持续、可靠且高效地交付业务软件。云原生技术包括一系列的应用模式和技术，如容器化、微服务、不可变基础设施、声明式 API 等，这些技术共同作用，使得开发者能够更加便捷地对系统进行频繁和可预见的重大改动。通过集成高效的自动化工具，云原生技术极大地简化了软件开发、测试、部署和运维的过程，促进了 DevOps 文化的形成和发展。

云原生技术特别适合在公有云、私有云和混合云等新型、灵活的计算环境中构建和运行能够弹性扩展的应用。弹性扩展能力是指系统能够在无须或仅需最小限度地修改其架构或代码的情况下，通过增减计算资源（如 CPU、内存、存储或网络带宽）来适应负载的变化。这一特性允许系统灵活应对用户需求的波动，无论是增长还是缩减，都无须进行大规模的重构或升级工作。这种可伸缩性通常被认为是采用云原生架构或部署的核心驱动力。

在 5G 移动通信领域，云原生架构被视为一种极具前景的未来方向。通过采用云原生的理念和技术，5G 网络不仅能够更好地支持多样化的服务和应用，还能够实现资源的高效利用和市场变化的快速响应，从而为用户提供更加丰富、流畅的体验。云原生在 5G 中

的应用，充分展现了其在提高系统灵活性、可维护性和成本效益方面的巨大优势和潜力。

2. 云原生的设计模式

云原生概念的核心在于设计应用程序、构建微服务和操作工作负载，这些工作负载均在云端环境中执行，充分利用云计算模型的各项优势。云原生使组织能够在现代且动态的环境中构建和运行可扩展的应用程序，涵盖公有云、私有云及混合云等多种环境。云原生技术的核心组成部分包括容器化和微服务架构。这两种技术共同构建了一个松散耦合的系统。在云计算原有的资源池化、按需服务、弹性扩展等能力基础上，云原生计算进一步为用户提供了自动化部署、弹性管理、高效运维性和全面可观察性的优势。云原生系统已开发出众多专用应用程序以满足不同业务需求，并构建了多个云原生服务堆栈，为上层应用提供强大的编排和维护能力。云原生技术不仅部署迅速，还展现出卓越的可扩展性和弹性。其中，可扩展性指的是系统能够通过增加更多的资源（如计算、存储、网络）来提高其处理能力，这使得系统能够轻松应对用户需求的增长；弹性则更多地关注时间维度，描述系统如何迅速且准确地调整其资源供给，以适应负载的实时变化。弹性不仅包括向上扩展（增加资源）的能力，也包括向下扩展（减少资源）的能力，确保资源利用效率最大化。

3. 云原生数据库

云原生技术的一个典型应用便是云原生数据库（Cloud-Native Databases，CNDB）。云原生数据库的架构与传统的分布式数据库有所不同，它是为充分利用云基础设施的特性和优势而专门设计的。总体来看，云原生数据库在技术层面有三个最为突出的特征：计算与存储的分离（解耦）、采用共享分布式存储机制以及具备一写多读的能力。这些特性赋予了数据库更高的弹性和可扩展性。计算与存储的分离确保了计算和存储资源能够独立地弹性扩展，从而使计算节点的伸缩能够充分利用云原生的弹性优势；采用共享分布式存储机制则保障了存储节点在扩展时的弹性和稳定性；而一写多读的特征则确保了数据的高可用性和一致性。

（二）云原生开发

近年来，云原生计算的实践已被云服务提供商和信息技术企业广泛接纳。随着云计算成为众多应用程序的首选部署基础设施，越来越多的大规模软件系统日益被设计成云原生应用程序。在云原生这一统称之下，涌现出了各式各样的工具和模式，旨在简化、加速并保障云环境中软件系统的开发与运维。相较于早期在虚拟化基础设施上运行传统应用程序的云计算实践，云原生实践提供了更高的资源利用率，并实现了业务灵活性的显著提升，因此尤其受到拥有内部部署集群企业的关注。传统的单体软件无法满足 5G 基础设施所需的敏捷性、灵活性和弹性，而云原生解决方案可以有效解决这些问题。因此，在 5G 时代，采用云原生架构原则成为必然趋势。为了支持多用途应用的可编程网络，5G 基础设施利用了虚拟化、控制 / 用户平面分离以及基于服务的架构等方面的进步，为垂直行业提供了定制和自包含的网络解决方案。当然，云原生也有其局限性：①对于一些具有可预测工作负载的小型项目或应用程序，全面采用云原生实践可能会引入不必要的复杂性；②由于各种虚拟化技术的运用，它会产生额外的开销，并增加了故障排除和调试的难度。作为可能偶尔跨机器动态定位的微服务组件，其调用的执行过程可能难以调试。

介于传统应用和完全云原生应用之间的是"云就绪"阶段，这一阶段的特点包括软件和硬件的解耦、使用容器引擎（如 Docker）和开放编排工具（如 Kubernetes）。容器引擎和开放编排工具将整个或部分主要的软件应用程序容器化，并使用编排程序进行管理。在编排好的云原生架构中，应用程序或服务实例的分配通常由 Kubernetes 等工具进行抽象和管理。在云原生部署中，底层物理或虚拟化硬件通常通过容器化和编排技术进行抽象。

云原生技术堆栈是构建服务功能的基础。在技术实现上，主要有两条路径：FaaS（Function as a Service，函数即服务）和 CaaS（Container as a Service，容器即服务）。其中，FaaS 服务托管用户的应用程序功能，并以精细的粒度为用户分配可伸缩的资源。这种方式的优点是能够实现高度的自动化和提高资源利用率，但缺点是可能需要重写应用程序，且功能受到一定限制。CaaS 服务将应用程序封装在容器中运行，与传统业务有更好的兼容性。不过，其可伸缩性、效率和弹性也受限于现有应用程序架构的设计。在运行时管理和资源调度方面，容器化是主要的技术选择。与 IaaS 栈使用的基于管理程序的虚拟化技术相比，容器化技术更加轻量级且高效。在云原生环境中，服务栈不仅需要单个节点的容器引擎，还需要能够管理集群中计算、存储和网络资源的容器编排器。

表 4-2 详细比较了传统开发与云原生开发之间的区别。

表 4-2　传统开发和云原生开发的比较

比较项目		传统开发	云原生开发
区别	架构	大多数为单体应用，具有强依赖性	模块化架构，通过标准接口和协议进行通信
	应用交付和更新	可能需要停机更新	可以进行持续的迭代更新，集成和交付
	运维	手动	自动化
	扩展性	无法动态扩展，需要预留冗余资源	可按需自动扩展
	依赖性	依赖系统环境甚至是硬件	具有良好的可移植性
	企业组织和文化	职能型组织，职能分工界限明确，沟通和合作有屏障	蜂窝型组织，跨职能沟通和合作通畅，适应变化能力强

（三）云原生与云计算的联系和比较

云原生被视为云计算的进一步升级，它不仅继承了云计算的便捷性和高效性，还在基础设施、应用架构、研发效率以及迭代创新等多个方面带来了革命性的变革。

1. 基础设施的革新

在云计算的传统模式中，虚拟机（VMs）曾是主流的资源分配方式。然而，随着容器技术的兴起，传统的虚拟机正逐渐被容器技术所取代，容器已成为用户接入云服务的新途径。容器技术不仅为用户提供了轻量级的虚拟化环境，还确保了应用程序能在任何环境中无缝运行，无论是开发者的个人电脑还是云端服务器。容器的轻量级、高可移植性和高效部署特性，使其如同乐高积木般灵活，可以轻松组装、拆卸和迁移。这一变革催生了"裸金属＋容器"的新型混合架构，该架构结合了物理硬件的高性能与容器的灵活性，为应用提供了前所未有的灵活性和响应速度。

2. 应用架构的进化

云原生应用在设计上更加注重弹性、韧性和可观测性。弹性意味着应用能够根据负载自动调整资源，确保服务的平稳运行，无论是面对突发流量还是业务低谷。在弹性方面，例如，当用户访问量激增时，云原生应用能迅速增加容器实例以分担请求，而在空闲时则自动减少资源消耗；韧性是指云原生应用在面对故障时具备快速恢复能力，微服务架构使得每个服务独立运行，单个服务的故障不会波及整个系统；可观测性则是通过全面的监控、日志记录和指标分析，让运维人员能够实时掌握系统状态，迅速定位并解决问题。

3. 研发效率的提升

云原生中的微服务技术将复杂应用拆分为一系列小而专的服务，每个服务都围绕特定业务功能构建。这种拆分不仅提高了应用的可维护性，还使得各服务能独立开发、部署和迭代。开发人员不再需要关心底层基础设施的具体实现细节，可以将更多的精力投入到业务逻辑的设计和优化上。这种转变使得应用的使用界面上移到了更高层次，同时将基础设施的复杂性下沉到了云服务提供商那里。这样一来，开发团队可以更快地迭代产品，缩短从构思到上线的时间周期，极大地提高了生产效率。

4. 迭代创新的加速

云原生技术使得组织能够在频繁变更的环境中找到迭代速度与系统稳定性之间的平衡点。通过持续集成/持续部署（CI/CD）流程、自动化测试和容器化部署等机制，云原生应用能够实现快速迭代和频繁更新，同时利用云平台的弹性伸缩能力和自动恢复机制，确保在变更过程中系统的稳定性和可靠性不受影响。这种能力使得组织能够更快地适应市场变化，推出创新产品，从而在竞争激烈的市场中保持领先地位。

云原生技术相对于传统云计算的升级和不同之处如表 4-3 所示。

表 4-3　云原生与云计算的比较

比较项目	云原生	云计算
特点	DevOps、持续集成、微服务和容器化	虚拟化技术、动态可扩展、按需部署、灵活性高、可靠性高、可扩展性好
代表技术	容器、服务网络、微服务、不可变基础设施和声明式 API	分布式存储、虚拟化技术、分布式资源管理、智能管理平台和编程模型
起源	应用程序部署在云中	应用程序通常在内部使用传统基础设备开发，在云中进行远程访问
设计	多租户实例托管（微服务架构）	运行在内部服务器上，无多租户实例
便捷性	高度可扩展性，可以对单个模块进行实时更改，而不会对整个应用程序造成干扰	需要手动升级，从而会导致应用程序中断和关闭
价格	不需要任何硬件或软件上的投资，价格相对便宜	通常比较昂贵，因为它们需要进行基础升级以适应不断变化的需求
实现	无须软硬件配置，快速实现	定制特定的安装环境

二、微服务架构和容器化技术

（一）云原生中的主要技术

云原生领域公认的六大关键技术包括：容器、微服务、服务网格、不可变基础设施、声明式 API 设计和 DevOps（开发运维一体化）。DevOps 融合了软件开发与 IT 运维的理念。值得一提的是，CI/CD（持续集成 / 持续交付）技术在云原生技术体系中占有相当重要的位置，只是它通常被视为 DevOps 实践中的重要组成部分，因而不在云原生关键技术列表中单独列出。在这六大关键技术的框架下，美国毕威拓（Pivotal）科技有限公司特别强调了微服务、融合了 CI/CD 实践的 DevOps、容器和服务网格这四大关键技术点，并将它们视为推动云原生应用开发和交付的核心要素。

在软件工程实践方面，CI/CD 和 DevOps 概念的提出旨在提升云原生服务的开发效率和产品质量。在这一实践框架下，自动化工作流成为驱动应用程序构建、验证及部署的关键力量。开发环境与生产环境之间的界限日益模糊，而自动化流量管理策略则以实时且安全的方式，确保了服务的快速迭代与更新。企业采用这一模式时，节约运营与维护成本成为其重要的考量因素之一。

云原生技术体系的核心架构以微服务为整体设计思路，同时以 DevOps 和容器技术为基础支撑。后文将详细探讨微服务与容器技术的具体应用与优势。

随着技术的不断进步，无服务计算（Serverless Computing）等新兴概念也应运而生。这些新技术为构建容错性强、管理便捷且易于观测的松耦合系统提供了有力支持。

云原生相关的主要技术综合展示如图 4-5 所示。

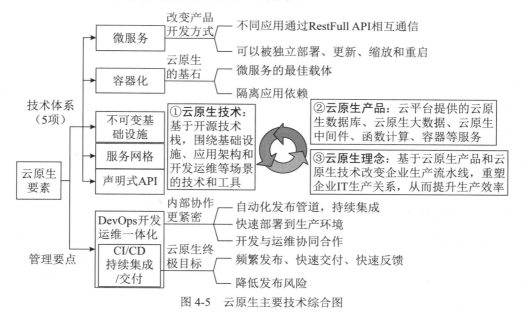

图 4-5　云原生主要技术综合图

（二）微服务架构

云计算的发展经历了从简单地将传统单体应用程序部署在外部数据中心的虚拟机上，

到采用微服务和无服务器架构的过程。这些新架构支持异构资源的并行和异步通信，显著提高了系统的灵活性和可扩展性。云原生应用的典型模式是微服务架构，它常被用来应对可扩展性需求，即系统通过增加资源来保持处理不断增长的工作负载。在微服务架构中，服务被视作独立的处理单元，它们从单体或分布式范式中解脱出来，成为对事件响应的无状态函数的松耦合集合。采用微服务架构构建的系统具备响应式系统的特点，通常更加灵活、容错性更强且易于扩展。近年来，使用微服务架构风格部署软件应用程序的趋势显著增加。微服务架构的目标是将复杂的软件服务部署为一组更小的自治服务。这种架构相比传统的单体架构有许多优势，包括更高的弹性、更短的上市时间、更好的可伸缩性和更容易适应技术变化。因此，它们在云原生基础设施上运行的应用程序中变得极为流行。

传统的应用服务器面临着应用程序与运行环境紧耦合、资源隔离不足、版本管理薄弱等问题，导致部署困难和冲突频繁发生。在当前的软件开发流程中，从开发、测试到打包、部署，应用程序通常被作为一个整体单元进行处理，这种架构存在明显的缺陷：即便是对应用程序的微小更改也需要对整个应用进行重新编译和测试，这极大地限制了开发的灵活性和效率。而微服务架构的兴起则有效地应对了这些挑战。它是一种将大型应用拆分为多个小型、自治服务的软件设计模式。在此模式下，每个服务都可以独立地进行开发、测试和部署，并通过预定义的 API 进行通信。这些服务协同工作，通过 API 网关统一对外提供服务。微服务本质上是一个可以独立发布的应用服务，这意味着每个服务都可以独立进行升级、灰度测试或复用，而对整个应用的影响较小。服务的使用者只需关注输入和输出，这使得每个服务可以由专门的组织独立完成。此外，这种架构还能促进团队组织架构的精简，降低沟通成本并提高效率。

微服务架构彻底颠覆了传统的单一应用模式，通过将应用划分为多个独立的微小服务单元，这些单元在网络上形成分布式网格，并通过轻量级通信协议进行高效交互。为实现服务间的顺畅通信，微服务采用了服务注册与发现机制，允许各服务在注册中心声明其地址，以便其他服务进行调用。通常，微服务以集群形式运行，通过负载均衡来优化资源利用，确保服务在高并发下的稳定性。此外，还引入了服务网关作为统一的入口来管理外部请求的路由，同时依靠包含监控和自动化功能的管理平台来提升运维效率。微服务架构通过这些组件构建了一个灵活、高效、易于管理的现代软件系统，满足了快速变化的业务需求，并为持续集成和持续部署提供了坚实的基础。

（三）容器化技术

在微服务体系结构中，为了高效地部署通过微服务架构组织的软件，容器化技术应运而生。这一技术使得单个操作系统主机能够在被称为容器的隔离资源空间内运行进程。容器不仅继承了传统虚拟化技术的诸多优势，还避免了不必要的资源消耗。容器化技术完美契合微服务架构对功能模块化、服务发现及运行时管理的需求，因此对企业现有应用程序十分友好。

在传统架构模式下，每运行一个微小的应用程序往往都需要为其配置一台单独的虚拟机，这会导致资源的过度消耗。相比之下，采用容器架构后，微服务能够在独立的容器中运行，并与主机操作系统共享硬件资源，无须经过虚拟机监控器（VMM）层的虚拟化转换，从而提高了资源利用率并加快了响应速度。由于容器化技术无须模拟硬件资源，因此在云原生架构中得到了广泛应用，有效减少了硬件资源的消耗。此外，容器化技术不仅助力应用程序实现微服务化，还能辅助核心网络虚拟化，实现网络切片。因此，引入容器化技术后，整体部署速度得到提升，且由于各容器间互不干扰，管理和故障排除也变得更加容易。

运行微服务的最佳选择是容器化应用程序。目前，容器技术主要分为 Kubernetes 和 Docker 两大流派。

（1）Kubernetes，简称 K8s，是谷歌开源的容器编排器，也是目前最流行的容器集群管理系统之一。它用于自动部署、扩展和管理容器化应用程序，提供应用部署、维护、扩展机制等功能。利用 Kubernetes，可以方便地管理跨机器运行的容器化应用。目前，Kubernetes 已成为云原生应用程序事实上的标准编排工具，大多数容器化应用都选择使用 Kubernetes 进行部署。

（2）Docker，实现了"基础设施即代码（Infrastructure as Code）"的功能，通过代码化的方式管理基础设施（如服务器、网络、存储等）的配置和管理过程。Docker 利用容器技术，将应用程序及其依赖项打包成一个独立的可运行单元，这个单元可以在任何支持 Docker 的环境中运行，而无须进行额外的配置。

Kubernetes 和 Docker 相结合后的功能更加强大，可以有效解决实施微服务架构后，整个系统的模块数量显著增加带来的部署和维护难度提升的问题。通过将编译好的 Docker 镜像部署到 Kubernetes 集群中，可以建立一套包含自动构建、自动部署、日志中心、健康检查、性能监控等功能的基础平台。这种组合不仅提高了系统的可管理性和可靠性，还大大简化了开发和运维流程，使得企业在云原生环境中能够更加高效地交付和维护应用程序。

第五节　云计算技术对金融科技发展的影响

云计算通过一套集成的应用程序和工具，为企业构建了一个虚拟化的业务环境，这些应用程序和工具专门支持企业的核心功能和特定需求。云计算作为一种先进技术，通过其数据中心和计算资源，为企业提供按需自助服务、广泛的网络接入和资源共享池，实现即时计算和高度灵活的存储。凭借其分布式、动态性和自主性的特点，云计算得到了广泛的应用。企业通过使用云计算技术，不仅能够节省 IT 相关的费用，还能提高运营效率。

一、金融云重塑传统金融运营和服务模式

金融云是指专门为金融行业设计的云计算服务，是服务于金融机构（如银行、证券公司、保险公司、基金公司等）的行业云。作为专门为金融机构设计的云计算服务平台，金融云旨在为银行、基金、保险等金融机构提供 IT 资源和互联网运维服务。金融机构可以使用金融云来托管其核心业务系统，实现数据处理、存储和分析等功能。为了确保与

公共云的物理隔离并满足金融监管机构的高标准，金融云通常采用独立的机房集群进行部署。

一个与金融云类似的概念是云金融。云金融是指基于云计算商业模式应用的金融产品、信息、服务、用户和各类机构等平台的总称。它不仅包括云服务平台，还涵盖了通过云技术提供的各种金融产品和服务。从技术层面来看，云金融就是利用云计算系统模型，将金融机构的数据中心与客户端分散至云端，从而提高自身系统的运算能力和数据处理能力，改善用户体验，降低运营成本。比较来看，金融云和云金融之间的区别在于：金融云侧重于为金融机构提供云计算基础设施和服务，强调的是技术本身；而云金融则更关注利用云计算技术提供的金融服务和产品，强调的是业务层面。

作为一种新型服务模式，金融云正在逐步重塑传统金融机构的运营和服务模式。其特点可概括为以下四点。

1. 方便灵活，节约成本——金融云的效率引擎

金融机构能够根据业务需求迅速按需分配资源，这一点对于处理高峰期的大量交易尤其重要。通过金融云，机构可以轻松扩展或缩减计算资源，避免了传统 IT 基础设施建设中的高额投入。此外，金融云的应用使支付结算业务变得实时快捷，显著降低了人力资源和硬件设备的投入，有效节约了运营成本。

2. 人性化设计，提升客户体验——金融云的服务创新

金融云能够 24 小时不间断地提供金融服务，满足客户随时随地的需求。除了传统的网上银行功能外，金融云还能通过智能客服系统连接到分支机构，提供专业的咨询和支持服务。这不仅有助于银行了解客户偏好，还能有效留住现有客户并吸引新的客户，提升客户满意度和忠诚度。

3. 增强数据存储与处理能力——金融云的安全堡垒

面对日益增长且复杂多变的金融业务数据，金融云提供了强大的存储与处理能力。它不仅解决了数据存储的难题，还通过多层安全机制确保数据的安全无虞。借助云平台的分析和技术，银行不仅可以节省大量的能源、空间和成本，同时还能获得更加精准的市场洞察，为决策提供有力支持。

4. 促进金融业与其他行业之间的融合

金融云不仅改变了金融机构内部的运作方式，还促进了金融业与其他行业的融合。通过云计算技术，金融机构可以与软件提供商、网络运营商等合作伙伴共同开发创新的合作模式，拓宽业务渠道。这种跨行业的合作不仅有助于金融机构更好地服务于现有客户群体，还能开拓新市场，创造更多元化的销售和服务模式。

案例分析 4.1
京东金融云

二、银银平台促生同业合作新模式

银银平台是通过多家银行合作，联合网络、人才、产品和服务等资源，进行优势互补、资源共享，共同为客户提供全方位服务的金融平台。2007 年，兴业银行在国内率先推出银银合作品牌——银银平台，是国内银行业探索云计算应用的先行者。

兴业银行的银银平台巧妙融合了互联网金融的便捷性与传统金融服务的稳健性，并

于 2013 年 12 月 11 日推出了互联网理财品牌——钱大掌柜，该品牌提供的服务涵盖资金清算、信贷管理、投资理财、风险控制等多个金融领域。通过云计算技术，这些服务能够在保证安全的前提下，实现快速响应和个性化定制，精准对接不同客户的多样化需求。银银平台的官方网站和手机客户端是兴业银行开展互联网金融的重要载体。借助云计算的强大计算能力，兴业银行的银银平台能够实时处理海量的金融交易数据，实现秒级响应。这不仅提升了客户体验，还为兴业银行开展大数据分析和风险管理提供了有力支持。通过云计算技术，兴业银行实现了计算资源的弹性扩展和高效利用，使得银银平台能够快速响应市场需求，灵活部署各类金融服务。同时，云计算的分布式架构也极大地提升了银银平台的系统稳定性和数据处理能力，确保了在高并发交易场景下平台的平稳运行。

兴业银行利用云计算技术，将金融服务以 API 接口的形式对外开放，便于其他银行、金融机构乃至非金融企业轻松接入银银平台，享受其提供的全方位金融服务。截至 2024 年，兴业银行已与国内 25 家省级农村金融机构签署了银银平台合作协议，与 120 家村镇银行达成了科技系统建设与托管合作，另有 130 家村镇银行通过银银平台代理接入了中国现代化支付系统。这使得农村及偏远地区的客户能从银银平台联网的 2 万多个网点获取各类理财产品信息，并且可以在网点直接购买。这意味着，偏远县城和农村地区的消费者也能购买到兴业银行及广大合作银行推出的理财产品，然后由兴业银行支付给合作行手续费。广大农村金融机构的个人客户真正实现"一卡（折）在手，走遍神州"。通过银银平台合作，"送金融产品下乡"得以实现，不论是"北极"漠河、内蒙古草原、南疆喀什还是云南边陲等地，都可以便捷地购买到优质的财富管理产品，广大农村金融客户切切实实享受到了现代化的金融服务。可见，这种基于云计算的服务模式创新，极大地降低了金融服务的门槛，促进了金融资源的共享与协同。

2024 年 7 月 4 日，江苏响水农村商业银行借助兴业银行"银银平台"系统，成功完成了一笔 1 000 万元的柜台债业务。兴业银行从内部制度构建、系统注册指导、操作权限开通，到债券交易策略制定与价格协商，全程提供了精准高效的服务，显著降低了江苏响水农村商业银行客户的业务开展难度，加速了业务落地进程。这一里程碑式的事件标志着江苏省内中小银行在兴业银行"银银平台"上实现了柜台债业务交易"零的突破"，开启了中小银行与兴业银行合作的新篇章。通过云计算技术，兴业银行充分发挥其在同业合作领域的优势，通过复用银银平台线路及接口资源，为广大中小银行提供 IT 资源和服务，帮助他们降低成本、提升竞争力。作为信息化程度最高的行业之一，银行业对 IT 系统的依赖度极高，因此对 IT 系统的高可用性要求也极为严格。银银平台的核心在于其高效的云计算架构。该架构利用虚拟化技术，将银行的各种资源和服务部署在云端，实现了数据的集中管理与高效处理。这种基于云计算的服务模式不仅大幅度提升了银行的服务能力和业务灵活性，还有效降低了运营成本。云计算技术的运用使得兴业银行在构建和维护银银平台时，能够根据实际业务需求动态调整计算资源，避免了传统 IT 架构下的资源浪费。

案例分析 4.2
光大银行私
有云

拓展阅读 4.10
阿里巴巴的阿
里金融云及余
额宝

• 思考题 •

1.简述云计算的定义及其与传统计算模式的主要区别。

2.解释云计算中 IaaS、PaaS 和 SaaS 三种服务模式的区别，并给出每种模式的应用场景示例。

3.说明云计算在保障金融数据安全方面所采取的主要措施。

4.阐述云计算如何助力金融机构实现数字化转型。

5.请讨论云计算与微服务架构的结合是如何推动软件开发的敏捷性、可维护性和可扩展性的，并给出实际案例加以说明。

【即测即练题】

自测自练

扫描此码

第五章　大数据技术在金融科技中的应用

学习目标

1. 了解大数据技术的定义、发展历程以及其核心特征，如大量性、多样性、高速性、价值性等。

2. 掌握大数据技术在银行业、保险业、证券业等金融领域的应用案例和实际效果，包括客户画像、精准营销、风险管控、运营优化等。

3. 理解金融数据生态系统的构建和运作机制，包括数据采集、存储、分析和应用等关键环节；了解金融数据生态系统的概念、构成、运作机制及其对金融行业的影响。

4. 掌握金融大数据分析的基本框架、核心方法以及常用工具，掌握如何进行数据收集、预处理、分析与建模，以及结果解释与应用。

5. 理解大数据技术对金融科技创新的推动作用，包括技术与金融业务的深度融合、数据处理与分析能力的提升、数据安全与隐私保护、数据资产的价值释放以及跨界合作与生态构建等。

素养目标

1. 培养学生具备获取、评估、利用金融领域大数据信息的能力，提高信息敏感度和判断力。

2. 提升学生的大数据技术应用能力，包括数据处理、分析、可视化等方面的技能，为未来从事金融科技相关工作打下基础。

3. 激发学生的创新思维，鼓励他们在金融大数据的应用中探索新方法、新思路，推动金融科技的创新发展。

4. 强化学生的风险管理意识，特别是在利用大数据技术进行金融决策时，能够识别并评估潜在的风险因素。

5. 培养学生遵守数据保护法律法规的意识，确保在大数据应用中尊重用户隐私和数据安全。

第一节　大数据技术与金融数据生态系统

一、大数据技术

（一）大数据的特征

大数据是指无法在一定时间范围内用常规软件工具进行捕捉、管理和处理的数据集合，是需要新处理模式才能具有更强的决策力、洞察发现力和流程优化能力的海量、高增长率和多样化的信息资产。大数据技术是指通过采集、存储、处理和分析海量数据，以挖掘数据背后的价值，为决策、创新和价值创造提供支撑的技术体系。大数据具有以下几个显著特征。

（1）海量性（volume）：大数据的规模非常庞大，通常以 TB（太字节）、PB（拍字节）或 EB（艾字节）为单位，甚至更高。例如，全球互联网用户每天产生的数据量可达数百亿 GB。

（2）多样性（variety）：大数据的来源和类型非常多样，包括结构化数据（如数据库表）、半结构化数据（如 XML、JSON 等）和非结构化数据（如文本、图像、音频、视频等）。

（3）高速性（velocity）：大数据的产生和处理速度非常快，需要实时或近实时的响应。例如，社交媒体、电子商务和物联网等领域的数据流动速度极快。

（4）价值性（value）：大数据的价值密度相对较低，但通过有效的分析和挖掘，可以发现其潜在的价值，为企业和政府提供决策支持。

大数据的特点使得金融行业一直较为重视大数据技术的发展，相比常规商业分析手段，大数据技术可以使业务决策具有前瞻性，让企业战略的制定过程更加理性化，实现生产资源优化分配，依据市场变化迅速调整业务策略，提高用户体验及资金周转率，降低库存积压的风险，从而获取更高的价值和利润。大数据技术在国际和国内分别经历了不同的发展阶段。

（二）大数据核心技术

1. Hadoop 生态系统

Hadoop 是一个开源的大数据分析软件框架，集成了大数据处理的不同阶段的技术。Hadoop 生态系统包括 HDFS（分布式文件系统）、MapReduce（分布式计算框架）、YARN（资源管理器）、Hive（数据仓库工具）、HBase（分布式 NoSQL 数据库）等多个组件。这些组件共同协作，为大数据处理提供了强大的支持。

（1）HDFS：用于存储和管理大规模数据集，具有高容错性、高可靠性和高吞吐量的特点。

（2）MapReduce：一种编程模型和计算框架，用于大规模数据集的并行处理。它将任务分解为映射（Map）和归纳（Reduce）两个阶段，并提供容错和自动并行处理的能力。

（3）YARN：用于分配和管理集群中的计算资源，允许多个应用程序共享集群资源，并提供灵活的资源调度和作业管理。

（4）Hive：基于 Hadoop 的数据仓库工具，提供类似于 SQL 的查询语言（HiveQL）来分析和处理大规模结构化数据。

（5）HBase：分布式、可伸缩的 NoSQL 数据库，构建在 Hadoop 之上，提供了面向列的数据存储和实时读写访问能力。

2. Spark 生态系统

Spark 是一个快速的通用数据处理和分析引擎，支持批处理、交互式查询和流式处理等多种计算模式。Spark 生态系统包括 Spark Core（核心计算引擎）、Spark SQL（结构化数据查询）、Spark Streaming（流式数据处理）、MLlib（机器学习库）和 GraphX（图计算库）等多个组件。Spark 以其内存计算和高级 API 而受到广泛关注和应用。

（1）Spark Core：提供了分布式任务调度、内存计算、容错机制等核心功能。

（2）Spark SQL：允许用户使用 SQL 或 DataFrame API 来查询结构化数据。

（3）Spark Streaming：用于处理实时数据流，支持高吞吐量和低延迟的数据处理。

（4）MLlib：提供了大量的机器学习算法和工具，支持各种常见的机器学习任务。

（5）GraphX：用于图形和图形并行计算，支持图数据的存储、转换和分析等操作。

3. 其他关键技术

除了 Hadoop 和 Spark 生态系统外，还有其他一些关键技术在大数据处理中发挥着重要作用，在此做简单阐述。

（1）NoSQL 数据库：如 MongoDB、Cassandra 等，用于存储非结构化或半结构化数据，提供了灵活的数据模型和可扩展的存储能力。

（2）流处理技术：如 Apache Storm、Apache Flink 等，用于实时数据流的处理和分析，支持低延迟和高吞吐量的数据处理场景。

（3）分布式协调服务：如 ZooKeeper 等，用于管理和协调分布式系统中的各种配置和元数据，提供分布式锁、命名服务等功能。

随着大数据、云计算、区块链、人工智能等新技术的快速发展，这些新技术与金融业务深度融合，释放出了金融创新活力和应用潜能，这大大推动了我国金融业转型升级，助力金融更好地服务实体经济，有效促进了金融业整体发展。在这一发展过程中，又以大数据技术发展最为成熟、应用最为广泛。从发展特点和趋势来看，金融云快速建设落地奠定了金融大数据的应用基础，金融数据与其他跨领域数据的融合应用不断强化，人工智能正在成为金融大数据应用的新方向，金融行业数据的整合、共享和开放正在成为趋势，给金融行业带来了新的发展机遇和巨大的发展动力。金融业对信息系统的实用性要求很高，且积累了大量的客户交易数据，因此大数据技术对金融行业的影响巨大，金融业信息系统的实际应用前景还是非常大的。目前金融业主要的信息需求是客户行为分析、防堵诈骗、金融分析等。

二、金融数据生态系统

金融数据生态系统，简而言之，是由金融主体（包括金融机构、金融交易主体等）及其所处的数据环境共同构成的动态平衡系统。在这个系统中，金融主体为了生存和发展，与其生存环境及内部之间长期相互分工、合作，形成了具有一定结构特征并能自动调节的统一整体。它不仅包括金融机构内部的数据处理与利用，还涵盖了金融机构与外部数据源的交互与整合，以及基于这些数据进行的决策制定和服务提供。金融数据生态系统，作为现代金融体系的重要组成部分，正逐步成为推动金融行业创新与发展的核心力量。

（一）金融数据生态系统的构建

1. 数据采集

数据采集是金融数据生态系统的基石。金融机构通过各种渠道获取包括市场数据、用户数据、交易数据等在内的多元化数据。这些数据来源广泛，包括但不限于金融市场行情监控、用户借贷记录、信用评级、社交媒体行为等。随着大数据技术的不断发展，数据采集的效率和精度也在不断提升。

2. 数据存储

高效、安全的数据存储系统是金融数据生态系统的重要组成部分。金融机构需要构建能够处理大规模数据的存储系统，以确保数据的完整性和可访问性。分布式文件系统、云存储等先进技术手段的应用，为金融机构提供了更加灵活和可靠的数据存储解决方案。

3. 数据分析

数据分析是金融数据生态系统的核心环节。金融机构利用各种数据分析算法和模型，对采集到的数据进行深度挖掘和处理。这一过程不仅能够帮助金融机构发现市场趋势、评估风险和收益，还能为用户提供个性化的金融产品和服务。通过数据分析，金融机构能够更准确地把握市场动态和客户需求，从而制定更加精准的决策和策略。

4. 数据应用

数据应用是金融数据生态系统的最终目的。金融机构将分析得到的数据应用于风控管理、投资决策、产品设计等多个方面。通过数据应用，金融机构能够提高运营效率、降低风险，并满足用户个性化的需求。例如，基于用户行为数据的信用评估模型可以帮助银行更准确地评估贷款风险；基于市场数据的投资策略可以帮助投资者做出更明智的投资决策。

（二）金融数据生态系统的运作机制

金融数据生态系统的运作机制主要依赖于系统内部各组成部分之间的相互作用和相互影响。具体而言，这一机制包括以下三个方面。

1. 数据流动与共享

在金融数据生态系统中，数据是流动和共享的。金融机构之间、金融机构与外部数据源之间通过数据接口、数据平台等渠道实现数据的互联互通。这种数据流动和共享不仅促进了金融信息的透明化，还提高了金融服务的效率和质量。

2. 数据分析与决策制定

数据分析是金融数据生态系统运作的关键环节。金融机构通过对海量数据的分析和挖掘，发现市场趋势、评估风险和收益，并据此制定决策和策略。这一过程不仅依赖于先进的数据分析技术和算法，还需要金融机构具备丰富的金融知识和实践经验。

3. 服务提供与反馈调整

基于数据分析的结果，金融机构为用户提供个性化的金融产品和服务。同时，金融机构还通过用户反馈和市场变化等信息不断调整和优化服务内容和方式。这种服务提供与反馈调整的循环机制确保了金融数据生态系统的持续发展和优化。

（三）金融数据生态系统的影响

金融数据生态系统的发展对金融行业产生了深远的影响。具体而言，这些影响包括以下四个方面。

1. 提升金融服务效率

金融数据生态系统通过优化数据处理和决策制定流程，提高了金融服务的效率和质量。例如，自动化贷款审批流程可以缩短审批时间、提高审批通过率；个性化金融产品和服务可以满足用户多样化的需求。

2. 降低金融风险

金融数据生态系统通过数据分析和挖掘技术，帮助金融机构更好地识别和评估潜在风险。例如，通过对用户信用记录和交易行为的分析，银行可以评估客户的信用风险并采取相应的风险控制措施；通过对市场数据的分析和预测，投资者可以制定更加稳健的投资策略以降低投资风险。

3. 推动金融创新

金融数据生态系统为金融创新提供了强大的支撑。基于大数据和人工智能等先进技术，金融机构可以开发出更加智能化、个性化的金融产品和服务。例如，智能投顾可以根据用户的投资偏好和风险承受能力提供定制化的投资建议；区块链技术可以应用于供应链金融等领域实现融资流程的优化和透明化。

4. 促进金融监管

金融数据生态系统的发展也促进了金融监管的升级和完善。通过收集和分析金融机构的交易数据、用户数据等信息，监管部门可以更加全面、准确地了解金融市场的运行情况和风险状况，从而制定更加科学、合理的监管政策和措施。

拓展阅读 5.1
大数据技术在
金融行业中的
应用与趋势
展望

第二节　金融大数据分析方法与工具

在金融领域，大数据技术已成为推动行业变革和创新的重要力量。金融大数据分析，作为处理和应用这些海量数据的关键环节，不仅要求分析师具备深厚的金融知识，还需要熟练掌握一系列先进的分析方法和工具。本节将从金融大数据分析方法的基本框架、核心方法、常用工具等方面进行详尽的阐述，以求读者全面而深入理解。

一、金融大数据分析方法的基本框架

金融大数据分析方法的基本框架可以概括为数据收集、数据预处理、数据分析与建模、结果解释与应用四个环节。这四个环节相互关联、相互支持，共同构成了金融大数据

分析的完整流程。

（一）数据收集

数据收集是金融大数据分析的起点。金融机构需要通过多种渠道获取包括市场行情、公司财务、经济指标等在内的各类金融数据。这些数据可能来源于金融机构内部系统、外部数据库、财经媒体、社交媒体等多个渠道。数据收集的过程中，需要确保数据的完整性、准确性和时效性。

（二）数据预处理

数据预处理是确保数据质量的关键步骤。由于金融数据往往存在缺失值、异常值、重复值等问题，因此需要进行数据清洗、去重、缺失值处理、异常值检测与修正等操作。此外，还需要对数据进行标准化处理，以确保不同来源和格式的数据能够在同一框架下进行比较和分析。

（三）数据分析与建模

数据分析与建模是金融大数据分析的核心环节。在这一阶段，分析师将运用各种统计方法和数学模型对预处理后的数据进行深入挖掘和分析。常用的数据分析方法包括描述性统计、相关性分析、聚类分析、因子分析等；而建模方法则包括时间序列分析、回归分析、机器学习等。这些方法和模型能够帮助分析师揭示数据的内在规律和趋势，为决策提供科学依据。

（四）结果解释与应用

结果解释与应用是将数据分析结果转化为实际业务决策的过程。分析师需要将复杂的数据分析结果以清晰、易懂的方式呈现给决策者，并提供相应的业务建议。这些建议可能涉及投资策略调整、风险管理优化、产品创新等多个方面。通过有效的结果解释与应用，金融大数据分析能够真正发挥其价值，推动金融行业的持续发展和创新。

二、金融大数据分析的核心方法

金融大数据分析的核心方法主要包括统计分析、时间序列分析、假设检验、回归分析等。这些方法在金融数据分析中发挥着至关重要的作用。

（一）统计分析

统计分析是揭示数据背后规律和关系的关键技能。通过计算均值、方差、相关系数等统计指标，分析师可以了解数据的集中趋势、离散程度和相关性等特征。此外，还可以运用分布拟合、假设检验等统计方法对数据进行深入分析。统计分析不仅能够帮助分析师理解数据的现状，还能够预测未来的发展趋势。

（二）时间序列分析

金融数据通常具有时间序列特性，即数据随时间变化而呈现出一定的规律和趋势。时间序列分析是金融数据分析中常用的一种方法，它可以帮助分析师预测和解释数据的变动。常用的时间序列分析方法包括移动平均法、指数平滑法、ARIMA 模型等。这些方法能够揭示数据在时间上的变化趋势和周期性特征，为投资决策提供重要参考。

（三）假设检验

假设检验是金融数据分析中常用的工具之一。它利用统计学原理对样本数据进行检验，判断样本结果是否支持或拒绝某种假设。在金融领域，假设检验可以用于验证投资策略的有效性、评估市场风险等。通过假设检验，分析师可以更加科学地制定决策和策略。

（四）回归分析

回归分析是研究因变量和自变量之间关系的一种方法。在金融数据分析中，回归分析可以用于预测股票价格、利率变动等。通过回归分析，分析师可以建立模型来描述因变量和自变量之间的关系，并据此进行预测和决策。回归分析不仅能够帮助分析师理解金融市场的运行规律，还能够为投资决策提供有力支持。

三、金融大数据分析的常用工具

金融大数据分析的常用工具包括 Excel、Python、R 语言、Tableau、SQL 等。这些工具各有特点，适用于不同的数据分析场景和需求。

（一）Excel

Excel 是最常用的数据分析工具之一。它提供了强大的数据处理、计算、图表绘制等功能，适合初学者和简单的数据分析任务。Excel 的易用性和普及性使它成为金融数据分析领域不可或缺的工具之一。

（二）Python

Python 是一种广泛应用于数据分析的编程语言。它拥有丰富的数据分析库和强大的数据处理能力，如 Pandas、NumPy 和 SciPy 等。Python 的灵活性和可扩展性使它成为处理复杂金融大数据的首选工具之一。通过 Python，分析师可以进行数据清洗、可视化、统计分析等操作，并构建复杂的分析模型。

（三）R 语言

R 语言也是一种常用的数据分析工具。它拥有丰富的统计分析包和强大的图形绘制能力，适合进行复杂和高级的数据分析任务。R 语言在金融数据分析领域具有广泛的应用前景，特别是在时间序列分析、回归分析等方面表现出色。

（四）Tableau

Tableau 是斯坦福大学一个计算机科学项目的成果，该项目旨在改善分析流程并让人们能够通过可视化更轻松地使用数据。Tableau 是一个端到端的分析平台，提供从数据连接到协作的一整套功能，极大地提高了个人和组织的数据驱动水平。Tableau 是一种强大的数据可视化工具，它能够将复杂的数据转化为易于理解的图表和图形，帮助分析师直观地展现数据的特征和规律。Tableau 的交互性和灵活性使它成为金融行业不可或缺的数据分析工具。

（五）SQL

SQL（Structured Query Language，结构化查询语言）是一种用于访问和操作数据库系统的标准化编程语言。它允许用户创建、修改、查询和管理数据库中的数据，以及控制对数据库的访问权限。SQL 是关系数据库管理系统（RDBMS）的重要组成部分，如 MySQL、PostgreSQL、Oracle、SQL Server 等都支持 SQL。

拓展阅读 5.2
从治理到"智"理，打造新一代金融数据体系

第三节　大数据技术在信用评估与风险管理中的应用

大数据时代，通过大数据技术帮助企业在金融业、物流业、制造业、医疗业等领域掌握商机，提高企业价值。大数据技术在金融行业中有着广泛的应用，下面将介绍大数据技术在银行、保险、证券等金融领域中应用。

一、大数据技术在银行业中的应用

目前，国内多数的银行已经开始尝试通过大数据来驱动业务运营，如中信银行信用卡中心使用大数据技术实现了实时营销，光大银行建立了社交网络信息数据库，招商银行则利用大数据技术发展小微贷款。总的来看，银行大数据技术应用可以分客户画像、精准营销、风险管控和运营优化四大方面。

（一）客户画像

客户画像是指将客户信息标签化，完美地抽象出一个客户的信息全貌，可以看作企业应用大数据的根基，主要应用分为个人客户画像和企业客户画像。个人客户画像包括人口统计学特征、消费能力数据、兴趣数据、风险偏好等；企业客户画像包括企业的生产、流通、运营、财务、销售和客户数据、相关产业链上下游等数据。银行拥有的客户信息并不全面，基于银行自身拥有的数据有时候难以得出理想的结果，甚至可能得出错误的结论。比如，如果某位信用卡客户月均刷卡 8 次，平均每次刷卡金额 800 元，平均每年打 4 次客服电话，从未有过投诉，按照传统的数据分析，该客户是一位满意度较高流失风险较低的客户。如果看到该客户的微博，得到的真实情况是：工资卡和信用卡不在同一家银行，还款不方便，好几次打客服电话没接通，客户多次在微博上抱怨，该客户流失风险较高。所

以银行不仅要考虑银行自身业务所采集到的数据，还应考虑整合外部更多的数据，以扩展对客户的了解，其中包括以下几个方面。

（1）客户在社交媒体上的行为数据（如光大银行建立了社交网络信息数据库）。通过打通银行内部数据和外部社会化的数据可以获得更为完整的客户拼图，从而进行更为精准的营销和管理。

（2）客户在电商网站的交易数据，如建设银行则将自己的电子商务平台和信贷业务结合起来，阿里金融为阿里巴巴用户提供无抵押贷款，用户只需要凭借过去的信用即可。

（3）企业客户的产业链上下游数据。如果银行掌握了企业所在的产业链上下游的数据，可以更好地掌握企业的外部环境发展情况，从而预测企业未来的状况。

（4）其他有利于扩展银行对客户兴趣爱好的数据，如网络广告界目前正在兴起的DMP数据管理平台的互联网用户行为数据。

（二）精准营销

精准营销（precision marketing）是指在精准定位的基础上，依托现代信息技术手段建立个性化的顾客沟通服务体系，实现企业可度量的低成本扩张之路，是有态度的网络营销理念中的核心观点之一。在客户画像的基础上银行可以有效地开展精准营销，主要包括以下几个方面。

（1）实时营销。实时营销是根据客户的实时状态来进行营销，比如客户当时的所在地、客户最近一次消费等信息来有针对性地进行营销，如某客户采用信用卡采购孕妇用品，可以通过建模推测怀孕的概率并推荐孕妇类喜欢的业务；或者将改变生活状态的事件（换工作、改变婚姻状况、置居等）视为营销机会。

（2）交叉营销。交叉营销即不同业务或产品的交叉推荐，如招商银行可以根据客户交易记录分析，有效地识别小微企业客户，然后用远程银行来实施交叉销售。

（3）个性化推荐。银行可以根据客户的偏好进行服务或者银行产品的个性化推荐，如根据客户的年龄、资产规模、理财偏好等，对客户群进行精准定位，分析出其潜在金融服务需求，进而有针对性地营销推广。

（4）客户生命周期管理。客户生命周期管理包括新客户获取、客户防流失和客户赢回等。如招商银行通过构建客户流失预警模型，对流失率等级前20%的客户发售高收益理财产品予以挽留，使得金卡和金葵花卡客户流失率分别降低了15个和7个百分点。

（三）风险管控

大数据技术在风险管理和控制方面，主要包括中小企业贷款风险评估、欺诈交易识别和反洗钱分析等。

（1）中小企业贷款风险评估。银行可通过企业的生产、流通、销售、财务等相关信息，结合大数据挖掘方法进行贷款风险分析，量化企业的信用额度，更有效地开展中小企业贷款业务。

（2）实施欺诈交易识别和反洗钱分析。银行可以利用持卡人基本信息、卡的基本信息、交易历史、客户历史行为模式、正在发生行为模式（如转账）等，结合智能规则引擎

（如从一个不经常出现的国家为一个特有用户转账或从一个不熟悉的位置进行在线交易）进行实时的交易反欺诈分析。如 IBM 金融犯罪管理解决方案帮助银行利用大数据技术有效地预防与管理金融犯罪，摩根大通银行则利用大数据技术追踪盗取客户账号或侵入自动柜员机 (ATM) 系统的罪犯。

（四）运营优化

（1）市场和渠道分析优化。通过大数据，银行可以监控不同市场推广渠道尤其是网络渠道推广的质量，从而进行合作渠道的调整和优化。同时，也可以分析哪些渠道更适合推广哪类银行产品或者服务，从而进行渠道推广策略的优化。

（2）产品和服务优化。银行可以将客户行为转化为信息流，并从中分析客户的个性特征和风险偏好，更深层次地理解客户的习惯，智能化分析和预测客户需求，从而进行产品创新和服务优化。如兴业银行目前对大数据进行初步分析，通过对还款数据挖掘比较，区分优质客户，根据客户还款数额的差别，提供差异化的金融产品和服务方式。

（3）舆情分析。银行可以通过爬虫技术，抓取社区、论坛和微博上关于银行以及银行产品和服务的相关信息，并通过自然语言处理技术进行正负面判断，尤其是及时掌握银行以及银行产品和服务的负面信息，及时发现和处理问题；对于正面信息，可以加以总结并继续强化。同时，银行也可以抓取同行业银行正负面信息，及时了解同行做得好的方面，以作为自身业务优化的借鉴。

二、大数据技术在保险业中的应用

由于保险行业的代理人的特点，传统的个人代理渠道中，代理人的素质及人际关系网是业务开拓的最为关键因素，而大数据在新客户开发和维系中的作用就没那么突出。但随着互联网、移动互联网以及大数据技术的发展，网络营销、移动营销和个性化电话销售的作用将会日趋显现，越来越多的保险公司注意到大数据技术在保险行业中的作用。总的来说，保险行业的大数据应用可以分为三大方面：客户细分及精细化营销、欺诈行为分析和精细化运营。

（一）客户细分及精细化营销

（1）客户细分和差异化服务。风险偏好是确定保险需求的关键。风险喜好者、风险中立者和风险厌恶者对于保险需求有不同的态度。一般来讲，风险厌恶者有更大的保险需求。在客户细分的时候，除了风险偏好数据外，要结合客户职业、爱好、习惯、家庭结构、消费方式偏好数据，利用机器学习算法来对客户进行分类，并针对分类后的客户提供不同的产品和服务策略。

（2）潜在客户挖掘及流失用户预测。保险公司可通过大数据技术整合客户线上和线下的相关行为，通过数据挖掘手段对潜在客户进行分类，细化销售重点。通过大数据技术进行挖掘，综合考虑客户的信息、险种信息、既往出险情况、销售人员信息等，筛选出影响客户退保或续期的关键因素，并通过这些因素和建立的模型，对客户的退保概率或续期概率进行估计，找出高风险流失客户，及时预警，制定挽留策略，提高保单续保率。

（3）客户关联销售。保险公司可以关联规则找出最佳险种销售组合、利用时序规则找出顾客生命周期中购买保险的时间顺序，把握保户提高保额的时机，建立既有保户再销售清单与规则，从而促进保单的销售。除了这些做法以外，借助大数据技术，保险业可以直接锁定客户需求。以淘宝运费退货险为例。据统计，淘宝用户运费险索赔率在 50% 以上，该产品给保险公司带来的利润只有 5% 左右，但是有很多保险公司都有意愿去提供这种保险。因为客户购买运费险后保险公司就可以获得该客户的个人基本信息，包括手机号和银行账户信息等，并能够了解该客户购买的产品信息，从而实现精准推送。假设该客户购买并退货的是婴儿奶粉，我们就可以估计该客户家里有小孩，可以向其推荐关于儿童疾病险、教育险等利润率更高的产品。

（4）客户精准营销。在网络营销领域，保险公司可以通过收集互联网用户的各类数据，如地域分布等属性数据，搜索关键词等即时数据，购物行为、浏览行为等行为数据，以及兴趣爱好、人脉关系等社交数据，可以在广告推送中实现地域定向、需求定向、偏好定向、关系定向等定向推介，实现精准营销。过去，在没有精细化数据分析和挖掘的情况下，保险公司把很多人都放在同一风险水平之上，客户的保单并没有完全解决客户的各种风险问题。但是现在，保险公司可以通过自有数据以及客户在社交网络的数据，解决现有的风险控制问题，为客户制定个性化的保单，获得更准确以及更高利润率的保单模型，给每一位顾客提供个性化的解决方案。

（二）欺诈行为分析

基于企业内外部交易和历史数据，大数据技术可以实时或准实时预测和分析欺诈等非法行为，包括医疗保险欺诈与滥用分析以及车险欺诈分析等。

（1）医疗保险欺诈与滥用分析。医疗保险欺诈与滥用通常可分为两种。一种是非法骗取保险金，即保险欺诈；另一种则是在保额限度内重复就医、浮报理赔金额等，即医疗保险滥用。保险公司能够利用过去数据，寻找影响保险欺诈最为显著的因素及这些因素的取值区间，建立预测模型，并通过自动化计分功能，快速将理赔案件依照滥用欺诈可能性进行分类处理。

（2）车险欺诈分析。保险公司能够利用过去的欺诈事件建立预测模型，将理赔申请分级处理，可以很大程度上解决车险欺诈问题，包括车险理赔申请欺诈侦测、业务员及修车厂勾结欺诈侦测等。

（三）精细化运营

精细化运营是指企业在运营过程中，以用户为中心，运用数据分析、用户画像、个性化推荐等技术手段，对运营策略进行细分、优化和迭代，以实现更精准的市场定位、更高效的资源利用和更优质的用户体验。它强调"精"和"细"两个维度，即在每一个环节上都追求极致的精准度和细致入微的服务。

（1）用户洞察与分析。全面收集用户行为数据、交易数据、社交媒体数据等，构建全方位的用户数据视图。基于收集的数据，构建详细的用户画像，包括用户的基本属性（如年龄、性别、地域），兴趣偏好，消费习惯，购买力等，以便更精准地理解用户需求。根据用户画像对用户进行细分，识别出不同用户群体的特征和需求差异，为个性化运营提供基础。

（2）个性化与定制化。利用机器学习算法和数据分析技术，为用户提供个性化的内容、产品或服务推荐，提高用户满意度和转化率。根据用户的具体需求和偏好，提供定制化的服务方案，如定制化产品、个性化客服等，增强用户黏性。

（3）运营流程优化。对运营流程进行全面梳理，识别出瓶颈和低效环节。运用精益管理等方法，对运营流程进行优化，提高运营效率和服务质量。引入自动化工具和系统，如自动化营销系统、客服机器人等，从而降低人力成本，提高响应速度。

（4）数据驱动决策。运用数据分析工具和方法，对运营数据进行深入分析，挖掘数据背后的规律和趋势。通过数据可视化工具，将复杂的数据以直观的方式呈现出来，便于管理者快速做出决策。

三、大数据技术在证券业中的应用

大数据时代，大多数券商们已意识到大数据技术的重要性，它们对于大数据技术的研究与应用正处于起步阶段，相对于银行和保险业，证券行业的大数据技术应用起步相对较晚。目前国内外证券行业的大数据技术应用大致有以下三个方向。

（一）股价预测

2011年5月英国对冲基金 Derwent Capital Markets 建立了规模为4 000万美元的对冲基金，该基金是首家基于社交网络的对冲基金，该基金通过分析 Twitter（现名为X）的数据内容来感知市场情绪，从而指导投资。该对冲基金在首月的交易中确实盈利了，其以1.85%的收益率，让平均数只有0.76%的其他对冲基金相形见绌。在分析中，根据情绪词将 Twitter 内容标定为正面或负面情绪。结果发现，无论是"希望"的正面情绪，或是"害怕""担心"的负面情绪，其占 Twitter 总内容数的比例，都预示着道琼斯指数、标准普尔500指数、纳斯达克指数的下跌。美国佩斯大学的一位博士则采用了另外一种思路，他追踪了星巴克、可口可乐和耐克三家公司在社交媒体上的受欢迎程度，同时比较它们的股价，他发现，Facebook 上的粉丝数、Twitter 上的听众数和 Youtude 上的观看人数都和股价密切相关。另外，品牌的受欢迎程度，还能预测股价在10天、30天之后的上涨情况。但是，Twitter 情绪指标，仍然不可能预测出会冲击金融市场的突发事件。例如，在2008年10月13日，美国联邦储备委员会突然启动一项银行纾困计划，令道琼斯指数反弹，而3天前的 Twitter 相关情绪指数毫无征兆。而且，研究者自己也意识到，Twitter 用户与股市投资者并不完全重合，这样的样本代表性有待商榷，但这仍无法阻止投资者对于新兴的社交网络倾注更多的热情。

（二）客户关系管理

（1）客户细分。通过分析客户的账户状态（类型、生命周期、投资时间等）、账户价值（资产峰值、资产均值、交易量、佣金贡献和成本等）、交易习惯（周转率、市场关注度、仓位、平均持股市值、平均持股时间、单笔交易均值和日均成交量等）、投资偏好（偏好品种、下单渠道和是否申购等）以及投资收益（本期相对和绝对收益、今年相对和绝对收益、投资能力等），来进行客户聚类和细分，从而发现客户交易模式类型，找出最有价值和盈利潜力的客户群，以及他们最需要的服务，更好地配置资源和政策，改进服务，抓住最有价值的客户。

（2）流失客户预测。券商可根据客户历史交易行为和流失情况来建模从而预测客户流失的概率。如2012年海通证券自主开发的"基于数据挖掘算法的证券客户行为特征分析技术"主要应用于客户深度画像以及基于画像的用户流失概率的预测。通过对海通100多万样本客户、半年交易记录的海量信息分析，建立了客户分类、客户偏好、客户流失概率的模型。该项技术最大初衷是希望通过客户行为的量化分析，来测算客户将来可能流失的概率。

（三）智能投资顾问

智能投资顾问业务提供线上投资顾问服务，其基于客户的风险偏好、交易行为等个性化数据，依靠大数据量化模型，为客户提供低门槛、低费率的个性化财富管理方案。智能投顾主要用到的技术如下。

（1）智能代理（IA）。IA由信号事件监听器、决策系统、学习系统、规则库和智能执行器各个模块结合而成，根据数据监测与分析模块对外界实时数据的分析结果，对股票进行相应操作，包括建仓、平仓、调仓等。

（2）生成投资策略模板（ISM）。按照一定算法筛选出满足一定收益和风险指标的投资策略组合并呈现给客户，保证所有投资策略组合都符合投资人的风险收益偏好。

（3）量化配置策略。智能投顾的量化策略相对广泛，包含且不限于量化择时策略、行业轮动策略、多因子Alpha策略以及各类事件驱动选股策略等，但目前大多数智能投顾都只限于对ETF配置权重的量化控制。

（4）现代投资组合理论（MPT）。Markowitz Mean-Variance Model通过分散的投资组合降低风险，与此同时保证预期收益率，投资者能够在同样的风险水平下获得更高的收益率，或者在同样的收益率水平上承受更低的风险。2012年，国泰君安推出了"个人投资者投资景气指数"（简称"3I指数"），通过一个独特的视角传递个人投资者对市场的预期、当期的风险偏好等信息。"3I指数"是国泰君安研究所对海量个人投资者样本进行持续性跟踪监测，对账本投资收益率、持仓率、资金流动情况等一系列指标进行统计、加权汇总后得到的综合性投资景气指数。

"3I指数"通过对海量个人投资者真实投资交易信息的深入挖掘分析，了解个人投资者交易行为的变化、投资信心的状态与发展趋势、对市场的预期以及当前的风险偏好等信息。在样本选择上，选择资金100万元以下、投资年限5年以上的中小投资者，样本规模高达10万份，覆盖全国不同地区，所以，这个指数较为有代表性。在参数方面，主要根据中小投资者持仓率的高低、是否追加资金、是否盈利这几个指标，来看投资者对市场是乐观还是悲观。"3I指数"每月发布一次，以100为中间值，100～120属于正常区间，120以上表示趋热，100以下则是趋冷。从实验数据看，2007年至今，"3I指数"的涨跌波动与上证指数走势拟合度相当高。

芝麻信用与大数据技术在信用评估中的应用

一、案例背景

随着互联网和大数据技术的飞速发展，个人信用评估体系正逐渐从传统模式向基于大数据的智能化模式转变。作为这一变革的先锋，芝麻信用管理有限公司（以下简称芝麻信用）是一家独立的第三方征信机构，隶属于蚂蚁科技集团股份有限公司（简称蚂蚁集团）。芝麻信用自成立以来，通过大数据、云计算、机器学习等技术手段，客观呈现个人和企业的信用状况，逐步构建了包括芝麻信用评分、芝麻信用元素表、行业关注名单、反欺诈等全产品线。芝麻信用的评估结果被广泛应用于金融、租借、出行、婚恋、签证等多个领域。在金融领域，芝麻信用分高的用户可以在支付宝上快速申请花呗、借呗等金融服务；在租借领域，高分用户可以享受免押金租借自行车、充电宝、雨伞等服务；在出行领域，芝麻信用还提供了共享单车免押金、公交车先乘后付等便利服务。此外，芝麻信用还涉足婚恋领域，帮助用户筛选信用良好的交友对象，降低交友风险。通过大数据和机器学习技术，芝麻信用能够客观、全面地评估个人信用状况，为社会提供了更加可靠的信用信息来源，有助于提升整个社会的信用水平，降低交易成本，促进经济健康发展。芝麻信用凭借其先进的技术和全面的数据覆盖，成为中国个人征信体系的重要组成部分，为用户提供了便捷的信用评估服务。芝麻信用的出现不仅提升了金融服务的效率和质量，还推动了社会信用体系的建设和完善。

二、案例具体实现过程

大数据技术在信用评估中的具体实现过程涉及多个环节，主要包括数据采集、数据存储、数据处理与分析、信用评分模型的建立与优化，以及最终信用评估报告的生成。以下是这一过程的详细步骤。

1. 数据采集。信用评估所需的数据来源广泛，包括个人基本信息（如姓名、年龄、性别、职业等）、金融交易记录（如信用卡消费、贷款还款记录等）、社交行为数据（如社交媒体活跃度、关注话题等）、公共记录（如法律诉讼、欠税情况等）；通过合作金融机构、电商平台、社交媒体平台、政府机构等多个渠道收集数据。

2. 数据存储。采用分布式文件系统（如 HDFS）或云存储解决方案，确保大规模数据的高效、安全存储；将采集到的数据转换为统一的格式进行存储，便于后续处理和分析。

3. 数据处理与分析。识别并处理缺失值、异常值、重复值等问题，确保数据质量；从原始数据中提取出对信用评估有用的特征，如还款记录中的逾期次数、交易频率等；分析各特征之间的相关性，去除冗余特征，提高模型效率；利用时间序列分析、聚类分析等方法，识别用户的消费习惯、还款行为等模式。

4. 信用评分模型的建立与优化。根据业务需求和数据特点选择合适的信用评分模型，如逻辑回归、决策树、随机森林、神经网络等；使用历史数据对模型进行训练，调整模型参数以优化预测性能；通过交叉验证评估模型的泛化能力，避免过拟合；根据新的数据反馈和业务需求，对模型进行迭代优化。

5. 信用评估报告的生成。根据训练好的模型对用户的信用状况进行评分；将评分结果转化为易于理解的信用评估报告，包括用户的信用等级、关键指标分析、风险提示等内容；将信用评估报告应用于信贷审批、风险定价、反欺诈等多个业务场景。

通过以上步骤，大数据技术能够全面、准确地评估个人或企业的信用状况，为金融机构提供有力的决策支持。同时，随着数据的不断积累和技术的不断进步，信用评估的准确性和效率也将持续提升。

三、案例成果与启示

1. 案例成果

某金融机构采用上述大数据信用评估流程，对大量个人用户进行了信用评分。通过多渠道数据采集，该机构获取了丰富的用户信息，包括个人基本信息、金融交易记录、社交行为数据和公共记录等；利用分布式文件系统和云存储解决方案，这些数据被高效地存储和管理；在数据处理与分析阶段，机构对缺失值、异常值和重复值进行了严格处理，确保了数据的质量；同时，通过特征工程和相关性分析，提取出了对信用评估至关重要的特征。

在信用评分模型的建立与优化过程中，该机构选择了逻辑回归和随机森林两种模型进行训练，并根据历史数据对模型参数进行了优化。通过交叉验证，机构评估了模型的泛化能力，并进行了多次迭代优化，最终得到了性能稳定的信用评分模型。利用这个模型，机构对用户的信用状况进行了准确评分，并生成了详细的信用评估报告。

这些信用评估报告被广泛应用于该机构的信贷审批、风险定价和反欺诈等业务场景。通过大数据信用评估，该机构能够更准确地识别用户的信用风险，从而做出更明智的决策。这不仅提高了机构的业务效率，也降低了信用风险带来的损失。

2. 启示

（1）数据是信用评估的基础。大数据技术的运用使得信用评估能够获取更全面、更准确的用户信息。因此，金融机构应该注重数据的收集和积累，并不断完善数据治理体系，确保数据的质量和安全性。

（2）技术是关键。大数据技术的快速发展为信用评估提供了强大的技术支持。金融机构应该紧跟技术发展的步伐，不断探索和应用新的技术手段，如机器学习、人工智能等，以提高信用评估的准确性和效率。

（3）模型优化是持续的过程。信用评分模型的建立和优化是一个持续的过程。金融机构应该根据业务需求和数据反馈，不断对模型进行迭代优化，以提高模型的性能和稳定性。

（4）应用场景广泛。大数据信用评估报告可以应用于多个业务场景，如信贷审批、风险定价、反欺诈等。金融机构应该根据业务需求，灵活运用信用评估报告，提高业务效率和风险管理水平。

（5）合规性与隐私保护。在运用大数据进行信用评估的过程中，金融机构必须严格遵守相关法律法规，确保用户数据的合规性和隐私保护。同时，机构也应该加强内部数据安全管理，防止数据泄露和滥用。

大数据在信用评估中的深度应用为金融机构提供了强大的决策支持。通过不断优化数据采集、存储、处理与分析、模型建立与优化以及报告生成等流程，金融机构能够更准确地评估用户的信用风险，提高业务效率和风险管理水平。同时，金融机构也应该注重合规性与隐私保护，确保用户数据的安全性和合法性。

资料来源：本案例由作者整理所得。

第四节　大数据驱动的个性化金融科技服务

大数据驱动的个性化金融科技服务，是当前金融科技领域的重要发展趋势之一。随着大数据技术的不断成熟和普及，金融机构能够获取、处理和分析的海量数据日益增多，这些数据为个性化金融服务的实现提供了强有力的支持。以下将从大数据技术在个性化金融科技服务中的应用、个性化金融服务的实现方式、面临的挑战以及未来发展趋势等方面进行详细阐述。

一、大数据技术在个性化金融科技服务中的应用

（一）客户画像构建

大数据技术的核心优势在于其强大的数据处理和分析能力。金融机构通过收集客户的交易记录、浏览行为、社交媒体活动等多维度数据，运用数据挖掘和机器学习算法，可以构建出客户的全面画像。这些画像不仅包括客户的基本信息，如年龄、性别、职业等，还涵盖其消费习惯、风险偏好、投资偏好等深层次信息。客户画像的构建为个性化金融服务的提供奠定了坚实基础。

（二）风险评估与管理

在金融风险管理中，大数据技术同样发挥着重要作用。通过对海量数据的分析，金融机构能够更准确地评估客户的信用技术状况、还款能力等关键指标，从而做出更加科学合理的信贷决策。此外，大数据技术还能够帮助金融机构实时监控市场动态，及时发现潜在的风险因素，并采取相应的风险防范措施。

（三）产品与服务创新

大数据技术的应用还推动了金融产品和服务的创新。金融机构可以基于客户画像和市场需求分析，设计出更加符合客户需求的金融产品。例如，根据客户的投资偏好和风险承受能力，为其推荐个性化的投资组合；或者根据客户的消费习惯，提供定制化的信用卡服务。同时，大数据技术还促进了金融服务的智能化和自动化，如智能投顾、智能客服等新型服务模式的兴起。

（四）运营优化与成本降低

大数据技术在金融机构的运营优化中也发挥着重要作用。通过对海量数据的分析，金

融机构可以发现业务流程中的瓶颈和低效环节，进而进行优化和改进。例如，通过大数据分析优化客户服务流程，提高客户满意度和忠诚度。同时，大数据技术还可以帮助金融机构降低运营成本，如通过精准营销减少无效的营销投入，通过自动化服务减少人工成本等。

（五）市场竞争与策略制定

在激烈的市场竞争中，大数据技术为金融机构提供了有力的支持。通过对市场和竞争对手的数据分析，金融机构可以及时了解市场动态和竞争对手的策略变化，从而制定相应的市场进入和竞争策略。此外，大数据技术还可以帮助金融机构发现新的市场机会和增长点，为业务拓展提供有力支持。

二、个性化金融服务的实现方式

（一）定制化产品与服务

定制化产品与服务是个性化金融服务的核心。基于客户画像和个性化需求分析，金融机构可以设计出符合客户特定需求的金融产品和服务。根据客户的风险承受能力和投资目标，推荐合适的理财产品组合。对于个人贷款、小微企业贷款等，根据客户的信用记录和还款能力提供差异化的贷款条件和利率；根据客户的职业、健康状况、家庭结构等因素推荐适合的保险产品；提供便捷的支付结算服务，如移动支付、跨境支付等，满足客户的多元化需求。例如，针对高净值客户，可以设计更加灵活多样的投资组合；对于年轻消费者，则可以推出更加便捷、低门槛的消费信贷产品。这种定制化服务不仅能够满足客户的个性化需求，还能够提升客户的满意度和忠诚度。

（二）精准营销与推广

大数据技术的应用使得金融机构能够实现精准营销和推广。通过分析客户的浏览行为、购买历史等数据，金融机构可以准确识别出潜在的目标客户群体，并向他们推送有针对性的营销信息。这种精准营销方式不仅提高了营销效率，还降低了营销成本。

（三）智能化服务体验

智能化服务体验是大数据驱动的个性化金融科技服务的重要体现。金融机构可以利用大数据和人工智能技术，开发智能客服、智能投顾等新型服务模式。这些智能服务系统能够自动识别客户需求、解答客户疑问、提供投资建议等，为客户带来更加便捷、高效的服务体验。通过语音识别技术接收客户的语音指令和问题，并通过语音合成技术生成回答。理解客户的自然语言输入并进行分析处理，提供相应的解答和建议。支持多轮对话交互，深入了解客户需求并提供更加精准的服务。

（四）数据安全与隐私保护

在实现个性化金融服务的过程中，数据安全与隐私保护是至关重要的一环。金融机构需要采取一系列措施确保客户数据的安全性和隐私性，包括数据加密、访问控制和合规性审查等。比如对客户数据进行加密处理以防止数据泄露；通过身份验证和权限控制机制限制对敏感数据的访问权限；遵守相关法律法规和监管要求，定期进行数据合规性审查。

三、面临的挑战

（一）客户需求理解与满足

虽然大数据技术有助于深入理解客户需求，但金融机构在如何准确捕捉并有效满足客户需求方面仍面临挑战。客户需求多样化、动态化，对金融服务的个性化和精准度提出了更高要求。如金融机构需要运用大数据技术精准识别客户需求，但数据质量、分析模型等因素可能影响识别结果的准确性；客户的需求不断变化且多样，需要在满足客户需求的基础上不断创新金融服务模式和产品，以提升客户满意度和忠诚度。

（二）数据质量与准确性

大数据的价值在于其真实性和准确性。然而，在实际应用中，由于数据来源复杂多样、数据格式不统一等原因，数据质量和准确性往往难以保证。这会影响金融机构对客户画像的构建和风险评估的准确性，进而影响个性化金融服务的效果。

（三）技术与人才挑战

大数据和人工智能等技术的快速发展对金融机构的技术能力和人才储备提出了更高要求。然而，目前部分金融机构在技术和人才方面仍存在短板，难以满足个性化金融服务的需求。因此，金融机构需要加大技术投入和人才培养力度，提升自身的技术实力和创新能力。

（四）监管合规与法律风险

随着大数据技术的广泛应用，个性化金融科技服务涉及的监管合规和法律风险问题日益凸显。相关法律法规和监管政策尚不完善，给金融机构带来一定的合规压力。如法律的空白，部分新兴金融科技服务领域缺乏明确的法律法规指导；合规性的难度大，金融机构在利用大数据技术进行个性化服务时，需要确保合规性，避免触犯相关法律法规。

四、未来发展趋势

（一）数据融合与共享

随着数据技术的不断发展，未来数据融合与共享将成为趋势。金融机构将更加注重与其他行业的数据合作与共享，以获取更加全面、准确的数据资源。这将有助于金融机构更好地了解客户需求和市场动态，为个性化金融服务的提供奠定坚实基础。

（二）智能化服务深化

智能化服务将成为未来金融科技服务的重要发展方向。金融机构将不断加大对人工智能、机器学习等技术的投入和应用力度，推动智能客服、智能投顾等新型服务模式的深化发展。这将为客户提供更加便捷、高效、个性化的服务体验。

（三）风险管理智能化

在风险管理方面，未来金融机构将更加注重风险管理的智能化。通过大数据和人工智能技术，金融机构将能够实现对市场动态的实时监控和风险评估的智能化处理。这将有助于金融机构更加准确地识别潜在风险因素，并采取相应的风险防范措施，确保业务稳健发展。

（四）监管政策完善

随着大数据驱动的个性化金融科技服务的不断发展，相关监管政策也将不断完善。监管机构将加强对金融机构数据收集、处理和使用等方面的监管力度，确保客户数据的安全性和隐私性得到有效保护。同时，监管机构还将推动金融科技行业的规范发展，为金融机构提供更加稳定、可预期的监管环境。

第五节　大数据技术对金融科技发展的影响

一、技术与金融业务的深度融合

（一）智能化金融服务

大数据技术与人工智能、机器学习等技术的融合将进一步推动金融服务的智能化。例如，通过大数据分析和机器学习算法，金融机构可以实现对客户行为的精准预测，从而提供更加个性化的金融产品和服务。同时，智能风控系统也将利用大数据技术实时监测和预警潜在风险，提高金融服务的安全性和稳定性。

（二）场景化金融应用

大数据技术将更深入地融入金融业务的各个场景，如支付、信贷、保险、投资等。金融机构将利用大数据技术挖掘场景数据价值，优化业务流程，提升服务效率和质量。例如，在信贷领域，金融机构可以通过大数据分析客户的信用记录和还款能力，实现快速审批和放款；在保险领域，大数据技术可以帮助保险公司精准定价和理赔。

（三）个性化服务

大数据技术使得金融机构能够构建详细的客户画像，包括客户的消费习惯、投资偏好、信用状况等多方面的信息。基于这些画像信息，金融机构可以为客户提供更加个性化的金融产品和服务。例如，根据客户的风险承受能力和投资目标，推荐合适的理财产品；根据客户的消费习惯，提供定制化的信用卡优惠活动等。这种个性化服务不仅提升了客户的满意度和忠诚度，还促进了金融产品的销售和推广。

二、数据处理与分析能力的提升

（一）实时数据处理

随着金融业务对实时性的要求越来越高，大数据技术将更加注重实时数据处理能力的提升。金融机构需要能够快速响应市场变化，实时分析业务数据，为决策提供即时支持。实时数据处理技术的发展将有助于金融机构更准确地把握市场趋势和客户需求。

（二）复杂数据处理

大数据技术将不仅限于处理结构化数据，还将加强对非结构化数据的处理能力。金融交易、客户信息、市场报告等数据中包含了大量的非结构化信息，如文本、图像、视频等。通过先进的文本挖掘、图像识别等技术手段，金融机构可以从这些非结构化数据中提取有价值的信息，为业务决策提供全面支持。

三、数据安全与隐私保护

（一）加强数据安全管理

随着数据泄露和隐私侵犯事件的频发，金融科技行业将更加重视数据安全管理。金融机构将采用更先进的数据加密、访问控制等技术手段，确保数据在存储、传输和处理过程中的安全性。同时，建立完善的数据安全管理制度和应急响应机制也是保障数据安全的重要措施。

（二）隐私计算技术的应用

隐私计算技术将在金融科技领域得到广泛应用。这种技术能够在保护数据隐私的前提下实现数据的共享和利用，有助于解决金融机构在数据合作中面临的隐私保护难题。通过隐私计算技术，金融机构可以在不泄露敏感信息的情况下进行联合建模、风险评估等操作，提高金融服务的精准度和效率。

四、数据资产的价值释放

（一）数据资产化

随着数据资产价值的日益凸显，金融机构将更加注重数据资产的管理和利用。数据资产化是指将数据视为一种可计量、可交易的资产进行管理和运营。金融机构可以通过建立数据资产管理平台、制定数据资产管理制度等措施推动数据资产化进程的实现。

（二）数据驱动的决策模式

大数据技术将推动金融机构实现数据驱动的决策模式。通过深入挖掘和分析数据价值，金融机构能够更准确地把握市场趋势和客户需求，制定更加科学合理的业务策略和发展规划。同时，数据驱动的决策模式也将有助于提高金融机构的运营效率和风险管理水平。

五、跨界合作与生态构建

（一）跨界合作

金融科技行业将加强与其他行业的跨界合作，共同探索大数据技术的应用场景和商业模式。例如与电商、社交、物流等行业的合作将有助于金融机构拓展服务边界，提升服务质量和效率。跨界合作将有助于金融机构获取更全面的市场信息和客户数据，为金融服务的创新提供有力支持。

（二）生态构建

金融机构将积极构建金融科技生态体系，整合上下游资源，形成协同效应。通过构建开放、共赢的金融科技生态体系金融机构能够更好地应对市场变化和挑战，实现可持续发展。生态体系的构建将有助于金融机构与科技公司、互联网企业等形成紧密的合作关系，共同推动金融科技的创新和发展。

大数据技术在金融科技领域中的未来发展趋势将呈现技术与金融业务深度融合、数据处理与分析能力提升、数据安全与隐私保护加强、数据资产价值释放以及跨界合作与生态构建等特点。这些趋势将共同推动金融科技行业的创新和发展，提升金融服务的智能化、个性化和安全性水平。

• 思考题 •

1. 请列举并简要解释大数据技术的核心特征包括哪些。

2. 简述 Hadoop 生态系统的主要组件及其功能。

3. 大数据技术在银行业中有哪些主要应用？请举例说明。

4. 举例说明大数据在保险业欺诈行为分析中的应用。

5. 大数据技术对金融风险评估有哪些积极影响？

【即测即练题】

自测自练

扫描此码

第六章 人工智能技术在金融科技中的应用

学习目标

1. 掌握人工智能技术的现状、定义和发展历程，掌握金融行业已经成熟应用的人工智能技术。

2. 理解机器学习的基本概念、分类及其在量化金融中的应用，掌握常见的机器学习算法并理解其工作原理。

3. 了解深度学习算法在金融时序预测、信用风险评估与预测、财务欺诈监测等方面的具体应用。

4. 掌握自然语言处理技术在金融信息提取中的应用。

5. 了解人工智能技术对金融科技发展的影响。

素养目标

1. 伦理意识：培养对金融科技领域中伦理问题的认识，包括数据隐私、算法偏见和人工智能的道德使用。

2. 批判性思维：发展批判性思维能力，能够分析和评估人工智能技术在金融决策中的作用及其潜在的局限性。

3. 终身学习的态度：鼓励学生对金融科技的持续学习和自我提升，以适应该领域快速发展和不断变化的特点。

4. 勇于探索和创新：鼓励学生在掌握基础知识的基础上，探索机器学习在金融科技领域的新应用；培养创新思维和问题解决能力，勇于尝试新的方法和工具。

5. 数据保护意识：培养学生的数据保护意识，确保技术的合法、合规使用，避免技术滥用带来的风险；在学习机器学习技术的过程中，注重伦理道德和社会责任的教育。

第一节　人工智能技术概况

一、人工智能技术的概念

20 世纪 50 年代，国外学者约翰·麦卡锡（John McCarthy）、马文·明斯基（Marvin Lee Minsky）等在达特茅斯会议上首次提出了"人工智能（Artificial Intelligence，AI）"这

一术语，标志着人工智能的诞生。人工智能是研究、开发用于模拟、延伸和扩展人的智能的理论、方法、技术及应用系统的一门新的技术学科。金融稳定理事会认为，人工智能是一种计算机系统，能够实现推理、学习、自我改进等通常需要人类智能来完成的功能。人工智能技术是指通过对上述计算机系统的实现和应用，赋予计算机自主思考或行动能力的技术，包括但不限于机器学习、生物特征识别、计算机视觉、智能语音、自然语言处理、知识图谱、智能决策控制、智能机器人、混合智能等。

　　人工智能从诞生以来，理论和技术日益成熟，应用领域也不断扩大，人工智能技术与金融的深度融合是这两个领域深化发展、探索创新的必然结果。人工智能技术应用场景丰富，随着效能的不断提升，人工智能技术可被广泛用于金融、制造、安防、教育、医疗、养老、环境、交通、司法服务、网络安全、社会治理等行业和领域，不断优化观察预警、沟通交流、分析决策、流程自动化等功能。

　　人工智能并不简单地等同于计算机或者编程技术，而是一门可以让机器模拟人类思维能力的学科。通过人工智能技术，机器可以像人类一样感知世界、思考问题、做出决策。人工智能按照能力强弱程度，可以分为以下三种类型：弱人工智能、强人工智能和超人工智能。一般认为，弱人工智能擅长在特定领域、有限规则内模拟和延伸人类智能；强人工智能可在思考、计划、解决问题、抽象思维、理解复杂理念、快速学习和从经验中学习等方面达到人类级别；超人工智能则可在所有领域都大幅超越人类智能。

　　弱人工智能（Artificial Narrow Intelligence，ANI）是指擅长单方面技能的人工智能，如战胜世界冠军的 AlphaGO。虽然 AlphaGO 在遵循既定规则的棋类项目博弈上可能有超过人类的能力，但该能力也仅局限于该领域。

　　强人工智能（Artificial General Intelligence，AGI）是指各方面能力都与人类比肩的人工智能。换言之，在思考、计划、解决问题、抽象思维、理解复杂理念和快速学习等方面，强人工智能可以做得和人类一样好。

　　超人工智能（Super Artificial Intelligence，SAI）在尼克·博斯特罗姆（Nick Bostrom，2014）的定义下为"在几乎所有领域都比人类的大脑聪明很多，包括科学创新、通识和社交技能"。这类人工智能在各方面只比人类强一点，也可能在各个领域超过人类无数倍。

　　数据、算力、算法的不断发展，为人工智能技术发挥作用提供了坚实的支撑。大数据时代的到来，为人工智能技术的发展提供了日益丰富的数据资料。新型计算芯片架构、特定应用集成电路（Application Specific Integrated Circuit，ASIC）等专用芯片的快速发展，提高了计算能力，降低了计算成本，持续拓展人工智能技术的应用边界。深度学习算法等方面的迭代优化，不断为人工智能技术的发展提供更为强大的引擎。得益于三者的共同推动，人工智能技术在越来越多方面的能力不断接近甚至超越人类。

　　人工智能作为计算机科学的一个分支，旨在通过模拟人类的智能行为，使计算机系统能够执行复杂任务，如理解语言、推理、学习、解决问题等。自 20 世纪 50 年代诞生以来，人工智能技术经历了从理论探索到广泛应用的转变，已成为推动社会经济发展的重要力量。

　　在金融科技领域，人工智能技术正逐步改变着传统金融业态，从智能客服、智能投顾到智能风控，无所不在地渗透进金融服务的各个环节，极大地提升了金融服务的效率、安全性和个性化水平。

二、人工智能的发展特点

根据我国国务院发布的《新一代人工智能发展规划》，人工智能具有以下五个特点：①从人工知识表达到大数据驱动的知识学习技术；②从分类型处理的多媒体数据转向跨媒体的认知、学习、推理；③从追求智能机器到高水平的人机、脑机相互协同和融合；④从聚焦个体智能到基于互联网和大数据的群体智能；⑤从拟人化的机器人转向更加广阔的智能自主系统（如智能工厂、智能无人机系统等）。

从提供服务的方式来看，当前人工智能的发展呈现出以下三个方面的特点：①结合大数据和云计算，为人类提供高效服务；②感知外部环境信息，与人类实现人机互补；③不断学习更迭，融合多领域创造新业态。

（一）结合大数据和云计算，为人类提供高效服务

目前，随着人类进入智能智联时代，智能设备已经从最开始的个人计算机、手机、智能电视扩展到 VR 眼镜、人脸识别门锁等。大数据、云计算与人工智能的融合不仅有效地提升了人工智能的学习效率，而且提高了人工智能的数据计算效率及数据分析效率。此外，大数据为人工智能提供了充足的数据存储空间，方便人工智能对所需计算的数据信息进行临时存储；云计算使人工智能应用可以实现跨终端使用，即使用不同终端设备的用户及企业可以对同一人工智能产品进行操作。

人工智能、大数据和云计算三者的有效融合将向人类社会提供更多优质的服务，也将进一步扩大信息技术的应用范围。例如，随着无人驾驶技术的推广，驾驶员造成的能源消耗将降低，驾驶事故发生的概率也会明显下降。又如在企业库存管理、物流和运输、医院物流管理方面，通过使用云计算、大数据和人工智能技术，企业库存管理可以在提高库存流畅率的同时减少库存占用，并利用记录在册的数据提高物流运输效率；医院物流管理不仅可以清楚地区分类别和管理各种药物和设备，还可以实现精准购买和消费，从而准确储存，减少医疗事故的发生。

（二）感知外部环境信息，与人类实现人机互补

2021 年 5 月 28 日，中国科学院第二十次院士大会、中国工程院第十五次院士大会和中国科学技术协会第十次全国代表大会召开，习近平总书记在大会上强调了一个以人为本的人机环境系统重点：科技创新速度显著加快，以信息技术、人工智能为代表的新兴科技快速发展，大大拓展了时间、空间和人们认知范围，人类正在进入一个"人机物"三元融合的万物智能互联时代。

各种各样的智能终端不断感知周围环境，在云端汇聚成几何级增长的海量数据，并通过算法演进在云端上形成新的认知，从而摆脱了人工智能发展初期被动接收数据的情形。随着知识库数据的累积，人工智能可以利用数据挖掘技术分析不同数据的对应结果，总结出其中的规律，进而变得主动、智能，以更好地为人类决策提供帮助。

（三）不断学习更迭，融合多领域创造新业态

作为引领世界未来的一项技术创新，人工智能正在人类社会生活的多个领域创造新的产业和新的业态，并由此改变着人类社会的物质生活和精神生活。

在新基建领域，人工智能"新基建"将推动人工智能与5G、云计算、大数据、物联网等领域深度融合，加速人工智能与实体经济深度融合，形成新一代信息基础设施赋能产业的核心能力。目前，我国已经在信息基础设施、融合基础设施和创新基础设施三大方面重点进行部署。

在文化领域，人工智能技术不仅极大地降低了文化产业在内容生产方面的成本，而且极大地提升了内容生产的效率，使内容的呈现更加生动，更具沉浸式的体验感。例如，目前在很多影视和舞台作品中都运用了相应的人工智能技术。随着人工智能等技术的突破，文化消费新场景也不断被解锁，新兴业态不断被催生。例如，AI书法可以复刻出风骨相近的字体，这使更多有价值的字迹得以在大众群体中传播，也更加契合当下快节奏网络阅读的习惯。同时，在AI技术的支持下，我国首个文博虚拟宣推官"文夭夭"持证上岗，这个"数字人"既有贴合场景的形象，又具备丰富背景知识的，带给人们更多新的体验，给文化宣传带来了很多新的想象空间。

在金融领域，从支付结算、智能投顾、供应链金融、智能风控等经典领域，到区块链金融和云计算服务等创新领域，人工智能的引入不仅提供了高效便捷、信息透明的多样化金融服务，而且拓宽了金融服务的边界，弥补了传统金融的短板。

人工智能在金融领域的应用正不断拓展，深刻地改变着金融行业的格局。除了上述提到的支付结算、智能投顾、供应链金融、智能风控、区块链金融和云计算服务等领域外，人工智能还在以下方面发挥着越来越重要的作用。

（1）精准营销：人工智能可以分析海量用户数据，精准识别客户需求，实现个性化产品推荐和营销方案定制，提高营销效率和转化率。

（2）客户服务：智能客服可以7×24小时不间断地为客户提供服务，解答疑问、处理投诉，有效降低人力成本，提升客户满意度。

（3）欺诈检测：人工智能可以通过模式识别和异常检测技术，识别潜在的欺诈行为，有效防范金融风险。

（4）信用评估：人工智能可以结合多维度数据，构建更精准的信用评估模型，为信贷决策提供更可靠的依据。

（5）监管科技：人工智能可以辅助监管机构进行数据分析、风险预警和合规审查，提高监管效率。

（6）算法交易：人工智能驱动的算法交易可以快速捕捉市场机会，实现自动化交易，提高交易效率和收益。

总而言之，人工智能正在重塑金融服务的各个环节，其应用场景还在不断拓展。未来，随着技术的不断进步和应用的不断深入，人工智能将为金融行业带来更多创新和变革，推动金融行业朝着更加智能化、个性化、普惠化的方向发展。同时，我们也要关注人工智能在金融领域应用带来的潜在风险，例如数据安全、算法歧视、伦理道德等问题，并

制定相应的监管措施，确保人工智能技术的健康发展和应用。

第二节　机器学习及其在量化金融中的应用

一、机器学习基本概念

机器学习（machine learning, ML）是人工智能的一个关键分支，它专注于让计算机系统通过数据的学习和分析自动提高其性能。简而言之，机器学习是一种方法或技术，它利用算法和统计学的方法来让计算机在没有人类干预的情况下从数据中"学习"到模式，并使用这些模式来进行自主地预测、分类、聚类等决策。其核心在于通过大量的数据来训练模型，使模型能够自动地找到数据中的规律，并据此进行各种任务。

数据是机器学习的基石，包括结构化的数据（如表格数据）和非结构化的数据（如图像、语音等）。数据的质量和数量对机器学习的效果有着至关重要的影响。模型是机器学习的核心，它决定了机器学习的性能和效果。常见的机器学习模型包括线性回归、逻辑回归、决策树、神经网络等。这些模型通过不断地调整参数，以拟合训练数据，实现对未知数据的预测。算法是指学习模型的具体计算方法，它决定了如何从数据中学习出模型。常见的机器学习算法包括监督学习算法（如逻辑回归、支持向量机）和无监督学习算法（如 K-均值聚类、主成分分析）。因此，数据、模型和算法是机器学习的三要素。这三者相互作用，共同构成了机器学习的核心框架。

二、机器学习的主要分类

（一）监督学习（supervised learning）

监督学习是机器学习中最常见也是应用最广泛的一类方法。在监督学习训练过程中，每个输入样本都附带有一个明确的输出标签，训练数据集包含输入特征和对应的标签（或目标值）。基于这些输入输出对，系统学习一个函数，使得当新的输入样本出现时，系统能够预测其对应的输出。常见的监督学习算法包括决策树、朴素贝叶斯、逻辑回归、K 近邻（KNN）、随机向量机、神经网络等。在量化金融中，监督学习算法被广泛应用于预测资产价格、信用风险评估、欺诈检测等领域。常见的监督学习算法包括以下三种。

1. 逻辑回归

逻辑回归（logistic regression）是一种广义线性模型（generalized linear model, GLM），主要用于解决二分类的统计方法问题。尽管名字中包含"回归"，但它实际上是一种分类模型。逻辑回归通过假设数据服从某个概率分布，并使用极大似然估计等方法来估计模型参数，从而实现对样本的分类预测。逻辑回归的结果是一个概率值，表示事件发生的可能性，而非确定性的分类结果。例如用户是否会购买某商品、病人是否患有某种疾病、预测股票涨跌等。

逻辑回归的基本思想是通过一个线性组合（即线性回归模型）来预测因变量（通常是二分类的）的对数几率（log odds）。具体来说，逻辑回归模型假设存在一个线性关系：

$$z = w^\mathrm{T}x + b \qquad\qquad 式（6-1）$$

其中，z 是一个实数值；T 是转置；x 是输入特征向量；w 是权重向量；b 是偏置项。

然而，由于二分类问题的因变量是离散的（0 或 1），直接使用线性模型进行预测并不合适。因此，逻辑回归引入了 Sigmoid 函数（逻辑函数）来将线性模型的输出映射到 (0,1) 区间，从而得到一个概率值：

$$p(y=1|x) = 1 + \mathrm{e} - (w^\mathrm{T}x + b) \qquad\qquad 式（6-2）$$

这里，$p(y=1|x)$ 表示在给定输入特征 x 的条件下，输出 y 为 1 的概率；e 表示自然常数；其他同式（6-1）。

Sigmoid 函数的图像呈 S 形，能够将任意实数值映射到 (0,1) 区间，非常适合用于二分类问题的概率建模。

在逻辑回归中，通常使用极大似然估计法来求解模型参数 w 和 b。具体来说，我们需要找到一组参数，使得在这组参数下，观测数据的似然度（即概率）最大。这通常转化为一个优化问题，即最小化负对数似然函数（也称为交叉熵损失函数）：

$$(w, b) = -\sum_{i=1}^{n} [y_i \log(p(y_i = 1 | x_i)) + (1 - y_i)\log(1 - p(y_i = 1 | x_i))] \qquad 式（6-3）$$

其中，N 是样本总数；y_i 是第 i 个样本的真实标签；$p(y_i=1|x_i)$ 是第 i 个样本预测为正类的概率。

为了求解这个优化问题，可以使用梯度下降法、牛顿法等优化算法。梯度下降法通过计算损失函数关于参数的梯度来更新参数值，直到收敛到最优解或满足停止条件；牛顿法则利用损失函数的二阶导数信息来更快地收敛到最优解。逻辑回归的优点包括三个方面：一是模型简单，逻辑回归模型形式简单，易于理解和实现；二是可解释性强，模型参数具有明确的物理意义（如权重表示特征的重要性），有助于理解数据的内在关系；三是计算效率高，对于大规模数据集，逻辑回归的计算效率较高。然而，逻辑回归也存在一些缺点，主要体现在三个方面：一是对非线性问题处理能力有限，当数据分布复杂或存在非线性关系时，逻辑回归可能无法准确拟合数据；二是容易过拟合，当特征维度较高或样本量较小时，逻辑回归容易发生过拟合现象；三是对多重共线性敏感，当特征之间存在多重共线性时，逻辑回归的模型参数估计可能不准确。

逻辑回归在多个领域都有广泛的应用，包括但不限于以下方面：一是数据挖掘方面，主要用于分类预测、关联规则挖掘等任务；二是疾病诊断方面，根据患者的症状、体征等信息预测疾病发生的概率；三是经济预测方面，根据宏观经济指标预测市场走势、消费趋势等；四是推荐系统方面，根据用户的历史行为预测用户可能感兴趣的内容或商品。因此，逻辑回归是一种简单而强大的分类模型，适用于解决各种二分类问题。然而，在实际应用中需要注意其局限性，并结合具体问题选择合适的模型和方法。

2. 支持向量机

支持向量机（SVM）是一种强大的机器学习算法，广泛应用于分类和回归任务，其核心思想是通过寻找一个最大间隔超平面来实现数据的分类或回归。SVM 的目标是找到一个能够将不同类别的数据点尽可能分开的超平面。这个超平面不仅要正确分类训练数据，还要尽可能远离数据点，以增加对新数据的泛化能力。最大间隔超平面是指在给定两类样本的数据集的前提下，寻找一个超平面，使得两类样本之间的边界间隔（margin）最大化。这个超平面不仅能够将两类样本分隔开，还使得离分隔面最近的样本点与分隔面的几何间隔最大。最终得到的超平面被称为决策边界（decision boundary），用于对新数据进行分类。这样的超平面具有更好的鲁棒性，对噪声和异常值不那么敏感。

支持向量是位于最大间隔超平面两侧且距离超平面最近的那些数据点。它们决定了超平面的位置和方向。支持向量的数量通常较少，但它们对分类结果的影响最大。因此，SVM 在处理大规模数据集时具有较高的效率。在原始空间中，可能不存在一个线性超平面能够将数据完美分开。此时，SVM 通过引入核函数将数据映射到高维特征空间，使得在特征空间中能够找到一个线性超平面来实现分类。常见的核函数包括线性核、多项式核、径向基函数（RBF）核等。选择合适的核函数和参数对于 SVM 的性能至关重要。

SVM 不仅可以用于分类任务，还可以用于回归任务。在回归中，SVM 的目标是找到一个函数，使得预测值与实际值之间的误差尽可能小。SVR 通过引入一个 ε- 不敏感损失函数来实现这一目标。该损失函数允许预测值与实际值之间存在一定的误差范围（即 ε），只有当误差超过这个范围时，才计算损失。在 SVR 中，支持向量是位于 ε- 带（即误差范围）之外的数据点。它们决定了回归函数的形状和位置，通过调整 ε 和惩罚参数 C，可以控制 SVR 的复杂度和泛化能力。较小的 ε 和较大的 C 会导致更复杂的回归函数和更好的拟合效果，但也可能增加过拟合的风险。

SVM 是一种强大的机器学习算法，通过寻找最大间隔超平面来实现分类或回归任务。在分类中，SVM 通过引入核函数将数据映射到高维特征空间，以找到一个线性超平面来实现分类；在回归中，SVM 通过引入 ε- 不敏感损失函数来找到一个预测值与实际值之间误差尽可能小的函数。选择合适的核函数、参数和损失函数对于 SVM 的性能至关重要。

3. 随机森林

随机森林（random forest，RF）是一种集成学习方法，它通过构建多个决策树并将它们的结果进行组合来提高模型的准确性和鲁棒性。随机森林在机器学习和数据挖掘领域有着广泛的应用，特别是在分类、回归以及特征选择等任务中表现出色。以下是对随机森林的详细介绍，包括其工作原理、优点、缺点及应用场景等方面。随机森林是在决策树的基础上构建的集成学习模型，其核心思想是通过构建多个决策树，并对这些决策树的预测结果进行投票或平均，从而得到最终的预测结果。

随机森林的随机性主要体现在两个方面：一是数据采样的随机性，二是特征选择的随机性。随机森林通过自助采样（bootstrap sampling）技术从原始训练数据集中随机抽取多个子集，每个子集用于训练一棵决策树。这种有放回的抽样方式意味着同一个样本可能在同一棵树的训练集中出现多次，也可能从未出现。这种随机性有助于增加每棵树之间的独立性，从而提高模型的泛化能力。在构建每棵决策树时，随机森林不是使用所有特征进行划分，而是随机选择一部分特征作为候选特征集。随后，从这部分特征中选择最优特征进行节点划分。这种特征选择的随机性有助于增加每棵树之间的差异性，进一步提高模型的多样性。

随机森林的建模过程可以概括为以下几个步骤。

（1）数据准备。收集并整理训练数据集，包括样本特征和标签。

（2）数据采样。使用自助采样技术从原始训练数据集中随机抽取多个子集，每个子集用于训练一棵决策树；处理缺失值、异常值，进行特征编码（如将分类变量转换为数值变量）、数据标准化或归一化等。

（3）构建决策树。在构建每棵决策树时，随机选择一部分特征作为候选特征集，使用每个子集和对应的候选特征集构建决策树。决策树的构建过程包括节点划分、剪枝等操作，但随机森林通常不进行剪枝操作，因为集成学习的特性已经降低了过拟合的风险。

（4）集成预测。对于分类问题，随机森林采用投票机制来确定最终的分类结果；对于回归问题，则采用平均值来确定最终的预测结果。

随机森林作为一种集成学习方法，结合多个决策树来提高准确率，具有广泛的应用前景。随机森林的主要优点包括三个方面。①由于集成了多个决策树的结果，随机森林通常能够提供比单个决策树更高的预测精度。随机森林对异常值和缺失数据不敏感，能够处理不平衡的数据集。②由于集成了多个决策树的结果，随机森林的预测结果更加稳定可靠。尽管随机森林背后涉及复杂的统计学理论，但其本身易于理解和实现。用户可以通过调整树的数量、树的深度等参数来优化模型性能。③由于每棵树是独立训练的，因此可以很容易地并行处理多个决策树的构建过程，从而加快模型训练速度。随机森林在构建过程中会计算每个特征对预测结果的贡献程度（即特征重要性），这有助于用户理解数据中哪些特征对预测最为重要。

随机森林的主要缺点包括三个方面。①尽管单棵决策树易于解释，但由大量树组成的随机森林则难以进行直观的解释。在某些需要深入理解模型决策过程的应用场景中，随机森林可能不是最佳选择。②对于非常大的数据集，尽管可以并行处理多个决策树的构建过程，但训练整个随机森林仍然需要较高的计算资源。此外，在预测阶段也需要对多棵决策树的结果进行组合计算才能得到最终的预测结果。③尽管随机森林通过集成学习降低了过拟合的风险，但如果树的数量过多或树的深度过大仍然有可能发生过拟合现象。因此在使用随机森林时需要注意控制这些参数以避免过拟合。

随机森林是一种强大且灵活的机器学习算法，在各种实际问题中都取得了良好的效果。然而在使用时也需要注意其优缺点以及适用场景，以便更好地发挥其优势并避免潜在的问题。随机森林作为一种集成学习方法，在准确率、稳定性、处理大规模数据能力等方面具有显著优势，但同时也存在计算复杂度高、内存需求大、对小量数据集和低维数据集分类效果可能不佳等缺点。在实际应用中，需要根据具体场景和数据特点来选择是否使用随机森林算法。

（二）无监督学习（unsupervised learning）

与监督学习不同，无监督学习的训练样本中没有明确的输出标签。系统需要自动从数据中发现潜在的模式和结构，如聚类、降维等。常见的无监督学习算法包括 K- 均值聚类、主成分分析等方法。无监督学习算法在量化金融中主要用于聚类分析、异常检测等领域。

1. K- 均值聚类

K- 均值聚类（K-means clustering）用于识别具有相似特征的资产或交易行为，以构建投资组合或制定交易策略。K-均值聚类是一种广泛使用的无监督学习算法，其核心思想是将数据集中的数据点划分为 K 个簇（cluster），使得同一簇内的数据点之间的相似度较高，而不同簇之间的相似度较低。具体来说，算法首先随机选择 k 个初始质心（centroid），然后计算每个数据点与质心之间的距离，并将其分配给距离最近的质心所属的簇。接着，根据每个簇中的数据点重新计算质心的位置。重复上述步骤，直到质心位置不再变化或达到最大迭代次数。

K-均值聚类算法的基本步骤如下。

（1）初始化，选择初始聚类中心。随机选择 K 个数据点作为初始的聚类中心。这些初始聚类中心的选择对算法的收敛速度和结果质量有一定影响，但通常算法对初始点的选择具有一定的鲁棒性。

（2）分配数据点到簇，计算距离。对于每个数据点，计算其与每个聚类中心的距离。常用的距离度量方法是欧几里得距离，但也可以根据需要选择其他距离度量方法。将每个数据点分配到距离最近的聚类中心所属的簇中。这一步骤完成后，每个数据点都被分配到了一个簇中。

（3）更新簇的中心点。对于每个簇，计算其中所有数据点的平均值（或质心），这个平均值将作为新的聚类中心。将每个簇的聚类中心更新为簇内所有点的平均值。这一步骤是为了使聚类中心更加接近簇内数据的真实中心位置。

（4）重复分配和更新。重复步骤（2）和步骤（3），即重新计算每个数据点到新聚类中心的距离，并重新分配数据点到最近的簇中，然后再次更新每个簇的聚类中心。重复上述过程，直到满足收敛条件。收敛条件可以使聚类中心不再发生变化（或变化小于某个预设的阈值），或者达到预设的最大迭代次数。

（5）输出聚类结果。当算法收敛后，输出每个数据点所属的簇标签，即完成聚类过程。这些簇标签表示了数据点之间的相似性和差异性，可用于后续的数据分析和挖掘任务。

K-均值聚类算法是一种常用的无监督学习算法，它通过迭代的方式将数据点分配到最近的簇中，并更新簇的中心点，直到达到收敛的条件。该算法简单易懂，实现方便，适用于处理大规模数据集。但需要注意选择合适的 K 值和初始聚类中心，以及处理异常值和噪声数据对聚类结果的影响。

K-均值聚类算法作为一种简单有效的聚类工具，在多个领域得到了广泛应用。然而，其也存在一些固有的缺点和局限性。通过不断地研究和改进，我们可以更好地利用 K-均值聚类算法的优势，解决实际应用中的复杂问题。未来，随着大数据和人工智能技术的不断发展，K-均值聚类算法有望在更多领域发挥重要作用。

2. 主成分分析

主成分分析（principal component analysis，PCA）是一种在数据科学、机器学习和统计学中广泛使用的技术，主要用于数据的降维和特征提取，提取金融数据中的主要特征，降低模型的复杂度。PCA 通过线性变换将高维数据映射到低维空间，同时尽可能保留数据中的主要特征。这一过程基于数据的协方差矩阵，通过求解协方差矩阵的特征值和特征向量来实现数据的降维。具体来说，PCA 的目标是在低维空间中找到一个投影方向，使得数据在这个方向上的投影方差最大，即尽可能保留原始数据中的信息。

由于 PCA 对数据的尺度敏感，因此首先需要对原始数据进行标准化处理，以消除不同特征之间量纲和尺度的影响。标准化后的数据矩阵用于计算协方差矩阵，协方差矩阵描述了数据中不同特征之间的相关性。对协方差矩阵进行特征值分解，得到特征值和对应的特征向量。特征值代表了每个特征方向上的方差大小，而特征向量则表示了相应特征方向的权重。将特征值按照从大到小的顺序排序，选择最大的 K 个特征值对应的特征向量作为主成分。这些主成分对应了数据中最重要的特征方向。将原始数据投影到选定的主成分上，得到降维后的新数据矩阵。投影过程可以看作是将原始数据在主成分上的投影的线性组合。

PCA 的算法步骤可以具体归纳为以下几点。

（1）数据预处理。包括数据清洗、缺失值处理、异常值检测等，以确保数据的完整性和准确性。

（2）数据标准化。对每个特征进行中心化（即减去均值）和缩放（即除以标准差），使每个特征的平均值为 0，方差为 1。将标准化后的数据矩阵用于计算协方差矩阵，该矩阵描述了数据中各特征之间的相关性。

（3）特征值分解。对协方差矩阵进行特征值分解，得到特征值和对应的特征向量。特征值的大小表示了相应特征方向上的方差大小，即数据在该方向上的信息量。

（4）选择主成分。根据特征值的大小选择前 K 个最大的特征值对应的特征向量作为主成分。通常，可以通过设置阈值（如特征值大于 1）或根据累计贡献率（如选择累计贡献率达到 80% 以上的特征值）来确定 K 的值。

（5）数据投影。将原始数据投影到选定的主成分上，得到降维后的新数据矩阵。投影过程可以看作是将原始数据在主成分上的投影的线性组合。

PCA 作为一种经典的数据降维和特征提取技术，在多个领域得到了广泛应用。通过线性变换将高维数据映射到低维空间，并保留最大方差，能够有效地降低数据的维度和复杂性，同时保留数据的主要特征。然而 PCA 也存在一些局限性，如线性假设、对初始变量敏感等。为了克服这些局限性并提高其性能，研究者们提出了多种改进方法。未来随着数据科学和人工智能技术的不断发展，PCA 及其改进方法有望在更多领域发挥重要作用。

拓展阅读 6.1
从 Kensho 看
人工智能掀起
的变革

三、机器学习在量化金融领域的应用

在金融领域，机器学习技术的应用非常广泛，尤其在量化金融中发挥了重要作用。量化金融是指利用数学模型、统计分析和计算机技术来解决金融问题、制定投资策略和进行风险管理的领域。机器学习在量化金融中的应用主要包括以下几个方面。

（一）提升执行效率

机器学习算法擅长从高维和海量数据中寻找关联性，为交易执行决策的深层量化提供了一种可能性。例如，Jump Trading 公司通过自然语言处理技术提取和分析网络文本数据中的关键信息，比传统机构更早识别出市场的正面和负面消息，从而实现自动化做市报价，提高了交易执行的效率。

（二）实现 α 因子创建和聚合

α 因子是量化投资中用于预测资产未来收益的关键指标。机器学习算法可以应用于交易策略的创建和聚合，通过历史数据和统计概率建立起交易算法，让系统能够自动学习市场变化并适应新的信息。例如，世界著名的对冲基金桥水基金利用机器学习算法分析市场数据，自动创建和聚合 α 因子，提高了投资策略的准确性和有效性。

（三）资产收益优化

机器学习可以基于风险的回报特征，实现更加精细化的分析。机器学习通过处理和分析大量金融数据，能够发现市场中的隐藏模式、预测资产价格变动趋势，并帮助投资者制定更科学、有效的投资策略，从而实现资产收益的优化。例如，XTX Markets 公司通过机器学习算法筛选大量数据，寻找不同资产之间的相关性，并实现自动化的做市报价，从而优化了资产收益。

（四）交易回测

在量化交易中，交易回测是评估交易策略有效性的重要手段。机器学习算法可用于交易回测，通过历史数据模拟交易过程，评估策略在不同市场环境下的表现，从而选择出优秀的交易策略。例如，Rebellion Research 公司利用机器学习技术分析了金融和贸易数据，自动重新校准交易策略，以应对市场周期的变化。

（五）另类数据处理

在处理非结构化数据方面，人工智能技术具有独特的优势。例如，对于公司财报、研究报告、新闻、社交媒体数据等，人工智能可通过自然语言处理技术提取和分析关键信息，为量化交易提供更有价值的数据支持。

（六）持续优化

机器学习算法能够高效和主动地跟踪和改进性能。例如，Rebellion Research 公司在分析了金融和贸易数据后，发现大宗商品和外汇市场周期变短，于是自动重新校准交易策略，以应对新的市场环境。这种持续优化能力使得量化交易系统能够在不断变化的市场中保持竞争力。

案例阅读 6.1

美国在线贷款平台 Lending Club

一、案例背景

1. 企业简介

随着金融科技的迅猛发展，在线贷款平台已成为现代金融体系中不可或缺的一部分。Lending Club 是一家美国的在线贷款平台，成立于 2006 年，总部位于美国旧金山。Lending Club 作为全球最大的 P2P（点对点）借贷平台之一，其主要业务是通过线上平台连接借款人和投资者，直接撮合双方的借贷交易。该平台提供的贷款类型多样，包括个人贷款、中小企业贷款等，以满足不同群体的融资需求。作为美国领先的在线贷款平台之一，Lending Club 凭借其创新的金融模式和先进的技术手段，在贷款市场中占据了一席之地。

Lending Club 的创新之处在于其利用机器学习算法自动审批贷款申请，这极大地提高了审批效率和准确性，为借款人和投资者带来了更加便捷和可靠的服务体验。该平台通过收集借款人的多维度数据，进行信用评估和风险控制，确保贷款发放给有还款能力的借款人，同时降低不良贷款率。此外，Lending Club 还致力于智能化风险管理，通过实时监控市场数据和借款人行为，及时发现潜在风险并采取措施进行干预。这种智能化的管理方式不仅提高了平台的风险防控能力，还增强了借款人和投资者的信任度。近年来，Lending Club 还不断拓展其业务范围，包括收购其他金融科技公司以扩大市场份额和提升服务质量。例如，Lending Club 收购 Radius Bancorp 及其全资子公司 Radius Bank，旨在创建一个规模庞大的数字原生平台银行，提供整体的客户体验。

2. 机器学习在 Lending Club 贷款审批中的应用

（1）提高审批速度。

在传统的贷款审批流程中，人工审核是必不可少的环节。然而，这种方式不仅耗时较长，而且效率相对较低。随着贷款申请量的不断增加，人工审核难以应对大规模的数据处理需求。因此，Lending Club 引入了机器学习算法来自动化审批贷款申请。

机器学习算法能够自动处理大量数据，快速完成初步筛选和风险评估。通过训练模型识别借款人的信用特征、还款能力等关键信息，算法能够在短时间内对贷款申请进行初步评估，极大地缩短了审批时间。这种自动化的审批流程不仅提高了效率，还减少了人为因素对审批结果的影响，确保了审批的公正性和客观性。

（2）提升审批准确性。

在传统的信用评分模型中，往往依赖于专家的经验和规则来判断借款人的信用风险。然而，这种方法在处理复杂数据和非线性关系时存在局限性。机器学习算法则能够通过对大量历史数据的学习和分析，自动提取关键风险特征，构建更加精确的信用评分模型。

Lending Club 利用机器学习算法对借款人的信用历史、财务状况、还款记录等多维度信息进行综合分析，评估其违约风险。算法能够处理高维稀疏数据和非线性关系，发现传统方法难以捕捉的风险因素，从而更加准确地预测借款人的还款能力。这种基于大数据和算法的审批方式，显著提升了审批的准确性，降低了不良贷款率。

（3）实现智能化风险管理。

除了提高审批速度和准确性外，机器学习算法还帮助 Lending Club 实现了智能化风险管理。通过实时监控市场数据和借款人行为，算法能够及时发现潜在的风险因素，并采取相应的措施进行干预。例如，机器学习算法可以分析借款人的交易记录、社交媒体信息等多源数据，识别异常交易行为和欺诈风险。一旦发现可疑情况，算法将自动触发预警机制，通知平台管理人员进行进一步调查和处理。这种智能化的风险管理方式，不仅提高了平台的风险防控能力，还增强了借款人和投资者的信任度。

二、案例具体实现过程

机器学习算法在 Lending Club 的具体实现过程如下。

1. 数据收集与处理

Lending Club 通过线上平台收集借款人的个人信息、信用历史、财务状况等多维度数据。为了确保数据质量，平台对数据进行清洗和预处理，包括去除重复数据、填充缺失值、转换数据类型等操作。同时，平台还对数据进行归一化和标准化处理，以消除不同量纲对模型训练的影响。

2. 模型训练与优化

Lending Club 利用收集到的历史贷款数据训练机器学习模型。根据业务需求和数据特点选择合适的算法（如逻辑回归、支持向量机、随机森林等）构建信用评分模型。在模型训练过程中不断调整参数和优化算法结构以提高模型的准确性和泛化能力。为了确保模型的持续有效性，Lending Club 还定期对模型进行评估和更新。通过引入新的数据样本和算法改进策略对模型进行迭代优化以适应市场变化和提高审批性能。

3. 自动化审批流程

对于新的贷款申请，Lending Club 将借款人的数据输入到训练好的机器学习模型中进行自动化审批。模型根据输入数据计算信用评分并给出审批结果（如批准、拒绝或需要进一步审核）。同时平台还提供了可视化界面供管理人员查看审批进度和结果详情，以便进行人工干预或调整审批策略。

4. 风险管理与监控

在贷款发放后，Lending Club 继续利用机器学习算法对借款人进行风险管理和监控。通过实时监控借款人的还款情况、财务状况和市场动态等信息及时发现潜在风险并采取相应措施进行干预或预警。这种智能化的风险管理方式不仅提高了平台的风险防控能力还增强了借款人和投资者的信任度。

三、案例成果与启示

Lending Club 通过引入机器学习算法，成功提高了贷款审批的速度和准确性，降低了不良贷款率；实现了智能化的风险管理，增强了平台的风险防控能力和借款人与投资者的信任度；提升了服务质量和市场竞争力，成为金融科技领域的标杆。

金融科技在信贷风险管理领域具有巨大潜力，大数据和人工智能技术的应用能够显著提升金融服务的效率和准确性。金融机构应积极探索创新应用场景和技术手段，不断提升服务质量和用户体验，推动金融行业的数字化转型和智能化升级。风险管理是金融服务的核心之一，智能化的风险管理方式能够显著提高金融机构的风险防控能力，降低风险损失。

美国在线贷款平台 Lending Club 利用机器学习算法自动审批贷款申请的做法展示了金融科技在信贷风险管理领域的巨大潜力。通过提高审批速度、提升审批准确性和实现智能化风险管理等方面的努力，Lending Club 不仅提升了自身的服务质量和市场竞争力，还为整个金融行业树立了榜样和标杆。展望未来，随着大数据和人工智能技术的不断进步和应用场景的不断拓展，机器学习算法在金融科技领域的应用将更加广泛和深入。应当将继续探索创新应用场景和技术手段，不断提升服务质量和用户体验，推动金融行业的数字化转型和智能化升级。

资料来源：本案例由作者整理所得。

第三节 深度学习及其在金融预测与决策中的应用

深度学习算法主要有感知机、卷积神经网络、循环神经网络与注意力机制等经典算法，在金融预测与决策中有广泛应用。本节分别对其算法原理、Python 代码实现以及金融预测与决策中的应用逐一介绍。

一、感知机

（一）简介

深度学习技术主要是基于神经网络的设计和计算实现的，其中最基础的算法是多层感知机。多层感知机在输出层与输入层之间加入了一个或多个全连接隐藏层，并通过激活函数对隐藏层输出进行变换，常用的激活函数包括 ReLU 函数、Sigmoid 函数和 Tanh 函数。

图 6-1 是一个经典的浅层神经网络范式，该神经网络包括三个神经层，从左到右依次为输入层、隐藏层和输出层。其中，输入层包括两个神经元，隐藏层包括 4 个神经元，输出层包括 3 个神经元。

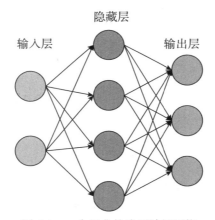

图 6-1 一个经典的浅层神经网络

以上只是一个浅层神经网络设计的基本实例。在实际程序开发中，通常输入层和输出层在两端，需要事先确定好神经元的数量。中间隐藏层层数和神经元数量需要依据需求确定或者经过调试程序确定。需要注意的是，并不是神经网络的层数越多、神经元的结构越复杂，神经网络的功能就越好，过度复杂的神经网络结构容易引起过拟合问题。

图 6-1 中的每一个圆圈都代表一个神经元，神经元既可以接受输入数据，也可以对输入的数据进行运算。一个神经元通常会接受上一层神经元加权之后的输出结果，将加权之后的计算结果输入一个非线性函数进行处理，并输出最终的计算结果到下一层神经元，

这一计算结果作为下一层神经元的输入。在神经网络中的非线性函数也被称作激活函数（activation functions），激活函数通常包括 Sigmoid 函数、Tanh 函数和 ReLU 函数等。类似于生物学中神经细胞只有输入一定的电信号才会处于兴奋状态，这些函数本质上在模仿生物神经元激活的过程，将初步计算结果进一步转换值域和计算输出。

图 6-1 中箭头的指向只是为了说明数据在神经网络中前向传播的过程，在实际模型的训练过程中，数据不是只有这一种流向；箭头本身的意义是每个神经元处理数据后对应的权重（weight）和偏置值（bias），这些参数的最优值需要通过训练得到。

（二）算法基本原理

神经元模型是一个包含输入、输出与计算功能的模型。输入可以类比为神经元的树突，而输出可以类比为神经元的轴突，计算则可以类比为细胞核。图 6-2 是一个典型的神经元模型：包含有 3 个输入、1 个输出，以及 2 个计算功能。如上文所述，箭头线是神经元运算过程中的重要组成部分，每个箭头上都包括一个权重，神经网络训练的目的就是将权重的值调整到最佳，使模型预测的效果最佳。

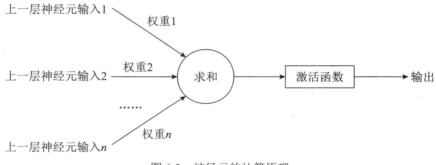

图 6-2　神经元的计算原理

使用 $i = (i_1, i_2, \cdots, i_n)$ 来表示来自上一层各个神经元的输入，w 表示权重。神经元会将上一层输入和权重进行向量运算获得 $i \cdot w$。经过激活函数处理之后，该神经元会输出 $\text{act}(i \cdot w)$。

以上是单个神经元的数据"输入 - 输出"过程。可以发现整个计算过程是沿着最开始的数据输入端到最终的输出端进行的。通过层层计算，由多个神经元组成的整个神经网络就能得到最终的单次运算结果。这种运算模式也就是所谓的前向传播（forward propagation）。

神经网络会事先随机设置好待训练的参数，随机参数在首轮的训练中基本上会带来较大的误差，而误差是模型自动调整参数的重要依据。常用的计算误差主要包括平均绝对误差、均方误差、交叉熵损失、Log 损失等。

平均绝对误差（mean absolute error，MAE），也叫作 L1 Loss，其误差定义是模型的输出向量和目标向量差值的平均模长，如式（6-4）所示。它默认误差由一系列等权重的残差值组成，但是 MAE 通常有间断点而且梯度的分量固定，不利于求解。

$$\text{MAE} = \frac{1}{N}\sum_{i=1}^{N}|y_i - f(x_i)|^2 \qquad\qquad 式（6-4）$$

其中，y_i 是样本 x_i 的标签；$f(x_i)$ 是样本 x_i 到输出的映射；N 是样本总数。

MAE 度量了 y_i 与 $f(x_i)$ 之间的平均距离。

均方误差（mean squared error，MSE），也叫作 L2 Loss，计算方式如式（6-5）所示，式中各符号含义同式（6-4）。其误差函数把神经网络计算得到的输出向量和真实向量映射到笛卡尔坐标系的两个点上，使用对应坐标做差求平方和的均值来衡量输出值和真实值的差距。均方误差函数连续且光滑，梯度容易计算，而且具有解析解。

$$\text{MSE} = \frac{1}{N}\sum_{i=1}^{N}(y_i - f(x_i))^2 \qquad\qquad 式（6-5）$$

与均方误差类似的是均方根误差（root mean squared error，RMSE），均方根误差具有鲜明的几何意义，对应的是输出向量和真实向量之间的欧氏距离。由于均方误差或均方根误差函数考虑了最小化所有样本点的平均误差，所以对噪声或者异常样本十分敏感。

交叉熵（cross entropy，CE）因其表达式中含有对数函数的加权和的形式，类似于信息熵交叉加权后相加，所以被称为交叉熵。理解交叉熵损失函数的定义可以从极大似然的思想入手。例如，离散型随机变量 x 的真实分布是 $P(x)$，我们已经对 x 进行了 N 次独立同分布实验并得到了一系列的试验结果，对应每个 $P(x)$ 出现的频数是 $N(x)$，那么整个实现对应的极大似然函数如式（6-6）所示：

$$L(x) = \prod P(x)^{N(x)} \qquad\qquad 式（6-6）$$

其中，$P(x)$ 是离散型随机变量 x 的真实分布；N 是实验次数；$N(x)$ 是 $P(x)$ 出现的频数。

经过对数变换之后，可以得到式（6-7）：

$$\ln L(x) = \sum N(x)\ln P(x) \qquad\qquad 式（6-7）$$

但是经由式（6-7）运算的结果通常是负数，而且 $N(x)$ 与样本容量有关，为了便于计算并且使交叉熵损失函数的运算更具有一般性，通常取式（6-7）的相反数并根据样本总数对频数权重进行归一化处理，即可得到一般形式的交叉熵损失函数的表达式（6-8）：

$$L(x) = -\sum \frac{N(x)}{N}\ln P(x) = -\sum p(i)\ln P(x) \qquad\qquad 式（6-8）$$

式中各符号含义同式（6-6）。

以上只是从最简单的情形对交叉熵函数的形式进行说明，只是为了形成对交叉熵函数直觉上的理解。与极大似然的思想相同，交叉熵损失最小其本质上也是在使预测模型的参数接近于训练数据集的分布。通常，交叉熵损失函数可以避免 Sigmoid 函数容易出现的"梯度弥散"问题，这一点会在误差反向传播中进行介绍。

那么如何设计神经网络层数才能减少神经网络的误差呢？Minsky 等（1991）的研究结果表明，单层神经网络没有能力对异或逻辑进行学习，但两层神经网络能达到该目标。

并且两层以上的神经网络可以表示非线性模型，由于神经网络涉及复杂的运算，当时的计算硬件无法支持这种运算量，所以当时的神经网络模型仅存在于理论中。随着硬件的发展和反向传播算法的提出，计算机可以胜任神经网络参数求解的运算，深度学习也迎来了一次热潮。根据 Minsky 等人（1991）的通用近似定理（Universal Approximate Theorem，UAT），神经网络只需具备输入层、输出层和仅仅一层隐含层，并且每层神经网络设置有限个神经单元，就能以任意精度拟合任意复杂度的函数。

（三）算法优化

在实际应用环节，并非神经网络的设置越复杂越好，相对任务目标过度复杂的神经网络会引起模型在训练集上的过拟合，从而泛化能力下降。并且，在这种神经网络中，由于大多数参数都不会被使用，待训练的参数会被设置为 0，从而造成了大量计算资源的浪费。总之，神经层和神经元的设置应该以模型泛化性能最佳为目标。

既然经由前向传播过程完成的一次计算会引起输出结果与真实值的计算误差，那么说明当前的参数值并不是最佳值，仍然需要进一步调整。而误差反向传播（back propagation，BP）正是将误差分解并根据误差分解值对所有参数进行调整的过程。与前向传播对应，误差反向传播是从输出端向输入端进行误差分配计算的过程。通常求解问题的误差对待调整参数的函数是非凸函数，这也就意味着如果能够将待求参数调节到合适的值，至少能获得局部最优解。

训练的核心问题就是如何训练神经网络求出最优参数，才能够让损失函数的值变小。此时这个问题就被转化为一个优化问题。常用方法就是利用微积分对待求参数进行求导，但是通常参数的数量繁多，在求算过程中不仅会重复遍历大量的计算路径，还有大量的无效零导数干扰运算速度和占据大量内存。

为了简化运算，实际开发中通常运用的方法是梯度下降算法。梯度下降算法中，每次计算参数在当前的梯度，然后让误差和参数向着负梯度的方向调整一段距离，不断重复，直到梯度接近零时截止。此时，待求参数也能够刚好使损失函数达到局部最小值，也就是局部最优。

为了更好地阐述反向传播运算的原理，我们设待求参数为 W_{11}，W_{12}，$\cdots$，W_{ij}，$\cdots$，W_{mn}。其中，m 表示神经网络层的序号，而 n 表示每一层网络中神经元的序号。设损失函数为 $C(W)$，那么对 C 进行梯度分解，如式（6-9）所示：

$$\nabla C = \frac{\partial C}{\partial W_{11}} a_{11} + \frac{\partial C}{\partial W_{12}} a_{12} + \cdots + \frac{\partial C}{\partial W_{mn}} a_{mn} \qquad （式 6-9）$$

其中，C 是损失函数；∇ 是梯度求解符号；W_{11}，W_{12}，$\cdots$，W_{mn} 是神经网络参数；a_{11}，a_{12}，$\cdots$，a_{mn} 是各自变量对应的基向量方向。只要求出了模型单次计算的误差，就可以将各参数沿着各自负梯度分量的向量进行调整，调整幅度为 $-(\partial C / \partial W_{ij})lr$，每个梯度分量系数的计算需要使用链式法则；$lr$ 为学习率，也就是每次调整时沿着负梯度方向调整的步长。

可以看出，一般神经网络的结构比较复杂，即使梯度计算不求出复杂的微分方程解析解，也存在着大量的重复的导数计算工作。但是，反向传播计算提供了一种精巧的计算思路，即从后向前计算梯度。同样是利用链式法则，误差反向传播（BP）算法则机智地避开了冗余的重复运算。从倒数第二层的节点开始，将倒数第二层的节点对输出层的神经元进行求导，将导数值"堆放"在该层的神经元中，以此类推。直到每一层神经元都存放了对向下一层神经元的导数值。这样在计算的过程中就避免了使用链式法则时的重复运算。

在神经网络模型中，由于结构复杂，每次计算梯度的代价很大。因此还需要使用反向传播算法。BP 算法是利用了神经网络的结构而进行的计算。它放弃了按照求导公式一次性计算出所有参数梯度的方式，而是从后往前。首先计算输出层的梯度，然后是第二个参数矩阵的梯度，接着是中间层的梯度，再然后是第一个参数矩阵的梯度，最后是输入层的梯度。一轮计算结束以后，模型就可以求算所需两个参数矩阵的梯度了。在早期，尽管神经网络的研究者尝试从生物学中得到启发，但是 BP 算法的引入使得神经网络参数求解迈向了可行的数学运算，数学求解最优解的问题也通常被称为优化问题。现在，神经网络已经不再追求模仿复杂的人脑结构，而是转向了优化算法的开发，但是神经网络的名称仍然得以保留。

值得注意的是，优化问题是模型训练中的一个子问题，而不是全部。因为机器学习模型的训练不仅是在训练集上获得最优的参数。模型对训练集的数据达到最大程度的拟合是完全不够的，在测试集上也要达到较高的精度。模型在测试集中的表现逐渐提升的过程叫作泛化（generalization），模型训练的目标是达到泛化能力的最大化，也就是在测试集上获得最小误差。

（四）算法在金融预测与决策场景中的应用

多层感知器被广泛应用于包括金融风险预测在内的多个领域。在金融风险预测中，多层感知器可以通过分析历史数据来预测潜在的风险事件。例如，在信用评分模型中，多层感知器可以处理个人或公司的财务特征、交易行为特征、市场环境等信息，通过模型训练预测其未来可能出现的违约风险。多层感知器模型因其能够捕捉非线性关系和复杂模式而在金融领域特别有用。

整体而言，多层感知器通常涉及多个处理层，每个层都进行一定的数据转换和特征抽取，从而逐步抽象和精化信息，以做出最终的预测。这种深层的数据处理能力使得多层感知器在处理复杂和高维度的金融数据时，能够展现出较高的预测准确性。

二、卷积神经网络

（一）简介

卷积神经网络（convolutional neural networks，CNN）是一类包含卷积运算的深度神经网络，是深度学习的代表算法之一，最早应用于计算机视觉（computer vision，CV）领域，也被应用于自然语言处理。卷积神经网络接收的数据通常是具有固定结构的张量，其中最常见的是图片。图片具有三个维度，分别是宽度、高度和深度，可以理解为是三个二维数组的有序排列。为了方便读者理解，本节以三维彩色图像作为 CNN 的输入，彩色图像的数据维度通常是 [W×H×D]，也就是宽度 × 高度 × 深度。宽度 × 高度也就是像素组成的二维矩阵，表示组成图像各点的灰度。对于高度的理解略微复杂，其关键点在于理解具有第三维高度的数据就是若干个叠加的二维宽度 × 高度矩阵，二维矩阵的个数就是高度的维度。图片的高度通常是 3，对应色光三元素的红色、黄色和蓝色。卷积神经网络通常可以学习到张量中具有平移等边性的重要特征，而且不同神经元之间的参数可以共享，具有极高的学习效率。

（二）算法基本原理

了解图片和卷积神经元运算的数据类型之后，在此简单了解一下 CNN 的组成。CNN 主要由输入层、卷积层、池化（pooling）层和全连接（fully connected，FC）层组成。卷积层是 CNN 的核心，卷积层的神经元仅与上一层神经元进行小区域的连接，而不是全连接，这是 CNN 的关键特点。具体而言，卷积层中含有若干个过滤器（filter），过滤器通常在高度和宽度上的维度都很小，但是深度与输入数据保持一致，过滤器的每一个二维（仅在高度和宽度上）的计算单元叫作卷积核，卷积核中的参数是 CNN 需要训练的主要参数，其参数量较多层感知器要少很多，所以不易发生过拟合。过滤器的目的在于将自身与图片中的一小块区域逐个进行运算，逐个运算后进行平移，将运算结果重新形成新的"图片"张量（这种图片是计算机理解的有效特征），从而提取图片某个小块区域的关键特征，其高度、宽度、深度都是待训练参数。由于过滤器参数与图像局部区域像素之间的计算方式是各元素相乘相加，这种做法与微积分中的卷积运算思想相似，因而得名"卷积神经网络"（CNN）。所谓"池化"是对 pooling 的直接翻译，但是池化的本质在于对卷积层的"汇聚"，池化层处理的目的在于逐步降低数据体占据的空间尺寸，减少下一步运算的参数尺寸。经典的池化方法有取均值或者取最大值，即在过滤器卷积核中的每个区域只取部分值，从而实现了"汇聚"，并且只有取值足够大或者在一定规定范围之内的数值才能通过激活层（通常是 ReLU 函数）进入下一个计算单元。在经过若干步卷积、池化和激活运算之后，最终得到的数据可以向低维展开，最终按照需求在输出层输出规定维度的计算结果。其中负责将高维数据向低维数据展开的神经网络层就是全连接层，全连接层的作用是将之前所有运算过程得到的关键特征进行整合。因为在这一层神经网络中用到了所有的局部特征，所以该层网络被命名为"全连接层"。假定卷积的移动步幅（stride）为 1，原数据是 8×8 的二维数据，卷积核的尺寸是 3×3，则图 6-3 演示了卷积核在二维图片（黑白图片）上的移动过程。对于具有高度的三维数据，则需要对组成三维数据的每一个二维数据进行上述卷积运算。

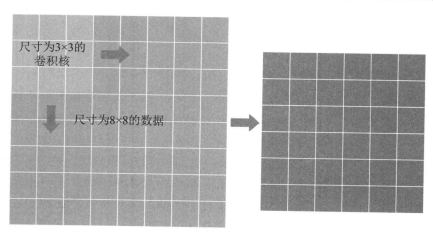

尺寸为3×3的卷积核

尺寸为8×8的数据

图 6-3　卷积神经网络的卷积核移动和计算示例

在处理类如图像这种具有三个维度的高维数据时，将输入层神经元中储存的所有数据一次性传入下一层神经元（也就是"全连接"）是不现实的，也是低效率的。所以，CNN提出了"局部连接"和"局部运算"进行特征提取和数据压缩的思想，卷积层中的每个神经元在输入数据上的运算范围就是所谓的"感受野"，类似于神经元的视野。人在识别图像时只关注几个最重要的局部特征，CNN借鉴并实现了这一过程。

理解了利用 CNN 提取图像特征的基本原理后，就不难理解文本特征提取的过程了。在使用 CNN 进行文本分析时，通过词嵌入获得的文本的数据维度通常是二维（文本长度 × 词向量的长度），比彩色图像少了一个维度，这时我们可以对相邻的 n 个词向量设置过滤器，从而实现文本局部特征的提取。

（三）在金融预测与决策场景的应用

卷积神经网络是一种深度学习架构，通常用于图像数据的特征提取，但也在金融领域的某些应用中取得了不俗的表现。在金融风险预测领域，卷积神经网络的卷积层能够有效地捕捉时间序列数据中的局部特征和时间依赖性，所以被应用于以时间序列数据为主的各种任务。卷积神经网络在金融风险预测中的应用如下。

（1）商品价格走势预测：卷积神经网络可以用于分析和预测复杂的商品价格序列走势，如商品价格走势、货币汇率等。

（2）股价预测：具体而言，卷积神经网络可以通过学习过去的某只股票股价走势的规律（如特定的技术图形）来预测其未来价格趋势。总的来说，卷积层通过滤波器（或称为卷积核）提取时间序列中的重要特征，这些特征随后可以用于预测风险和做出投资决策。

（3）多源金融数据联合预测：由于卷积神经网络可以同时接受若干个时间序列（多通道数据），我们在使用卷积神经网络进行金融时间序列预测时，也可以结合其他类型的媒体数据或经济数据，如新闻报道或经济指标，来提高模型预测的准确性。通过这种多通道学习的方式，卷积神经网络不仅限于分析数值数据，还能够整合多种信息源，为决策者提供更全面的风险评估。

拓展阅读 6.2
基于深度强化学习的股票交易

三、循环神经网络

（一）简介

循环神经网络（rerrent neural network，RNN）是自然语言处理（NLP）任务中的重要基础算法，因为 RNN 能够对具有序列特性的数据进行处理。人类的语言就是典型的序列数据，因为每一个字或者词都可以视作一个数据单元，语言无非是有限数量的字和词语按照一定的逻辑组合而成的一串数据。此外，股价波动、经济增长等经典问题的研究对象都是序列数据结构。

序列特点是自然语言的重要特征，举个简单的例子，比如在 NLP 常见的任务命名实体识别（识别文本中专有名词）的问题中，有两句话"我爱吃苹果"和"苹果手机是知名智能手机"，这两句话中都含有"苹果"这个词语，但是两者的含义大相径庭。如果我们仅对每个词语孤立地进行编码，那么我们将会得出两句话中的"苹果"等价的错误结论。想要消除歧义的关键在于对每个词语的上下文也同这个词语一起进行编码，而 RNN 就能比全连接神经网络更能胜任这个任务。

（二）算法基本原理

单独拿出循环神经网络的单个循环，我们会发现单循环的构成"输入层 - 隐藏层 - 输出层"与普通的全连接神经网络完全相同。但是，与全连接神经网络不同的是，循环神经网络是由若干个这种循环结构组成的。图 6-4 展示了具有两步"循环"的 RNN 内部结构。

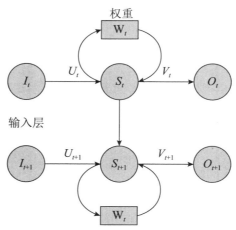

图 6-4　循环神经网络内部结构示意图（以两个序列为例）

举例来看，以"How are you"这句话为例，这句话一共有三个单词，假设我们把每一个单词看成一个单独的数据单元，并且已经获得了每个单词对应的向量编码，这句话就由三个不同的向量组成，假设"How""are""you"三个单词对应的向量分别是 X_{t-1}，X_t，X_{t+1}，那么对应 RNN 一共就有三个输入值，分别对应第 $t-1$，第 t 和第 $t-1$ 个神经元的输入。从整个 RNN 模型的最左端向右侧看，就好像是经过了 3 层"循环"，这就是 RNN 被称作循环神经网络的主要原因。因此，第 t 时刻的输出 O_t 不仅仅是由 X_t 决定的，与 X_{t-1} 也有关，如此迭代下去，O_t 相当于考虑了第 t 时刻之前的全部输入值。假设 S_t 代表第 t 时刻隐藏层得到的值，W 代表每层循环单元共享的权重矩阵，RNN 各时刻对应的神经层遵照式（6-10）和式（6-11）运算：

$$O_t = g(V \cdot S_t) \hspace{3cm} \text{式（6-10）}$$

$$S_t = f(U \cdot X_t + W \cdot S_{t-1}) \hspace{2.5cm} \text{式（6-11）}$$

其中，g 是循环神经网络学习到的映射；O_t 是第 t 时刻的输出；U 和 W 是神经网络的参数；S_t 是假设 S_t 代表第 t 时刻隐藏层的得到的输出。

通常 RNN 处理的时间序列长度十分有限。在处理较长序列的计算任务时。RNN 往往会因为反向传播过程中梯度值过小（梯度消失）或过大（梯度爆炸）而面临训练失败。为了弥补 RNN 无法处理较长序列的不足，长短期记忆（long-short term memory，LSTM）算法在 RNN 的基础上，在每一个循环单元中增加了遗忘门、输入门、输出门等"门控装置"和细胞状态等计算过程，简单来说，就是增加了矩阵运算和 Sigmoid 激活函数对上层信息进行了过滤，并且细胞状态变量对序列全局中每层的隐藏层信息进行了提取。因此，LSTM 能够更好地避免梯度消失和梯度爆炸，从而能够处理具有更长长度的序列任务。与 LSTM 类似的还有门控循环单元（gated recurrent unit，GRU）算法，GRU 将遗忘门和输入门合并为一个更新门，更加便捷高效。

（三）在金融预测与决策场景中的应用

循环神经网络是一种专门设计用来处理序列数据的神经网络架构。在金融风险预测领域，循环神经网络通过其独特的反馈连接结构，能够有效地处理和预测与时间序列相关的数据。与擅长捕捉时间序列中相邻时间步之间特定的规律不同，循环神经网络主要学习时间序列中不同时间数据间的时序关系。循环神经网络在金融风险预测中的应用如下。

（1）时间序列预测：循环神经网络非常适合用于金融市场中的时间序列数据分析，如股票价格、汇率、债券收益率等。它能够通过历史数据来学习和预测未来的价格波动。

（2）信用评分模型：在评估信用风险方面，循环神经网络可以分析借款人过去的信用历史，包括还款行为、债务周期等，来预测其未来的信用表现和可能的违约风险。

（3）欺诈检测：循环神经网络通过分析交易模式和历史行为，可以帮助金融机构识别异常交易，及时发现潜在的欺诈行为。

（4）资产风险管理：在资产风险管理场景中，循环神经网络能够预测市场变动对投资组合的影响，帮助制定更有效的风险对冲策略。

循环神经网络的核心优势在于其记忆能力，能够记住输入数据中的重要信息，并在预测时利用这些信息。因此，循环神经网络在处理那些需要考虑历史信息影响的金融问题时，能够取得出色表现。然而，传统的循环神经网络在处理长序列时容易遇到梯度消失或梯度爆炸的问题，在实际应用中，决策者通常使用更先进的变体如长短期记忆（LSTM）或门控循环单元（GRU）来解决这些问题。

四、注意力机制

（一）简介

正如其名，注意力机制的设计是受到人观察事物启发而得到的，也就是将运算资源运用于对关键特征的计算和提取。正如人在观察具体事物不会将注意力分配到事物的全部细节一样，注意力机制的目的也是在于关注和保留关键数据，进行下一步运算。注意力机制对于重要信息的提取主要是通过矩阵运算完成的。Bahdanau 等（2014）在文本分析中首先使用了注意力机制（attention），提出了成形的"编码器"和"解码器"的概念。不过，注意力机制最早是为了解决计算机视觉的相关问题而提出的。从宏观上看，注意力机制是一种思想，不局限于某个特定领域，既可以应用到各种神经网络的设计中，也可以在模型中单独应用（例如后面介绍的基于纯粹注意力机制设计的 Transformer 模型）。

（二）算法基本原理

在注意力机制的设计时通常涉及三类不同的计算向量：查询向量 q、键向量 k 和值向量 v，其中值向量 v 一般表示值向量矩阵 V 的组成部分。注意力机制通常以 q 和 k 的相似程度表示代表值向量 v 在研究对象中的权重大小，对各个 v 进行加权做和后对查询向量 q' 进行重新表达，得到的 q' 就是经过注意力机制运算后的查询向量，其基本计算原理如式（6-12）：

$$q' = \text{Attention}(q, k, v) = \sum_{i=1}^{L_x} \text{softmax}(q \cdot k_i^{\mathrm{T}}) v_i \qquad 式（6-12）$$

其中，L_x 是均值 V 中值向量数量，是键向量 k 和值向量 v 的数量；i 是每个键向量和值向量对应的序号；q' 是输出结果；softmax 是归一化函数。

每输入一个查询向量 q，可以根据式（6-12）计算出查询向量与键向量 k_i 的"相似程度"（此处使用了点积，当然也可以运用其他运算），这种"相似程度"度量了值向量 v_i 对查询向量 q 贡献的权重。softmax 是归一化函数，用以将各权重进行归一化。通过以上运算，每个查询向量 q 都被重新表述为由各个值向量 v_i 组成的更新向量 q' 中。其中，只有权重较大的值向量才对查询向量较为重要，而权重小的信息在 q' 占比很小。通过这种方式，注意力机制就实现了相对于任务目标最重点信息的关注和提取。

式（6-12）演示了对于单个查询向量经过注意力机制重新表达的过程。在计算机运算中，上述运算通常是通过矩阵运算实现的，如式（6-13）：

$$Q' = \text{softmax}(QK^T)V \qquad 式（6-13）$$

其中，Q'、Q 和 K 分别对应更新后的查询向量 q'、查询向量 q 和键向量 k 组成的矩阵；V 是值向量组成的矩阵。

（三）在金融预测与决策场景中的应用

注意力机制最初在自然语言处理领域获得广泛应用，如在翻译模型中识别关键词。由于注意力机制能够在复杂的数据中剥茧抽丝，自适应地提取数据中的关键信息，现在也越来越多地被应用于金融风险预测中。注意力机制在金融风险预测领域中的应用如下。

（1）金融数据关键信息提取：在使用 RNN、LSTM 等序列处理模型时，注意力机制可以帮助模型集中于序列中最关键的部分，例如，在分析金融市场时间序列数据时，注意力机制可以帮助模型识别对预测最有影响的时间点。

（2）金融市场复杂事件处理：在处理复杂的市场事件和经济指标时，注意力机制能够让模型更好地理解和加权各种因素的重要性，从而做出更准确的风险评估。

（3）多模态金融数据融合：金融领域中，模型往往需要处理和分析不同来源的数据（如数值数据、文本数据等），注意力机制可以有效地在这些不同类型的数据中找到最相关的信息，提高预测的准确度。

（4）金融风险实时监控：在实时风险监控应用中，注意力机制可以实时地调整模型对新信息的关注度，快速识别可能导致风险的关键变量。

总体而言，注意力机制通过动态调整网络关注点的方式，提高了模型对数据的理解深度和预测的准确性。在金融领域，这种机制特别有助于处理和分析大量的、动态变化的数据，从而实现更精准的风险评估和管理。

案例阅读 6.2

基于深度学习的"三明治"结构欺诈侦测模型

目前，在金融行业中，交易欺诈风险的侦测主要采用基于规则和基于机器学习的方法。基于规则的方法通过建立和更新规则库，根据交易行为的特征来判断交易的潜在风险。例如，当便利店出现大额支付行为时，系统会检查该行为是否匹配异常特征。这种方法依赖于对过往欺诈经验的归纳，主要基于专家经验，存在主观性和可能的疏漏。

相比之下，基于机器学习的反欺诈方案展现了更高的客观性和准确性。优秀的机器学习分类算法，如逻辑回归（LR）、随机森林（RF）和梯度提升决策树（GBDT），能够有效学习潜在的欺诈模式。这些算法已被应用于电子商务和电子支付领域的反欺诈模型中。然而，在实际应用中，特征工程的复杂性构成了挑战，例如在便利店使用长时间未用的信用卡进行大额支付。

为应对这些挑战，电子商务与电子支付国家工程实验室和英特尔工程师利用 BigDL 库和 Spark Pipeline 等深度学习相关技术进行流程化建模。这些技术有效地处理了复杂特征的学习，提高了模型效果。建模过程中，工程师从少量原始字段衍生出数百个特征因子，并形成了包括长短时统计和可信度在内的六个维度的特征变量，以优化模型学习。尽管如此，该模型在实际测试中仍暴露出一些问题，如特征工程依赖于专家经验且缺乏对交易序列的深入分析。因此，电子商务与电子支付国家工程实验室与英特尔合作，开发基于深度学习的欺诈交易序列识别方法，初步尝试了单 RNN 方法，包括长短期记忆（LSTM）和门控循环单元（GRU），但效果未达预期。主要是因为 RNN 虽能学习交易序列间的关联，但对单笔交易内特征的学习能力有限。

为改善模型性能，专家们提出了一个多层混合型欺诈侦测模型框架，采用"GBDT → GRU → RF"的"三明治"结构（图 6-5）。该框架首先使用 GBDT 模型对特征进行优化，优化后的特征结合人工特征输入到 GRU 网络，以加强序列间特征的学习，并时序化单笔交易内的特征。

针对新的深度学习欺诈侦测模型，三方工程师分别针对伪卡欺诈侦测、骗保检测等银行、保险业务常见应用场景，采用真实数据进行了多项仿真验证。GBDT → GRU → RF "三明治"结构欺诈侦测模型无论是在召回率还是在准确率方面都达到预期效果。与传统分类器方法或单一的 RNN 方法相比，该模型的 F1 值（一种准确率和召回率的加权平均值，用于衡量侦测模型性能）明显增大，部分场景下可获得 1.5 倍以上的效果优化。部分实验结果如图 6-6 所示。

目前，该多层混合型欺诈侦测模型已广泛应用于国内多家企业。例如，电子商务与电子支付国家工程实验室将此框架部署在智能分析即服务平台（IAaaS）上，并利用大数据、人工智能、机器学习建模及图计算等技术，封装并整合了现有的业务模型、算法及接口，提供智能分析服务和解决方案。用户可通过调用 API 接口获取模型算法分析后的数据，从

而支持前台业务和合作伙伴，有效推动创新支付业务。该平台已提供公安协查、羊毛党查

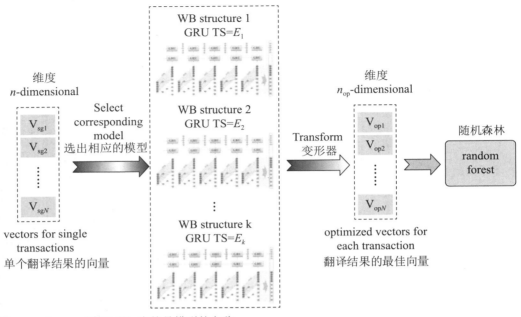

注：transformer（变形器）也就是模型的名称。

图 6-5　GBDT → GRU → RF "三明治" 结构欺诈侦测模型架构

（图片来源：https://www.infoq.cn/article/cjh3j9NfxiDj6S34Uk4D）

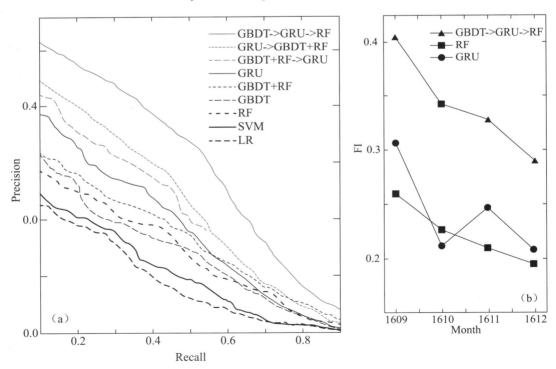

图 6-6　GBD → GRU → RF "三明治" 结构欺诈侦测模型评估效果

（图片来源：https://www.infoq.cn/article/cjh3j9NfxiDj6S34Uk4D）

询等多种服务 API 接口，提供了基于该框架的欺诈行为侦测服务，如伪卡和套现侦测，业务人员仅需通过数据接口规范进行调用即可。此外，众安科技也采用了 GBDT → GRU → RF"三明治"结构欺诈侦测模型，在医疗保险领域，通过长期（5 ～ 10 年）的体检报告和诊断信息进行序列化建模，实现对用户健康状态的精准判别和预测。这不仅使保险公司能够更精准地进行风险评估和定价，还能向客户提供具体的健康建议，实现从事后保障到事前风险管理的转变。伴随数据收集的完善和深度学习模型的优化，深度学习在保险领域的应用前景日益广阔。通过结合离线与在线模式、冷启动与人机闭环策略，众安科技设计了一套高效的保险反欺诈框架，为业务运营提供坚实支持。

资料来源：关贺宇 . 基于"三明治"结构的深度学习框架的金融反欺诈模型研究与应用 [EB/OL].（2019-12-21）[2024-08-20]. https://www.infoq.cn/article/cjh3j9NfxiDj6S34Uk4D.

第四节　自然语言处理及其在金融信息提取中的应用

文本分析在计算机领域通常被称作自然语言处理（natural language processing，NLP）是计算机科学中的重要方向，其根本目标是通过计算机实现类似于各领域专家一样的阅读理解能力。自然语言处理是一门融合数学、计算机科学、语言学等学科的综合领域，与金融文本分析的联系最为紧密，也是本节重点介绍的内容。本节介绍两种经典的文本分析范式——基于词袋的文本分析和基于深度学习的文本分析，随后介绍自然语言处理技术在金融信息提取中的应用。

一、基于词袋的文本分析

（一）简介

词袋（bag of words，BOW）忽略文本的语法和语序，将文本视作一系列词语频率进行量化。使用词袋进行文本表示时，需要事先定义好文本使用的词典，也就是定义好所有关注词语的词表，并且规定好每个词语在词表中的顺序。然后将所有文本样本通过分词工具拆分成零散的词语，统计每个文本词语在词典中的频率（词频），不在词典中的词语则忽略。获得了所有文本的词语频率之后，就可以计算每个文本中某一类词语出现的频率总和或者全部词语频率的整体特征，也就是文本指标。

举个例子，有两个文本，第一个内容是"我喜欢吃苹果"，第二个内容是"你喜欢吃橘子"，先对两个文本进行分词，拆解成合理的零散词语。基于拆解后的全部词语获得只包括 5 个词语的词典，根据词典顺序统计分词后的原文词语频率，获得两个文本对应的向量，如在第一文本的分词结果"我""喜欢""吃苹果"中，第一个词语"我"对应词典的第一个位置，并且在该文本中出现的频率是 1，所以这句话对应的文本向量的第一个位置记录为 1，依此类推可以完成对两个文本的量化分析。值得注意的是，每个文本的长度未必相同，所以得到文本的词语频数向量之后往往需要进行归一化处理，将文本词语频数除以文本词语总数。另外，虽然每个文本的长度不同，但是由于词典的词语数量是固定的，而文本词语是以词典为参考进行计数的，所以最终得到的文本向量的模型是完全相同的。

使用词袋法进行的文本表示示意如图 6-7 所示。

Step 1　两个文本原文如下：　　Step 3　定义词典如下：
　　　　1.我喜欢吃苹果　　　　　　　1.我 2.你 3.喜欢
　　　　2.你喜欢吃橘子　　　　　　　4.苹果 5.橘子

Step 2　进行分词　　　　　　　　Step 4　原文被表示为：
　　　　1.我 喜欢 吃 苹果　　　　　　1.[1, 0, 1, 1, 1, 0]
　　　　2.你 喜欢 吃 橘子　　　　　　2.[0, 1, 1, 1, 0, 1]

图 6-7　基于词袋的文本表示示意图

（二）算法基本原理

上例对基于词袋进行文本量化的过程进行了简单说明，但是仍然有一些细节没有照顾到，例如自动分词的实现、词典的定义、无效词语的消除（例如语气助词"的"）。以下对这些关键问题逐一进行介绍。

首先是文本分词。文本分词就是将完整的文本拆解成合理的词语碎片。利用计算机对中文文本准确进行分词绝非易事，分词器的训练首先需要大量人工分词后的标准语料库作为支撑。在得到分词器之后，通常中文文本分词存在三个常见的问题：切分颗粒度的大小取舍、语义消歧和专用名词识别（命名实体识别）。这三个问题彼此相关，而且往往难以照顾周全。例如最近几年常被业界提及的"机器学习"，这个词语既可以作为一个整体被分词，也可以被拆分成常见的两个词语"机器"和"学习"。再比如"四川普通话"这个词语既可以被拆解成"四川""普通话"，但是由于"川普"同时也是美国总统"Trump"中文音译名称，如果计算机错误地将该词语当成了命名实体，这句话就容易被错误地分词成"四""川普""通话"。因为通常分词工具是基于句法规则进行分词的，这些错误很难全部避免。为了减少分词错误，用户应该事先确定好分词粒度，对于文本中大量出现的术语应该额外定义优先参考的用户词典。另外，文本中往往含有各种符号、语气词或者其他不重要的词语，用户则可以通过设置停用词典，过滤掉这些无效词语。分词工具的开发和训练需要大量的工作量，但好在市场上已经涌现出了一批开源工具可以免费使用，如HanLP、解码、Fudan NLP 等。由于中文语言极其灵活，分词时经常会引起歧义，所以目前中文分词工具尚未达到较高的准确率。多数分词工具可以基于 Python 或 Java 进行调用。如果综合考虑分词速度和分词性能，HanLP 的表现相对更好。各主流分词工具的表现性能如表 6-1 所示。

表 6-1　主流中文分词工具的准确率对比

算法	行错误率	文字错误率	分词速度
HanLP	0.4168	0.4956	6015.368
Ansj To Analysis	0.4827	0.5500	172.195
FudanNLP	0.4851	0.5677	123.487
Jieba	0.4915	0.5848	993.435
Stanford	0.4170	0.4863	14.461

（数据来源：http://www.hanlp.com）

完成分词之后就可以对文本进行词频统计，词频统计是总结文本信息特征的基础。需要注意的是，词频统计未必是简单的频数或频率统计工作，因为文档中的大量词语对文本分析毫无益处，如果简单地认为出现频率越高的词语就越重要往往会得到错误结论。为了避免无效词语的干扰，逆文本指数（term frequency-inverse document frequency, TF-IDF）给我们提供了文本词频统计的新思路：如果一个词语仅在某一类文本中大量出现，而且在全部文本中出现的频率并不突出，那么该词语就是这一类文本中的关键词语。逆文本指数可以通过式（6-14）、式（6-15）进行计算：

$$\mathrm{id}f_i = \log \frac{N}{\mathrm{d}f}$$

式（6-14）

$$tf - idf_{ij} = \begin{cases} \dfrac{\left(1 + \log\left(tf_{ij}\right)\right)}{1 + \log\left(a_j\right)} \log\left(\dfrac{N}{\mathrm{d}f_i}\right) & tf_{ij} > 1 \\ 0; & \text{其他} \end{cases}$$

式（6-15）

其中，$\mathrm{d}f_i$ 表示包含词语 i 的文档数量；N 表示文档集合中的文档总数，$\mathrm{id}f_i$ 为逆文档频率；tf_{ij} 表示词语 i 在第 j 个文档中出现的总次数；a_j 为第 j 个文档中包含的词语数；$tf - idf_{ij}$ 即为第 j 个文档中词语 i 的权重。

词频统计的关键在于选择合适的字典，只有在字典中出现的词语才会被统计。

词典的选择要根据后续的统计目标而定。金融文本分析通常要求计算各类文本指标，例如文本语调（文本情感倾向）、文本重复度和文本可读性等，在下一节的案例部分会进行具体说明。计算这些指标往往需要专业的情感词语字典或会计专业术语词典。完整的金融文本分析流程如图 6-8 所示。

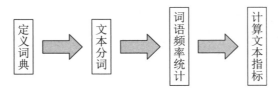

图 6-8　基于词袋进行文本分析的基本流程

（三）在金融信息提取中的应用

利用词袋可以计算得到若干文本指标。基于信息指标的文本分析是一种利用计算机技术从文本中提取有用信息的方法，通常用于获取关于文本内容、结构或语义的深入理解。虽然基于词袋的文本表示具有忽视语义的缺点，但是词袋法在相关研究中仍然被广泛使用。这主要是因为通过词袋获得文本词频向量之后，研究者可以进一步获取各类文本披露指标，而文本披露指标具有较为具体的金融含义，对实证分析具有重要的作用。金融领域常用的文本信息指标包括情感倾向指标（文本语调）、文本重复度、文本可读性和文本特征词含量。下面对各文本指标的计算进行梳理：文本语调可以用于表示管理者对公司历史业绩或前景的情感态度；文本重复度用于度量上市公司重复披露年报的行为程度；文本可读性用于评估披露文本的复杂程度与专业术语含量。这些指标能够从不同角度表示上市公司的财务状况，并且能够提供财务数据以外的其他信息，因此受到了研究者的青睐。

1. 情感分析

情感分析是最早应用于金融文本分析的信息指标（Loughran，McDonald，2014）。情感倾向指标也叫作文本语调，包括正面语调和负面语调，也就是正负面情感词语在文中的占比。在计量情感倾向词语占比时需要用到专门的情感词典，经典的中文情感词典包括知网情感词典、中文金融情感语义词典（姜富伟等，2021）等，当然研究者也可以自行定义中文情感词典。在计算正负面语调时，需要先计算出文本中出现的正面（pos）和负面（neg）词语的词频总和，再除以文本中的全部情感词语词频总和或者全文词语词频总和。具体计算过程如式（6-16）、式（6-17）所示：

$$\mathrm{pos}_i = \frac{\sum_{p=1}^{P} \mathrm{pos\_freq}_p}{\sum_{v=1}^{V} \mathrm{word\_freq}_v} \qquad 式（6\text{-}16）$$

$$\mathrm{neg}_i = \frac{\sum_{n=1}^{N} \mathrm{neg\_freq}_n}{\sum_{v=1}^{V} \mathrm{word\_freq}_v} \qquad 式（6\text{-}17）$$

其中，$\mathrm{pos\_freq}_p$ 是积极情感词语 p 在全文出现的频率；P 是积极情感词语的总数；$\mathrm{neg\_freq}_n$ 是消极情感词语 n 出现的频率；N 是消极情感词语的总数；$\mathrm{word\_freq}_v$ 是全文某词语 v 出现的频率；V 是全文词语的总数。

2. 文本特征词含量

文本特征词含量用于表示特征词语在全文中的占比。但是特征词语的词典需要自行定义。判断金融文本中的某个词语是不是特征词的一个经典方法是卡方检验。我们使用 N_{11} 代表关注样本中的特征词语频率；N_{00} 代表其他样本中的其他词语频率；N_{10} 代表其他样本中含有的特征词语频率；N_{01} 代表关注样本中其他词语出现的频率，那么卡方值计算如式（6-18）：

$$\chi^2(t,c) = \frac{(N_{11}N_{00} - N_{10}N_{01})^2}{(N_{11}+N_{01}) \times (N_{11}+N_{10}) \times (N_{10}+N_{00}) \times (N_{01}+N_{00})} \qquad 式（6\text{-}18）$$

一般对应卡方值越大的词语越能将关注样本与其他样本区分开，也就是所谓的特征词语。以信用风险二分类为例，如果风险样本是我们关注的样本，对应的标记为1，其余样本对应的标记为0；风险特征词语对应的类别是1，其他词语对应的类别是0，那么卡方值越大的式子对应的词语就属于能区分风险样本和正常样本的特征词，并且分子中括号内算式结果为正的词语为风险词语。以 key 表示我们关注的特征词语，K 为特征词语的总数，记文本中的词语总数为 V，那么特征词语的含量如式（6-19）：

$$\mathrm{key\_ratio}_i = \frac{\sum_{k=1}^{K} \mathrm{key}_k}{\sum_{v=1}^{V} \mathrm{word\_freq}_v} \qquad 式（6\text{-}19）$$

3. 文本可读性

随后是文本可读性的计算方法。文本可读性主要指复杂词和专业术语的词语频率与句子长度的比值。相关研究表明，文本复杂度与文本信息蕴含的风险程度显著正相关，这可能是因为信息披露者刻意给阅读者制造理解上的困难（Loughran，McDonald，2014）。针对中文文本的文本可读性量化，李成刚等（2020）在研究中选择了《会计专业词汇词典》和《汉语水平词汇与汉字等级大纲》作为参考词典，前者主要用于识别文本中的专业术语（pro）；后者主要用于识别语素构成在三个及以上的复杂词语（cpx），文本可读性的计算方法如式（6-20）：

$$\text{readability}_i = \frac{\sum_{a=1}^{A} \text{cpx}_a + \sum_{p=1}^{P} \text{pro}_p}{\sum_{v=1}^{V} \text{word\_freq}_v} \qquad 式（6-20）$$

其中，readability_i 表示第 i 个文本的可读性；A 和 P 是复杂词语和专业词语的总数；其余符号含义同前。

4. 文本重复度

最后介绍文本重复度的计算方法。Dyer（2017）的研究表明，文本重复度一般与文本信息的信息质量呈负相关。与其他文本披露指标的计算流程不同，文本重复度的计算通常不需要用户定义或使用专用词典，直接在分词和过滤停用词等基本流程之后根据对全部词语进行计量即可。以构成时间序列的若干文本面板数据为例，文本重复度的计算只需要计算文本全部词语频率组成的向量与上一年的余弦相似度即可。以余弦相似度测量文本重复度为例，具体计算过程如式（6-21）：

$$\cos\left(v_{t-1}^i, v_t^i\right) = \frac{v_{t-1}^i \cdot v_t^i}{\left|v_{t-1}^i\right| \cdot \left|v_t^i\right|} \qquad 式（6-21）$$

其中，v_{t-1}^i, v_t^i 分别为某个样本 i 在 $t-1$ 和 t 年的向量表示。

二、基于深度学习的文本分析

（一）简介

基于词袋的文本表示具有直观、工程量较小的优点，这主要得益于开源分词工具与专业词典的流行。词袋的本质是将文本表示成与词典词语数量等长的高维向量（one-hot vector，独热向量）。但是，基于词袋的文本表示有一个最大的问题，就是无法体现文本语义。随着深度学习技术的发展，基于神经网络的较复杂的文本表示实现了将词语与其对应的语义一同编码，这是一种将词语从较高维度"嵌入"到"低维"的连续向量空间的技术。本节主要介绍基于 Word2vec、Transformer 和 BERT 的文本表示方法，这些方法不仅是文本量化的工程实现，还提供了文本语义量化的经典思路。

（二）Word2vec

Mikolov 等人（2013）首先提出和实现了将文字或词语通过神经网络映射成相较于词

典词语总数更低维度的向量，这种思想已经被广泛运用到文本分析的相关研究中（Mai 等人，2019；林培光等，2020）。基于 Word2vec 进行文本表示的首要环节是将标准语料库中的词语（或字）进行预编码，通常是使用只有一个非零元素且模长是 1 的独热向量或随机初始化的向量作为词语（字）的原始输入。

为了能够获取和量化文本中的语义信息，Word2vec 通常针对标准语料库数据集设定两种任务目标训练神经网络，这两项任务分别叫作 Skip-gram 和 CBOW（continuous bag of words）。所谓 Skip-gram 就是将文章中某些词语的上下文信息遮盖住并预测这些信息；而 CBOW 则是将文章中的某些词语遮盖住，利用上下文信息预测该词语。通常，Word2vec 算法至少包括三层神经网络：接受初始化词向量的输入层、用于训练目标参数的中间隐藏层和输出含有语义信息词向量的输出层。常见的 Word2vec 算法模型如图 6-9 所示。

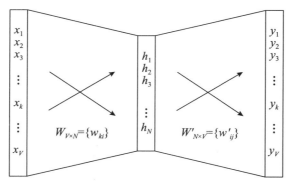

图 6-9　常见的 Word2vec 算法模型示意图

在图 6-9 中，x_1，x_2，$\cdots$，x_V 是词的初始表示；h_1，h_2，$\cdots$，h_N 是词语隐藏层的表示；y_1，y_2，$\cdots$，y_V 是每个向量的最终表示；$W_{V \times N}$ 和 $W'_{V \times N}$ 是神经网络对应的参数；w_{ki} 表示将第 k 个词语初始表示到隐藏层第 i 个表示的映射；w'_{ij} 表示将第 i 个隐藏层表示到第 j 个输出表示的映射。

然而，Word2vec 模型的问题也十分明显。即使模型训练成功，获得了能够表示文本语料库语义信息的最佳词向量表示，所得的模型也可能会在使用过程中遇到同位词歧义的问题。在 Word2vec 看来，只要语料库中某两个词语在语境中的位置是类似的，那么它们就会被赋予相同的词向量表示。例如给定的语料库中只有两句话："我爱吃苹果"和"我爱吃葡萄"，那么模型会错误地将"苹果"和"葡萄"赋予完全相同的词向量表示。这主要因为 Word2vec 是静态模型，即所有的词语表示都是基于语料库通过一次训练完成的，在面临具体的文本嵌入时，无法根据任务目标进行动态优化。

（三）Transformer

为了解决 Word2vec 模型无法进行动态优化的问题，注意力机制专门设计了一组需要通过训练得到的权重参数，可以针对不同的文本"强调"和提取重点信息，以此来减轻待处理文本和文本语料库的背景差异，以实现某种程度上的动态优化。注意力机制使动态优化成为现实的同时，也可以实现对更长序列文本的处理。Vaswani 等（2017）提出了仅基于注意力机制的 Transformer 模型，并且在各项 NLP 任务中取得了不错的效果。

整体而言，Transformer 主要包括两大构件：编码器（encoder）和解码器（decoder）。所谓编码器就是实现包含文本语义信息的嵌入构件。编码器主要由若干个包括多头注意力（multi-head attention）机制和前馈神经网络的神经层组成。多头注意力机制就是将文本的初始嵌入分成不同的维度分别进行计算，增加模型的数据处理能力；前馈神经网络主要负责进行归一化和残差相加运算。假设初始化词向量经过嵌入层处理后被表示为 x，编码器的输出如式（6-22）所示：

$$\text{sub}_{\text{layer}_{\text{output}}} = \text{LayerNorm}\left(x + \left(\text{SubLayer}(x)\right)\right) \qquad \text{式（6-22）}$$

式中，LayerNorm 是归一化函数 LayerNorm 层是包括多头注意力和前馈神经层的网络层。

需要重点说明的是：Transformer 采用的注意力机制为自注意力机制，即查询向量矩阵 $\boldsymbol{Q}$、键向量矩阵 $\boldsymbol{K}$ 与值向量矩阵 $\boldsymbol{V}$ 完全相同，并且采用了权重化的点积运算，衡量查询向量和键向量的相似度，可以把值向量 $\boldsymbol{V}$ 视作待处理的文本嵌入，从而获得最终的文本表达式 $\boldsymbol{V}'$，如式（6-23）所示：

$$\text{Attention}\left(\boldsymbol{Q}, \boldsymbol{K}, \boldsymbol{V}\right) = \text{Softmax}\left(\frac{\boldsymbol{Q}\boldsymbol{K}^{T}}{\sqrt{d_k}}\right)\boldsymbol{V} \qquad \text{式（6-23）}$$

其中，Attention（$\boldsymbol{Q}$，$\boldsymbol{K}$，$\boldsymbol{V}$）表示自注意力计算函数 a；d_k 通常是输入值 x 的最后一个维度。

Transformer 中的前馈神经网络层的本质是某种全连接层，主要负责将注意力机制计算后的结果进行非线性变换，经过前馈神经网络层处理后的结果通常保持原有维度不变，所以也叫作位置对应的（Position-wise）前馈神经网络。

此外，由于摒弃了循环神经网络等模型中的递归结构，Transformer 并不具备记录词语在文本中相对位置的能力，为了弥补这一缺陷，Transformer 设计了位置编码（positional encoding），位置编码器假设词语的相对位置具有某种"周期"属性，并且采用正弦和余弦函数量化这一位置特征。位置编码使用了三角函数中的正弦变换和余弦变换来实现这一过程，并将位置编码的结果直接与初始化词向量进行相加，得到含有位置编码的文本初始嵌入。位置信息计算如式（6-24）、式（6-25）：

$$\text{PE}\left(\text{pos}, 2i\right) = \sin\left(\frac{\text{pos}}{10000^{\frac{2i}{d_k}}}\right) \qquad \text{式（6-24）}$$

$$\text{PE}\left(\text{pos}, 2i+1\right) = \cos\left(\frac{\text{pos}}{10000^{\frac{2i}{d_k}}}\right) \qquad \text{式（6-25）}$$

其中，PE 表示位置编码映射；pos 是输入变量的位置索引；pos，$2i$ 是偶数输入索引；pos，$2i+1$ 是奇数位置索引，d_k 是输入变量维度。

解码器的结构与编码器非常相似，但是在结构上比编码器增设了一层掩码（masked）

多头注意力机制。掩码是 NLP 的重要训练技巧，计算机在通过掩码机制训练模型时会随机遮盖住语料库中的部分词语，尤其是训练某个词语的向量表示时会随机遮住下文的部分词语。模型在预测某个词语的下文时就会避免提前"偷窥"答案。另外，解码器采用的注意力机制也是自注意力机制，其使用的查询向量是编码器的上一步输出，使用的键向量和值向量则是编码器的输出结果。完整的 Transformer 组成结构如图 6-10 所示。

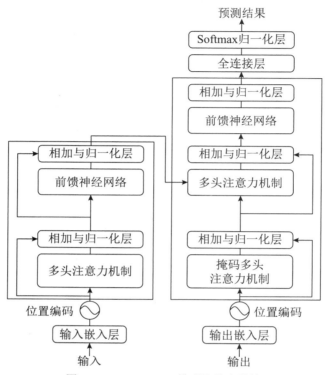

图 6-10 Transformer 模型的基本结构

（四）BERT

BERT的全称是bidirectional encoder representation from transformers，即基于Transformer的双向编码表示，是预训练语言模型的经典之作，它不再像以往的经典文本嵌入模型采用从前向后的单向训练，而是采用带有掩码机制的双向训练机制得到词向量。BERT 最早由谷歌团队的 Devlin 等（2018）提出。BERT 以若干个 Transformer 为基本构建，可以针对大规模语料库进行词嵌入，得到具有更加丰富语义信息的词向量。同时，BERT 具有海量的参数，基于标准宽口径语料库训练得到的 BERT 模型基本上已经能够对任意文本直接进行表示，所以在针对具体任务运用 BERT 计算词向量时，仅需对其参数设置较小的学习率进行"微调"。正是因为基于宽口径语料库训练好的 BERT 模型已经完成了相当的训练工作，属于"半成品"，所以这种模型也被称为"预训练"模型。

由于 BERT 是宽口径文本嵌入模型，必须能够完成不同领域的文本表示，因此需要在初始化词向量的开头附加上语句信息，也就是在语句前后附加上令牌（token），例如语句所属的基本类别 [CLS] 或语句之间的分隔符 [SEP]，随后将附加上令牌的语句信息传入嵌入层。BERT 预训练模型的基本结构如图 6-11 所示。

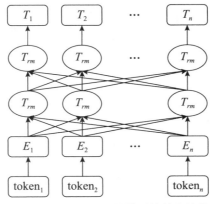

图 6-11　BERT 预训练模型的基本结构

图中，$token_1$，$token_2$，…，$token_n$ 表示文本的初始表示；E_1，E_2，…，E_n 表示 9 由多层神经网络组成的编码器；T_{rm} 是 Transformer 编码器；T_1，T_2，…，T_n 是文本表示的最终结果。

在训练过程中，BERT 通常以预测随机掩码模型（masked lauguage model，MLM）掩盖住的掩码值和预测任意语句之间的相邻关系为训练目标。前者类似于"完形填空"，先对语料库进行随机掩码或随机词语替换的预处理，再使用 BERT 模型预测空缺部分；后者使用模型推断两个句子之间的顺序关系，在句间关系推理的过程中，模型同样采用半相关半随机的语句抽取抽样策略。

BERT 的输出形式可以由用户自由定义。例如，在 NLP 常见的文本分类任务中，输出结果往往是文本对应的类别向量；在机器翻译任务中，模型输出的则是一串字符序列。

（五）深度学习在金融文本分析中的应用

注意力机制的基本原理已经在本章第三节进行了介绍。注意力机制的最大优势在于能够对样本信息进行动态计算，该计算过程是通过设置和训练权重矩阵参数完成的。如果对权重参数矩阵进行可视化，就能够实现文本关键信息的自动提取。

以最基本的文本二分类任务为例，假设我们已经通过预训练语言模型获得了文本中每个汉字的初步表示，并且设 w_{it} 代表文本 i 中的第 τ 个字，$\tau \in [1,T]$；T 是文本的总字数；查询向量矩阵 $\boldsymbol{Q}_i$ 是由 T 个查询向量，也就是文本 i 中每个字向量 e_{it} 组成的矩阵，可以表达为 $\boldsymbol{Q}_i = [e_{i1}, e_{i2}, \cdots, e_{iT}]^T$。如果我们采用的注意力机制是自注意力，这意味着查询向量矩阵 $\boldsymbol{Q}_i$、键向量矩阵 $\boldsymbol{K}_i$ 与值向量矩阵 $\boldsymbol{V}_i$ 完全相同。文本 i 对应的权重矩阵 $\boldsymbol{W}_i$ 是由查询向量矩阵 $\boldsymbol{Q}_i$、键向量矩阵 $\boldsymbol{K}_i$ 以及对应的参数矩阵 $\boldsymbol{W}_q$ 和 $\boldsymbol{W}_k$ 通过点积运算得到的。其中，权重矩阵 $\boldsymbol{W}_i$ 中的元素衡量了文本 i 中字向量的相似度，如果一个字向量与其他字向量都相似，那么这个字向量就比较重要。最后，值向量矩阵 $\boldsymbol{V}_i$ 乘以权重矩阵 $\boldsymbol{W}_i$ 和参数矩阵 $\boldsymbol{W}_v$ 就得到了最终的输出 $\boldsymbol{V}_i^{\mathrm{attn}} = [e'_{i1}, e'_{i2}, \ldots, e'_{iT}]^T$，$\boldsymbol{V}_i^{\mathrm{attn}}$ 中的每个向量是每个汉字的最终表示。整个计算过程如式（6-26）～式（6-28）所示：

$$Q_i = K_i = V_i \qquad\qquad 式（6-26）$$

$$W_i = \mathrm{softmax}\left(\frac{W_q Q_i \cdot W_k K_i^{T}}{\sqrt{d_k}}\right) = \begin{bmatrix} a_{i1}, & a_{i2}, & \cdots, & a_{iT} \end{bmatrix} \qquad 式（6-27）$$

$$V_i^{\mathrm{attn}} = (Q_i, K_i, V_i) = W_i \cdot W_v V_i = [e_{i1}^{'}, \quad e_{i2}^{'}, \quad \cdots, \quad e_{iT}^{'}]^{T} \qquad 式（6-28）$$

训练得到的文本权重矩阵 W_i 的元素都是字向量或句向量之间的点积，这些元素可以视作查询向量和各键向量的相似度，也就是各键向量对经过注意力机制后的查询向量的贡献程度。通过 Softmax 函数将文本中句 i 对应的权重矩阵 W_i 的各行元素进行归一化之后，各行元素加和就具有了权重意义。自然地，文本中越重要的汉字其所对应的权重矩阵对应行的和越大。

三、金融文本分析技术应用前沿

正如同自然语言处理领域的技术包罗万象，其应用的场景也十分广泛，很难使用有限的篇幅列举全部的经典技术方法。在选择技术方法进行金融文本分析工作时，研究者应该使技术方法服务于具体的任务目标，以适合于研究问题为基本原则。需要指出的是，并非越复杂、工程量越大的技术方法就越先进。由于金融文本分析是实践性论题，为了兼具理论性和实用性，本节选取金融文本分析的若干经典研究进行阐述。

金融文本分析就是将文本分析技术应用于量化和分析金融文本。金融文本是研究经济问题的重要参考，也是企业必然会发布的重要公开披露信息。如何基于公开披露信息构建财务困境预警模型一直是国内外研究的重点。但是在金融学领域的经典实证研究之中，研究数据往往局限于公司财务报表数据、股市市场数据或宏观经济数据等结构化数据。诚然，结构化的金融数据是处理财务问题的重要依据，但不得不承认的是，财务数据未必是全部真实可信的。《通用会计准则》在对财务人员的行为进行规定规范的同时，难免也为财务人员提供了操纵财务数据的空间（例如所谓的盈余管理等），这就造成了财务数据的局限性。因此，国内外已有研究者展开了对其他数据的挖掘，文本数据正是被重点分析研究的对象。金融文本分析的实现正是基于经典的 NLP 方法完成的，运用的方法也主要包括两大类：统计学习方法和深度学习方法。

文本分析的第一步工作通常是进行文本信息提取、数据清洗与文本分词，但是目前这些烦琐的工作已经可以通过软件包自动完成。获得标准的样本数据集之后，如何根据任务目标进行文本表示才是金融文本分析的关键，是真正的分析环节。所谓文本表示，就是将文本中的词语转化成数量的过程，是下游任务的基础，只有将文本表示成计算机能够处理的数字，才能够进行下一步的运算输出。所以，文本表示是金融文本分析的重中之重，也是突出研究者创新能力的关键环节。

文本分类是自然语言处理领域最常见的下游任务之一。在金融文本分析中，金融文本分类也占据重要的一席之地，在诸如破产预测、财务困境预测、欺诈交易预测等众多场景中都涉及分类问题。这些问题的目标都是预测某个样本是否应该被标记为风险样本。显然，如果研究者将金融文本纳入样本考查范围，那么金融文本分类也应该被提上议程。

金融文本分类遵循的一般范式是文本表示与文本分类，将文本表示成数量是文本分类的先决条件。如上文所示，经典的文本表示方法包括基于词袋的文本表示和基于神经网络的文本表示，前者将文本表示成一系列的词频向量，随后基于经典的机器学习方法对文本进行分类，如支持向量机（SVM）、决策树、K 近邻（KNN）或集成学习，对文本进行分类；后者一般使用预训练模型对文本进行嵌入，并对预训练模型的参数进行微调，同时对自定义神经网络的参数进行调整，最终得到完成的预测模型。信用风险预测就是典型的金融文本分类问题。不论是预测一家上市公司是否面临财务困境，还是对公司债信用评级，这些任务目标本质上都是结合文本信息和财务数据对公司进行分类。

例如，在财务困境预测的场景中，可以将公司分为有财务困境和无财务困境两类，这是一个经典的二分类问题。如前文所述，相关研究的发现除了上市公司披露的财务数据，年报中的"管理层讨论与分析"（MD&A）也含有大量的有效信息。MD&A 包括了管理层关于公司发展的历史沿革、经营现状以及未来发展战略的大量讨论，这些可以用作财务指标的补充信息，提高财务困境预测的准确率。随着计算机技术的普及，挖掘和量化非结构化的文本信息已经成为现实。已有相关研究证实了融合上市年报披露的管理层语调等评论信息可以提高预测模型的准确率。多数研究将披露文本分词后，根据特定词语出现的频率构造文本披露指标，借以表示文本信息，如管理层语调（陈艺云，2019；陈艺云等，2018；底璐璐等，2020；李成刚等，2021）、文本质量特征（Hajek，Henriques，2017；Lo 等，2017；Loughran，Mcdonald，2014）、特征词语加权指数（陈艺云，贺建风，覃福东，2018）等。

然而，特定的文本指标只能代表文本的某些特定信息，而忽视掉了其他有效信息。相较而言，直接利用文本的全部特征词语频率能够表示更多的文章信息。但是，即使经过重重筛选，特征词语的数量往往较多（Du 等，2020），由特征词频组合而成的文本向量是高维向量，不容易被分类。由于高维词频向量难以被简单模型拟合，国内很少有研究使用单一的统计学习模型或机器学习模型，通过高维词频向量与财务指标直接预测财务困境。随着机器学习技术的发展和普及，国内外相关领域的研究尝试使用集成学习方法通过高维文本向量预测财务困境，并得到了准确的预测结果（Donovan 等，2021；Du Jardin，2021）。经典的集成学习包括极端梯度提升（XGBoost）、随机森林（RF）和适应性提升（AdaBoost）等算法。

不论是基于文本信息指标，还是基于特征词频向量的文本表示，都忽视了大量的语义信息。将语义信息考虑在内是否能够实现对文本有效信息的进一步挖掘，已经成为金融文本分析的重要论题。Craja（2020）实现并验证了这一设想，他基于 GPT、BERT 等预训练语言模型对德国上市公司的年报披露文本进行表示，并且设计了含有注意力机制的神经网络对文本表示信息进行分类，证明了基于预训练语言模型的文本表示与分类在该数据集上的表现

拓展阅读 6.3
金融大模型：
智能金融分
析师 DISC-
FinLLM

好于所有基于词袋分析的基本方法。目前，基于神经网络的金融文本分析仍然是重要的研究课题，而且最近的大语言模型（large language model，LMM）也开始在金融文本分析方面崭露头角。

恒丰银行：基于大数据技术的信用风险预警系统

恒丰银行近年来陆续推出了信贷工厂、消费金融、供应链金融等一系列网贷、平台贷业务，为不同行业、不同规模的客户提供了丰富的信贷类产品。业务规模快速发展的同时，如何快速、全面识别，监测、防范客户信用风险，成为了全行风险管理领域最为重要的工作之一。对此，恒丰银行积极筹划，在制度层面制定全面风险管理体系，明确各条线、各部门的风控职责，筑牢风险管理的三道防线。此外，提出通过运用大数据技术构建信用风险预警系统，加强风险信息归集、监测、审查的准确性、及时性，强化风险预测能力。

恒丰银行信用风险预警系统主要分为基础数据层、基础技术服务层和应用层，其总体架构如图 6-12 所示。

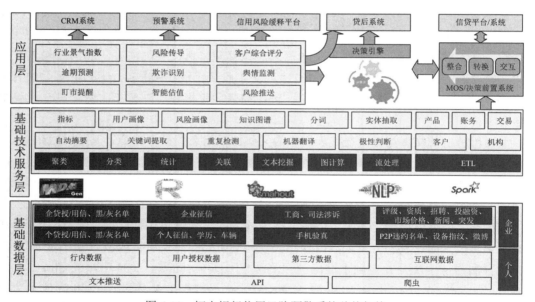

图 6-12　恒丰银行信用风险预警系统总体架构

（图片来源：https://cloud.tencent.com/developer/article/1107200）

基础数据层接入的数据以结构化数据为主（如授用信息、工商信息等），以非结构化数据为辅（如财经新闻数据、微博数据等）。对于接入的这些数据，需要进行三个层次的整合加工：一是将非结构化数据结构化并进行 ETL 处理，通过文本解析、正则表达式、语义网等技术抽取关注的要素信息，如互联网上政府、行业协会公示的企业资质信息，评级公司公开的企业评级信息等；二是根据应用需要对文本信息进行分词、实体抽取、自动摘要、关键词提取、重复检测、正负面极性判断、语义分析、文本分类及基础指标加工等处理，这是数据处理过程中最核心的部分；三是基于结构化、标记后的文本以及基础指标，借助文本挖掘、MIDAS 等技术或工具构建并形成客户统一风险视图，如客户授／用信指标、还款情况、涉诉情况、经营情况、舆情信息，并通过关系图谱、投资图谱等各种数据的进一步关系强化，进而形成完整的企业/个人知识图谱等。

恒丰银行信用风险预警系统自上线以来，经过模型的不断扩充完善、技术的不断升级、系统性能的不断优化，并经过多个平台贷、网贷业务系统近一年时间的检验，风控能力逐步提升，在客户风险识别效率、准确率、成本控制等方面较传统风控手段有了大幅提高，实现了以下突破。①新增信贷资产质量大幅提升。以某平台贷为例，自风控系统启用以来，其新增授信业务逾欠率控制在1%以内，且呈逐渐降低态势，不良率更是大幅低于全行同类业务，效果十分显著。②新增的网贷、平台贷授信业务发放效率显著提升。传统贷款类授信业务发放周期为数天至数周甚至更长时间，而在不降低风险防控水平的情况下，基于大数据风控技术的航信票贷、恒信快贷等业务产品却实现了24小时、8小时放款。③新增业务的客户贷前调查成本大幅降低。在以往的风控模式下，客户经理逐一收集客户各类信息，逐一审核并编制调查报告，成本巨大，这也是众多银行开展传统小额贷款不积极、不主动的原因之一；而在大数据技术风控模式之下，新增信贷业务采取预先收集意向客户简要信息，经风控系统的黑名单及各类风险的排查后（不含需客户授权的人行征信等风控过滤），初步确立可进一步发展的客户名单。经对某平台贷的数据统计，风险预审过程可综合节约近80%的人力成本，同时基于该统计数据调整的业务发展规划更为科学、符合实际。

资料来源：恒丰银行——基于大数据技术的信用风险预警系统[EB/OL].（2018-04-24）[2024-08-20]. https://cloud.tencent.com/developer/article/1107200.

第五节　人工智能技术对金融科技发展的影响

人工智能（AI）已经成为各行各业的变革力量，它对金融科技的影响尤为深远。金融科技已经与人工智能技术深度融合，为经典的金融问题提供创新的解决方案，提高了金融部门的效率、准确性和可访问性。面向金融行业的交易市场和信贷市场这两大业务场景，本节主要介绍金融科技对金融市场交易与授信的影响。

一、AI分析师：金融科技与金融市场

人工智能（AI）显著地改变了金融市场，提高了效率，改进了决策能力并增强了安全性。本节主要从三个方面探讨人工智能对金融市场的深远影响：提升交易策略、改进风险管理、欺诈检测与预防。

人工智能驱动的算法交易，也称为算法交易或黑箱交易，利用复杂的算法以人类交易者无法企及的速度和频率执行交易。这些算法实时分析海量数据，根据预先定义的标准识别交易机会。高频交易（HFT）作为算法交易的一个子集，利用这些能力在微秒内执行大量订单。人工智能在算法交易中的应用，提高了交易效率和流动性，彻底改变了金融市场。人工智能算法可以处理和分析金融数据、新闻、社交媒体情绪，甚至是地缘政治事件，从而进行高度知情的交易决策。这使得市场低效现象能够被迅速识别，从而有助于市场的稳定和流动性。人工智能驱动的算法交易带来的主要影响是提高市场效率。基于实时数据分析迅速执行交易，这些算法有助于缩小买卖价差并增强价格发现。此外，高频交易

公司提供的流动性增加有利于所有市场参与者降低交易成本，并改善市场稳定性。交易中的预测分析是人工智能的另一个重要应用，它涉及利用机器学习模型预测市场趋势和资产价格走势。这些模型分析历史数据并识别能够预测未来价格动作的模式。通过整合包括经济指标、公司绩效指标和市场情绪在内的各种数据源，人工智能驱动的预测分析为交易员和投资者提供了全面的市场动向视图。人工智能处理和学习海量数据的能力使其能够识别出人类分析师可能遗漏的微妙关联和趋势，由此产生了更准确的预测和知情的交易决策。预测分析的应用增强了交易员和投资者的决策能力。通过更准确的预测，市场参与者可以更好地把握交易时机，更有效地分配资源，并有效管理风险。这不仅带来更高的回报，也更紧密地将价格与基本面相一致，促进了整体市场效率。例如摩根大通、Two Sigma 以及 Renaissance Technologies 等公司都开发基于人工智能的交易系统，用于优化交易策略，减少交易成本，提高投资回报率。

人工智能还通过实现实时风险评估赋能风险管理。金融机构现在可以持续监控市场状况和投资组合风险，并根据实时数据调整其策略。人工智能算法可以分析市场动向、经济数据和其他相关指标，提供持续的风险暴露评估。这种实时分析使金融机构能够迅速对市场变化做出反应，在风险升级之前进行缓解。例如，在市场高度波动期间，人工智能系统可以自动调整交易策略或重新分配资产以维持预期的风险水平。实时风险评估减少了金融机构对意外市场变化的暴露，最大限度地减少潜在损失。它增强了动态管理和对冲风险的能力，使金融市场更加稳定和有弹性。此外，通过确保机构及时遵守风险管理指南，它支持合规性。压力测试作为风险管理的另一个关键方面，涉及模拟极端市场情景以评估金融投资组合的弹性，人工智能通过基于历史数据和预测模型生成广泛的潜在情景，增强了这一过程。这些情景可以包括经济衰退、市场崩盘和其他不利事件。例如汇丰银行（HSBC）采用自动化监控系统，实时分析全球市场动态，预测潜在风险，实施动态风险管理策略。人工智能驱动的压力测试提供了潜在风险的全面视图，帮助金融机构为最坏情况做好准备。通过了解极端事件对其投资组合的影响，机构可以制定稳健的风险缓解策略，改进后的压力测试能力提高，使金融机构可以更好地做好准备。通过预测潜在风险，机构可以实施措施保护其资产，并在经济低迷期间保持稳定，这有助于金融市场的整体健康和稳定，降低系统性危机的可能性。例如德意志银行（Deutsche Bank）和瑞银集团通过预测分析技术进行压力测试，评估金融产品和投资组合在极端市场条件下的表现，优化风险应对措施。

除了交易和风险管理，人工智能在大数据异常检测领域表现也十分出色，这使其在识别欺诈活动方面非常有效。通过分析交易模式，人工智能系统可以标记可能指示欺诈的异常行为。这些系统从历史数据中学习，不断提高其检测新兴欺诈手段的能力。人工智能在异常检测中的应用使金融机构能够实时监控交易，在检测到可疑活动时立即发出警报。这使得对潜在欺诈行为的调查和响应得以迅速进行，最大限度地减少财务损失。人工智能驱动的异常检测最主要的效果是增强了安全性。通过识别和预防欺诈活动，人工智能帮助金融机构及其客户免受重大财务损失。这种安全性增加了对金融系统的信任，鼓励人们更多地参与和投资。行为分析作为人工智能欺诈检测工具中的另一强大工具，利用人工智能分析市场参与者的行为并检测异常模式，这种方法在识别内部交易、市场操纵和其他非法活动方面尤其有用。通过了解交易员和投资者的典型行为，人工智能可以检测到可能指示恶意意图的异常。人工智能驱动的行为分析提供了一种主动的欺诈预防方法。金融机构可以利用人工智能持续监控交行为并在检测到可疑模式时采取预防措施，而不是在欺诈行为发生后做出反应。行为分析通过减少欺诈和市场操纵，增强了金融市场的完整性，从而有利于更公平的交易环境和投资者信心的增加。此外，人工智能驱动的欺诈预防具有主动性，这有助于维护市场稳定，并减少监管审查。例如，PayPal 采用人工智能驱动的反欺诈系统，分析交易模式和用户行为，识别并阻止潜在的欺诈活动，确保支付安全；Visa 通过人工智能技术实时监控全球交易，检测可疑活动，降低欺诈风险，保护客户资产。

人工智能对金融市场的影响深远且多方面。通过提升交易策略，人工智能提高了市场效率和流动性，使交易员能够做出更明智的决策。通过实时风险评估和先进的压力测试不断改进风险管理实践，增强了金融机构和市场的韧性。最后，人工智能驱动的欺诈检测和预防显著增强了金融系统的安全性和完整性，促进了更大的信任和参与。随着人工智能技术的不断发展，其在金融市场中的角色会不断扩大，从而带来更多的创新和挑战。人工智能在金融领域的益处最大化，其关键在于平衡技术进步与健全的监管框架和道德考量。只有这样，金融行业才可以利用人工智能的全部潜力，创造更高效、安全和有弹性的市场。

二、征信 AI：金融科技助力借贷市场

大数据和人工智能在消费信用评分系统中的集成已经彻底改变了中国的金融格局，促进了消费金融的快速扩张。2015 年，中国人民银行批准若干私营企业试点个人信用风险评估系统，这一举措催生了包括商业信用报告机构和知名互联网公司在内的大量中国公司进入信用评分领域。这些公司利用大数据和人工智能技术，运用来自电信运营商、电商平台、在线支付系统、社交网络和其他数字服务的多样数据，对消费者信用状况进行全面分析。尽管面临技术挑战，大数据技术已成为中国新兴信用评分公司的首选。

在 2015 年之前，中国的个人信用信息由央行管理，主要为成熟的国有银行机构服务。因此，传统银行是中国消费者获得抵押贷款、汽车贷款和信用卡的主要渠道，而其他许多贷款机构无权访问央行的信用数据库。这种情况导致数以百万计未被央行覆盖的中国消费者无法获得传统或替代融资。私人信用评分公司的出现极大地改善了这一群体的信贷可获得性，借助从各种数字平台收集的数据，不断提供创新的信贷解决方案。中国对移动服务的广泛采用以及相对宽松的个人数据收集和使用法规，使互联网公司和电信运营商能够在过去十年中积累大量消费者数据。其中相当一部分数据被视为信用评分用途的高预测性数据，包括历史支付记录和其他金融交易。随着中国消费者越来越依赖智能手机进行日常活动，他们的数字足迹已成为信用评估和监控过程中不可或缺的一部分。这一趋势凸显了数字行为在评估消费者信用和风险中的重要性。

基于人工智能的数字信用评分体系也在融合商业银行、中国人民银行及其他金融机构的信用信息。随着消费金融成为推动经济增长的关键动力，信用评分服务的重要性日益凸显，消费者也更加愿意分享个人数据（如房产和车辆信息），以改善其信用档案。这种传统与数字信用信息的整合对于塑造中国消费金融的未来至关重要。在中国，信用评分实体与

数据提供商之间的数据共享已成为常态，但个人数据泄露的担忧日益突出。一些在线贷款者不仅访问自己的数据，还与合作评分公司分享还款历史和其他信用属性。2018 年，中国互联网金融协会与多家私人信用评分服务开发商共同成立了百行征信（Baihang Credit），该平台利用约 15 家在线消费贷款和传统金融公司的数据作为其初始数据源。以百行信用为首的信用评分平台通常为商家提供信用评分或个人信用分析报告的免费增值服务，并通过现有的在线服务直接向用户推送信用产品，而无须等待用户的询问。例如，电子商务巨头京东是最早提供在线购物信用产品的公司之一，截至 2022 年底，京东的电子零售平台已经吸引了约 5.8 亿名购物者。领先的社交网络服务提供商腾讯（Tencent），以及电子商务公司阿里巴巴（Alibaba）旗下领先的数字支付服务提供商蚂蚁金服（Ant Financial），各自拥有数亿名用户。尽管进展显著，但行业仍面临确保数据安全和保护消费者隐私的挑战。

从京东和阿里巴巴等电子商务平台开始，各种各样的在线服务（从共享汽车到食品交付），各种各样的小程序，基于用户在过去几年中的风险评估和信用额度，开始提供信贷选项，这些使用的都是内部开发人员或第三方的信用评分系统。根据中国互联网研究公司艾瑞咨询（iResearch）的数据，近年来，接受移动支付和在线服务的实体企业向客户提供的信贷服务持续增长。由中国金融科技公司中诚信集团开发的信用评分系统闪银（Wecash），已成为连接投资者和借款人的在线平台。独立的解决方案提供商不仅使在线服务成为可能，还使零售商等传统实体企业能够对销售点融资等信贷产品做出即时或近乎即时的决定。利用机器学习，信用评分者提高了在线和传统贷款机构的审批率。在美国机器学习承销解决方案开发商 ZestFinance 的帮助下，京东利用额外的在线数据，对其信用评估和承销模式进行了改进，随后京东信贷产品的批准率提高了 150%。金融科技巨头蚂蚁金服开发的信用评分服务芝麻信用（Zhima Credit）声称，它将一家当地银行信用卡业务的评级提高了 7%。

基于风险的定价在中国尚属新生事物。信用评分系统支持的可变定价，通过向信誉较好的借款人提供更低的利率或更高的信用额度，提升了消费贷款领域的发展。据中国投行中金公司的报告，在由信用评分系统支持下的消费信贷服务的推动下，网上银行发放的消费信贷总额（不含抵押贷款）占全国消费信贷总额的比重，从 2014 年的 0.5% 增加到了 2016 年的 5.5%，在 2020 年已达到 10% 以上，除了助力消费金融，大数据和人工智能支持的信用评分与风险管理工具越来越重要。

在信用评分出现之前，中国出现了数以千计的在线贷款平台，其中许多平台向消费者或个人企业提供贷款。由于风险管理不善，欺诈和诈骗在中国的网络借贷行业猖獗。一些 P2P 网站，如人人贷和拍拍贷，已经开发了自己的基于大数据的信用评分系统，帮助其平台上的投资者筛选潜在借款人，并做出投资决策。拍拍贷是中国最早的 P2P 借贷网站之一，于 2014 年推出了自己的大数据和基于人工智能的信用评分系统。随后，该公司还在其平台上推出了许多其他信用评分服务，如芝麻信用和全国互联网金融协会的信用信息平台。拍拍贷现在每年举办一次机器学习竞赛，让外部开发人员使用其数据仓库来改进信用评估模型。一些中国信用评分机构进一步拓展业务，以大数据和机器学习为支撑，提供各种反欺诈和风险管理服务。最近，还推出了 Vision AI 身份风险管理系统以及区块链技术，用于实现安全数据共享、风险管理以及解决个人数据安全问题。

　　总之，人工智能技术正在迅速改变金融科技领域，从提升交易策略、优化风险管理到增强欺诈检测与预防，人工智能已经在金融市场和信贷市场中发挥了重要作用。此外，人工智能与大数据的结合在中国的信用评分系统中取得了显著成效，推动了消费金融的快速发展。随着人工智能技术的不断进步，金融行业将继续迎来更多的创新与挑战，人工智能将在金融服务的效率、安全性和普及性方面发挥更大作用。

• 思考题 •

　　1. 列举一种机器学习算法，并说明其在量化投资中的应用。

　　2. 请举例说明 3 个经典深度学习算法及其在金融预测与决策方面的应用。

　　3. 请比较 RNN、LSTM 以及 GRU，并且说明上述方法在金融时序学习中的应用。

　　4. 请举例说明基于词袋与 Word2vec 算法的文本表示过程，并比较两者的优势和劣势。

　　5. 请结合注意力机制的工作原理说明该方法为何能够提取金融文本的重点信息。

【即测即练题】

自测自练

扫描此码

第七章　区块链在金融科技中的应用

学习目标

1. 掌握区块链的含义、特点及其核心技术（如哈希算法、非对称加密、共识机制和智能合约）的原理和作用。

2. 了解区块链的基础架构，包括数据层、网络层、共识层、激励层、合约层和应用层，以及各层的核心功能。

3. 理解数字货币的概念、特点及其运行机制。

4. 了解区块链如何改善跨境支付与结算，提高支付效率并降低成本，以及在供应链金融中的应用，优化融资流程和提升交易透明度。

5. 了解区块链技术在银行、证券和保险等金融行业的应用及其赋能作用。

素养目标

1. 通过学习区块链的分布式特性与共识机制，培养学生的分布式与共识性思维，揭示去中心化环境下高效协作与决策一致性的方法。

2. 通过学习区块链在支付清算、证券交易和供应链金融等方面的赋能，激发学生尊重科学与崇尚创新的态度和认知。

3. 关注区块链技术在解决社会问题中的潜力，培养学生的社会责任感及规范意识、安全意识和服务质量意识。

4. 了解我国区块链的发展历程及成就，培养学生对国家的自豪感和民族复兴的爱国情怀。

5. 学生应认识到区块链在国家发展战略中的重要性，特别是其在高质量发展中的作用。

第一节　区块链基本概念与基础技术

一、区块链的定义和特点

（一）区块链的定义

区块链（blockchain）是一种按照时间顺序将数据区块以顺序相连的方式组合成的链

式数据结构，并通过密码学方式保证其不可篡改和不可伪造的分布式账本。对区块链的定义有以下不同的视角。

（1）从技术视角审视，区块链是一种由多方共同维护、采用链式结构存储数据、利用密码学确保传输和访问安全的技术体系。它能实现数据的一致存储、防篡改与防抵赖。作为一种点对点技术，区块链无须任何公共或私人实体的中央管理机构，数据块分布在一个高度安全的区块链网络中。该技术体系利用区块链数据结构验证与存储数据，通过分布式节点共识算法生成与更新数据，借助密码学保障数据传输与访问安全，并运用智能合约（自动化脚本代码）编程与操作数据，构成了一种全新的分布式基础架构与计算范式。

（2）从本质上而言，区块链是一个分散的公共账本，将记录和交易存储在数据块中。每个经区块链网络节点验证的交易都会被添加到一个数据块中，并链接到之前的交易链中。一旦数据块被添加到区块链中，便无法移除。每个节点都保存着公共账本的一份副本。以比特币为例，区块链记录了从创立至今的所有交易。在区块链网络中，验证数据完整性与事务有效性的网络节点被称为"矿工"。矿工通过解决"工作量证明"（PoW）这一数学难题，创建将前一个数据块连接到当前数据块的哈希值。矿工通常因解决数学难题和验证交易而获得加密货币奖励。

（3）从效果层面分析，区块链运用坚实的数学原理明确界定交易所有权，从而确保价值交换活动的每一步记录、传输与存储均具备高度可信性。因此，区块链被用作在非信任实体间建立信任的媒介，广泛应用于有关价值转移或访问数字产品的交易中。区块链的核心功能是在两个或多个互不相识的个体间建立信任。例如，当一个公共部门希望与另一方（如供应商、外国公共部门）达成一项财务协议时，双方可能存在不信任。此时，通常需要第三方创建合同以保证协议安全，但这会增加双方的成本。相反，通过使用区块链智能合约，"可信的第三方"变成了区块链技术本身，它会生成一个包含用计算代码编写的条款的虚拟合同。该智能合同当且仅当合同预先约定的条件被满足时才会执行，不受人工干预，从而确保了双方之间潜在价值或信息传输的公正性和强制性。

区块链技术被广泛认为是降低成本、提高交易速度和交易透明度的革命性手段，从根本上改变了当前的商业运营模式。它将现代密码学、分布式一致性协议、点对点网络通信技术和智能合约编程语言等技术以全新方式融合，实现了数据的防篡改、链式结构的可追溯性、可信任的点对点传输等功能。区块链上的交易具有高度可靠性，这种可靠性源于区块链的去中心化（无中心实体）、持久性（交易记录不可删除）、可审计性（交易可追溯）和匿名性（通过公钥和私钥组成的密钥对身份进行验证）等特性。

拓展阅读 7.1
区块链的发展
历程

（二）区块链的特点

区块链具有以下几个显著特点。

（1）开放性与信息透明性。区块链自设计之初便秉持开放原则，其数据对查询者完全公开，确保所有使用者享有公平对等的权益。尽管数据公开可能引发安全顾虑，但区块链通过采用非对称加密技术有效解决了这一问题。该技术利用两个不同密钥（公钥用于加密，私钥用于签名）对数据进行加解密，从而大大降低了数据传输过程中的安全风险，增强了数据传输的安全性。

（2）去中心化。区块链的去中心化是指区块链上每个节点地位平等，无须中心节点授权即可独立进行数据读写。其技术实现主要依赖于分布式记账（数据库）设计，通过调用全球各地的计算机进行计算，摒弃了传统的中心数据库模式，弱化甚至消除了管理中心的作用。

（3）可追溯性。区块链采用带有时间戳的链式结构存储数据，实现数据的永久记录。区块链中的参与者可随时查询区块链上的历史记录，了解每笔交易的细节，并跟踪正在进行的交易，为决策提供依据。区块链将关键节点信息相连，形成信息共享链条，凭借其可追溯性确保来源可查、去向可追、责任可究。

（4）信息不可篡改性。信息的不可篡改性是区块链信任机制的基础。区块链利用加密算法确保链式分布账本中的数据按时间顺序存储，具有不可篡改、不可伪造的特性。作为点对点的加密分布式网络，区块链允许其上的参与者不断向链上追加新的内容，但禁止随意更改已有内容。其链式结构设计确保每次交易过程被真实记录，并向整个区块链网络公告，网络上每个节点都会对每次交易进行备份，以此保证任何单个节点无法篡改网络中的交易。同时，一旦发现交易数据异常，可通过追踪溯源查找数据侵害者或问题原因。

（5）自治性。区块链在开发时遵循统一的平台技术规范和协议，确保后续使用者和开发者在分布式数据库上能够保持一致，促进节点间相互信任，实现安全交易。

（6）匿名性与公平性。区块链交易在匿名环境下进行，总账本由所有分布式网络节点共享管理，账本的修改需获得所有节点的共识。因此，单个节点出现问题或被攻击不会影响整个系统的运行，系统的整体安全性高。交易或智能合约由内置计算机程序触发，保证了交易的公平性。

二、区块链基础技术

区块链技术最具代表性的创新点包括基于时间戳的链式区块结构、分布式节点的共识机制、基于共识算力的经济激励机制以及灵活可编程的智能合约。本小节将重点阐述区块链应用中的哈希算法、非对称加密算法、共识机制，而智能合约将在第四节详细介绍，此处暂不介绍。

1. 哈希算法

哈希算法是区块链确保交易信息不被篡改的单向密码机制，主要原理是将任意长度的数据映射为较短的固定长度的二进制字符串，这个较短的二进制字符串称为哈希值。一方面，哈希算法的加密过程不可逆，无法从哈希值反推出原始数据；另一方面，任何微小的输入数据变动都会导致哈希值发生显著变化，且这种变化无法预测。

以安全散列算法 SHA-256（Secure Hash Algorithm 256-bit）为例说明哈希算法。SHA-256 算法接受任意数据输入并产生一个 256 位的哈希值。相同输入始终产生相同输出，而输入数据的微小变化则导致完全不同的哈希结果。哈希算法的正向计算（由数据计算其对应的哈希值）快速且简单，但逆向计算（俗称"破解"，即由哈希值计算出其对应的数据）在当前技术条件下几乎不可能实现，这正是其加密安全性的基础。

2. 非对称加密算法

非对称加密算法是一种采用公开密钥（公钥）和私有密钥（私钥）进行加密和解密的

保密方法。它与对称加密算法相对（对称加密算法的加密和解密使用的是同一个密钥）。在非对称加密体系中，公钥和私钥是成对的密钥，公钥是公开的，任何人都可以获取，私钥是保密的，只有拥有者才能使用。公钥由私钥生成，通过私钥可以算出公钥，但是无法通过公钥推出私钥。他人使用你的公钥加密信息，然后发送给你，你用私钥解密，取出信息。反过来，你也可以用私钥加密信息，别人用你的公钥解密，从而证明这个信息确实是你发出的，且未被篡改，这称为数字签名。比特币等数字货币的基本原理便是供给方用接收方的公钥加密数字货币后发送给接收方，接收方用自己的私钥解开数字钱包，取出里面的钱。因为只有接收方有自己的私钥，因此供给方发送的数字货币不会被第三方窃取，供给方向接收方成功完成支付，非对称加密在整个过程中保证了支付的可靠性。区块链使用了非对称加密技术，使交易信息公开可验证，但账户对应的私钥无法被破解，保证了交易的安全和信息的透明。

3. 共识机制

共识机制是指通过特定规划使全网节点快速完成对交易的验证和确认的过程。区块链的共识层利用共识机制实现了全网所有节点就交易数据达成一致。区块链 2.0 引入了多种共识机制，每种都有其独特优势和适用场景，并影响着代币的生成方式。其中，最传统的也是最著名的共识机制有三种：工作量证明机制、权益证明机制和股份授权证明机制。

（1）工作量证明机制（PoW）。

工作量证明机制（Proof of Work，PoW）是比特币、莱特币等数字货币采用的共识机制，是一份用于确认你做了一定量工作的证明，并根据你的工作量给予你一定的奖励。在工作量证明机制中，"矿工"通过付出"算力"来挖矿，进而获得相应的区块奖励，具有按劳分配的性质，即：谁的工作量多，谁拿到的就多。"矿工"的具体工作是：寻找一个随机数，使得该随机数与交易数据结合后的哈希值低于某个规定的阈值（这个阈值代表了当前区块链网络所设定的挖矿难度）。比如，假设系统设定的目标哈希值要求十六进制表示的哈希值的前 3 位必须为 0（这就是规定的上限）。矿工拿到一组交易数据后，先将其与一个初始随机数组合进行哈希运算，得到的哈希值可能是"abcdef1234567890……"（不符合要求）；然后矿工改变随机数，再次计算哈希值，不断重复这个过程，直到找到一个随机数，使得计算出的哈希值类似"001abcd234567890……"（满足了前 3 位为 0 的要求，达到了规定上限）。由于哈希值在数学上主要采用"穷举法"碰撞所得，因此需要进行大量的计算（付出"算力"）。那个最先找到满足要求的随机数的"矿工"被认为付出了最多的工作量，可以获得这个区块的奖励。PoW 的优点是完全去中心化，节点可自由加入和退出；缺点是耗费大量计算资源，造成能源浪费。

（2）权益证明机制（PoS）。

权益证明机制（Proof of Stake，PoS）是点点币（Peercoin）首次使用的机制，它采用的是一种"给你发放利息"的模式。权益证明机制以加密货币的所有权作为分配权益的基准，按照持有此币的数量以及持有的时间进行发放利息，这与将钱存银行得到利息的行为有点类似。因此，在权益证明机制中，节点获得区块奖励的概率与该节点持有的代币数量和时间成正比。此外，当节点获取区块奖励后，该节点的代币持有时间清零，重新计算。PoS 的优点是通过将预先设定比例的代币分配给创造新区块的节点，加快了寻找随机数的速度，缩短了达成共识所需的时间，从而减少耗能。缺点是由于竞争不充分，容易导致中心化；并且，由于代币在初期分配时受人为因素影响过大，容易导致后期贫富差距过大。

（3）股份授权证明机制（DPoS）。

股份授权证明机制（Delegate Proof of Stake，DPoS）由比特股（BitShares）社区首先提出，LBTC、BCX、Lisk 等也都采用了该共识机制，它是在权益证明机制的基础上进行优化的一种保障网络安全的共识机制。在股份授权证明机制中，由全体节点"投票选举出"一定数量的节点（记账节点），由这些节点代理全体节点确认区块和维持系统有序运行。因此，股份授权证明机制类似于董事会投票或美国的议会制，持币者投票选出一定数量的节点，代理他们进行验证和记账。如果所有节点投票选出一定数量的委托节点，区块完全由这些委托节点按照一定算法生成。DPoS 的优点在于高效节能，通过选举见证节点来提升交易速度，增强可扩展性；缺点在于去中心化程度降低，选举易受人为因素影响，且依赖于代币，同时可能面临最终性确认的挑战。

拓展阅读 7.2
区块链 2.0 的
代表：以太坊

第二节　区块链系统架构

一、区块链的组成部分

区块链基础架构可以分为三大层：基础网络层、中间协议层和应用服务层。这三层也可以细分为六个子层，从下至上依次为：数据层、网络层、共识层、激励层、合约层和应用层。这两种分层之间的关系是：基础网络层包含数据层和网络层，中间协议层包含共识层、激励层和合约层，应用服务层封装了区块链的各种应用场景和案例。其中，基础网络层是区块链系统的技术支撑，中间协议层是连接应用和网络的桥梁，应用服务层是获得持续发展动力的关键所在。总体来说，供应链信息平台的技术模型主要由以下三大模块构成：位于应用层的交互模块，位于合约层、激励层、共识层及网络层的核心模块，位于数据层的基础模块。比如区块链技术的第一个典型应用——比特币系统，它包括上下两部分，共计三个模块，上半部分是数据部分，下半部分是技术部分，这部分由去中心化网络和分布式账本组成。实际上，区块链的六层基础架构并不是每条区块链的标配，只是一种最通用最典型的架构模式。一般来说，数据层、网络层和共识层是构建区块链应用的必要因素，否则将不能称为真正意义上的区块链。而激励层、合约层和应用层则不是每个区块链应用的必要因素。图 7-1 展示了区块链的基础架构并列出了每层所包含的技术。每层分别完成一项核心功能，各层之间互相配合、互相支撑，共同实现了一个去中心化的信任机制。

1. 数据层

数据层主要描述区块链技术的物理形式，包含底层数据块、基础数据和基本算法等。区块链主要实现了两个功能：一是相关数据的存储，二是账户和交易的实现与安全。数据存储主要通过区块和链式结构实现；账号和交易的实现基于数字签名、哈希函数和非对称加密技术等多种密码学算法和技术，确保交易在去中心化的情况下能够安全进行。

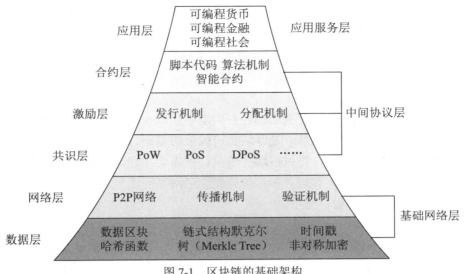

图 7-1　区块链的基础架构

2. 网络层

网络层的主要目的是实现区块链网络中节点之间的信息交换。区块链网络本质上是一个 P2P 网络（对等网络，又称点对点网络），通过 P2P 技术实现分布式网络机制。在对等网络中，每个用户端既是节点，也具有服务器的功能，具备去中心化和健壮性等特点。区块链网络中的每个节点既接收信息，也生成信息，从而实现了记账节点的去中心化。在区块链网络中，并不存在中心服务器。由于区块链中数据传输是分散在各个节点之间进行的，这种传播和验证机制增强了区块链网络的安全性，因为部分节点或网络遭到破坏对其他部分影响很小。

3. 共识层

共识，顾名思义，就是全网要依据一个统一的、大家一致同意的规则来维护更新区块链系统这个总账本，类似于更新数据的规则。共识层的主要功能是负责点对点模式的有效识别和认证，使高度分散的节点能够高效地对区块数据的有效性达成共识，决定谁可以将新的区块添加到主链中，这就是共识层的共识机制。共识机制主要通过共识算法实现，是区块链的核心技术之一，也是区块链社群的治理机制。共识机制决定了到底由谁来进行记账，而记账者的选择方式又会影响整个系统的安全性和可靠性。目前共识机制算法有十余种，其中最为知名和常见的是工作量证明机制（PoW）、权益证明机制（PoS）、股份授权证明机制（DPoS）三种。

4. 激励层

激励层主要包括经济激励的发行机制和分配机制。激励层的主要功能是提供一定的激励措施，鼓励节点参与记账和进行区块链安全验证，相当于制定记账节点的"薪酬体系"，将经济因素集成到区块链技术体系中。与大多数激励机制类似，激励层的激励包括奖励遵守规则、参与记账的节点和惩罚不遵守规则的节点两方面。比特币的奖励机制主要有两种，一种是在比特币总量达到 2 100 万枚之前，新区块产生后系统奖励的比特币。系统奖励那些创建新区块的"矿工"，刚开始每记录一个新区块，奖励"矿工"50 枚比特币，该奖励大约每四年减半；另一种是每笔交易扣除的手续费。当比特币总量达到 2 100 万枚上限后，新产生的区块将不再生成比特币，这时奖励机制就全靠每笔交易中扣除的手续费。对于以太坊来说，"矿工"每挖到一个区块，系统固定奖励其 5 枚以太币，同时运行智能合约和发送交易都需要向矿工支付一定数量的以太币。激励机制往往也是一种博弈机制，让更多遵守规则的节点愿意进行记账。

5. 合约层

合约层具有可编程的特性，主要包括各种脚本、代码、算法机制及智能合约，用以指定区块链上的交易模式和流程细节，是区块链可编程的基础。其中的智能合约是存储在区块链中的一段不可更改的程序，可以自动化地执行预先定义好的规则和条款，响应接收到的信息。一旦合约发布之后，其运行和维护就交给全网"矿工"达成共识，这也是区块链无须信任第三方中介的基础。

6. 应用层

应用层封装了各种应用场景和案例，将区块链技术应用部署在以太坊、区块链操作系统 EOS（Enterprise Operation System）、量子链 QTUM（Quantum Blockchain）等区块链生态系统上，并在现实中落地，构建一个支持多个行业（包括金融、物联网、供应链、社交、游戏等）的去中心化的应用开发平台。可编程货币以及未来的可编程金融和可编程社会都将建立在应用层上。

二、区块链的网络架构和数据结构

（一）区块链的网络架构

区块链网络通常采用 P2P（Peer to Peer）架构，即对等网络或点对点技术，这是一种无须中心服务器、依赖用户群体直接交换信息的互联网架构。区块链系统之所以选择 P2P 作为其组网模型，是因为两者均基于去中心化的核心理念，展现出高度的契合度，可以说 P2P 是区块链网络中实现去中心化的关键。与依赖中心服务器的传统中央网络系统不同，在 P2P 网络中，每台计算机（或称为节点）均处于平等地位，不存在任何"特权"节点或中心节点来掌控全局，每个网络节点均享有相同的数据收发权限。这些节点既是服务和资源的提供者，也是服务和资源的接收者，每个节点都能向外界提供整个网络所需的全部服务，并在提供服务的同时，也利用其他节点的服务。因此，整个网络的服务是由所有节点共同承担的。一方面，单个节点的失效不会对整个网络的稳定性造成威胁，确保了区块链的可靠性；另一方面，各个节点的平等地位和平等收发功能促进了网络上数据的自由流通，保障了区块链系统在底层通信层面上的平等性。正是 P2P 网络的这些独特优势，为区块链系统奠定了坚实的基础。

区块链依托 P2P 网络展现出以下三种优势。

（1）去中心化。在区块链的 P2P 网络中，系统节点间不存在任何中央协调机制，所有节点共同负责维护区块链。

（2）负载均衡。由于 P2P 网络的资源分散于多个节点，因此能够实现网络的负载均衡。

（3）可扩展性与健壮性。P2P 网络中的所有对等节点均可贡献带宽、存储空间以及计算能力等资源。随着新节点的加入，系统整体的资源和服务能力也会同步增强。

（二）区块链中的数据结构

从本质上讲，区块链是一个由算法、技术、工具集等组合而成的数字分布式账本架构。在这个架构中，每个分布式节点都会将一段时间内接收到的交易数据和代码封装到一个带有时间标记的数据区块中。这些数据区块通过特定的哈希算法和 Merkle 树数据结构，链接到前一个区块上，形成不断更新的链式结构。

1. 数据区块的结构

在区块链技术体系中，数据以区块的形式永久存储。数据层封装了区块链上底层数据区块的链式结构，这是设计账本的基础数据结构，也是整个区块链技术架构的最底层。区块链的链式结构从被称为"创世区块"的起始节点开始，之后将按照既定规则创建的规格相同的区块依次相连，形成一条主链。随着时间的推移，经过验证的新区块不断被添加到主链上，主链也随之不断延长。由此可见，区块链是由一系列相互连接的数据区块组成的。据统计，区块链系统大约每 10 分钟会生成一个新区块，其中记录了该时间段内全网范围内发生的所有交易。区块链上的每个数据区块都用于记录实际需要保存的数据，这些数据通过区块封装后被永久记录在区块链上。

区块链上的每个数据区块由区块头（header）和区块体（body）两部分组成。区块头包含随机数、时间戳、哈希值（私钥通常不直接存储在区块头中，但区块头还包含与交易验证相关的由私钥产生的信息）、区块大小、区块所包含的交易数量及部分或全部近期新交易的信息摘要。区块头用于链接到前一个区块，并通过时间戳特性保证历史数据的完整性。区块体则包含了经过验证的、在区块创建过程中产生的所有交易信息。在每个区块中，区块头起着至关重要的作用。区块链的链式结构（链上的一个数据区块与相邻的另一个数据区块之间的连接）是通过每个区块头中的信息来建立并维持的。每个区块的区块头中记录了其引用的父区块的哈希值，通过这种方式一直追溯，形成一条完整的交易链条。数据区块的内部结构如图 7-2 所示。

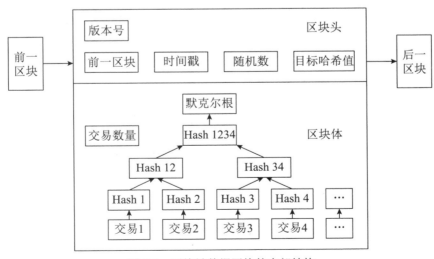

图 7-2　区块链数据区块的内部结构

区块头封装了当前的版本号、前一区块的哈希值（或称为父区块哈希值）、时间戳、随机数、当前区块的目标哈希值（或称为难度目标）、默克尔树（Merkle Tree）的根哈希值等信息。区块体则主要包含交易计数和交易详情。在区块头中，时间戳技术用于确保每个区块是按照时间先后顺序依次相连的。哈希值函数和不对称加密技术则用于确保交易信息不被篡改。在区块体中，默克尔树是一种位于最底层的数据编码结构，它将交易信息数据分成小的数据块，并为每个数据块生成相应的哈希值，组织成一个二叉树形式。默克尔树的主要作用是进行比对和验证处理。

2. 默克尔树的结构

默克尔树（Merkle Tree，MT），又叫哈希树，是由美国计算机科学家拉尔夫·默克尔（Ralph Merkle）在 1987 年发明的。默克尔树是区块链的基本组成部分之一，它使得以太坊等区块链节点能够运行在各种计算机、笔记本、智能手机以及物联网设备上。默克尔树是一种典型的二叉树结构，由一个根节点、一组中间节点和一组叶节点组成。它包括了区块体的底层（交易）数据库、区块头的哈希值（即默克尔根，由区块体交易数据经过层层哈希计算得出并储存于区块头中）以及从底层区块数据到该哈希的所有分支。

默克尔树采用的最主要技术就是哈希 / 散列（Hash）技术，这是一种将任意长度的消息压缩到某一固定长度的消息摘要的函数，函数的输出称为散列值。由于不同的输入可能会产生相同的输出（即哈希碰撞），因此不可能从哈希值唯一地确定输入值。默克尔树的设计思想是：将数据分割成多个小块，并进行多次哈希运算，从而搭建出一个树状数据结构。区块链不是对所有数据生成一个哈希值进行校验，而是利用默克尔树将数据拆分成多个小块后形成多个分支，并计算出多个哈希值用于校验。这样做虽然表面上看似增加了工作量，但实际上只根据需要对部分数据进行了校验，而无须校验整个数据集合，从而提高了数据校验的灵活性和效率。

最常见的默克尔树是比特币采用的二叉默克尔树。其主要特点是一个数据块（或称为桶 bucket）总是包含两个相邻的块或哈希值。二叉默克尔树的构建过程如图 7-3 所示：从输入数据开始进行哈希，哈希的结果作为树的叶子节点（即将每条交易的哈希值作为一个叶子节点），然后相邻两个节点值两

拓展阅读 7.3
默克尔树的
技术优势和
Python 实现

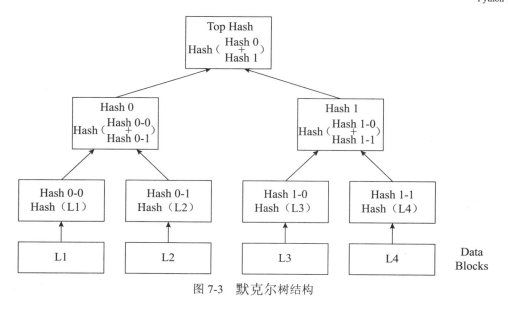

图 7-3 默克尔树结构

两配对作为输入再哈希得到上层节点，如此一直往上，每两个相邻叶子节点的组合哈希作为新的哈希值，新的哈希值再作为树节点继续与相邻的树节点组合成新的哈希值（当一个区块内交易数量为奇数时，把最后一个交易复制一份凑成偶数），在重复一定次数后直到形成唯一的根节点，该根哈希值即默克尔根，最终被保存在区块头中。需要注意的是，交易数据被保存在区块体中，而中间的哈希值只是运算过程中的临时数据，并未被直接保存。

第三节　区块链在数字货币与支付系统中的应用

一、区块链在数字货币中的应用

（一）数字货币的定义、分类和性质

1. 数字货币的定义

数字货币首先也是货币，也可以用于交易和投资。但数字货币是一种电子形式的货币，通过数字方式发行、持有并使用。本质上，数字货币是基于数字技术实现价值交换的货币形式，不以实体货币（如纸币、硬币）为载体，而是依托特定的信息技术和加密算法，在数字网络环境中进行安全、高效的交易。数字货币的关键在于其实现方式，通常依赖区块链技术（特别是加密技术）保障其安全性和透明性。数字货币的核心特征包括去中心化（或部分去中心化）、匿名性（或可控匿名性）、安全性、可编程性以及全球流通性。

2. 数字货币的分类

根据发行主体的不同，数字货币可分为中央银行数字货币（CBDC）、加密货币和稳定币三类。

（1）中央银行数字货币由国家中央银行发行，旨在替代或补充传统货币体系。它能提升支付效率、降低交易成本、强化货币政策传导效果，并兼顾隐私保护、金融稳定与监管需求，是未来货币体系发展的重要趋势。近年来，全球央行数字货币发展迅猛，多国正积极研究与试点 CBDC，我国亦推出了自己的央行数字货币 DCEP（数字人民币）。

（2）加密货币则是基于区块链技术的去中心化数字货币，如比特币、以太坊等。

（3）稳定币则是与法定货币或其他资产挂钩，旨在减少价格波动的数字货币，如USDT、USDC 等。

3. 数字货币的性质

数字货币与电子货币、虚拟货币有所不同，也区别于微信、支付宝等支付平台内的资金。从功能上讲，数字货币是纸币的电子化替代物，功能和属性与纸钞无异，仅形态为数字化；从技术层面看，数字货币是一种基于节点网络和数字加密算法的虚拟货币。当数字货币被官方认定为法定货币时，便形成了法定数字货币，如数字人民币，它是由中国人民银行发行的数字形态法定货币。数字人民币主要定位为现金类支付凭证（M0），将与实物

人民币长期共存，旨在满足公众对数字形态现金的需求。

数字货币的核心特征主要体现在三个方面：①由于采用开放的算法，数字货币没有特定的发行主体，因此没有任何人或机构能够控制它的发行；②由于算法设计决定了货币的最大供应量是固定的，所以数字货币的总量是有限的，这从根本上消除了因货币滥发导致通货膨胀的可能；③由于交易过程需得到网络中各节点的认可，因此数字货币的交易过程极具安全性。

鉴于数字货币的上述特点，推行人民币数字货币具有以下优势：①数字货币采用去中心化算法，每笔数字货币交易均可追溯，使得洗钱、受贿等违法行为易于被央行追踪，大大降低了监管难度；②纸币和硬币的印制、储藏、运输及防伪等各个环节的成本高昂，数字货币能有效降低这些成本；③数字货币的便利性有助于推动人民币国际化进程，促进整个经济体的繁荣与发展。

（二）区域链在数字货币与交易中的应用

1. 比特币与比特币交易

加密货币是最为人所知的数字货币类型，以比特币和以太坊为代表。比特币是一种建立在全球分布式网络上、没有央行和第三方机构参与发行、没有传统账户概念、总量固定的加密数字货币。用户的余额是从各自在区块链上所有未花费的交易输出（称作 UTXO）计算得来的。从某种意义上来说，比特币网络是一种无组织的 Visa 或 PayPal，是一种无政府的跨国支付体系。这个网络不属于任何政府或金融机构，而是一个由散布在全球的计算机创建出来的电脑网络。

比特币能成为一种比以往许多数字货币更成功的货币的一个关键原因是，比特币首创了一种全新的模式，即区块链，完美地解决了长期困扰数字货币发展的"双重支付"问题。所谓"双重支付"，是指如果数字货币只是信息，那么可以通过复制得到同样的货币，并进行二次消费。区块链技术通过确保每笔交易都被记录在一个不可篡改的公共账本上，能够成功验证虚拟货币是否被消费过或是否来自可靠的源头，从而解决了双重支付问题。

比特币的交易方式与发送电子邮件类似。比特币相当于电子邮件的内容，而交易双方则需要拥有类似电子邮箱的"比特币钱包"和类似电邮地址的"比特币地址"。如同收发电子邮件一样，汇款方可以通过电脑或智能手机，按照收款方的地址将比特币直接支付给对方。其中，比特币地址通常由33 位左右的字母和数字组成，以 1 或 3 开头（例如"1MbeQFmHo9b69kCfFa6yBr7BQX4NzJFQq9"为支付到公钥哈希值 P2PKH 格式，"3EmUH8Uh9EXE7axgyAeBsCc2vdUdKkDqWK"为支付到脚本哈希值 P2SH 格式）。比特币软件可以自动生成地址，且生成过程中无须联网交换信息，支持离线操作。比特币地址和私钥是成对出现的，每个比特币地址在生成时，都会有一个与之对应的私钥被同时生成。比特币地址和私钥的关系类似于银行卡号和密码。我们可以简单地把比特币地址理解为银行卡号，而把该地址的私钥理解为对应银行卡的密码。你只有在知道银行卡密码的情况下才能使用银行卡

拓展阅读 7.4
如何从事数字
货币（比特币）
交易

上的钱。比特币地址记录了你在该地址上存储的比特币数量，而私钥则是证明你对该地址上比特币拥有所有权的凭证。用户可以随意生成比特币地址来存放比特币。比特币采用 RIPEMD-160 和 SHA-256 算法及 Base-58 编码生成比特币地址，采用椭圆曲线数字签名算法 ECDSA 来实现数字签名并生成公钥。

2. 应用代币与 ICO

区块链技术为初创公司开辟了新的融资渠道，其中最具代表性的便是 ICO。ICO，全称 Initial Coin Offering，译为首次代币发行，也可称为虚拟货币首次发行、代币众筹或区块链项目众筹。新创企业通过发行虚拟货币进行募资，投资者可以将自己手中的法定货币或现有加密货币投资于这些新创企业，以换取他们所发行的新虚拟货币，并期待未来获得增值报酬。这种创新的募资方式便被称为 ICO。

ICO 的发行主体通常是区块链项目的开发团队。理论上，ICO 可以面向全球进行募资，它的本意是帮助区块链创业项目绕开传统风险投资（VC），直接向社区成员众筹，从而降低融资门槛，并将募集资金用于项目的各项活动。由于 ICO 不需要注册营业执照，ICO 平台通常只是作为第三方中立平台存在，投资者需自行承担风险。对于投资者而言，持有代币不仅可以获得买卖价差收益，还可以享受项目提供的网络资源或其他特权。ICO 项目投资者所享有的权利与所持有的代币类型密切相关。例如，持有 EOS 代币就意味着拥有 EOS 网络的 CPU 资源以及投票选举节点的权利等。

ICO 发行的虚拟货币价值主要取决于其背后项目的实质性进展。对于投资者而言，如果项目发展良好，投资者的预期就会提高，币价也会相应上涨。对于发行者而言，由于 ICO 发行门槛低，融资效率高，只要能提供优质的服务或产品，仅凭收取交易费就足以维持整个团队的运营。随着交易所交易量的不断攀升，交易所对应的代币价值也会水涨船高，因此具有极大的吸引力。然而，正是由于 ICO 发行门槛过低（甚至随便写个白皮书就能进行 ICO），在资本运作上过于宽松且缺乏足够的监管，导致市场上出现了大量质量参差不齐的项目。发币成为不法分子欺骗投资者的新手段，骗局和圈钱现象频发。最终，在 2017 年 9 月，我国发布了 ICO 禁令，暂停 ICO COIN 充值与交易业务以及提币业务。

二、区块链在支付系统中的应用

（一）区块链的交易流程

区块链的交易流程大致可以分为以下四个步骤。

1. 第一步：新交易的创建与发起

当所有者 A 希望向区块链网络中的某个节点发起一笔交易请求时，A 需要使用自己的私钥对此次交易进行签名，并指定下一位所有者 B（B 的接收地址为其公钥）。这个签名会被附加在交易信息的末尾，形成一份完整的交易单。此时，B 作为接收方，其公钥将作为接收地址。

2. 第二步：交易的传播与接收

新产生的交易需要被广播到区块链网络中的其他节点，以便让全网验证其合法性。所有者 A 将第一步中生成的交易单广播至整个 P2P 网络，使得每个节点都能接收到这笔交易信息。在比特币等加密货币中，每个节点会将接收到的交易信息纳入一个待验证的区块中。值得注意的是：①对于交易的另一方 B 而言，B 将收到当前所有者 A 发送来的比特币，该枚比特币会很快显示在 B 的比特币钱包中，但是直到区块确认成功后才可以使用（目前一笔比特币从支付到最终确认成功，通常需要得到至少 6 个区块确认之后才能真正地确认到账）；②每个节点会将数笔未验证的交易哈希值收集到区块中，每个区块可以包含数百笔或上千笔交易。

3. 第三步：交易的验证与工作量证明

这一步是交易流程中的关键环节，涉及矿工、工作量证明（PoW）和共识机制等概念。

（1）规则 1：全网节点参与验证与工作量证明。在上一步新交易被传播给全网所有节点后，全网节点开始验证该笔交易的合法性和正确性。然而，并不是所有节点都能直接验证交易，而是需要通过工作量证明的计算来决定谁有权验证。具体地，收到新交易的每个节点都立马开启一项相当于解一道数学题的工作，每个节点反复尝试寻找一个特定的数值，使得将该数值、区块链中最后一个区块的哈希值以及交易单这三项输入参数送入到 SHA-256 算法后，能计算出满足一定条件（如前 20 位均为 0）的一个散列值 X（256 位），即找到数学难题的解（答案可能并不唯一）。每个节点都会争取最快算出结果以通过证明自己完成了工作量来获得奖励，每个节点从事的这项活动称之为工作量证明（PoW）。最终，由最快算出结果的那个节点去验证交易，这个节点将获得创建新区块的权力，并获得数字货币的奖励，获得数字货币奖励的过程对应新比特币的产生，因此，新比特币正是在此过程中产生，而产生新比特币的这一过程又被形象地称之为"挖矿"。最快完成工作量证明的节点，会将自己的区块传播给其他节点，这也是区块链取得共识的做法。而矿工们如何去生产区块，如何通过提供区块获得收益，这个机制就是共识机制。

（2）规则 2：最快解出难题的节点进行交易验证。当一个节点找到满足条件的解时，它会向全网广播该区块记录的所有（盖了时间戳的）交易，并由全网其他节点进行核对。其他节点会确认这个区块所包含的交易是否有效，确认没被重复花费且具有效数字签名后，该区块将被接受并正式接入区块链中，此时交易信息将无法再被篡改。

4. 第四步：交易的完成与区块的接入

在全网其他节点核对该区块记账的正确性后，如果没有错误，它们将在该合法区块之后竞争下一个区块的创建权。一旦一个新的区块被成功接入到已有的区块链中，该区块将永久保存在区块链中，且记录的信息无法被篡改（除非能拥有全网络总算力的 51% 以上才有可能修改最新生成的一个区块记录）。所有节点一旦接受该区块后，先前没有完成工作量证明的区块会失效，各节点会重新建立一个区块，继续下一轮的工作量证明过程。在比特币等加密货币中，全球的交易记录大约每 10 分钟被打包并写入一个新的区块中，然后广播给全球节点进行同步。

区块链的交易流程如图 7-4 所示。

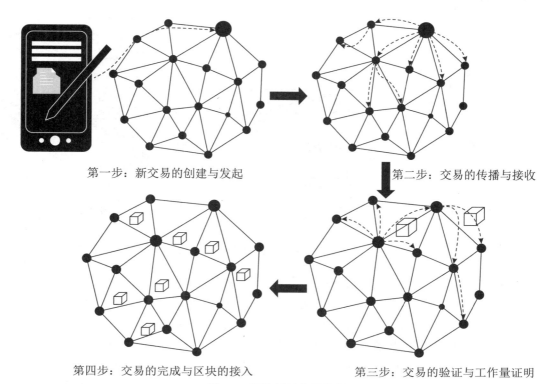

第一步：新交易的创建与发起　　第二步：交易的传播与接收

第四步：交易的完成与区块的接入　　第三步：交易的验证与工作量证明

图 7-4　区块链的交易流程

（二）区块链在银行间国内支付和国际支付中的应用

1. 区块链在银行间国内支付清算中的应用

传统的银行交易支付清算流程涉及开户行、对手开户行、境内清算组织，甚至可能包括境外银行（如代理行或本行的境外分支机构）等多个组织，且处理流程相对烦琐。在此过程中，每个机构都维护着各自的账务系统，并需要与其他机构建立代理关系；每笔交易都需要在本行记录，并与交易对手进行清算和对账，这导致整个流程耗时较长且成本高昂。而基于区块链的银行结算业务则能够实现结算业务的去中心化，采用分布式记账方式，有效降低金融机构间的对账成本及争议解决成本。

与传统支付体系相比（图 7-5），区块链支付允许交易双方直接进行端到端支付，无须中间机构介入，从而消除了支付清算过程中不必要的中介环节。这不仅显著提升了银行结算业务的处理速度，还降低了交易成本和信用风险，实现了结算流程的优化。此外，通过区块链技术进行支付时，即使网络中的部分节点发生故障，也不会影响整个系统的正常运行。而且，利用区块链的智能合约等特征，还可以实现自动化与智能化支付结算，减少人工干预，进而降低业务操作风险。更进一步地，区块链的分布式账本提高了信息的安全性，因为区块链上的信息不易被篡改，这为实时审计和合规检查提供了有力支持。

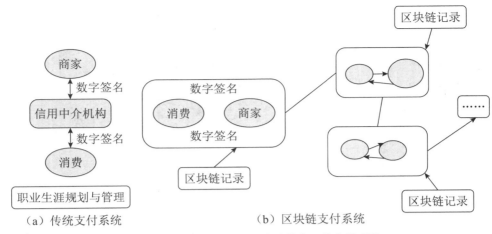

图 7-5　传统支付系统和区块链技术下的支付系统

目前，以微信、支付宝为代表的移动端支付技术虽然也提高了支付效率，并为消费者带来了便利，但随着用户数量和使用场景的不断增加，这些技术对于提供服务的企业及作为中介的银行而言却构成了沉重负担。它们不仅需要应对日益增长的工作量，其交易系统也可能难以承受某些时刻用户爆发式的访问量。而区块链技术通过采用共识机制，能够摆脱对中心化信用中介的依赖，在每次建立交易时直接实现点对点的信任，并在所有用户间构建起信用体系，按照共识协议实现自治，从而有效避免了因中心服务器超载、银行交互周转程序复杂等原因导致的低效率问题，并显著降低了支付成本。

2. 区块链在银行跨境支付清算中的应用

跨境支付是长期以来困扰银行业的痛点问题。在跨境支付中，每个银行都有自己的清算系统，用户在支付和转账时，会在银行间形成交易，分别被两个银行记录，这就涉及银行间对账和结算的问题。传统跨境支付手段包括两大类：一是网上支付，包括电子账户支付和国际信用卡支付，适用于零售小金额交易；二是银行汇款模式，适用于大额交易。然而，这两种方式均存在到账周期长、流程烦琐、费用高昂、交易透明度不足以及风险难以有效识别等问题。传统跨境支付体系不可避免地依赖于大量的中心化信用中介和信息中介，这不仅降低了资金流动效率，还增加了资金往来的成本。

在银行作为第三方中介的金融体系中，每笔业务的完成都需要银行与消费者、银行与商家以及银行与央行之间的信息交互，这种复杂的流程要求银行进行多次账目核对和结算清查，以确保交易过程的准确无误。此外，由于各国清算程序的不同，一笔跨境汇款可能需要 2 ～ 3 天的时间才能到账。

区块链技术在银行结算业务中的应用，对银行系统的跨境支付及跨境贸易产生了积极影响。在区块链框架下，参与清算系统的各银行处于平等地位。通过构建基于区块链技术的通用分布式银行间金融交易系统，可以为用户提供全球范围内的跨境、任意币种的实时支付清算服务。例如，招商银行的直联支付区块链平台运用区块链技术处理海外分行与境内总行之间的支付清算需求。使用该平台后，招商银行境外分行之间可以直接点对点发起清算请求，无须再通过总行作为中间环节，从而简化了审批和操作流程。通过该区块链平台，付款方可以直接通过付款方银行的支付系统进行支付，收款方则可以直接从收款方银行的支付系统接收账款。每个区块都携带了上一交易的信息，并在区块链上共享存储，这减少了传统交易过程中的复杂流通环节，同时实时记录了流通资金经过的每个环节和每个经手人。有了区块链的安全保障，参与者可以随时随地进行全球汇款，省去了许多中间环节和高昂的手续费。

基于区块链的跨境支付利用分布式账本技术解决了金融机构之间的信任问题。在满足各地监管要求的前提下，区块链有望大幅降低交易成本，实现 7×24 小时不间断、几乎实时的跨境支付服务，减少支付流程中大量的人工对账操作，从而显著缩短清算和结算时间。同时，多方验证机制可以有效降低数据被篡改或伪造的风险，即使一个或几个节点遭受攻击，也不会影响整个系统的运行，从而提升了跨境支付系统的安全性。基于区块链的跨境支付不仅提高了服务效率，还降低了交易成本。根据麦肯锡测算，区块链技术可以将跨国交易的成本从每笔 26 美元降低到 15 美元。渣打银行使用区块链平台实现跨境交易，将传统方式下需要 3 天的结算流程缩短到了 10 秒，服务效率得到了显著提升。

案例阅读 7.1

招商银行与 ×× 控股有限公司的区块链跨境支付项目

一、案例背景

1. 企业简介

服务提供方是招商银行。招商银行总部位于深圳，业务遍及中国及全球多个国家和地区。服务需求方是 ×× 控股有限公司，其业务覆盖全球多个国家和地区，频繁进行跨境交易。

2. 项目起因

在往常情况下，×× 控股有限公司使用传统的跨境支付体系。传统的跨境支付业务比较复杂：①跨境支付过程中往往需要经过多个银行和金融中介机构，涉及本地现金转移、国际银行处理、海外银行处理等过程，导致支付流程烦琐、耗时长，降低了资金流通的效率；②中介机构众多也意味着支付成本的增加，包括手续费、汇率差价等，对企业尤其是中小企业造成了不小的经济负担；③跨境支付面临着汇率波动、交易透明度不足等问题；④跨境支付还面临着安全性问题，如信息泄露、欺诈交易等，给企业带来潜在的风险。在这种情况下，招商银行与 ×× 控股有限公司决定合作开展区块链跨境支付项目来解决传统跨境支付体系的痛点问题。区块链技术的出现，以其去中心化、不可篡改、透明可追溯等特性，为跨境支付领域带来了革命性的变革。基于区块链技术实现的跨境支付项目有望简化支付流程、降低支付成本、提升支付效率，为双方乃至更多企业提供更加便捷、高效的跨境支付服务。

二、案例实施过程

招商银行组织专业团队对区块链技术进行了深入研究，并结合跨境支付的实际需求，设计了基于区块链的跨境支付方案。该方案采用了先进的区块链平台，结合智能合约技术，实现了跨境支付流程的自动化和智能化。在方案设计的基础上，招商银行利用其强大的技术实力，联合第三方技术服务商，采用超级账本（hyperledger fabric）作为区块链框架，因为它支持联盟链模型，适合多方协作的场景，利用其提供的高性能、可伸缩及安全的分布式账本技术，开发了基于区块链的跨境支付系统，充分利用了区块链的去中心化、不可篡改、透明可追溯等特性，旨在实现跨境支付的快速处理，降低成本和提升安全性。该系统涵盖了用户注册、账户管理、交易发起、交易确认、资金清算等多个环节，实现了跨境支付流程的自动化和智能化。为了确保交易的速度和安全性，招商银行引入了先进的加密技术和API接口，使系统能够与现有的支付架构无缝整合。为了实现跨境支付的顺利进行，招商银行还与中国香港地区的合作银行进行沟通协调，成功建立了区块链跨境支付通道。通过该通道，招商银行与××控股有限公司的跨境支付请求可以实时传输至合作银行进行处理，大大缩短了支付时间并降低了支付成本。

三、案例成果与启示

招商银行与××控股有限公司合作的区块链跨境支付项目取得了显著成果。该项目成功实现了跨境支付的快速处理，降低了成本，提升了安全性。具体来说，该系统在以下几个方面取得了突出成绩：①支付效率提升，通过区块链跨境支付系统，跨境支付的平均处理时间缩短约50%，大大提高了资金流通的效率；②支付成本降低，该系统减少了中间环节和手续费支出，使得跨境支付的平均交易成本降低了约30%，为企业尤其是中小企业带来了实际的经济效益；③安全性提升，区块链技术的不可篡改性和透明可追溯性确保了交易信息的真实性和安全性，有效防止了信息泄露和欺诈交易等风险。该项目的成功实施不仅为招商银行和××控股有限公司带来了实际的经济效益和社会效益，还对整个跨境支付行业产生了积极的影响，高效、低成本的跨境支付服务为跨境贸易的顺利开展提供了有力保障和支持，促进了全球贸易的繁荣和发展。

资料来源：本案例由作者整理所得。

（三）区块链在证券公司证券支付清算中的应用

1.区块链在证券交易中的应用

传统证券交易流程涵盖开户、委托、成交及结算等环节。证券持有人发出交易指令后，该指令需历经证券经纪人、资产托管人、中央银行和中央登记结算机构这四大主体的协调与整合，方能实现配对。配对完成后，还需经历其他确认信息的环节，整个流程烦琐复杂，耗时较长，通常至少需要1个工作日才能完成，导致交易日当天无法完成清算，进而使资金面临潜在风险。

基于区块链的证券交易则能显著降低证券交易结算成本，提升交易效率。区块链作为一个共享账本，其特性使得所有市场参与者均可验证账本的真实性，从而使得证券发行人与投资者能够直接进行交易，极大简化了交易流程，节省了交易成本。此外，区块链技术将众多与交易紧密相关的关键信息（如双方用户信息、交易细节、股票特征等）记录在区块链上，这些信息均不可篡改，既确保了交易信息的准确无误与资产的高效流动，又大幅降低了交易过程中的逆向选择风险。最后，股权交易、债权交易及复杂衍生品的合约设计均可通过智能合约直接生成。卖方设定好条款后，可直接在区块链系统上发行证券；买方则可预先设定期望的交易参数，智能合约将自动执行买卖操作。传统证券交易流程与基于区块链的证券交易流程的差异如图 7-6 所示。

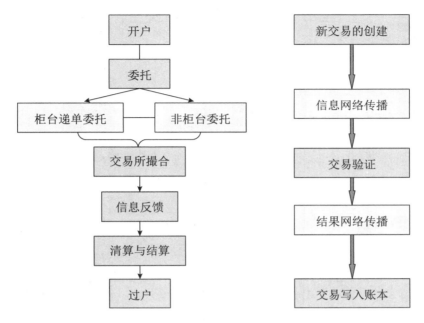

（a）传统的证券交易流程　　　（b）区块链技术下的证券交易流程

图 7-6　传统证券交易流程与区块链技术下的证券交易流程对比

2. 区块链在证券支付清算中的应用

在传统的支付清算体系中，商业银行通常扮演中介角色，促进投资方与融资方通过数字签名技术与银行实现资金流转。而在传统的证券交易流程中，证券持有人发出交易指令后，需历经证券经纪人、资产托管机构、中央银行及中央登记机构四大核心环节的协调，方能完成交易。整个流程效率低下，成本高昂，且这种模式造就了强势中介，金融消费者的权益往往难以得到充分保障。一般来说，从证券所有人发出交易指令至交易最终在登记机构获得确认，需耗时"T+3"日。

区块链技术的引入彻底革新了传统商业银行的支付清算业务。由于区块链上的数据一旦录入便不可撤销，并能迅速复制到所有区块中，因此区块链上的信息具备公示效力，交易的发生与所有权的确认变得毫无争议。借助区块链，所有参与者能在去中心化的交易平台上自由竞价并达成交易，买卖双方通过智能合约实现自动匹配，并借助分布式的数字化登记系统自动完成结算与清算。整个结算与清算流程仅需几分钟（即在区块链上确认完成一笔交易的时间），彻底消除了当前不同机构间对账所需的第三方信用、时间成本及资本占用，从而大幅削减了交易成本。相较于传统支付系统，区块链支付系统在降低交易成本与风险方面展现出显著优势，标志着对传统清算支付模式的深刻变革。

传统的支付清算体系与采用区块链技术的支付清算体系如图 7-7 所示。

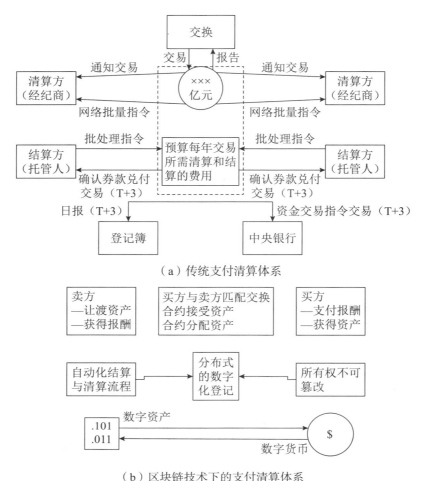

（a）传统支付清算体系

（b）区块链技术下的支付清算体系

图 7-7　传统支付清算体系与区块链技术下的支付清算体系

第四节　区块链在智能合约与供应链金融中的作用

一、区块链在智能合约中的作用

区块链 2.0 的标志性进步在于智能合约的诞生，而以太坊对区块链世界的最大贡献在于它首次引入了智能合约的概念。智能合约赋予了区块链执行多样化功能的能力，通过分布式网络结构记录过程与结果数据，并保存一个不可篡改的副本，这与比特币的记账机制异曲同工。智能合约的出现，使得几乎所有类型的金融交易，包括股票、私募股权、众筹、债券以及期货、期权等金融衍生品，都能被改造并在区块链上运作。

智能合约（Smart Contract）的概念最初由尼克·萨博（Nick Szabo）于 1995 年提出，他因此被誉为"智能合约之父"。然而，这一概念长期停留在理论层面，缺乏能够支撑可编程合约的数字系统和技术是其难以实现的重要原因。区块链技术的兴起解决了这一难题，它不仅支持可编程合约，还具备去中心化、不可篡改、过程透明可追踪等优势，与智能合约的需求高度契合。以太坊区块链平台的问世，为智能合约的实际应用提供了可行的平台。智能合约作为区块链技术的核心组成部分，是区块链成为颠覆性技术的重要因素之一。

　　为何区块链平台能让智能合约的概念得以真正实现，并使其成为区块链最重要的技术之一呢？原因在于，传统合约以及由传统计算机技术实现的合约始终没能有效解决"信任"问题。尽管双方签订了合约，明确了各自的责任和权利，但一方违约的情况时有发生，导致合约形同虚设。即便通过法律途径维权（即引入第三方权威机构），过程也往往漫长且低效，还需要承担高昂的法律费用。区块链特性与智能合约技术的完美结合，为这一问题提供了解决方案。首先，区块链技术的去中心化特点实现了点对点的交易，无须第三方介入，通过共识算法从根本上解决了信任问题。其次，区块链的不可篡改性确保了合约内容的可靠性。在区块链上，交易流程可以被打包成一个智能合约，实时下单并执行交易。交易内容被记录在区块上并向全链广播，每台电脑都会记录这则交易信息，确保交易数据的不可删除、不可修改，只能新增，从而保证了历史的可追溯性。同时，作恶的成本将很高，因为其作恶行为将被永远记录。最后，智能合约能够可靠地监控参与方的执行情况，防止欺骗行为。基于区块链技术的智能合约不仅发挥了成本效率方面的优势，还避免了恶意行为对合约正常执行的干扰。智能合约以数字化的形式写入区块链，由区块链技术的特性保障存储、读取、执行过程的透明可跟踪和不可篡改。同时，由区块链自带的共识算法构建出一套状态机系统，使得智能合约能够高效地运行。

　　智能合约的"智能"体现在其本质上是一种计算机程序，运行在可复制、共享的账本上，旨在以信息化的方式传播、验证或执行合同。它是一种计算机协议，能够处理信息，接收、储存和发送信息。而智能合约的"合约"体现在它仍然是各种形式的合同，只不过是一种由事件驱动、具有状态的代码合约和算法合约。与现实中的合同相比，智能合约的唯一区别在于它是完全数字化的，是传统合约的数字化升级版。由于它本质上是计算机系统上的程序代码，一旦某个事件触发合约中的条款，代码就会自动执行，无须人为操控或中介参与，从而避免了信任危机。这些自动执行的代码都是事先设定的，当满足源代码中写入的条件时就会自行执行。因此，智能合约的最大特点在于其"自动性"。双方将交易内容和合同条款写入智能合约，以程序代码的形式固定下来。这个合约一旦签订，就会被发送到区块链上永久保存，无法被篡改，即使是代码编写者也不行。因此，智能合约一旦编写好，就能赢得用户的信赖。智能合约使得一组复杂的、带有触发条件的数字化承诺能够按照参与者的意愿正确执行，从用户角度来看，它就像一个自动担保账户。

拓展阅读 7.5
智能合约的工作原理和运行机制

二、区块链在供应链金融中的应用

（一）供应链金融

　　供应链金融是指供应链中的核心企业依托其产业优势地位，通过对上下游企业的现金流、订单、购销流水等大数据的掌控，利用自有资金或与金融机构合作，为上下游合作企业提供金融服务。当前，传统供应链金融面临四大挑战。①因其不透明性，隐藏风险较大。供应链金融覆盖广泛，交易信息众多，难以逐一核实数据的真实性和可靠性，导致"信息孤岛"现象，信息传递受阻，核心企业的信用难以有效传递至多级供应商，进而造成中小企业融资难、融资贵。②中小企业融资难题在传统供应链金融中依然突出。银行通常仅愿意为一级供应商提供保理、预付款或存货融资服务，而二级、三级等中小企业的融资需求常常得不到满足。③供应链金融对核心企业的过度依赖限制了行业的发展。核心企业在交易数据、资金和资源上的优势，使得当前供应链金融主要呈现为核心企业主导模式，这限制了行业的多元化发展。④资金交易流程复杂。商业汇票、银行汇票等作为主要交易手段，受限于使用场景，增加了供应链金融的资金交易难度。银行缺乏可信的业务场景，合同履行无法自动完成，贸易背景真实性审核困难，导致业务效率低下。

（二）区块链助力供应链金融

区块链技术为供应链金融市场的发展提供了有力支撑，有效缓解了传统供应链金融中的信息不对称问题。供应链结合区块链的溯源防伪、交易验真、及时清算等特点，能够解决传统供应链金融的诸多痛点。区块链平台能够将资金流和物流融为一体，使银行能够掌握整个供应链上企业的信息和交易记录，借助技术支持降低审批和风险管控成本。

区块链技术在解决供应链金融当前难题中的作用主要体现在：①区块链能够完整保存节点数据，形成数据网络，实现供应链交易的透明化；②区块链的分布式记账方法能够建立强大的信任关系，为中小企业提供信用背书，降低其融资成本。通过区块链的信息透明化处理，核心企业从银行获得的信任能够传递至包含末端小微企业在内的各级供应商，实现核心企业的信用背书效果。当核心企业的信任被传递后，中小企业能够利用其授信额度，获得银行 8% ~ 10% 的利率融资；③由于区块链建立了可信的链网络，供应链金融可以不再依靠核心企业，实现自由化、多元化和市场化发展；④区块链网络可以提供给供应链上的所有成员企业使用，利用区块链的多方签名、不可篡改等特点，使债权转让得到多方共识，降低资金操作难度。

利用区块链技术解决供应链金融存在问题，其主要路径和机制包括两点。①利用区块链的防篡改技术解决供应链金融数据可信度低的问题。区块链作为一种可信技术，具有溯源和共识能力，且数据带有时间戳，即便某个节点的数据被改动，也不会影响全局数据的真实性。因此，通过运用区块链技术发行数字票据，能够在供应链上构建一个完全可信的环境，有效降低资金风险，控制成本，使银行不再怀疑供应链上企业数据的真实性。②利用区块链的可追溯技术解决供应链上核心企业信用向其他企业传导的真实性问题。在区块链平台上，商业体系内的信用能够实现顺利传导和追溯，商业银行对各级供应商的信任，在某种程度上等同于对核心企业的信任，这使得许多原本不具备融资条件的中小企业能够获得融资。通过票据流转，银行低成本地拓展了除核心企业以外的小微企业客户，有效优化了供应链上下游企业的融资生态，提升了供应链内部资金效率，有助于整个供应链形成良性循环。

综合来看，供应链金融目前面临的最大问题是交易真实性。解决数据真实性后，中小微企业"融资难"的问题也将迎刃而解。由于中小微企业规模小、发展不稳定、信用等级低、风险高，很难获得银行贷款。即使处于供应链中的中小微企业，也面临同样的融资难题。其中的主要原因是银行与企业之间缺乏有效的信任机制。如果供应链上的核心企业、一级供应商、二级供应商以及 N 级供应商的所有节点都上链，通过区块链的私钥签名技术，可以确保供应链上数据的可靠性。供应链金融以核心企业为出发点，为其上下游的中小企业提供信贷服务。将各级供应商、经销商、物流企业、银行、征信机构等相关主体接入区块链网络中，使用共享账本，对核心企业的相关交易进行多级追溯；将应收账款等资产的确认、流转、融资等流程也上链，实现清晰的资产确权，同时实现资金的多级分配和流转，有效解决供应链末端企业的融资难题。此外，供应链金融链条上的资金方也能够清晰地了解各相关企业的风险与经营状况的真实信息，降低贷款不良率，减少调查成本。合同、票据等上链后，即可实现资产数字化流通，完成价值传递。此时，银行等金融机构在面对中小微企业的融资时，不再是对这个企业进行单独评估，而是站在整个供应链的顶端，验证核心企业的付款能力和意愿，并对链条上的票据、合同等交易信息进行全方位分析和评估。基于区块链的供应链金融借助核心企业的信用实力以及可靠的交易链条，为中小微企业融资提供背书，实现从单环节融资到全链条融资的跨越，从而缓解中小微企业"融资难"的问题。

案例阅读 7.2

沃尔玛与中国工商银行合作的区块链供应链金融系统

一、案例背景

1. 企业简介

供应链金融是银行将核心企业和上下游企业联系在一起提供灵活运用的金融产品和服务的一种融资模式。因此，供应链金融至少有四方参与者：核心企业、上游企业、下游企业、银行。在本案例中对应的四方具体如下。

（1）核心企业：沃尔玛百货有限公司，简称沃尔玛。沃尔玛是一家美国的世界性连锁企业，核心业务是超市业务、电商平台等，以营业额计算为全球最大的公司，是一家真正的大型企业。

（2）上游企业：寿光蔬菜产业控股集团，简称寿光蔬菜。这是一家地处中国山东潍坊寿光市的专注于蔬菜等农产品种植与供应的企业集团，2023 年员工人数为 63 人，营业收入为 31.90 亿元，只能算是一家中型企业。

（3）下游企业：苏宁易购集团股份有限公司，简称苏宁易购。这是一家地处中国江苏南京市的以传统家电起家的互联网零售企业，现在主营业务已扩展至日用百货、3C 类产品和物流服务等多个行业，其中也包括食品销售中的蔬菜销售。苏宁易购属于一家大型企业。

（4）银行：中国工商银行，简称工行，中国市值第一的上市公司，积极发展金融科技，加快数字化转型，金融科技赋能效用不断增强。

四方之间的业务关系是：上游企业寿光蔬菜是沃尔玛的重要农产品供应商，负责向沃尔玛超市提供新鲜蔬菜；下游企业苏宁易购是沃尔玛的线上分销伙伴，负责在电商平台销售沃尔玛的商品，包括寿光蔬菜提供的蔬菜产品；银行（中国工商银行）为整个供应链提供金融服务，为沃尔玛、寿光蔬菜以及苏宁易购提供融资、结算、风险管理等金融服务，确保供应链金融的顺畅运行。例如，银行可能为上游企业寿光蔬菜提供贷款支持，帮助其扩大种植规模和提高供应能力；同时，也可能为下游企业苏宁易购提供供应链融资服务，助其缓解库存压力和资金紧张问题；此外，银行还通过金融科技手段，如区块链技术，提高交易透明度和效率，降低各方的交易成本和风险。

2. 项目起因

沃尔玛作为全球零售业巨头，其供应链体系庞大且复杂，涉及众多供应商、分销商及物流服务商。在中国市场，沃尔玛的上游供应商多达上万家，其中绝大多数为中小企业。沃尔玛在中国市场的供应链体系中，上游供应商寿光蔬菜面临着资金流动性和融资成本的挑战，影响了其产能扩张和市场响应速度。同时，下游的苏宁易购在快速响应市场需求和提供高效物流服务的过程中，也对资金流动性有着较高要求。这是因为：①由于蔬菜种植具有季节性，寿光蔬菜在种植高峰期面临较大的资金压力，需要短期融资以支持种植、采摘和初加工等环节；②苏宁易购在促销活动期间或面对快速增长的订单量时，需要额外资金以支持库存采购和物流配送。

问题识别：传统供应链金融模式存在诸多痛点：一是信息不对称，金融机构难以全面了解供应链上各参与方的经营状况和交易信息；二是融资成本高，中小企业因信用评级较低而需承担更高的融资成本；三是流程烦琐，融资申请、审批、放款等环节耗时长、效率低。这些问题限制了供应链上下游企业的融资能力，严重制约了供应链金融的发展。这对核心企业也不是一件好事，这不仅影响了沃尔玛与供应商之间的合作关系，进而影响了供应商的生产能力和供货效率，也间接影响了沃尔玛的商品供应和顾客满意度。

技术契机：区块链以其独特的去中心化、数据不可篡改和高度透明的特性，为供应链金融提供了革命性的解决方案。沃尔玛与工行认识到，区块链技术的引入能够打破这些瓶颈，提升供应链金融的效率和透明度。

3. 项目详情

为了解决供应链上游伙伴企业的资金难题，沃尔玛与工行合作，利用区块链技术构建透明、可追溯的供应链金融平台。寿光蔬菜通过该平台提交融资申请，工行基于区块链上的交易数据快速审核并放款，确保资金及时到位。

为了解决供应链上下游伙伴企业的资金难题，沃尔玛与工行利用区块链供应链金融系统，为苏宁易购提供基于应收账款的融资服务。苏宁易购将沃尔玛的应收账款转让给工行进行融资，区块链平台确保交易数据的真实性和不可篡改性，加速融资审批流程。

综上，核心企业沃尔玛利用其强大的供应链网络，携手中国工商银行，通过区块链技术为供应链上的特定企业——上游的寿光蔬菜和下游的苏宁易购提供了定制化的融资解决方案。此次业务旨在优化资金流动，提升供应链整体效率。

二、案例实施过程

沃尔玛与中国工商银行合作的区块链供应链金融系统的开发和运用过程如下。

（1）系统开发：沃尔玛与寿光蔬菜、苏宁易购深入沟通，明确各自的融资需求和业务场景后，与工行合作开发基于区块链的供应链金融系统，确保系统能够满足供应链上下游企业的融资需求。

（2）数据上链：寿光蔬菜和苏宁易购的交易数据被实时上传至区块链平台，形成不可篡改的数据记录。

（3）融资申请与审批：寿光蔬菜和苏宁易购通过区块链平台提交融资申请，工行基于区块链上的数据快速审核并放款。

（4）资金流转：融资资金通过区块链平台实现快速流转，确保寿光蔬菜的种植资金需求和苏宁易购的库存采购需求得到满足。

该区块链供应链金融系统包含了区块链底层平台、智能合约、数据接口、用户界面等在内的完整系统架构。其中，区块链底层平台采用成熟稳定的区块链技术框架，确保系统的稳定性和可扩展性；智能合约用于自动执行融资条款和条件，减少人工干预和降低操作风险；数据接口实现与供应链管理系统、财务系统等现有系统的无缝对接；用户界面则提供直观易用的操作界面，方便供应链上各参与方进行融资申请、审批、放款等操作。项目采用的是基于超级账本的区块链框架。该平台通过构建一个不可篡改的分布式账本，记录了从生产、运输到交付的每一个环节的信息。此外，该平台还整合了智能合约技术，自动执行合同条款，如支付条件和融资利率。首先，由于所有记录都是自动上链且不可篡改的，这减少了人工审核和数据核对的需求。其次，区块链技术提供了一种可验证、透明的记录方式，确保了所有交易信息的透明度和真实性。这不仅增强了供应商和金融机构之间的信任，还提高了最终消费者对产品来源的信心。最后，借助智能合约，供应链参与方可以实时收到付款，大大改善了供应商的现金流状况。此外，通过自动化的信贷评估和风险管理，银行能够更精确地为合格的供应商提供贷款，降低了融资成本。

三、案例成果与启示

沃尔玛与工行合作共同构建的基于区块链的供应链金融系统，实现了融资流程的简化、成本的降低和效率的提升。

（1）融资效率提升：区块链技术的应用显著缩短了融资周期，寿光蔬菜和苏宁易购能够更快地获得资金支持。

（2）融资成本降低：由于区块链平台提高了数据透明度和可信度，降低了信息不对称程度，使得工行能够提供更优惠的融资利率。

（3）供应链稳定性增强：融资难题的解决增强了供应链上下游企业之间的合作与信任，提高了供应链的整体稳定性和抗风险能力。

沃尔玛与中国工商银行合作的这次供应链金融业务案例，成功地将区块链技术应用于实际业务场景中，为供应链上下游企业提供了高效、低成本的融资解决方案。此次业务案例为供应链金融领域树立了创新标杆，展示了区块链技术在优化融资流程、降低融资成本方面的巨大潜力。

资料来源：本案例由作者整理所得。

第五节　区块链技术对金融科技发展的影响

一、区块链对金融各行业的影响

区块链技术作为金融科技领域的一股革命性力量，正迅速重塑金融行业的格局。它不仅重新定义了金融交易的底层逻辑，还深刻影响着金融服务的提供方式、风险管理机制、信任构建方式乃至整个金融生态系统的演进。从支付清算到资产证券化，从供应链金融到保险领域，再到信用评价体系，区块链技术凭借其独特的优势，持续推动金融科技的创新与发展，为用户提供更加高效、透明且安全的金融服务。

（一）区块链赋能银行业

区块链技术对银行业的变革主要体现在支付清算、供应链金融以及银行信用信息管理等方面。它使得无须传统银行中介的支付系统成为可能，如比特币和加密货币支付，这些系统提供了更低的转账成本、更快的交易确认速度以及全球覆盖内的范围。

1. 支付与清算

传统支付和清算流程依赖于多个中介结构，导致处理时间长、成本高。区块链技术的去中心化特性使得交易能够直接点对点进行，显著缩短了处理时间并降低了成本。例如，利用区块链技术的跨境支付能够在无须国际银行合作的情况下实现快速结算，提升了客户体验，并降低了操作风险和欺诈风险。

2. 供应链金融

区块链技术能够追踪货物从生产到交付的全过程，记录供应链上每一笔交易的真实数据，形成不可篡改的证据链，从而增加供应链的透明度。供应链中的所有参与方都能够共享准确信息，有效监控风险点，减少欺诈和纠纷。此外，供应链金融平台可利用区块链技术验证供应商的信用记录，为中小企业提供信贷支持，使其获得更加便捷、低成本的融资渠道。

3. 信贷风险管理与资产管理

在信贷领域，区块链技术提供了更精确的信用评估手段。通过分析安全存储在区块链上的个人金融交易记录，银行能够更准确地评估借款人的信用状况。同时，区块链的不可篡改性保证了财务记录的真实性，有助于银行更好地管理和控制风险。而且，利用智能合约，区块链还能自动执行基于特定条件的交易，简化资产管理流程，减少人为错误和操作成本。

（二）区块链赋能证券业

区块链在证券行业的应用范围广泛，包括交易前（如客户识别、信息披露）、交易中（如股票、债券、衍生品发行）和交易后（如登记存管、清算交收）等环节。

（1）在交易前环节，应用区块链技术，参与方可以将产品发行、募集、申购、评级、监管的全部数据进行上链管理和共享，解决传统模式中资产信息不透明、信用风险与流动性风险难以控制的问题，避免中间环节造假舞弊。

（2）在交易中环节，区块链可以精简现阶段必须借助中介才能完成的一系列处理流程（如清算、结算、交割、存管、托管等），减少中间环节。通过智能合约等进行程序化认证和执行，替代人为操作，降低错误风险。

（3）在交易后环节，区块链技术通过构建一个共享、透明的分布式账本，证券市场参与者可以在无须传统中介的情况下直接进行交易，缩短了结算时间，并可能降低系统性风险。区块链技术还有助于减少欺诈行为，提高市场的整体安全性。

下面对上述证券业务中的交易结算、股权管理和风险投资、众筹和财富管理这几项业务做重点介绍。

1. 交易结算

区块链技术正在改变证券行业的交易和结算流程。通过构建共享、透明的分布式账本，证券市场参与者无须传统中介即可直接交易，缩短了结算时间，降低了系统性风险。同时，区块链技术还有助于减少欺诈行为，增强市场的整体安全性。

2. 股权管理和风险投资

对于公司股权管理，区块链技术提供了新的方法。公司可利用区块链记录股权变动，确保记录的不可篡改性和透明性，方便股东实时查看其持股情况及公司决议。此外，区块链还为私募股权和风险投资行业提供了新的运营模式，通过记录投资和所有权信息，简化投资者与企业间的沟通和交易过程，增加透明度，降低欺诈风险。

3. 众筹和财富管理

区块链技术为证券众筹提供了创新平台。项目发起人可直接在区块链平台上发行和交易证券，投资者可直观地看到资金的使用情况，增加了投资透明度和信任度。在财务顾问和财富管理领域，区块链技术有助于顾问更好地追踪和管理客户资产。所有资产的交易记录都可以在区块链上实时更新和审计，确保了数据的一致性和准确性，从而提高服务质量。

（三）区块链赋能保险业

区块链技术同样对保险业产生了深远影响，特别是在理赔流程优化方面。

1. 保险理赔

区块链技术在保险理赔过程中的应用能显著提高效率和降低成本。通过智能合约，一旦满足合约中的触发条件，理赔过程可自动执行，减少了人工审查需求，缩短了付款时间。

2. 欺诈识别

区块链技术有助于保险公司更好地识别和防止保险欺诈。由于所有交易数据都是透明且不可篡改的，保险公司可通过分析数据模式来识别异常行为，降低欺诈案件的发生率。

3. 产品定制

利用区块链技术，保险公司可根据客户的特定需求和风险偏好提供更个性化的保险产品。通过分析客户的历史交易数据和行为模式，保险公司能更准确地定价和设计保险产品。

二、区块链的未来展望及对金融科技发展的推动

1. 区块链的当前发展

区块链技术已成为全球备受瞩目的技术之一，2020 年底至今，对区块链技术的需求已增长了 59%。由区块链技术支撑的比特币、以太坊等加密货币，其全球市值在 2021 年底达到了 3 万亿美元的历史新高。根据德勤 2021 年全球区块链调查报告，81% 的商业领袖认为

区块链具有可扩展性，并已被主流社会广泛采用。如今，区块链技术正吸引着越来越多的精英人士和顶级机构的关注。它不仅承载了数字货币，还能承载股权、债权、产权、版权、公证、合约等任何与价值存储及传输相关的各类资产。区块链所支持的技术和产品将深刻影响各行业的业务运营，改变传统技术格局，重塑传统产业，甚至对人类社会既有的秩序、规则和价值体系产生深远影响。

尽管区块链技术在金融科技领域展现出了巨大的潜力和价值，但其发展仍面临技术成熟度、监管政策、隐私保护、能源消耗等多重挑战。区块链技术当前存在的诸多难点，具体表现在以下几个方面。

（1）区块链技术自身的不完善：技术成熟度低、安全可靠性低。①区块链技术自身在计算性能、占用资源、算法灵活度、头寸结算等方面还有所欠缺，区块链的底层技术并不成熟且尚未统一，缺乏统一的技术标准；②分布式共享账本尤其是私钥仍存在安全隐患和隐私泄露问题；③区块链的大部分共识算法对应的矿池都会消耗大量算力和电能；④智能合约的去人为干涉使得在系统出现问题时无法及时弥补损失；⑤在日常交易中，区块链的交易与存储效率不高，目前区块链技术的处理能力无法满足大规模支付场景的需要。

（2）外界对区块链的态度上：不确定性大、接受度不足。一方面，在政府方面，各国监管的政策和态度不清晰；另一方面，众多金融机构及其他行业方面仍持观望态度。

（3）落地应用上存在困难。这主要是因为当前区块链方面的人才资源匮乏，现实应用的隐性成本较高，隐私安全难以保证等导致的。

（4）区块链的金融监管难度不断增加。

2. 区块链的未来展望

未来，随着技术的不断进步和监管框架的逐步完善，区块链技术有望在更多领域实现深度应用，推动金融科技向更加高效、安全、普惠的方向发展。区块链技术将与其他新兴技术如人工智能、大数据、物联网等深度融合，形成更加完善的金融科技解决方案，对金融科技的发展产生积极的影响。区块链技术的未来将在以下几个方面获得更高更快的发展。

（1）区块链本身的安全性会越来越高。通过零知识证明（Zero-Knowledge Proof，ZKP）技术，加密方案可以进一步增强区块链应用的安全性。零知识证明协议是指一方（证明方）可以证明某事对另一方（验证方）来说是真实的。除了表明该陈述的真实性外，不会透露其他任何信息。比特币和以太坊都是用公共地址来代替当事方的真实身份，使交易部分匿名，公众只知道发送和接收的地址以及交易的数量。然而，可以通过区块链上可用的各种信息（如交互记录）找出地址的真实身份，因此存在暴露隐私的可能。零知识证明技术可以在发送方、接收方和其他交易细节都保持匿名的情况下，保证交易有效。

（2）区块链将能够促进人工智能的融合和发展。人工智能有着高速分析海量数据的能力，而区块链可实现安全存储和数据共享。人工智能和区块链技术结合可能会产生一种全新的模式。人工智能面临的主要挑战与其模型如何做出决策有关，利用区块链作为去中心化市场和各种人工智能组件（包括数据、算法和计算能力）协调平台的基础，推动人工智能的创新和使用达到新高度。区块链还将使此类决策更加透明、可解释和值得信赖。反过来，由于区块链中的所有数据都是公开可用的，人工智能将成为提供防伪和隐私保护的基础，在保障用户隐私方面发挥关键作用。现实中的例子是，由于人工智能技术是通过大量真实数据的训练和学习而产生判断能力的，因此人工智能判断的标准受到训练数据集的质量以及学习算法的影响比较大。如果训练数据不足或者程序员把有偏见、有偏差的数据提供给人工智能系统，那么人工智能产生出的结果就容易出现偏差问题，导致现实中的误判。使用区块链可以跟踪用于人工智能模型的训练数据的来源，并查看从数据输入到结论的所有步骤的踪迹。如果通过增加信任将决策和相关数据点记录在区块链上，那么审核人工智能模型的决策过程将变得更加容易。

（3）区块链能促进物联网的发展。区块链技术能为物联网数据增加一层问责制和安全性，并成为物联网效率、可扩展性和标准化的未来推动者。例如，在医疗保健领域，支持区块链的物联网设备将允许患者控制对这些设备收集的数据的访问。该技术将使设备更能抵御网络攻击，并提供有关另一方何时访问数据的详细记录。

（4）区块链能促进云计算的发展。区块链公司已在应用程序编程接口（API）级别启用集成，以降低开发人员的编码要求并促使业务用户快速创建区块链应用程序。将该技术集成到核心技术中可以提高易用性，使其成为数字化转型工作的一个有吸引力的替代方案。

• 思考题 •

1. 区块链技术的定义是什么？请简要概述其核心特性。

2. 区块链技术的核心创新点有哪些？请详细阐述。

3. 简述工作量证明机制（PoW）、权益证明机制（PoS）和股份授权证明机制（DPoS）的主要特点和区别。

4. 区块链技术如何解决供应链金融中的信任问题？

5. 区块链在数字货币中的应用有哪些具体优势？

【即测即练题】

自测自练

扫描此码

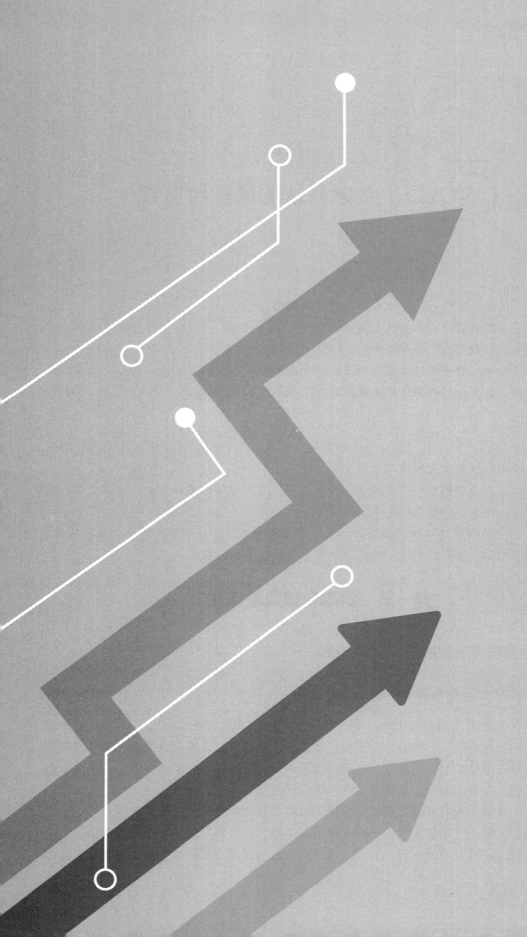

第三部分　监管与展望篇

第八章　金融科技的风险与监管

学习目标

1. 掌握金融科技风险的含义、成因、特征及类型。

2. 掌握金融科技监管的含义及面临的挑战。

3. 了解金融科技监管的国际经验。

4. 掌握金融科技监管的技术监管和业务监管内容。

5. 了解国内外金融科技监管的发展现状以及未来的发展趋势。

素养目标

1. 增强学生的风险意识，使得学生可以更加深入地认识到金融科技发展过程中的风险，提高学生风险识别能力和防范能力。

2. 强化学生对金融科技与金融监管之间的理解，有助于学生更加全面地认识金融科技的风险和机遇，提升他们的金融素养。

3. 培养学生的创新思维和适应能力，促使学生思考如何在追求金融科技发展的同时，确保技术应用的正当性和公平性，培养他们的社会责任感和伦理意识。

第一节　金融科技风险概述

一、金融科技风险的基本含义与成因

（一）金融科技风险的基本含义

金融科技风险在金融科技领域，由于技术创新、业务模式变革以及市场环境的快速变化所带来的不确定性，可能给金融机构、投资者、消费者以及整个金融体系带来损失或负面影响的潜在因素或事件。金融科技风险既是传统金融风险在互联网金融中的体现，也是因新技术的介入和应用而带来的新风险，这些风险相互交织、相互影响，构成了金融科技发展的复杂环境。人类在享受技术创新带来的便利和效率提升的同时，必须充分认识到其潜在的负面影响，并采取相应的风险管理措施来确保金融体系的稳定和可持续发展。因此，在推动金融科技发展的同时，必须高度重视金融科技风险的防范和治理，确保金融市

场的稳定和消费者的权益。

（二）金融科技风险的成因

近年来，大数据、云计算、区块链、人工智能等数字技术的飞速发展正在颠覆金融业的发展格局。科技创新驱动下的金融科技正从推进金融发展的渠道演变成金融发展的核心，大大提高了金融业效率，有效推进了普惠金融事业的发展。然而，金融科技并没有改变传统金融机构的功能和本质，在为投资者带来便利的同时也产生了新的风险。在当前科技与金融深度融合、金融科技快速发展的形势下，投资者、金融机构、金融市场与实体经济的关系更加复杂，提高了发生系统性风险的可能性，必须更加关注金融业务风险与技术风险叠加带来的扩散效应，审慎地平衡金融效率与金融稳定的关系，通过建立多层次、全方位监管治理体系，确保金融科技发展过程中风险可测、可控、可承受。

1. 金融科技风险形成的内在因素

一是金融的本质决定了金融科技风险的内生性。金融科技行业的相关业务并没有彻底脱离传统金融业，并且仍然具有高负债、高流动性的特征。这导致整体的金融风险水平仍然较高。因此，就整个金融系统而言，脆弱性仍然存在并会影响金融科技行业，而这种脆弱性也是导致金融风险出现的最为重要的因素之一。金融科技的落脚点是科技，但其本质仍然是金融，这就导致金融科技风险具有传统金融市场的脆弱性特征。从业务形态上来说，传统金融业务的跨期交易和信用交换的本质，并没有因为金融科技的应用与发展而发生改变。原有的金融风险仍然存在并影响着包括金融科技行业、传统金融行业在内的各个应用主体，只是市场对于风险的传导、风险的影响以及风险承担主体的判别变得更为困难，特别是当金融科技行业经营主体、应用主体以及使用者同时参与风险承担时，这种风险更加难以细化区分。金融科技在发展过程中不仅体现出许多传统金融所固有的风险，而且由于其科技属性的特征产生了一系列特有的风险，增加了金融体系的脆弱性。

二是金融市场的周期性规律导致金融科技风险的产生。金融科技的底层业务架构十分依赖于传统金融业务，与实体经济之间同样也存在作用力与反作用力。当实体经济发展势头良好，对金融科技行业发展也可以起到正向激励的作用，帮助其健康快速地发展；当实体经济日渐低迷，则会对金融科技行业发展起到负向作用，容易导致相关风险产生与传染。因此，金融科技行业与实体经济之间密不可分的关系，导致市场经济周期性的波动影响会进一步增强，从而导致金融科技风险的不断产生。

三是金融科技加剧了金融交易中信息不对称所引发的风险。金融科技不仅没有消除信息不对称反而使信息不对称问题变得更加复杂。在金融市场本身存在信息不对称的情况下，由于金融科技本身现有的重要载体是互联网，而互联网固有的虚拟性、科技性、自由性等特征，导致金融市场的信息不对称形式变得更加复杂。金融交易双方都希望利用金融科技的优势去了解对方，去获取更多的信息数据，从而可以获得更多的"机会收益"，很显然，金融科技在金融交易过程中充当了金融交易中介的角色。虽然金融科技在分布式记账、信息不可篡改等信息技术方面有着较强的优势，但对于信息来源的可靠性、保密性以及信息的及时修改都还无法保证，参与交易的各方在真实信息获取上的难度加大，导致其承担的风险也将加大。同时，由于金融科技的无边界性，虚假信息的传播速度将极为迅捷，对虚假信息的拦截和更改显得困难重重。在这种情况下，金融科技作为中介主体很难保证信息的真实性、有效性，以至于加大了自身道德风险。

2. 金融科技风险形成的外在因素

一是长尾效应导致风险的负外部性增加。金融科技的发展使传统金融行业的普惠性得到加强。金融科技行业利用其先进的技术和创新的金融产品与服务，优化了金融交易的流程、降低了金融交易的门槛、扩大了金融服务的范围、提供了更为准确的金融产品，从而凝聚了大量的忠实长尾客户。但随着长尾客户的不断增加，新的长尾风险也逐渐显现。具体来说，传统金融业务模式已经形成了较为全面的风险评估机制。但在金融科技领域，长尾客户没有受到任何的权益保护，小而散的投资现状也导致监管机构无法对各项业务进行有效监管。一旦风险集中爆发，长尾客户将率先受到冲击，产生巨大损失。这对社会经济稳定会造成一定影响，并有可能导致金融系统风险与社会风险复合发生的现象。

二是羊群效应导致风险的传染性增强。一方面，由于市场对金融科技的正向宣传，同时也是基于普通用户对金融科技应用的主体以及监管机构的信任，导致普通用户对通过金融科技所传递的相关金融产品信息具有较高的信任程度，在其参与交易的同时，不少参与者会盲目说服同样的使用者参与交易，一旦出现信息有误或者信息解读不正确，就会导致群体利益受损的现象发生。另一方面，从众心理也会扩大参与者的非理性行为。尤其是在金融市场，从众心理是极为常见的。在中小散户中，某个人因接收到错误信息或虚假信息后产生的非理性投资，会因为从众心理逐渐演变为群体非理性投资，进而影响金融市场的稳定。

三是市场的动态垄断效应导致金融市场的脆弱性增加。不同金融科技的应用以及发展可能会打破原有的传统金融市场垄断格局，进而形成新的垄断格局。金融科技的出现引发了传统金融市场的变革，打破了原有的帕累托均衡，提高了金融资源配置效率。金融科技的应用本质上是通过先进的技术和创新的金融产品、金融服务来帮助应用主体获得更多的忠诚用户，并使用户形成惯性依赖，产生一定的操作习惯。由于金融科技行业利用技术革新打破了原有的传统金融垄断格局，所以金融科技的技术优势将会被发挥到极致。部分金融科技同行为了抢占市场和获取超额收益，有时会选择违规创新行为，而违规创新将引发更多风险问题。可以说，创新是金融科技的命脉，而创新具有很大的风险性。

二、金融科技风险的特征及其与传统金融风险的差异

（一）金融科技风险的特征

金融科技是金融与信息技术相结合的产物，它创造出的新的金融产品和融资模式改变了金融服务的提供方式。金融科技的应用使得金融市场从有形到无形，从金融活动依赖中

介到无中介，对我们的经济生活产生着巨大的影响。然而，金融科技带来便利的同时，也带来了一定的困扰。与传统金融风险相比，金融科技风险存在着复杂性、内生性、非平衡性、易变性等特征。

1. 复杂性

由于大数据、云计算、人工智能、区块链等技术的发展和应用，使得金融交易活动变得更为高效便捷，打破了金融与其他行业之间的壁垒，从而突破了风险传递的空间限制，增强了金融科技风险的复杂性以及风险管理的难度。

2. 内生性

金融科技的发展极大地打破了风险的扩散速度和范围，而风险是金融市场与生俱来的特征，金融科技的发展并没有改变风险的内在本质。金融科技的运用在提升金融交易效率、降低交易成本的同时，传统金融风险如流动性风险、信用风险等依旧存在，只是表现形式和影响因素可能有所不同。因此，金融科技风险依旧具有内生性特征。

3. 非平衡性

由于金融创新与科技创新之间的不协调、不平衡，金融监管滞后于金融科技的发展，金融科技的发展加剧了金融市场的竞争，部分竞争能力强的企业可能进化成为金融科技寡头，垄断操控金融市场交易，从而对金融市场的公平和运行效率产生不利影响。

4. 易变性

科技创新不断放大当前监管模式的不足。随着金融科技的不断发展，新的风险类型不断涌现，如数据安全风险、技术风险、法律风险等，监管措施的更新速度往往滞后于金融科技的发展速度。这些风险类型的变化也增加了金融科技风险管理的复杂性。

（二）金融科技风险与传统金融风险的差异

金融科技作为金融与科技的深度融合，在提升金融服务效率和便捷性、推动金融创新与多元化和增强金融包容性与普惠性的同时，也改变了金融风险传播的空间范围和速度，与传统金融风险之间存在着显著的差异。

（1）金融科技风险更具隐蔽性、传染性和系统性。金融科技依托大数据、云计算、人工智能等先进技术，使得其风险产生的机制和影响更加难以直观理解和预测。金融科技的快速发展，一方面，使得服务商与投资者之间的信息不对称问题更加突出，服务商利用产品、算法和模型的信息等技术手段，为风险的传播提供了更广阔的空间；另一方面，金融科技创新与监管政策之间的差异性使潜在风险难以得到有效识别，提高了金融科技风险的隐蔽性。同时，金融科技业务具有显著的网络效应，金融市场之间的界限更加模糊，风险更容易在不同市场之间传染，增强了金融市场的脆弱性，使得因技术风险、操作风险等引发的负向影响更快更高效地扩散至各个领域，引发系统性风险。

（2）金融科技风险更具破坏性。金融科技依托于大数据、云计算、人工智能等前沿技术，涉及支付、借贷、保险、投资等多个领域。金融科技的发展促进了金融与其他行业的跨界融合，且金融科技业务往往基于互联网平台开展，具有实时性、交互性强的特点，使得风险更加复杂和难以应对。由于技术的复杂性、不确定性以及涉及面广导致金融科技风险难以预测和控制。一旦技术系统出现故障或被恶意攻击，或者某个领域出现风险，可能迅速传导至金融领域，导致金融服务中断、数据泄露等严重后果，造成巨大的经济损失和社会影响。

（3）金融科技安全性更加突出。金融科技依赖于先进的信息技术，如大数据、云计算、人工智能等，这些技术的安全性直接关系到金融科技的整体安全水平。随着技术的发展，黑客攻击、数据泄露等安全风险也在不断增加，金融科技的安全性要求也随之提升。金融科技涉及大量用户数据，包括个人信息、交易记录等敏感信息，这使得数据安全问题成为金融科技风险的重要组成部分。一旦数据泄露或被恶意利用，将对用户隐私和财产安全构成严重威胁。同时，数据错误或丢失也可能导致金融服务的失误和中断，进一步加剧金融科技风险的破坏性。因此，金融科技的安全性更加突出，金融机构需要不断加强技术安全、数据安全保护、系统稳定性与可靠性、合规性与监管要求以及用户信任与市场竞争等方面的安全工作，以确保金融科技的稳健发展。

三、金融科技风险的类型

金融科技的发展重新塑造了金融业的交易规则，降低了投资者与融资者之间的交易费用，提高了金融配置效率。与此同时，也不可避免地带来了新的金融风险。具体来说主要包括以下几种风险类型。

（一）技术风险

金融科技本身即是通过技术创新进而对传统金融行业产生影响的金融创新。技术本身既是金融科技发展的动力，又是金融科技的风险点。金融科技的技术风险主要体现在以下几个方面。

（1）数据泄露的技术风险。随着金融科技与金融业融合程度的不断加深，数据资源成为核心竞争力，集中起来的数据信息极易被恶意窃取和利用。金融科技系统可能成为黑客攻击的目标，通过渗透测试、恶意软件等手段窃取敏感数据、破坏系统或干扰交易，数据发生泄漏或丢失，个人隐私及机构或公司的财务安全会受到极大威胁。

（2）技术失控的风险。金融科技建立在互联网通信网络和相关信息技术的基础之上，一旦人工智能的应用环境和数据脱离用户的可控范围，或者受到不法分子的攻击或破解，短时间内就会造成金融业务及金融数据瘫痪，对经济产生危害。目前还尚无技术可以在提高收益的同时避开或减少人工智能失控带来的风险。

（3）技术本身还不完善。目前金融科技尚处于发展初期，技术成熟度有待提升，金融科技系统在设计、开发和实施过程中可能存在固有缺陷，软件设计中可能会存在兼容、容错连接等缺陷，信息网络设施设备、云服务器硬件设施存在数据存取、传输等安全性风险，这些缺陷可能导致系统不稳定、数据处理错误或安全漏洞等问题。

（4）监管人员自身的技术储备不足。监管人员需要提升自身技术储备。随着金融科技的发展，金融产品呈现多元化发展，金融科技的监管者需要具备复合背景知识，除了要能够把握金融市场脉搏、熟悉监管政策和方针外，还要理解金融科技的技术逻辑。

（二）操作风险

金融科技平台的建设在增加了客户操作便利性的同时，也带来了操作风险。具体而言表现在以下三个方面。

（1）由于用户可以直接利用金融科技平台在线上交易，且参与者包括了大量"长尾客户"，他们的金融专业知识相对缺乏，对金融科技业务和应用不熟悉，容易在交易中出现操作失误，一旦个人风险事件形成规模就很容易传导到金融市场的其他实体。

（2）金融技术涵盖的业务范围广。个人客户的金融业务交叉容易引发金融机构的操作程序设计失误，从而导致投资者资金损失或者身份信息泄露，进而引发操作风险。

（3）由于金融科技充分依赖互联网技术，而保障数据信息安全是金融科技企业发展的关键，软件和系统等信息技术基础设施不完善，系统漏洞、计算机病毒、设备故障等因素的影响给互联网信息安全带来了很深的隐患，且由于大多数金融科技公司的员工并非专业的技术工程师而是金融从业者，他们很难在短时间内完全适应新技术，很可能由于对新技术不熟练而进行不当操作，从而导致严重的后果和损失。

（三）算法交易风险

算法交易相对于传统投资方法有效地降低了投资者的交易成本，但同时也带来风险。首先，算法交易的应用可能会加剧市场的波动性，例如，2013 年 8 月 16 日，我国 A 股市场发生的光大证券"乌龙指"事件。其次，金融机构运用算法交易，必须提前了解其背后逻辑，做好逻辑检查。例如，2010 年美国道琼斯指数在短时间内下挫 9% 就是由于缺乏有效的逻辑检查。最后，算法交易对系统的稳定性有较高的要求。以美国市场为例，据观察美国市场发生过多起由于系统不稳定引起的金融市场异常情况，2012 年 3 月 23 日，苹果公司股价由于巴兹（BATS）交易所的交易错误瞬时下跌 9.4%，并触发熔断机制；2012 年 5 月，由于无法处理 Facebook 公司的新股增发问题，纳斯达克证券交易所延迟 20 分钟才开始交易，该故障导致 1 000 万美元的损失；2013 年 8 月，由于技术原因导致纳斯达克证券交易所出现 3 小时交易瘫痪。除此之外，金融机构在引进算法交易时应进行员工培训，使其充分了解系统的复杂性，避免因为使用不当而产生损失，在 2013 年 8 月 25 日，以色列特拉维夫交易所由于一名员工输入错误指令导致一家大型投资公司在 5 分钟内蒸发殆尽，同时造成股指下跌 2.5%。

（四）监管风险

随着金融科技的快速发展，信用的识别、获得、评估等方式产生了颠覆性改变，这必将导致金融交易方式、金融产品设计逻辑及金融市场的运作机制等均发生根本性的变化。现有的金融监管体制、机制、手段等难以完全适应其创新和变化，从而可能导致监管空白、盲区、冲突等问题。首先，新兴金融科技本身所属的区域还有待确认，金融科技企业直接从事的是不属于监管当局监管范围的"类金融业务"，从而出现了监管盲区。其次，金融科技企业大多属于科技企业，它们因与金融机构合作而结合，但由于其自身的科技属性，监管机构监管乏力。最后，由于金融科技企业涉及的金融业务，跨市场、跨区域特点明显，然而监管机构往往由于其法定权限受限，只能在单一市场或者区域发挥较好的监管作用，难以适应跨市场、跨区域金融服务的客观需求。

（五）其他风险

（1）数据信息风险。金融科技的应用改变了传统的信息收集、信息录入、信息保管方式。金融科技最主要的特性就是数字化，数字化建立在广泛连接的基础上，以实现信息广泛可用性、真实性以及准确性为目的。然而，这些数据若未得到妥善保护，就会面临泄露风险，导致用户隐私被侵犯。泄露的数据可能被用于身份盗窃、欺诈等非法活动，给用户带来财产损失和安全隐患。同时，不同金融机构或金融科技平台之间可能存在数据壁垒，导致数据无法有效共享和流通，甚至部分机构或个人可能滥用共享的数据资源，进行不正当竞争或违法活动，极大限制了金融创新的发展。

（2）合规监管风险。随着金融科技的快速发展，其业务模式和产品不断创新，但同时也带来了合规监管的复杂性和难度增加。金融科技的发展速度往往快于相关法律法规的制定和修订速度，这种滞后性可能使得一些金融科技企业和产品在没有明确监管规则的情况下运营，增加了市场的不确定性和风险，导致部分金融科技活动可能处于监管空白或灰色地带。因此，加强金融、科技、法律等部门之间的协作和配合，形成合力共同应对金融科技合规监管风险。

（3）系统风险。尽管金融科技的使用在一定程度上降低了主流金融所具有的交易成本、风险、监管、信息不对称等风险因素，但金融科技的应用也增加了金融机构的关联性和金融体系的复杂性。金融科技的发展使得地域差异进一步缩小，空间上的距离对金融的影响微乎其微。当前金融科技的发展使得金融机构间的界限逐步消融，金融机构与非金融机构的壁垒逐渐瓦解，整个金融系统的联系更为紧密，任何风险都会通过金融科技快速传导到整个金融系统。

第二节 金融科技监管概述

一、金融科技监管的基本含义与面临的挑战

（一）金融科技监管的基本含义

金融科技监管是指政府部门通过法律、政策和监管机制，对金融科技企业和相关活动进行管理和监督，以确保其合法、规范、安全、有序地进行。这一过程旨在保护投资者和消费者的利益，同时促进金融科技行业的健康发展。金融科技监管不仅关注技术层面的合规性，还涉及对金融风险的预防和控制。随着金融科技的不断发展和创新，监管者需要密切关注新技术带来的

拓展阅读 8.1
大数据"捕鼠"记

潜在风险，并制定相应的监管政策和措施。同时，金融科技监管还需要与金融科技的发展保持同步，确保监管的有效性和及时性。总之，金融科技监管是保障金融科技行业健康发

展的重要手段，也是维护金融市场稳定和消费者权益的重要保障。

（二）金融科技监管面临的挑战

随着大数据、人工智能、区块链等新兴技术的兴起，金融业也迎来了全新的发展热潮，科技赋予金融业新的面貌。金融科技是技术驱动下的金融创新，利用科学技术服务金融业，金融科技正深刻地改变着金融业的发展形态，成为金融业发展的重要发力点。然而，金融科技在为金融业带来发展机遇的同时也暗含挑战。

1. 法律层面：法律制度滞后性与覆盖面窄

当前，我国的金融监管体系由《保险法》《证券法》《商业银行法》及《银行业监督管理法》等法律及其规范构成，现存的法律规范是为了应对已存在的风险，是对已存在和过去出现的问题进行规制的规则。然而，金融科技的快速发展使得许多新兴金融产品和服务超出了现有法律法规的覆盖范围，现有的法律框架往往难以适应这些新现象，具有明显的滞后性。我国当前还未进行有关金融科技的立法，对金融科技的监管还处于空白阶段。同时，金融科技在互联网大数据的支撑下得以进行，金融科技的运作过程也是信息数据的交换过程，在此情境下，侵犯消费者个人信息、数据泄露、金融诈骗、贩卖数据牟利等情况不断发生。因此，在金融领域保护参与者的个人信息，防止金融数据泄露也需要采取法律手段予以规制。

2. 技术层面：监管科技效用性低

金融科技的深入应用拓展了金融交易的人员参与范围，传统的金融监管方式已经无法达到防范金融科技风险的要求。传统的金融监管以制定全面具体的标准和细则为准绳，而金融科技风险的主要来源是新兴科学技术，因此规制金融科技风险，必须对技术风险进行有效的约束。实践中，对技术的监管总是落后于技术本身的发展，监管科技发展滞后导致无法有效应对风险的频繁发生。监管机构需要具备相应的技术知识，以便有效监测市场动态，识别潜在风险，并确保合规性。

3. 监管层面：传统监管局限性强

金融科技的创新发展给我国传统金融监管体系和监管措施带来了巨大挑战，原来针对传统金融业"分业经营"进行的"分业监管"面临冲击。我国现阶段采用"单线多头"的分业监管体制，形成有序的监管体系。但是在科技加持的情况下，金融业开始朝混业式经营发展，分业式经营体系不断受到冲击，现有的分业监管体制不再适合对混业式经营的监管。同时，"单线多头"的监管体制存在监管重合和监管盲区，容易导致风险隐匿的出现，已经不能够满足金融科技深入发展的需要。

二、金融科技监管模式

（一）分业监管

分业监管也称多头监管，是指根据金融业务属性划定监管边界，不同监管单位对不同行业实施独立监管的模式。根据监管结构的差异，分业监管可分为双线多头分业监管和单线多头分业监管两种模式。

在双线多头分业监管模式中，双线是指在中央和地方设立两级监管机构分别行使监管权，中央监管机构具有相对权威性，负责总体金融监管政策方向的把控，地方监管机构除执行中央监管政策外，在监管规则制定与执行上拥有较大的自主权；多头是指在双线架构下，中央和地方根据分业监管理念分别又设置多个监管部门，来负责不同行业和领域的监管职责。目前，实行双线多头分业监管的主要为联邦制国家，如美国、加拿大等。美国联邦政府和各个州政府均负有金融监管职权，联邦政府金融监管体系主要包括联邦储备委员会（美联储）、货币监理署、证券交易委员会、联邦存款保险公司等，同时，各州政府也设立了州银行和保险委员会等地方监管部门，负责对管辖权内的金融机构进行监管。美国双线多头分业监管体系如图 8-1 所示。

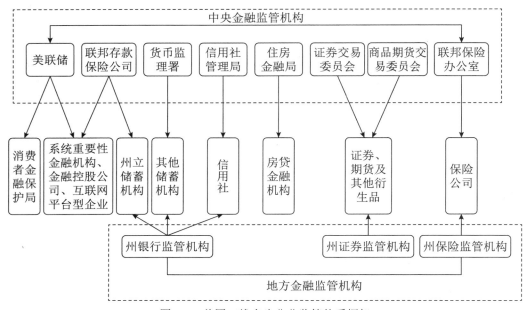

图 8-1 美国双线多头分业监管体系框架

单线多头分业监管是指金融监管权集中于中央层面的多个不同监管单位，目前多数发展中国家采用该种模式。分业监管模式分工相对明确，监管单位仅需关注特定行业，有助于提升监管的专业性，同时，也有助于节制权力垄断，减少腐败和权力寻租的可能。因此，在 2008 年金融危机前，分业监管得到了全球多数国家的青睐。20 世纪 90 年代以来，金融自由化思潮的兴起，各国监管当局普遍放松了管制、弱化了监管，随之带来了业务交叉化和金融集团经营化，由于人才储备不足及监管功能划分限制，单一的监管单位对一些金融创新领域无权监管、不能监管，进而产生了监管的真空地带，为监管套利提供了土壤。随着 2008 年金融危机的爆发，分业监管的时代局限性逐步显现，实行分业监管模式的国家开始纷纷着手对其进行调整优化。

（二）统一监管

统一监管是指对不同金融机构、金融领域"一视同仁"，设立统一的机构负责监管职责。在该模式下，监管者既要在宏观上考虑整个金融体系的安全平稳运行，也要在微观上履行金融监管职能。目前，统一监管在全球各地区有不同的拥趸。在欧洲，1997 年英国金融服务局作为英国金融市场的统一监管机构，正式开始行使维护金融稳定、保护投资者利益、打击金融犯罪、提振市场信心的法定职责，虽然英国统一监管政策在 2013 年被双峰监管所取代，但在其成功运行的 15 年里积累了大量的实践经验，为经济金融基础相对薄弱、有意实行统一监管的国家提供了框架指南。此外，在亚洲，日本、韩国、新加坡等国均采用统一监管模式，监管机构分别为日本金融厅、韩国金融服务委员会、新加坡金融管理局。日本统一监管体系如图 8-2 所示。

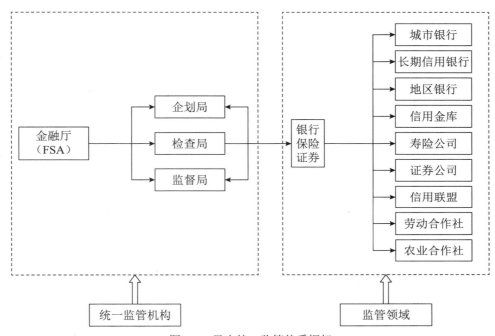

图 8-2 日本统一监管体系框架

相较于分业监管，统一监管打破了监管权限藩篱，也解决了多重监管问题，一定程度上消除了监管真空、遏制了监管套利、降低了监管成本。此外，统一监管具有较强的适应性和包容性，能够较好地应对信息技术与金融业务融合所带来的金融科技监管问题，有效避免监管真空出现，进而降低了系统性金融风险的发生概率。但与此同时，统一监管也存在较为明显的缺点：一方面，监管权力的完全集中容易导致官僚主义和过度监管，进而造成权力寻租和创新抑制；另一方面，"大而全"的统一监管无法完全满足金融创新"专而精"的监管要求，即监管专业性有限。

（三）双峰监管

双峰监管是指由两家功能互补、隶属平行的监管机构分别执行审慎监管和行为监管的监管模式。该模式发轫于 20 世纪 90 年代，最早由英国学者迈克尔·泰勒（Michael Taylor）提出，在诞生之初即被视为未来监管改革的方向。在双峰监管中，审慎监管当局通过制定政策和强化措施，负责金融市场稳定和系统性金融风险防范化解工作；行为监管当局聚焦于对金融机构的经营行为进行合规监管，通过打击不正当竞争等行为，实现对金融消费者合法权益的有效保护。英国双峰监管体系如图 8-3 所示。

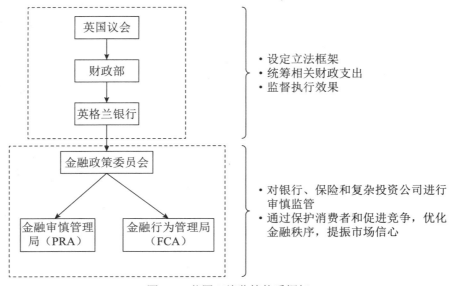

图 8-3　英国双峰监管体系框架

双峰监管的提出代表着监管理念的革新。在此之前，不论是分业监管还是统一监管，都侧重于金融机构监管，即关注于持牌机构本身与业务所带来的衍生风险；双峰监管不再仅关注金融机构自身，而是将监管矛头指向了泛金融领域的整体风险。综合来看，双峰监管的优点不言而喻，其能够更好地满足金融混业经营时代对高效、全面监管的需要，也能够更好地保护金融消费者的合法权益。但同时，双峰监管在实践中也暴露出一些短板，主要是双峰监管维度设计较为简单，在金融创新加快、金融业务去边界化的趋势下，很难做到全覆盖式监管。

（四）功能监管

"功能监管"一词源自美国经济学家罗伯特·莫顿（Robert Merton）的文章，主要是指对功能相同、法律关系相似的业务按照同一规则由同一监管机构实施监管的模式。莫顿认为，在金融创新持续推进的过程中，金融产品与服务的范围在不断变化，金融机构与金融市场的边界在不断扩展，导致监管重叠与监管真空共存的尴尬局面无法缓解，基于提升监管效率的考量，他认为传统监管转向功能监管将是不可避免的趋势，主张对金融市场中相似业务与金融活动实施标准统一的监管。例如，如果一个金融控股集团想要从事信贷类业务，就必须获得银行业相关牌照并接受银行业监管机构监管，如果其还想从事保险业务的话，也需要获得保险业牌照并接受专业监管。在监管实践方面，美国在继续实行分业监管的同时，也开展了功能监管的实践，形成了独具特色的伞状监管。功能监管虽然理论上可以弥补金融创新给金融监管带来的制度豁口，但随着金融科技发展，金融混业经营模式下金融产品和服务逐渐呈现出高度专业化、复杂化发展趋势，这就要求监管机构要具备极高的专业水平，能够在没有具体、清晰的规则指导的情况下，精准、快速判定出新业务是否涉及金融业务、涉及哪些金融业务、该由谁来监管。现阶段看来，发达国家对此尚无法熟练应用掌握，对于金融监管实践薄弱、技术手段单一的发展中国家而言，仅依赖于功能监管一种模式无疑是不现实的。

三、全球主要国家金融科技监管措施

（一）美国

近年来，美国将金融科技发展作为提升国家竞争力的重要手段，采取更为开放包容、鼓励创新的态度，逐步创新监管方式。

1. 根据业务属性实施归口监管

目前，美国金融科技监管根据金融业务的属性和特点纳入现有的金融监管体系，无明确监管的，政府调整相应规则，以维持金融系统稳定性。如美国网络借贷网络贷款人向存款机构提供服务的，适用银行服务法案，接受美联储、货币监理署、联邦存款保险公司的监管；贷款人向公众出售或发行证券的，由证券交易委员会根据《证券法》监管；贷款人对消费者的相关行为，应接受消费者金融保护局（CFPB）的监管。

2. 单中心化监管

在监管制度设计上，政府不再是制度的唯一制定者，监管机构与市场主体、行业协会、学者等开展广泛合作，寻求对金融市场风险的监管。如 2012 年 11 月，消费者金融保护局启动了项目催化计划（Project Catalyst），组织金融机构、科技公司、学者等参与计划，在金融创新的最前沿与传统金融机构、消费者权益组织、学者、智库及其他监管机构建立广泛的合作机制，实现了消费者友好型的金融创新监管。

3. 金融监管与金融创新的平衡

为平衡金融科技创新发展，美国探索在现行法律框架下，适度调整并完善监管方式。2019 年 9 月份，美国消费者金融保护局推出"试验披露计划""合规协助沙盒"等监管友好型方式，缓解传统监管模式在鼓励金融创新和防控金融风险上的两难困境。"试验披露计划"是经消费者金融保护局批准，参与测试的企业可以开展创新的信息披露方式，消费者金融保护局对测试内容进行评估，决定是否批准经营。"合规协助沙盒"是在消费者金融保护局评估产品或服务是否符合相关法律规定之后，对申请人提供"安全测试环境"，降低新创企业面临的监管不确定性，鼓励科技创新。

（二）英国

为构建监管部门和监管对象充分沟通的合作平台，2015 年英国金融行为监管局（FCA）设立"监管沙盒"机制。"监管沙盒"主要以实验的方式，创造"安全区域"，企业可以在该区域测试产品、服务及交付机制等，不会受到现有监管规则的制约或因触犯法规遭受不合理处罚。自 2016 年以来，澳大利亚、新加坡、泰国的金融监管部门也相继推出"监管沙盒"，以推广金融科技产品和服务。2019 年，英国金融行为监管局、美国金融消费者保护局、新加坡金融管理局以及世界银行集团、国际货币基金组织等 38 个金融监管部门和相关国际组织共同推动建立了跨国监管沙盒"全球金融创新网络"，以加强跨国金融合作。

1."监管沙盒"设计理念

严格的金融监管框架虽然可以规避金融科技带来的风险，但在一定程度上也阻碍了金融创新，不利于金融业发展，不利于企业发展，进而增加融资难等问题。"监管沙盒"给予产品和服务足够的测试空间，消除监管不确定性对金融创新的抑制作用。

2."监管沙盒"的流程

"监管沙盒"模式的第一步是筛选企业。进入"监管沙盒"测试的企业需满足监管机构提出的五条标准：①该机构测试的产品或服务创新属于监管或应被监管的范围；②该创新与市场上现有的服务显著不同；③该创新对消费者有利；④确实有真实环境中测试的必要；⑤测试计划要有明确的目标计划、参数标准、资源投入和有效的消费者保护措施。第二步是选取合适的消费者。第三步是产品和服务的测试阶段。企业实施沙盒测试，监管机构监督测试过程，一般测试期为 3 ～ 6 个月。第四步是完善监管政策。根据测试结果，监管局决定是否将产品或服务推向市场，并完善监管政策。

3."监管沙盒"的鼓励政策

已经获得牌照的机构及相关外包机构在参加"监管沙盒"测试时，企业会得到 FCA 的不采取措施函、个别指导或豁免三项声明。若 FCA 认为测试没有违反法规要求或损害监管目标，会发布不采取措施函，即只要不违反监管要求，企业测试活动中 FCA 不会采取强制措施；在测试期间，企业可向 FCA 寻求个别指导，FCA 可对企业单独指导，确保测试合规；若企业在测试中，无法达到 FCA 的相关规定标准，但符合 FCA 豁免标准，FCA 可在职权范围内提供豁免，允许其在开展测试时临时性突破规定。未获得金融业务许可的企业，可通过申请限制性的金融业务许可授权，获得限制性牌照参与沙盒测试。

4."监管沙盒"对消费者的保护

FCA 要求要制定合理的程序，保证客户自愿参加，测试企业需满足消费者的知情权、求偿权和申诉权，提示测试的风险。测试的企业要证明其具有赔偿客户损失的能力，并设置消费者保护赔偿等环节对损失做出及时公平的赔偿。

（三）新加坡

新加坡的金融科技监管是在"实质性和适配性"原则下实施"三位"一体的动态监管，即监管不越位、不缺位、要到位。作为监管的主体，新加坡金融管理局（MAS）以创新为金融监管发展的基础，建立金融科技创新监管平台，鼓励刚成立的科技创新公司与金融机构相互交流，共同促进金融科技发展。在市场准入方面，新加坡采用"监管沙盒"机制，以此来提高市场准入门槛，通过在安全可控的"沙盒"环境中测试产品，以提高产品优势，从而降低未来可能会发生的金融风险。

1. 金融科技监管架构

（1）明确金融科技监管主体。新加坡金融管理局（MAS）是新加坡的中央银行和综合金融监督管理机构。新加坡授予金融管理局一定的权力，使之成为负责制定金融科技发展战略与政策框架的政策主体。

（2）成立金融科技创新团队。2015 年，新加坡金融管理局成立金融科技及创新团队

（FTIG），负责制定金融创新计划，构建新加坡智能金融中心。2016 年，金融科技署成立，该机构负责出台政策、监督管理工作，对金融科技组织的监督管理工作提供一系列审批援助。

（3）加大各国的金融科技合作力度。新加坡金融管理局与国际清算银行（BIS）合作成立创新中心，一方面，建立一个可以共享数据的公共数字基础设施框架；另一方面，创建一个数字平台，将监管机构、监管人员与数字和技术解决方案提供商联系起来。

2. 金融科技监管方法

（1）金融科技监管覆盖面广。新加坡金融科技监管内容涵盖监管原则、监管方式、监管范围、监管程序以及监管工具。①监管原则。始终坚持技术中立原则，采取针对性与中立性并存的监管原则，监管权重取决于技术风险的高低，并且根据不同的风险系数进行监管干预。②监管方式。试点"监管沙盒"，实行分类监管、独立监管，坚持透明监管原则，构建穿透式监管。③监管范围。涵盖银行、保险、证券、支付等领域，具体包括营销获客、移动支付、财富管理、智能风控等广泛的金融行为，并将金融科技公司纳入监管范畴。④监管程序。已形成评估、授权经营、"监管沙盒"以及行业治理等链条式的监管程序。⑤监管工具。发展监管科技，利用技术提升对金融科技的监管能力，以完善整体监管措施。

（2）监管理念"三位"一体。①监管不越位。新加坡金融管理局认为监管应注重预防重大风险，以免扰乱行业秩序，或导致市场投资主体的利益遭受侵害，而不是因技术发展导致业务被颠覆或出现利益被重新分配的情况。过早引入监督管理可能会扼杀创新，并可能阻碍前沿新科技的使用。②监管不缺位。金融监管关系到国计民生，监管部门如果落后于创新将影响金融安全。监管缺位会扰乱经济秩序、破坏国民资产安全、面临严重的经济损失等。③监管应该到位。新加坡金融管理局采用实质性和适配性原则，当新技术带来较大风险时，就应将监督管理工作落实到位，并且监督管理行为应与其风险成比例。以上"三位"一体的监管方法论，也让金融创新监管成为新加坡金融业的核心竞争力之一。

（四）澳大利亚

澳大利亚的金融科技监管属于"双峰监管"，主要以审慎监督管理局和证券投资委员会为监管主体。其采用的是限制性存款机构政策，通过发放存款机构（ADI）牌照的方式对金融科技企业进行监管。并在其发展过程中，澳大利亚的金融监管呈现出以监管机构、行业协会和监管科技企业为三角的发展模式，监管机构直接对监管科技企业采取监管措施，而监管科技企业则积极主动地向监管机构提供监管反馈信息，行业协会充当着润滑剂的作用，一方面积极主动配合参与监管科技企业的发展，另一方面按照实际情况向监管机构提供监管措施意见。此外，澳大利亚还结合本国国情和经济发展实际，采用借鉴"监管沙盒"方式，同时创造性地设立"创新中心"以加强对金融科技企业的金融产品进行服务支持和引导，帮助其适应澳大利亚的监管体系。

澳大利亚"监管沙盒"机制起源于 2015 年澳大利亚证券投资委员会（ASIC）创新中心的成立，其目的是将创新中心作为 ASIC 面向金融科技企业的窗口，帮助金融科技初创企业更好地适应本国金融监管体制。ASIC 创新中心的成立在一定程度上缓解了金融科技初创企业所面临的缺乏监管应对经验等压力，同时也建立了监管者调查了解创新产品和服务以及与现有规则和政策方式协调状况的反馈渠道。2016 年 3 月 ASIC 创新中心正式发布《监管指南 000》和《监管指南 254》等金融科技领域的两份方针文件，为"监管沙盒"机制的建立奠定了初步基础。2016 年 12 月，澳大利亚联邦政府正式批准设立"监管沙盒"机制，并出台了一系列的指导法案监管指南，主要的监管框架体现在《监管指南 257：在未持有澳大利亚金融服务许可证（AFSL）或信贷许可证（ACL）的情况下测试金融科技产品与服务》中。2017 年 2 月和 8 月，ASIC 在以往的基础上对"监管沙盒"基本框架进行了更新，2017 年 11 月，澳大利亚政府出台了一系列有关金融科技的监管草案，主要包括《2017 年财政法修正案（后续措施）法案：金融科技沙盒监管许可证豁免（草案）》《2017 年金融科技沙盒澳大利亚金融服务许可证豁免条例（草案）》（简称《AFSL 豁免条例草案》）和《2017 年国家消费者信贷保护（金融科技沙盒澳大利亚信贷许可证豁免）条例（草案）》（简称《ACL 豁免条例草案》），致力于创建一个具有强化效果的增强型"监管沙盒"，加大力度支持金融科技领域的创新，从而进一步巩固澳大利亚作为亚太地区金融科技中心的领先地位。

第三节　金融科技的技术监管与业务监管

一、金融科技的技术监管

金融科技的底层技术存在潜在的风险，如数据隐私、网络安全等。云计算、大数据等共享技术的发展推动了融资模式的革新，许多传统金融机构借助 P2P 平台放贷，并通过第三方平台进行资金业务管理。但平台信用与金融机构的信用不对等，增加了第三方依赖，加剧了资金所有者面临的资金管理风险。同时，传统金融机构与新兴金融科技企业合作融资的方式，还会加大资金挪用风险。此外，生物识别等人工智能技术在电子支付加密资产等金融科技业务中的广泛应用，也存在道德风险，其使用权限的模糊不清与隐私安全是该技术在使用中面临的主要问题。

当前，各国针对底层技术的监管主要集中于应用程序接口（API）、云计算和生物识别领域。其中，API 是连接银行与第三方机构的工具，银行可以使用 API 与用户分享信息，是开放式银行的重要底层技术；云计算属于分布式计算，是指通过网络"云"将巨大的数据计算处理程序分解成无数个小程序，并对数据进行分析；生物识别主要通过计算机、传感器和生物统计学原理等高科技手段，利用人体固有的生理特性和行为特征进行个人身份的鉴定。金融科技底层技术类型及具体监管措施如表 8-1 所示。

表 8-1　金融科技底层技术类型及监管措施

金融科技		应用领域	具体监管措施
底层技术类型	应用程序接口（API）	开放式银行	通过立法鼓励 API 的使用。例如，墨西哥《金融科技法》，新加坡金融管理局与新加坡银行协会联合发布的 API 手册

金融科技	应用领域	具体监管措施
底层技术类型	云计算	数据管理，新型金融产品研发	针对外包、风险管理和网络安全框架等关键领域提出具体要求，以确保信息安全和政府的审计权利。例如，美国、英国、韩国等都明确了对云计算的监管要求，中国和俄罗斯也将其纳入规划
	生物识别	远程识别和认证	针对数据收集、使用和存储提出具体要求，以保护数据隐私、维护网络安全、加强反洗钱监管。欧盟成员国管辖区内的《欧盟支付服务修订法案（第二版）》（The Second Payment Services Directive，简称 PSD2）、《通用数据保护条例》（General Data Protection Regulation，简称 GDPR）和《欧盟反洗钱 5 号令》（5th Anti-Money Laundering Directive，简称 AMLD5）

二、金融科技的业务监管

伴随着现代化科技和互联网的发展，将人工智能、大数据、云计算等现代化技术应用于金融系统已成为不可阻挡的浪潮。2021 年 12 月，央行印发了《金融科技发展规划（2022—2025 年)》，为新时期金融科技的发展提供指导，明确了新时期金融科技发展的总体思路、发展目标、重点任务和实施保障。以科技创新为依托，运用互联网平台、大数据、人工智能等技术手段，开辟新的业务领域，转变业务开展模式，提高金融服务水平和服务效率。金融科技的业务监管主要涉及以下几个方面。

（一）大数据技术下的金融监管

大数据技术是继物联网、云技术之后，业界又一次出现的技术浪潮，通过对海量数据采集、分析与处理，可以获得稀缺、弥足珍贵的信息。在金融监管领域，由于信息不对称或者不完全，金融风险往往难以控制在合理范围内。基于此，借助大数据技术，全面有效地对金融市场进行分析，实施紧密的监管，以期对控制金融风险有所帮助。大数据技术在金融行业监管中的应用主要有以下三个方面。

1. 数据收集与整合

在数据收集方面，大数据技术通过传感设备、物联网等手段，实现了监管数据的自动化采集。这些数据包括行业内的各种业务数据、运营数据以及用户行为数据等。在数据整合方面，大数据技术能够将多源异构的数据进行清洗、转换和融合，形成统一的数据格式和标准，为后续的数据分析和处理提供基础。

2. 数据分析与挖掘

在数据收集和整合之后，利用大数据和人工智能技术，可以对收集到的监管数据进行高效筛选、分类和分析，从而发现潜在的风险和问题。通过数据挖掘技术，可以深入挖掘数据背后的规律和关联，为监管决策提供科学依据。

3. 风险监测与预警

基于大数据分析的风险监测模型，可以实时监测行业内的风险状况，及时预警潜在的风险事件。通过设置风险阈值和预警规则，可以自动触发预警机制，提醒监管部门及时采取措施进行干预和处置。

大数据技术与监管科技的结合应用可以大大增强监管能力。通过多维度的数据分析和挖掘以及智能化的预警和决策支持系统，监管部门可以更加全面、深入地了解行业动态和风险状况。同时，也可以更加精准地制定和实施监管政策和措施。

拓展阅读 8.2
大数据技术赋能地方金融监管——以天津市金融局为例

（二）人工智能技术下的金融监管

随着金融市场的复杂性和规模的不断增长，传统监管方式已无法满足市场需求。人工智能作为一种先进的科技手段，通过大数据分析，实时监测市场动态，及时发现潜在风险，提高监管效率和准确性，降低监管成本。人工智能技术在金融行业监管中的应用主要有以下四个方面。

1. 风险识别与评估

人工智能通过大数据分析，能够识别出潜在的金融风险点，如信用风险、市场风险、操作风险等。机器学习算法可以根据历史数据和市场动态，建立风险预测模型，为监管机构提供科学的风险评估报告。

2. 合规性监管

人工智能可以协助监管机构对金融机构的合规情况进行实时监控。通过自然语言处理技术，人工智能可以自动分析金融机构的文档、报告和公告，检查是否存在违规行为或潜在的法律风险。

3. 异常交易监测

人工智能能够实时监测金融市场中的交易行为，通过模式识别和异常监测算法，快速识别出异常交易和可疑活动。这有助于监管机构及时发现并打击金融欺诈、洗钱等非法活动。

4. 智能监管决策支持

人工智能可以为监管机构提供智能化的决策支持。基于大数据分析和机器学习算法，人工智能可以生成监管报告、预测市场变化、评估政策效果等，为监管机构制定科学合理的监管政策提供有力支持。

（三）区块链技术下的金融监管

区块链技术是一种分布式账本技术，其核心概念包括分布式存储、去中心化控制、智能合约和共识机制。这些特性使得区块链技术能够提供一个公开、透明、不可篡改的交易记录平台，为金融监管提供了新的工具和方法。区块链技术在金融行业监管中的应用主要有以下三个方面。

1. 全过程全方位监管

利用区块链的技术特征，可以在国家金融监督管理局的推动下，将省、市、县各地人民银行、证监会嵌入区块链中的金融机构节点，节点间点对点地链接起来，形成一个"公开的大账簿"。"公开的大账簿"使多个节点拥有相同的记录，任何人都可以在记录上查到所需要的完整信息，且都无法再更改已生成的信息记录，信息会保持相同的状态。金融监管机构在节点中可全过程实施监管行为，各金融机构无法篡改已生成的信息记录。"公开的大账簿"可以在事前、事中、事后任何时点实施监管，解决了分业监管的弊端，监管机构既可以监管其所分管的金融业务，也可以查看不分管的业务，在链条上相互验证，从而构建起区块链技术下的金融业监管机构体系。

2. 智能合约监管

"区块链＋智能合约"是指借助区块链技术实现全系统对交易数据的监督和控制，将事先约定的规则和条件设置代码并写入区块链中，当满足代码条约时，系统程序就会自动执行，若不满足代码条约，则系统程序不执行。区块链是智能合约技术的基础，智能合约的自动执行机制使得区块链上的机构能遵循事先约定的条款，诚信有序地执行合约，这也使得监管更加便捷容易。

3. 技术手段穿透式监管

传统的金融是每个机构有一个中心服务器，一旦服务器受损，该金融机构的交易就会受到影响，而区块链多节点分布特征使得一个节点受损，其他节点照常运行且保留不能篡改的数据，不会引发技术上的风险，区块链技术透明、可追溯、不可篡改的特点，有利于监管部门随时纵向核实节点上的数据，也可以实现任意横向核查交易相关的数据、证据，实施横向、纵向穿透式监管，防止金融风险交叉感染。

拓展阅读 8.3
区块链技术下
移动金融犯罪
防控

第四节　国内外金融科技监管现状与展望

一、金融科技监管的国际发展现状

（一）各国金融科技监管的共同理念

金融科技监管是一个多维度、综合性的体系，其宗旨是确保金融体系的安全与稳定，促进金融效率与创新，推动可持续金融发展。世界各国在金融监管方面的共同理念是在促进金融科技发展的同时确保金融市场的稳定性，具体如下。

（1）适应性监管理念。监管者应密切关注金融科技对金融业带来的变化、潜力及结构性影响，及时调整监管政策和制度，实现从静态监管向动态监管的转变。这种理念强调监管的灵活性和前瞻性，以适应金融科技的快速发展。

（2）功能性监管理念。注重金融产品的功能特征和功能变化，从机构监管转向功能监管。这意味着监管不再仅仅针对金融机构本身，而是更加关注金融产品的实际功能和风险。这种理念有助于实现跨机构、跨市场的统一监管标准，提高监管效率和效果。

（3）包容性监管理念。鼓励金融创新，给予金融创新一定的容错空间，同时建立严格的责任制度。这一理念体现了监管者对金融科技创新的积极态度和支持，旨在激发金融市场的创新活力，推动金融科技行业的健康发展。

（4）实验性监管理念。通过监管实验，监管者可以及时了解金融创新的收益与风险，为制定科学的监管制度提供借鉴。这种理念强调在实践中不断探索和完善监管措施，确保监管政策的有效性和适应性。

（5）协调性监管理念。实现监管机构之间的信息共享和沟通，构建监管机构与被监管机构及其相关利益方之间的平等对话和沟通交流机制。这种理念有助于加强监管机构之间的合作与协调，提高监管的整体效能，同时增强被监管机构的合规意识和主动性。

此外，随着大数据、人工智能等新兴技术的发展，金融科技监管还逐渐融入了科技元素，强调利用技术手段提升监管能力和效率。例如，通过构建智能监管系统，实现对金融科技活动的实时监测和风险评估；通过数据分析和挖掘，发现潜在的违规行为和市场风险；通过区块链等分布式账本技术，提高交易透明度和可追溯性等。

（二）各国金融科技监管现状

近年来，人工智能、大数据等新兴技术的出现，科技与金融领域深度结合的方式正在改变整个金融市场，同时也给金融科技监管带来了巨大的挑战。金融科技监管主要应用于两方面：一是应用于监管机构监管端的监管科技，二是应用于金融机构合规端的合规科技。下面将从金融科技监管现状、监管端业务现状和合规端业务现状来介绍美国、英国和新加坡的金融科技监管。

1. 美国

（1）金融科技监管现状。由于美国的金融监管体系较为复杂，并未有专门的监管机构负责金融科技监管。美国的金融监管可以分为货币资金、证券交易和保险市场三大板块。货币资金主要由美联储（FED）、货币监理署（OCC）等机构负责监管；证券交易市场主要由证券交易委员会（SEC）和商品期货交易委员会（CFTC）负责监管；保险市场没有联邦一级的保险监管机构，主要由各州政府负责监管。美国作为国际金融中心与金融科技创新发展高地，采取了一系列措施适应金融科技监管步伐的加快。2019年，美国消费者金融保护局（CFPB）参照英国实施的监管沙盒政策，提出了美国监管沙盒政策，包括"合规协助沙盒"（Compliance Assistance Sandbox）和"试验披露计划"（Trial Disclosure Program），鼓励进行金融产品和服务创新，同时鼓励创新信息披露方式。同年，美国金融监管机构还加入了全球金融创新网络（GFIN），与其他国家一起共建全球监管沙盒，测试金融创新产品、服务和商业模式。

（2）监管端业务现状。在联邦层面，证券交易委员会（SEC）构建了市场信息数据分析系统（MIDAS），MIDAS每天从13个国家证券交易所的专有信息源中收集大约10亿条股票交易记录，时间精确到微秒。MIDAS使证券交易委员会可以在6个月甚至1年的时间内对数千只股票进行分析，一次涉及1 000亿条记录。同时，证券交易委员会结合MIDAS构建的不同维度的数据结构提供数据下载功能，以促进其他监管机构更好地洞察股票市场和股票市场结构。证券交易委员会还根据投资顾问每年提交的ADV表格，通过语义识别、非结构化数据处理技术将ADV表格进行文档提取，处理为机器可读的文本语言，采用无监督的机器学习方法聚类成不同的主题。随后基于以往的数据集，采用有监督的机器学习方法进行数据标注，将注册人标记为不同的等级方便后续监管调查。在州政府层面，亚利桑那州政府在美国率先采用了监管沙盒政策，测试创新型金融产品和服务。申请人通过州检察长办公室审批通过后，可以向最多17.5万名亚利桑那州的居民提供金融产品和服务，有效期为2年。犹他州于2019年3月签署了监管沙盒法案，申请人经商务部审批通过后方可进入"沙盒"提供创新金融产品和服务。

（3）合规端业务现状。美国的金融科技监管合规主要覆盖了监管报告、风险管理、身份识别与控制、合规咨询与交易监控等业务层面。随着美国的监管要求日益严格，金融机构的合规需求也逐年上涨。出色的监管科技解决方案有助于帮助金融机构合理管控合规风险，满足反洗钱（AML）与"了解你的客户"（know-your-customer，KYC）的监管法规和合规责任。例如，Droit 公司为全球金融机构提供监管合规服务，通过公司开发 Adept 平台（主要功能包括决策引擎、逻辑查看器和注释器等），为客户提供关于如何应用规则和法规的正确决策。为了验证合规决策的正确性，Adept 平台生成了一个逻辑模型，其中包含了链接到原始源文本的可追溯路径。这种对逻辑的透明性可以在提高清晰度的同时提高运营效率。Ascent 公司利用自然语言处理与机器学习技术，帮助金融机构更加简洁高效地适应监管机构发布的复杂监管规则。每当监管规则发生变化时，该公司的平台会帮助金融机构解读并指示客户进行合规反映，同时还会快速评估监管规则变更对金融机构的影响。金融机构还可通过 Ascent 平台建立监管规则文件库，通过前后比较对变更的监管规则进行可视化分析。

2. 英国

（1）金融科技监管现状。2014 年，英国金融行为监管局（FCA）成立了创新项目办公室，支持新创企业以直接支持和创新合作的方式与监管机构进行对接。FCA 于 2015 年首先提出监管科技的概念，借助科技监管技术优化金融监管。FCA 指出监管科技作为金融科技与大数据、云计算、机器学习等新一代技术相结合的金融监管方法，服务于提高监管效率、降低合规成本的主要目标。FCA 于 2015 年 11 月提出监管沙盒的概念，鼓励金融科技企业在受限制的环境里进行创新型金融产品和服务的实验。在降低监管门槛的基础上，保护了消费者不受创新实验所带来的风险。2018 年，FCA 在全球范围内发起倡议，建议构建一个不受国家区域限制的监管沙盒，推动全球金融科技的发展与创新。2018 年 8 月，FCA 与全球范围 11 家金融监管机构联合宣布建立全球金融创新网络联盟（GFIN），目标是在全球不同市场中协作并共享创新实验成果，为监管端和合规端提供跨境解决方案的环境。截至 2022 年 8 月，全球共有 71 个来自不同国家和地区的金融监管机构成为 GFIN 的成员。

（2）监管端业务现状。2017 年，FCA 将自然语言处理、分布式智能合约、机器学习等技术与传统金融监管报告相结合，提出了数字化监管报告（DRR）的概念。实现了将非结构化的监管文件、法律条文转化为机器可读可执行的文本语言，有效地缩小了监管目的和法律条文之间的差异。FCA 发布了一系列金融机构数据标准化的指引，保证了 DRR 能进行数据提取，还能帮助监管机构直接从金融机构的数据库中抓取数据，将提取的信息和数据自动生成监管报告发送给监管机构。同时，分布式智能合约的应用帮助金融机构无须通过 API 转移数据，而是以智能合约验证金融机构提交的数据是否合规为依据，在数据合规的情况下，仅将合规结果发送给监管机构，保证了金融机构数据和信息的安全性。DRR 的出现将传统的监管规则变更成了代码的形式，金融机构无须人工理解监管规则的变化，而是以代码执行的形式进行，极大程度地降低了合规成本并保证了金融机构可以快速适应监管规则的变化。另外，监管机构获取监管报告也更加高效准确，提高了监管效率。

（3）合规端业务现状。英国的合规端业务与美国类似，同样包括监管报告、风险管理、身份识别与控制四大方面。例如，在身份识别与控制方面，在英国平均有 25% 的客户因为"了解客户"（know-your-customer，KYC）规则而放弃了申请，单个客户的 KYC 成本为 13 ～ 130 美元，金融机构每年用于 KYC 的成本平均高达 6 000 万美元。英国 AiXPRT 公司主要为金融机构提供反洗钱与 KYC 解决方案。AiXPRT 公司通过引入人工智能技术，加快姓名筛选过程，并根据第三方观察名单自动筛选个人姓名，识别或突出潜在的正面匹配。AiXPRT 开发的名称匹配算法结合了机器学习模型运营化（MLOps）、非结构化数据分析、链接式分析检查，帮助金融机构可以自定义标准执行名称筛选检查，快速高效地完成 KYC 规则中的客户尽职调查（CDD）与加强尽职调查（EDD）。金融机构仅需输入名字即可通过 AiXPRT 数据库得到快速报告与查询结果，从而决定是否需要进行深入调查。金融科技监管在合规端帮助英国金融机构减少了合规的成本，同时避免了因为时效性、准确性而导致的金融风险。

3. 新加坡

（1）金融科技监管现状。作为全球排名第四的金融中心、亚洲最大的外汇交易中心，新加坡也同样拥有亚洲最丰富的金融科技监管资源。新加坡金融监管领域的监管职能由新加坡金融管理局（MAS）承担，该机构建立了强大而成熟的监管框架，支持行业发展和创新。不同于美国和英国，MAS 是负责监管银行、保险业、证券市场、支付结算的中央金融机构，同时 MAS 负责行业宏观审慎管理和微观审慎监管，承担着中央银行调控、地方金融监管和促进金融市场发展三个重要作用。2015 年，MAS 成立了金融科技创新小组（FTIG），主要负责制定创新金融科技监管政策。2016 年，新加坡也提出了监管沙盒的政策，鼓励金融监管新创企业在监管放松的环境中测试新的金融产品和服务。为了促进监管科技的采用和发展，新加坡金融管理局于 2022 年 4 月推出了"监管科技资助计划"。该计划包括两个层面：试点级项目层面，金融机构能够获得来自 MAS 的 7.5 万新元资金，以此全面整合之前试行的监管科技解决方案；生产级项目层面，金融机构可获得 MAS 的 30 万新元的资金支持，来开发更大规模的定制产品。

（2）监管端业务现状。MAS 一直致力于推动新加坡金融科技监管的创新，为新加坡打造了稳定创新、务实落地的发展环境。2018 年 11 月，MAS 发布了《新加坡金融部门使用人工智能和数据分析时促进公平、道德、问责和透明原则》[The Monetary Authority of Singapore's (MAS') Principles to Promote Fairness, Ethics, Accountability and Transparency，即 FEAT 原则]，规定了新加坡金融机构必须负责地使用数据，并要求开放 API 端口供第三方使用者下载和阅览。FEAT 原则作为 MAS 人工智能发展计划的一部分，有助于新加坡建立一个可信度极高的人工智能发展环境。随着越来越多的公司遵循 FEAT 原则来进行风险管理和监管合规，数据使用者对人工智能和数据分析的信心也将不断增强。

（3）合规端业务现状。MAS 要求金融机构通过其新的数据采集网关（Data Collection Gateway，DCG）报告超过 7 700 个独立的数据点。其中，DCG 平台运用监管运营化（RegOps）架构将数据的收集、验证和管理简化为一个解决方案。DCG 平台的 MAS 监管报告软件是一种基于 API 的解决方案。DCG 平台允许立即进行合规性验证和使用监管变更。它使用与 MAS 相同的技术和规则引擎提供完整的数据反馈。它可以根据 MAS 数据验证规则进行运行测试并提交，不符合监管验证规则的将提示警告。DCG平台强大的分析仪表板包括有关绩效和风险指标的完整报告。DCG平台从上线之初即与当前MAS报告要求保持一致，并能实现同步更新，帮助金融机构减少人工和制作监管报告的成本，同时保持与MAS的合规性一致。

二、国内金融科技监管发展现状

国内对金融科技监管的现状可以从多个方面进行概述。

（一）监管政策与法规不断完善

近年来，我国金融监管体系进行了积极的改革，如国家金融监督管理总局的成立及其"三定"方案的落地，明确了金融科技监管的职责和机构设置。为了加强金融科技监管，相关部门出台了一系列法律法规，如《个人信息出境标准合同办法》《证券期货业网络和信息安全管理办法》《非银行支付机构监督管理条例》等，这些法规的出台为金融科技行业的规范发展提供了法律基础。

（二）科技伦理与数据安全监管加强

随着金融科技的发展，科技伦理问题日益凸显。为此，我国加强了对金融科技领域的科技伦理治理，发布了《科技伦理审查办法（试行）》等文件，对科技伦理审查的基本程序、标准、条件等提出统一要求。同时，还发布了《金融领域科技伦理指引》，对算法歧视、大数据杀熟、信息泄露等痛点问题提出规范标准。在数据安全和网络安全方面，也加强了立法和执法力度。如《关于加强第三方合作中网络和数据安全管理的通知》要求金融机构加强第三方合作中的网络和数据安全管理。此外，《中国人民银行业务领域数据安全管理办法（征求意见稿）》等数据全生命周期保护要求的提出，也将进一步提升数据安全的保护水平。

（三）常态化监管机制建立

自2023年以来，中国对平台企业金融业务的集中整改已基本完成，金融管理部门的工作重点已转入常态化监管。这意味着金融科技领域的监管将更加规范、稳定和可预测。为了更好地适应金融科技的发展，国家金融监督管理总局设立了科技监管司，负责信息科技发展规划和信息科技风险监管制度的拟定与实施。这将有助于金融科技板块的监管工作进一步集中化和专业化。

（四）支持金融科技发展

近年来，中国政府高度重视金融科技的发展，并出台了一系列政策推动其健康发展。例如，中国人民银行印发的《金融科技发展规划（2022—2025年）》明确了金融科技发展的总体思路、发展目标、重点任务和实施保障，旨在推动金融科技健全治理体系、完善数字基础设施，促进金融与科技更深度融合、更持续发展。在政策推动下，中国金融科技行业取得了显著进展。大数据、云计算、人工智能、区块链等前沿技术在金融领域得到广泛应用，推动了金融服务的智能化、便捷化和个性化。此外，中国金融机构也积极响应国家号召，加快数字化转型步伐，通过设立金融科技子公司或与科技公司合作，推动金融业务的创新和发展，这些努力为中国金融科技行业的蓬勃发展奠定了坚实基础。中国国内支持金融科技发展的政策环境不断优化，技术创新和行业应用取得显著成效，金融科技行业呈现出蓬勃发展的态势。

三、金融科技监管的未来展望

（一）监管政策与框架的完善

随着金融科技的发展，其业务边界日益模糊，跨行业、跨市场的金融活动增多。因此，未来金融科技监管要更加注重统一监管和穿透式监管，确保监管范围覆盖金融科技活动的全链条，提升对重大风险的提前预判和处置能力。同时，监管机构应当充分利用数字化技术，加速新型取证工具和分析系统的研发和使用，建立智能金融监管信息共享平台，加强各监管机构之间的信息共享和协作，提升监管效能。

（二）监管技术的创新与应用

大数据和人工智能技术在金融科技监管中的应用将越来越广泛。通过大数据分析，监管机构可以实时监测市场动态，识别潜在风险；通过人工智能算法，可以自动化完成部分监管任务，减轻人工负担。此外，区块链技术的分布式账本特性有助于提高监管的透明度和可追溯性。未来，监管机构可能会借助区块链技术来实现资金流动和交易记录的可追溯性，增强监管的公正性和准确性。

（三）国际合作与协调的加强

随着金融科技的全球化趋势日益明显，跨境金融活动日益频繁。因此，加强国际监管合作与协调显得尤为重要。各国监管机构将共同制定跨境监管标准和规则，加强信息共享和联合执法，共同维护全球金融市场的稳定。金融稳定理事会（FSB）、巴塞尔委员会（BCBS）等国际组织在推动全球金融科技监管标准化和协调方面将发挥更加重要的作用。这些组织将加强与国际金融机构和监管机构的合作与交流，共同应对金融科技带来的挑战。

（四）消费者权益保护与金融科技伦理的加强

金融科技的发展使得金融服务更加便捷和普及，但同时也带来了消费者保护和权益维护的新挑战。未来，监管机构将加强对金融科技公司的监管力度，要求其建立完善的风险管理和内部控制体系，确保业务合规运营。同时，也将加强对消费者权益的保护力度，严厉打击欺诈、非法集资等违法行为。与此同时，随着金融科技的广泛应用，科技伦理问题也日益凸显。例如，隐私保护、数据安全、算法歧视等问题都需要引起监管机构的重视。未来，监管机构将加强对金融科技伦理的监管和引导，推动金融科技行业的健康发展。

（五）创新与可持续发展的平衡

金融科技的发展离不开创新。监管机构需要积极鼓励金融科技创新，为行业提供宽松的发展环境。同时，也需要关注新技术带来的风险和挑战，及时制定和调整监管政策。金融科技的发展需要与经济社会可持续发展相协调。监管机构将推动金融科技在绿色金融、普惠金融等领域的应用和创新，助力经济社会的高质量发展。同时，也将关注金融科技对环境保护和社会责任的影响，推动金融科技行业的可持续发展。

• 思考题 •

1. 与传统金融风险相比，金融科技风险的差异性有哪些？

2. 金融科技监管的内容有哪些？

3. 我国现行的监管体系存在的问题以及如何改进？

4. 谈谈全球金融科技监管的发展方向。

5. 谈谈在全球化背景下我国金融科技监管面临的挑战。

【即测即练题】

自测自练

扫描此码

第九章　金融科技的未来趋势与挑战

学习目标

1. 掌握金融科技的创新动力。

2. 了解金融科技的发展趋势。

3. 了解金融科技的发展对金融市场结构的影响。

4. 了解金融科技的风险管理流程和面临的合规挑战。

5. 了解在全球化背景下金融科技面临的机遇。

素养目标

1. 引领学生职业发展方向与技能更新。金融科技深刻改变金融行业的同时，学生学习并掌握相关的前沿技术，不断更新自己的知识体系，以适应行业发展的需求。

2. 激发学生的创新思维与问题解决能力。金融科技未来发展前景广阔且面临着巨大的挑战，通过学习不断提高自身思维意识和解决问题的能力，有助于学生在金融科技领域崭露头角。

3. 培养学生全球视野与跨文化交流能力。金融科技的发展已经超越了国界，学生在关注全球金融科技发展动态的同时，了解不同国家和地区的金融法规和市场环境，有助于学生在跨国项目中发挥作用。

第一节　金融科技的创新动力与发展趋势

一、金融科技的创新动力

金融是现代经济的核心，是国家发展的重要核心竞争力，是促进经济高质量发展的重要一环。在新的历史阶段，系统性纵深推进科技创新，使其与金融领域结合并全面深化拓展，更好地赋能金融科技，是国家金融安全体系的重要组成部分，也是我们深入实施创新驱动发展战略、规避金融领域各种风险、建设现代化金融科技强国的必由之路。立足于新发展阶段，我们要坚持以人民为中心的发展思想，坚定不移地贯彻新发展理念，全方位落实金融科技创新对高质量发展的积极作用。尤其是面对中国式现代化发展的战略机遇、战略挑战和目标要求，需要立足于新发展阶段，在金融领域实现新的突破，更好地实现金融高质量发展，以金融赋能并全面推进金融强国建设。

（一）政策制度驱动金融科技创新

金融科技创新发展潜力巨大，很多地方政府已经从产业高度对其进行定位和布局。一方面，推动金融科技创新有助于获得地区经济发展所需要的生产要素，进一步提高要素流动性，提升金融资源配置效率，从而增强地区经济实力；另一方面，金融科技创新可以降低交易成本，提升企业运营效率，弥补传统金融服务领域的空白地带。政府具有规划引导和监管市场的重要作用，金融科技创新发展与政府制定的政策制度有着紧密联系。近年来各国政府越来越重视金融与科技的结合，鼓励金融科技创新，对金融机构和金融科技企业给予政策和资金上的支持，同时也在不断重视和强化对于金融科技的监管，消除潜在风险。总而言之，适当的政策制度可以为金融科技创新创造一个良好的外部环境，促进整个金融科技市场健康发展。

2018 年 7 月，美国财政部发布专题报告，提出要放宽金融业数字化应用限制，缩小数字鸿沟；准许有关机构考虑金融科技企业特殊国民银行牌照的申请；在保护用户数据安全的基础上推进创新。英国政府也一直大力支持金融科技创新。一方面，在税收优惠政策上，英国政府为鼓励金融科技投资，实施了"天使投资人个税返还计划"，并将金融科技中小企业的税率由 50% 的优惠调整为免税；另一方面，在金融科技创新监管政策上，2014 年英国金融行为监管局推出了"Project Innovate"，帮助金融科技创新企业了解监管规则，为其提供咨询服务。2016 年，英国政府开创性地推行了监管沙盒。同时，新加坡金融科技创新发展迅速，2013 年，新加坡就建设了金融 IT 学院（FITA），培养金融科技创新人才，新加坡金融管理局也鼓励金融机构培养金融科技人才。2015 年和 2017 年，新加坡政府及有关部门分别启动了 2 250 万新元和 2 700 万新元的基金用于支持金融科技创新。2016 年，新加坡推行了监管沙盒。2018 年新加坡知识产权局发起"金融科技快速通道计划"，新加坡金融管理局还允许符合条件的首次代币发行（ICO）申请股权众筹，这吸引了众多区块链公司涌向新加坡。

此外，一些在金融科技创新领域显示出较大潜力的国家也纷纷制定政策，推动金融科技发展。例如加拿大金融机构监管办公室（OSFI）2017 年成立金融科技实验室，探索金融科技创新应用与技术研发；法国金融监管部门 2016 年宣布成立金融科技团队，并加大金融科技创新领域投资力度，设立创新型产业基金；日本政府允许三大银行收购非金融机构的全部股权，这有助于加强银行与金融科技公司之间的合作，加快新兴技术在金融行业的应用；澳大利亚证券与投资委员会 2016 年推出监管沙盒，让金融科技初创企业在安全的轻监管环境下测试金融产品及服务。此外，还与英国、新加坡等国家在金融科技创新领域深化合作，帮助澳大利亚的金融科技企业获取前沿知识，扩大市场影响力。

金融科技是当前金融创新与发展的推动力量，对于弥补传统金融模式的短板甚至重塑全球金融业态具有重要意义。因此，应为金融科技创新营造一个相对宽松、开放的环境，对金融科技创新主体给予政策和资金上的支持，同时吸纳国外成熟经验，提升金融科技监管效率，防范金融风险。

（二）技术进步驱动金融科技创新

金融科技是技术驱动的金融创新，技术的进步大大促进了金融科技的创新发展。随着大数据、区块链、人工智能等新一代信息技术的蓬勃发展，技术驱动的各类金融创新如雨后春笋般层出不穷，金融服务也更加高效。通过科学技术的赋能，金融业的业务模式、产品形态、风控监管等都在发生巨大变化，金融科技创新迎来了前所未有的机遇。

1. 大数据技术对金融科技创新的驱动

随着互联网的迅速发展，对大数据的开发利用和安全保护日益受到政府和企业的重视，大数据正在成为促进经济转型的新动力。金融业是最依赖于数据的领域之一，也最容易实现数据的变现，大数据技术的成熟发展在很大程度上推动了金融科技创新。

对于银行业金融机构应用大数据技术：一是可以对消费者进行精准画像，整合内外部数据，了解个人客户的消费能力、风险偏好、信用状况或企业客户的生产经营、财务状况等，进而有效地开展精准营销，提供差异化的金融产品与服务；二是可以进行客户生命周期管理；三是可以进行风险管控，实时识别欺诈交易；四是可以利用大数据技术分析企业之间的关系图谱，评估供应链的健康度及贷后风险。

对于保险公司应用大数据技术：一是可以结合风险偏好、年龄职业、家庭结构等为客户提供个性化保险产品与服务；二是可以通过大数据挖掘，综合考虑客户的个人信息、历史出险信息等，预测客户的退保概率或续期概率；三是可以借助大数据平台，建立保险欺诈识别模型，筛选出疑似案例，再展开调查，此外，保险公司可以结合内外部数据进行异常值检测，并及时采取干预措施；四是大数据技术为保险公司风险定价带来了前所未有的创新。

对于证券公司应用大数据技术：一是可以实现零售业务的数字化运营，提升服务效能；二是可以结合传统投资模型，推出大数据基金产品，基于大数据技术及人工智能算法的量化投资策略也大大提升了信息分析的深度与广度，投资者将更加依赖大数据分析结果来辅助决策；三是可以通过大数据技术进行量化研究，替代部分低效的人工调研方式，还能够搭建大数据算法交易平台，准确高效地完成各种交易指令，减少交易误差；四是可以利用大数据技术对投资收益率、持仓率等众多指标进行分析，追踪证券市场的海量数据，对股市行情进行预测。

2. 区块链技术对金融科技创新的驱动

区块链是一种采用分布式链条来实现数据共享的数据库，链条上的各个节点通过密码学方法产生数据块，每个数据块中都包含一定时期内的全部信息数据。其最为显著的特征是去中心化，此外还包括数据不可篡改、脚本可编程等。数字货币是区块链技术的第一个应用，除此之外，区块链的主要应用领域还有支付清算、征信管理、证券发行及交易、金融科技监管、供应链金融等。区块链技术的发展在很大程度上推动了金融科技创新。例如2018年，蚂蚁金服推出了全球第一个基于区块链技术的电子钱包跨境汇款服务，第一笔业务仅用时3秒，借助区块链技术，跨境汇款变得更加安全。对于保险行业而言，基于区块链技术的智能合约可以自动进行索赔，在满足赔付条件的情况下，会自动执行指令，划款赔付，大大提升了赔付效率，同时也为保险公司节约了经营成本。例如在农业保险中，如果出现恶劣天气造成农作物减产，智能合约可以通过天气反馈机制，实现自动赔付。

3. 云计算技术对金融科技创新的驱动

云计算是通过互联网为企业提供计算、数据库存储、应用程序运行等的一整套计算机服务，其优势包括成本低、反应快、可扩展、免维护等，可以在短短几分钟之内部署上万台服务器，让用户可以随时随地访问、处理或共享数据。目前云计算技术正在与金融业深度融合，金融机构的信息管理、数据处理及业务创新等均需依赖云计算。云计算技术的快速发展在很大程度上推动了金融科技创新。相关报告显示，88%的金融机构已经应用或计划应用云计算技术，这样既能够节约成本，又能保证业务升级不中断。在已经应用云计算技术的金融机构中，近七成选择自建私有云模式，二成选择金融行业云模式，其余一成金融机构选择使用公有云模式。一般而言，实力较强的中大型金融机构比较偏向于使用混合云，在私有云上存储敏感数据，在公有云上运行营销管理类系统等。例如，中银证券的私有云平台目前已正式投产，支撑其多个应用系统的运行，为证券服务智能化提供动力引擎。中国邮政储蓄银行的金融云平台运行着种类多样的互联网金融业务，利用云计算技术实现了金融产品与服务的快速创新、快速上线。

4. 人工智能技术对金融科技创新的驱动

人工智能技术已经深度融入金融业务的各个环节，如获客、营销、产品设计、承保核保等。人工智能技术在金融业的应用一方面催生出一批全新的金融科技企业，另一方面也加快了传统金融机构的数字化转型，重塑金融生态，提升金融市场的效率。目前，人工智能技术在金融业的应用场景主要有智能支付、智能客服、智能投顾、智能风控、智能营销、智能核保等。中国第三方支付的发展推动了人工智能技术在支付领域的应用，智能支付可以优化用户体验，提升金融服务效率。智能支付包括智能语音支付、刷脸支付、指纹支付等。

智能投顾是金融机构运用人工智能技术开展资产管理业务的行为，近年来受到广泛关注，可以根据投资者的风险偏好等信息基于机器学习算法构建标准化的数据模型，为其提供个性化的投资顾问服务。中国智能投顾平台模式可分为三种：第一种以投米 RA、蓝海智投为代表，对接海外证券公司后直接投资美国市场的交易型开放式指数基金（ETF）；第二种以平安一账通、招商银行摩羯智投为代表，为用户提供资产配置建议，但不参与后续账户操作；第三种以璇玑、金贝塔为代表，投资于国内资产的投顾公司，仅担任基金销售角色。

此外，人工智能技术在金融风险控制领域也已经有了长足发展。以征信反欺诈为例，深度学习的应用可以将不同来源的大数据整合在一起，分析竞争对手、母子公司等关系数据，监测其中存在的不一致性，及时发现欺诈疑点。国内已经出现了三种具体的智能风控模式：一是研发自用型，研发的系统主要为公司自身业务提供风控支持；二是技术平台输出型，主要为商业银行提供信用评估、反欺诈等金融解决方案；三是混合型，即在支持自身业务的同时也对外输出智能风控技术能力。

拓展阅读 9.1
中国智能投顾
业务平台

（三）金融需求驱动金融科技创新

中国城镇居民人均可支配收入一直保持良好的增长趋势，截至 2024 年上半年全国城镇居民人均可支配收入为 27 561 元，比上年同期名义增长 4.6%，扣除价格因素后，实际增长 4.5%。人民群众逐渐积累了大量财富，对贷款、投资理财、保险等金融产品与服务有了日益增长的多元化需求。但是传统金融体系受制于监管与创新能力，无法满足广大居民多样化的金融需求。同时，随着现代网络技术的快速发展，截至 2023 年 12 月，我国网民规模达 10.92 亿人，较 2022 年 12 月新增网民 2 480 万人，互联网普及率达 77.5%。上网设备的完善以及价格的降低进一步促进了互联网的使用，催生了基于互联网的个性化金融服务需求，这也为中国金融科技创新带来了极大的发展机遇。

随着移动互联网的发展，越来越多的金融消费者倾向于借助移动终端来获取金融服务，银行的物理网点甚至传统的网上银行都不再是消费者获取金融产品与服务的主要选择。特别是正在成为金融消费者主力的年轻客户群体，希望拥有更多的自主选择权，也希望能享受到更多新型金融产品与服务，同时更在意用户体验。这给新兴金融科技公司带来了极大的发展机遇，利用技术手段不断创新推出便捷、快速、低成本的金融产品与服务，同时也驱动着传统金融机构转型升级，大力推进金融科技创新，提升金融服务效能，避免在金融业务竞争中落后甚至被取代。

在金融科技快速发展的冲击下，传统金融机构也纷纷着力推进数字化转型，应用大数据、云计算、人工智能等新兴技术，围绕金融科技创新的发展趋势构建自身的金融科技发展策略，向数字化、智能化的金融机构转型。例如，中国工商银行于 2015 年实施了互联网金融发展战略，推出了电商平台以及直销银行平台等；招商银行推出了首家微信银行，以及互联网金融网贷平台、互联网金融开放账户"E+ 账户"等，把金融服务嵌入各类交易场景，突破时空限制，满足客户的金融需求；平安银行推出的信用卡智能反欺诈系统，实现了首笔欺诈交易防堵。

二、金融科技的发展趋势

随着大数据、云计算和区块链等技术的应用，金融科技发展进入了数字化和智能化阶段。金融科技已成为我国金融业转型升级、发展数字经济和提升国家金融实力与竞争力的核心手段。金融科技的发展与创新将对金融服务模式、风险管理方式、金融市场结构产生深远影响，进一步推动金融业的转型升级。以科技驱动金融创新，提高金融服务效率，降低成本，更好地满足人们的金融需求。

（一）技术驱动下的数字化与智能化持续普及深化

随着金融科技的广泛应用，极大地提升了金融服务的便捷性和个性化程度，还提高了金融机构的运营效率和风险管理能力，为金融行业的创新和发展注入了新的动力，主要表现在以下三个方面：①数据的深度挖掘与利用。金融科技通过大数据、人工智能等技术手段，对海量金融数据进行深度挖掘和分析，从而发现数据背后的规律和趋势，为金融机构提供精准的风险评估和决策支持。这有助于金融机构更好地管理风险、优化资源配置，并开发出更加符合市场需求的金融产品和服务。②产品和服务的数字化。电子支付、移动支付、在线贷款等金融科技产品和服务通过数字化手段，实现了金融业务的便捷化、高效化和个性化。用户可以通过手机等设备随时随地完成支付、转账、贷款等操作，极大地提升了金融服务的可获得性和用户体验。③业务流程的智能化。智能化技术如人工智能、机器学习等被广泛应用于金融业务流程中，实现了业务流程的自动化和智能化处理。例如，智能客服系统可以自动解答用户问题，智能风控系统可以实时监测和评估金融风险，为金融机构提供了更加高效、准确和可靠的业务处理能力。此外，金融科技的数字化和智能化应用还起到提高市场透明度、改变营销和服务模式以及强化风险控制等作用。

（二）业务需求下的模式创新与业态融合不断深化

技术创新正引领金融行业加速进入数字化新时代，金融机构不仅在数字化转型上取得明显进展，更在业务与技术深度融合方面持续突破，主要体现在两个方面：①金融服务的平台化与场景化不断深化。金融科技通过构建平台化的服务模式，将金融服务嵌入到各种生活场景中，如购物、出行、医疗等，实现金融服务的无缝对接和即时满足。这种模式不仅提高了金融服务的便捷性，也拓展了金融服务的应用范围。②跨界融合不断深化。金融科技与其他行业的跨界融合成为新趋势。随着技术的不断进步，金融科技与各行业之间的界限日益模糊，形成了众多新兴业态和服务模式。金融科技通过大数据、云计算、人工智能等先进技术手段，与零售、医疗、教育、交通等多个领域深度融合，为用户提供更加便捷、高效、个性化的金融服务体验。这种跨界融合不仅促进了金融行业的转型升级，还带动了相关产业的协同发展，为经济增长注入了新的活力。

（三）外部压力下的监管科技与合规挑战不断加强

在金融科技快速发展的背景下，加强监管科学技术和合规的作用效果日益凸显，成为维护金融稳定、促进金融行业健康发展的重要力量，主要体现在以下三个方面：①金融科技下监管效率和精准度不断提升。监管科技通过应用大数据、人工智能、区块链等现代科技手段，实现了对金融市场的远程智能化、准实时化监控。例如，人工智能算法可以自动分析金融机构的交易数据，实时发现异常交易行为，为监管机构提供及时的预警信息，从而有效防范金融风险。②风险防控和合规管理不断强化。通过实时监测和智能分析、建立风险预警模型，实现对不同风险水平的金融机构的差异化监管，提高监管的针对性和有效性。同时，还可以通过自动化手段对金融机构的交易行为进行实时监测和合规审查，确保金融机构的业务活动符合监管要求。③推动金融创新与合规并重。监管科技的发展为金融创新提供了有力支持。在合规的前提下，金融机构可以利用监管科技进行业务创新和技术应用，提高服务效率和用户体验。同时，监管科技也要求金融机构在创新过程中严格遵守监管规定和法律法规，确保业务合规性。这种平衡促进了金融创新与合规并重的发展态势，为金融行业的可持续发展奠定了坚实基础。

第二节　金融科技的风险管理与合规挑战

一、金融科技的风险管理

金融科技的创新和应用在金融风险管理中发挥着至关重要的作用，通过大数据分析、人工智能、区块链等先进技术，显著提高了风险评估的精准度、风险监控的实时性以及风险控制措施的效率和个性化程度，为金融机构提供了更加全面、智能的风险管理解决方案。因此，要高度重视金融科技的发展和应用，使其为金融市场稳定和风险管理贡献自身力量。

（一）大数据技术的风险管理

随着大数据收集、存储、分析和模型技术的日益成熟，大数据技术逐渐应用到金融风控的各个环节。数据是风控的核心要素，大数据风控实际上就是对数据的处理、建模和应用的过程。大数据风控的流程主要分为四个阶段：数据获取、数据分析、数据建模、风控产品应用。对获取到的海量数据进行清洗和挖掘，有针对性地对金融特征进行深加工；接着通过规则策略和模型算法的构建，对外输出相应的风控服务。

拓展阅读 9.2
浙商银行大数据风控平台

具体流程如下：第一步，对持续更新的海量一手数据进行收集、清洗、存储；第二步，对清洗好的原数据进行特征构建；第三步，利用多维度特征进行金融风控模型构建，用到的技术包括协同推荐算法、LR 算法、XGBoost、营销模型、多头模型和信用分模型等；第四步，将构建好的风险评估模型应用于风控产品中，如信贷审批、反欺诈系统、客户管理等。在实际应用中，需要根据业务场景和客户需求，对模型进行持续优化和调整。

（二）区块链技术的风险管理

区块链对金融风险的监管较为严格，借助其数据交易可追溯但不可逆的特点，弱化人为操作，在每一次数据信息交易中加盖时间戳，保证交易的唯一性，不仅避免了数据信息的重复交易，也有效预防了数据信息交易的伪造，能够保证数据的可靠性。用户信息被存于账本数据库中，用户交易数据信息既不可删除也不可修改，每一次操作都与时间相对应，不可篡改。

金融机构中，传统模式的数据传输都是由中心节点向其他次节点进行传输，中心节点占据核心地位。区块链点对点的传输方式，使每个节点的数据达成数据信息真实性的"共识"。智能合约也对金融机构与用户间达成的协议起到约束管理作用，为保证数据信息传输的安全性，可以利用区块链技术的加密算法，使数据信息的可靠性得以加强。

区块链技术解决了大数据中金融用户信息真实性问题。传统模式数据信息的传递采用复制的方式，从一方复制到另一方，区块链技术利用不可篡改、分布式管理和可追溯的特点，可以明确指出某一方的所有行为。区块链技术可利用过户的方式，将金融数据信息在网上转移、流通，并且保证其数据信息不被修改，保障了大数据信息的真实性。区块链技术还提高了数据信息的安全性。人们经常遇到一些机构或平台以为用户提供免费服务或是增值服务为借口，未经允许，便签订"霸王条款"约束用户行为，挖掘用户信息。区块链技术将唯一证明用户身份的私钥完全由用户保管，其他人员或机构均不可对该数据信息进行更改，即便用户信息在区块链上已经公开，但只有用户本人才有访问处理权限。并且，只有在 51% 以上的节点认为数据记录是正确的时候，整个链上的各个节点才会认为数据是真实的。

区块链利用自身的分布式特点，可确保金融交易的数据安全，很好地解决了金融机构大数据信息不完整的问题，保证了链上数据信息同步，增加了数据信息的可信度，对虚假信息的治理起到了一定的辅助作用。

（三）云计算技术的风险管理

随着金融行业的发展和互联网技术的进步，云计算技术逐渐成为金融风险监控的重要工具。云计算技术的应用可以帮助金融机构更加高效地管理风险，提高风险监控的准确性和效率。云计算技术在金融风险监控中的作用主要体现在以下三个方面。

1. 数据存储与处理

云计算技术为金融风险监控提供了强大的数据存储与处理能力。金融机构通常面对大量的数据，包括交易数据、客户数据、市场数据等。传统的本地存储方式已经难以满足金融机构对数据存储和处理的需求。而借助云计算技术，金融机构可以将数据存储在云端，通过云计算平台提供的强大计算能力进行数据处理和分析。一方面，金融机构可以通过云计算技术实现数据的集中存储和管理。云计算平台提供了高效的数据存储系统，可以帮助金融机构将分散在各个部门和系统的数据进行统一管理，避免数据重复和冗余。另一方面，云计算技术可以支持金融机构对大数据的高效处理和分析。通过云计算平台提供的强大计算能力，金融机构可以快速地处理大规模的数据，进行风险模型的建立和优化，实时监控金融风险的变化。

2. 安全性与可靠性

随着金融行业的不断发展，金融风险监控中的安全性和可靠性至关重要。云计算技术可以提供高水平的安全保障，确保金融机构的敏感数据不会泄露和被黑客攻击。一方面，云计算平台通常采取多层次、多维度的安全措施，包括数据加密、访问控制、身份认证等来保障数据的安全性。金融机构可以根据自身需求选择合适的云计算平台，并合理配置安全策略，确保数据的机密性和完整性。另一方面，云计算平台通常具备高可用性和容错性。金融机构可以将数据存储在多地的云服务器上，以实现数据的备份和灾难恢复。这样即使某个地区的服务器出现故障，金融机构的数据仍然可以通过其他地区的服务器进行访问和使用。

3. 实时监控与预警

金融风险监控需要及时的数据获取和实时的风险预警。云计算技术可以提供高速、弹性的数据传输和处理能力，帮助实现金融风险的实时监控和预警。云计算平台通常采用分布式架构和弹性伸缩的方式来处理大规模的数据流。金融机构可以利用云计算平台提供的数据处理技术，对大量即时数据进行实时监控和分析。通过建立风险模型和设定预警机制，金融机构可以及时发现潜在风险，并采取相应的措施进行应对。

（四）人工智能技术的风险管理

作为一门新兴技术，人工智能具有强大的计算能力和反欺诈技术，实现了金融与技术的深度融合，显著提高了金融服务效率、精准度和系统安全性，为金融创新提供了平台和契机。随着人工智能技术的快速发展，金融风险管理领域也随之发生了较大的变革，其在金融风控中扮演着重要的角色，它利用数据分析和机器学习技术，能够更准确、高效地评估和管理金融风险。其作用主要体现在以下三个方面。

1. 风险预测

人工智能技术在金融风险预测中的应用，已成为现代金融体系不可或缺的一部分，其深远影响正逐步渗透到金融市场的每一个角落。传统的风险预测方法往往依赖于专家的经验和简单的统计模型，难以全面捕捉市场动态和复杂风险因素的细微变化。然而，人工智能技术的引入则彻底改变了这一局面，通过集成大数据分析、机器学习、深度学习等先进技术，人工智能系统能够处理和分析海量的金融数据，包括交易记录、市场走势、企业财报、政策变动、社交媒体情绪等多维度信息，从而构建出更加全面、精准的风险预测模型。在信用风险预测方面，人工智能通过对借款人历史还款记录、财务状况、消费行为等多方面的数据分析，结合机器学习算法，能够实时评估借款人的信用状况，并预测其未来的违约概率。此外，通过深度学习等先进技术，人工智能能够从历史数据中学习到市场波动的复杂模式，识别出隐藏的风险因素，为金融机构提供及时的风险警示和应对策略。

除了信用风险和市场风险外，人工智能在操作风险、流动性风险等其他金融风险预测方面也展现出了巨大的潜力。通过监控内部交易系统、识别异常交易行为、预测资金流动等方式，人工智能系统能够及时发现并防范潜在的操作风险和流动性风险，确保金融机构安全和稳健的运营。

2. 风险评估

在金融风险评估领域，人工智能技术的最新进展正以前所未有的速度推动着该行业的深刻变革。其重要作用体现在能够自动化、智能化地处理海量数据，快速识别出潜在的风险因素和趋势，为决策者提供及时、准确的风险信息。相比传统风险评估方法，人工智能具有更高的灵活性和适应性，能够随着市场变化和技术进步不断进化优化，确保风险评估的时效性和有效性。此外，人工智能还能通过模拟不同情景下的风险表现，帮助金融机构更好地理解和应对复杂多变的金融市场环境。

在实际应用场景中，人工智能技术在金融风险评估中展现出了显著的效果。例如，在信贷风险评估中，通过综合运用自然语言处理、图像识别等技术，人工智能系统能够深入分析借款人的征信报告、社交媒体行为、交易记录等多维度信息，构建出更为精细的信用评分模型。这一模型能够更准确地预测借款人的还款能力和违约概率，为银行和其他金融机构提供可靠的信贷决策依据。同时，在市场风险评估方面，人工智能系统能够实时监测全球金融市场动态，分析市场情绪、政策变动、经济数据等多种因素对金融市场的影响，为投资者提供及时的风险预警和投资建议。

3. 欺诈监测

人工智能技术在欺诈监测领域的应用正日益成为守护金融安全的重要防线。近年来，人工智能技术在金融欺诈监测领域取得了多项突破性进展。一方面，深度学习、机器学习等算法的不断优化，使得模型能够更精准地识别复杂多变的欺诈模式。通过对海量交易数据、用户行为数据、社交网络数据等多源异构信息的综合分析，人工智能系统能够发现隐藏在正常交易背后的异常行为模式，有效预警潜在欺诈风险。另一方面，自然语言处理、图像识

拓展阅读 9.3
金融科技在风险管理领域的应用实践：以平安证券为例

别等技术的融入，进一步拓宽了欺诈监测的维度，使得系统能够处理和分析文本信息、图像资料等非结构化数据，提升了欺诈监测的全面性和准确性。

在金融欺诈监测的实际应用中，人工智能技术表现卓越。以信用卡欺诈监测为例，人工智能系统能够实时监测用户的交易行为，分析交易金额、时间、地点、频率等多个维度的信息，识别出异常交易模式。一旦发现可疑交易，系统会立即触发预警机制，通知银行进行进一步核实或采取相应措施。这种即时的欺诈监测能力，不仅减少了银行的损失，还保护了用户的资金安全。此外，在保险欺诈、贷款欺诈、身份盗用等多个领域，人工智能技术也发挥着重要作用，为金融机构提供了全面的欺诈监测解决方案。

二、金融科技的合规挑战

金融科技与合规之间密不可分，金融科技的创新和应用对提升金融合规管理的智能化水平、降低合规成本、增强金融风险防范能力具有重要作用，而合规是金融科技健康发展的基石，确保其在法律法规框架内稳健运行。金融科技的合规挑战主要体现在以下几个方面。

（一）数据隐私与保护挑战

在金融科技快速发展的背景下，数据隐私与保护面临着诸多挑战。这些挑战主要源于金融数据的敏感性、技术发展的双刃剑效应以及法律法规的复杂性等方面。以下是对这些挑战的具体分析。

1. 数据收集和存储过程中的隐私泄露风险

金融科技应用广泛，涉及大量个人和企业的敏感信息，如身份证号、银行账号、交易记录等。在数据收集和存储过程中，由于技术和管理上的漏洞，这些数据面临被截获、篡改或非法访问的风险。例如，数据在传输过程中可能因加密措施不足而被黑客截获，或在存储设备上被恶意软件攻击导致泄露。

2. 数据分析与挖掘中的隐私侵犯

金融数据的分析和挖掘能够为金融机构提供更高的商业效益，但同时也可能侵犯用户的隐私。通过对大量用户的交易记录、行为数据等进行深度分析，可以揭示用户的消费习惯、财务状况等敏感信息。如果这些信息没有得到妥善保护，就可能被用于非法活动，如精准诈骗、身份盗窃等。

3. 法律法规的滞后性与复杂性

随着金融科技的发展，数据隐私保护的法律法规也在不断完善中。然而，由于技术发展的速度远快于法律更新的速度，导致法律法规在某些方面存在滞后性。此外，不同国家和地区对数据隐私保护的法律要求存在差异，金融机构在跨国经营时需要遵守多个法律体系，增加了法律法规执行的难度和复杂性。

4. 技术手段的局限性

尽管加密技术、匿名化技术等在保护数据隐私方面发挥了重要作用，但这些技术手段并非万无一失。例如，加密技术虽然可以保护数据在传输和存储过程中的安全，但一旦密钥被破解或泄露，数据就可能面临被非法访问的风险。此外，随着量子计算等新技术的发展，传统加密技术的安全性也面临挑战。

5. 用户隐私保护意识的薄弱

部分用户在使用金融科技服务时，对隐私保护的意识相对薄弱。他们可能不了解自己的隐私权益，或者为了方便而主动放弃部分隐私保护。这种行为不仅增加了个人数据泄露的风险，也给金融机构的隐私保护工作带来了挑战。

（二）反洗钱与反恐怖融资挑战

金融科技的发展在提升金融服务效率、拓宽服务范围的同时，也给反洗钱与反恐怖融资工作带来了诸多挑战。

1. 数据海量化与复杂性增加监测难度

金融科技的发展使得金融交易呈现高并发、多频次、大流量等特征，复杂的业务和海量的交易规模间接地为不法分子从事洗钱或恐怖融资违法犯罪活动提供了空间。此外，金融科技新需求不断涌现，给传统金融集中式架构造成巨大冲击，分布式的网络特征更是突破了国家主权限制，使得跨境洗钱和恐怖融资活动更加难以追踪和监测。

2. 虚拟货币等新型金融工具的监管难题

以比特币为代表的虚拟货币采取去中心化分布式记账方式，没有中心服务器，且存储、交易均在虚拟世界进行。这种特性使得虚拟货币成为洗钱和恐怖融资的重要工具。虚拟货币的匿名性和快速跨境交易能力，使不法分子可以轻松地在受监管的金融系统之外以数字方式获取、移动和存储资产，模糊资金来源或目的地，增加了监管和侦查的难度。

3. 客户身份识别和可疑交易监测的挑战

金融科技的发展使得客户身份识别和可疑交易监测变得更加复杂。互联网金融业务减少了用户面签环节，在线身份确认环节存在较大风险。同时，金融科技企业的各项业务主要围绕"数据"展开，在各式各样的金融场景中会接触到大量的个人金融信息，如果这些信息没有得到妥善保护，就可能被不法分子利用进行洗钱和恐怖融资活动。此外，由于金融科技下交易行为的复杂性和隐蔽性，金融机构在可疑交易监测方面也面临诸多挑战。

4. 跨国洗钱与恐怖融资活动的复杂性

金融科技的发展使跨国洗钱与恐怖融资活动更加复杂和隐蔽。不法分子可以利用金融科技手段轻松实现跨境资金转移和洗钱活动，而各国之间的监管差异和法律体系的不同也增加了跨国反洗钱与反恐怖融资的难度。

5. 技术手段与法律法规的滞后性

虽然金融科技的发展为反洗钱与反恐怖融资提供了新的技术手段，但相关法律法规的更新速度往往滞后于技术的发展。这导致在监管过程中存在法律空白和漏洞，使不法分子有机可乘。

（三）跨境合规挑战

金融科技下的跨境合规挑战是一个复杂而多维度的议题，主要涉及技术、法律、监管、市场等多个方面。具体分析如下。

1. 技术挑战

跨境金融交易中涉及大量敏感数据的传输和存储，如个人信息、交易记录等。金融科技企业在处理这些数据时，需要确保数据的安全性和隐私保护，防止数据泄露和滥用。金融科技的发展依赖于各种技术标准和协议，但不同国家和地区之间的技术标准可能存在差异，导致跨境金融服务的互操作性受限。并且，不同国家和地区的数据保护法律法规也存在差异，企业需要在全球范围内遵守多样化的法律要求，这增加了技术实现的难度和成本。

2. 法律与监管挑战

不同国家和地区的金融法律法规存在差异，对跨境金融服务的监管要求也各不相同。金融科技企业在开展跨境业务时，需要全面了解并遵守相关国家和地区的法律法规，以避免合规风险。然而，由于法律法规的复杂性和多样性，企业可能面临难以全面了解和遵守的风险。

3. 市场挑战

不同国家和地区的市场需求存在差异，对金融科技产品的接受度和偏好也不同。金融科技企业在开展跨境业务时，需要深入了解目标市场的需求和特点，以提供符合市场需求的产品和服务。同时，随着金融科技的发展，越来越多的企业进入跨境金融服务市场，竞争压力不断增大。金融科技企业需要不断提升自身的竞争力和创新能力，以在激烈的市场竞争中脱颖而出。

（四）技术安全与稳定性挑战

金融科技下的技术安全与稳定性所面临的挑战是多方面的，具体分析如下。

1. 技术安全性挑战

随着金融科技的发展，金融系统日益依赖互联网和信息技术，这使其面临的网络攻击和数据泄露风险显著增加。一方面，黑客可能通过各种手段入侵系统，窃取用户数据、资金或破坏系统正常运行，对金融机构和用户造成重大损失。另一方面，金融科技系统的复杂性和快速迭代可能导致系统存在漏洞和缺陷。这些漏洞和缺陷如果被恶意利用，将严重威胁系统的安全性。因此，及时发现和修复系统漏洞是保障技术安全的重要任务。

2. 技术稳定性挑战

金融科技系统需要保证高可用性，即系统能够在任何时间、任何情况下都能正常运行并提供服务。然而，由于各种内外部因素的干扰，如自然灾害、人为错误、硬件故障等，系统可能面临中断或瘫痪的风险。同时，金融科技领域技术更新换代速度极快，新技术层出不穷。金融机构在采用新技术时，需要确保新技术与现有系统的兼容性和稳定性，避免因技术更新而导致系统不稳定或故障。

（五）监管政策变化挑战

金融科技下监管政策变化带来的挑战主要体现在以下四个方面。

1. 监管滞后性和难度增加

金融科技行业的快速发展往往超出了传统金融监管体系的更新速度，导致监管政策在一定程度上滞后于市场变化。这种滞后性可能使监管机构难以及时应对金融科技带来的新风险和问题，从而增加金融市场的不稳定性。同时，金融科技的跨界化、去中介化和去中心化等特点，使得金融市场的参与主体、业务形态和服务模式变得更加复杂和多样化。这要求监管机构不仅要关注传统金融机构的风险，还要加强对新兴金融科技公司的监管，这无疑增加了监管的难度和复杂度。

2. 监管标准不统一

目前，全球各国在金融科技监管方面的标准和政策存在较大差异。这种不统一性可能导致跨国金融科技公司面临多重监管标准，增加其合规成本和运营风险。同时，也可能使一些金融科技公司利用监管漏洞进行套利活动，进一步加剧市场的不公平性。

3. 监管技术创新需求

随着金融科技的发展，监管机构需要不断更新和升级自身的监管技术，以应对新技术带来的挑战。然而，监管技术的创新往往需要大量的资金和时间的投入，而且还需要与金融科技企业保持同步发展。这要求监管机构不仅要具备先进的技术手段，还要具备敏锐的市场洞察力和前瞻性的政策制定能力。

4. 监管平衡问题

金融科技的监管需要在鼓励创新和保障安全之间找到平衡点。一方面，监管机构需要鼓励金融科技企业进行技术创新和业务模式创新，以推动金融行业的发展和升级；另一方面，监管机构还需要加强对金融科技公司的风险监控和管理，防止其利用新技术进行非法金融活动或引发系统性风险。这种平衡点的把握对于监管机构来说是一个巨大的挑战。

第三节　金融科技在全球化背景下面临的机遇

在全球化背景下，金融科技面临着前所未有的机遇，这些机遇不仅推动了金融行业的深刻变革，还促进了全球经济的繁荣与发展。

一、加速金融科技技术创新与融合

全球化加速了技术的传播与融合，金融科技得以利用最前沿的技术创新，如区块链、人工智能、大数据、云计算等，推动金融服务的全球化进程。这些技术不仅提升了金融服务的效率与安全性，还打破了地域限制，使金融科技企业能够为全球用户提供无缝的金融服务体验。

1. 区块链技术

区块链的去中心化、透明性和不可篡改性等特性，为跨境支付、供应链金融等领域带来了革命性的变化。例如，Ripple 利用区块链技术构建的全球支付网络，实现了跨境支付的秒级到账和低成本交易，极大地提高了支付效率并降低了交易成本，为全球企业和个人提供了便捷的跨境金融服务。

2. 人工智能

人工智能技术通过机器学习、自然语言处理等技术手段，为金融领域带来了智能化的变革。智能投顾利用人工智能算法为用户提供个性化的投资建议和资产配置方案，无论用户身处何地，都能享受到智能化的投资服务。例如，Betterment 和 Wealthfront 等智能投顾平台已在全球范围内积累了大量用户，为投资者提供了高效、低成本的资产管理服务。

3. 大数据

大数据技术正在加速金融科技的技术创新与融合，为金融行业带来了一场深刻的变革。大数据技术通过其强大的数据处理和分析能力，在金融科技领域发挥着至关重要的作用，极大地推动了金融科技的技术创新与融合。通过收集、处理和分析海量数据，其为金融机构提供了前所未有的洞察力和决策支持。在金融科技领域，大数据技术的应用不仅提升了金融机构的运营效率和风险管理能力，还推动了金融产品的创新和服务的优化。例如，在客户管理方面，金融机构可以利用大数据技术对客户数据进行深度挖掘和分析，实现精准营销和个性化服务。此外，大数据技术在风险管理和欺诈检测方面也发挥着重要作用。综上所述，大数据技术正在加速金融科技的技术创新与融合，为金融行业带来了更高效、更安全、更个性化的服务。随着技术的不断进步和应用场景的拓展，大数据技术将在金融科技领域发挥更加重要的作用。

4. 云计算

云计算技术打破了地域限制，促进了金融科技企业之间的全球化合作与资源共享。通过云平台，不同国家和地区的金融科技企业可以方便地共享数据、算法和模型等资源，共同推动金融科技的创新与发展。此外，云计算还促进了金融科技企业与监管机构、科技企业等其他行业伙伴之间的合作与交流，共同应对全球化过程中面临的挑战和问题。例如，华为云与全球多家金融机构合作，共同推动金融科技的全球化发展。同时，华为云还积极参与国际金融科技标准和规范的制定工作，推动全球金融科技的协同发展。

二、刺激市场需求与增长

随着全球化的深入发展，新兴市场国家的经济快速增长，中产阶级群体不断扩大，对金融服务的需求日益增长。同时，数字化技术的普及使金融科技服务更容易触达这些用户。金融科技企业可以抓住这一机遇，通过提供创新的金融产品和服务，满足全球用户的多样化需求。

1. 新兴市场

非洲和东南亚等新兴市场是金融科技增长的重要驱动力。这些地区的传统金融服务渗透率较低，用户对便捷、高效的金融服务有着迫切需求。金融科技企业通过提供移动支付、数字贷款等创新产品，迅速占领了这些市场。例如，肯尼亚的 M-Pesa 移动支付平台已成为非洲最大的移动支付服务提供商之一，为数百万名用户提供了便捷的金融服务。

2. 跨境金融服务

随着全球化的推进，跨境贸易和投资活动日益频繁。金融科技企业可以利用其技术优势，为跨境贸易和投资提供便捷的金融服务。例如，支付宝和微信支付等移动支付平台已在全球范围内广泛应用，为跨境消费者和商家提供了便捷的支付解决方案。

三、强化国际合作与交流

全球化促进了国际合作与交流，金融科技企业可以通过与国际金融机构、科技公司、监管机构等建立合作关系，共同推动金融科技的全球化发展。这种合作不仅有助于金融科技企业拓展海外市场，还能提升其国际竞争力和影响力。

1. 跨国合作

金融科技企业与国际金融机构的合作日益紧密。例如，蚂蚁金服与全球多家银行和支付机构建立了合作关系，共同推动跨境支付和普惠金融的发展。这种合作不仅拓宽了蚂蚁金服的业务范围和服务领域，还提升了其在全球金融市场的地位。

2. 国际监管合作

随着金融科技的全球化发展，国际监管合作也变得越来越重要。各国监管机构通过加强合作与交流，共同制定金融科技监管标准和规则，为金融科技的全球化发展提供了有力保障。这种合作有助于金融科技企业更好地适应不同国家和地区的监管要求，降低合规风险。

四、推动客户需求与消费升级

金融科技在全球化背景下对客户需求与消费升级的推动作用，正日益成为推动全球金融市场繁荣与发展的重要力量。这一过程不仅重塑了金融服务的形态，还深刻影响了消费者的金融行为和生活方式。

1. 金融科技推动客户需求个性化与多样化

在全球化进程中，金融科技通过大数据、人工智能等技术的应用，实现了对消费者需求的精准洞察和个性化服务。例如，智能投顾平台利用算法分析客户的财务状况、风险偏好和投资目标，为客户量身定制投资组合建议。这种个性化的投资服务不仅满足了客户对资产增值的需求，还提升了客户的投资体验和满意度。同时，金融科技还推动了金融产品的多样化，如 P2P 借贷、众筹等新兴金融业态的兴起，为客户提供了更多元化的融资渠道和投资选择。

2. 移动支付与在线化服务促进消费升级

随着智能手机的普及和移动互联网的发展，移动支付已成为全球消费者日常生活中不可或缺的一部分。以支付宝和微信支付为例，它们不仅在中国市场占据主导地位，还积极拓展海外市场，为全球消费者提供了便捷、高效的支付体验。移动支付不仅简化了支付流程，还促进了线上消费和跨境购物的普及。消费者可以随时随地通过手机完成购物、转账、缴费等操作，极大地方便了生活并推动了消费升级。此外，金融科技还推动了在线金融服务的普及，如网上银行、移动银行等，使客户能够随时随地享受金融服务，进一步提升了金融服务的可获得性和便利性。

五、促进金融科技出海与国际化发展

在国内市场竞争日趋激烈的情况下，金融科技出海已成为许多企业的重要战略选择。金融科技以其独特的创新能力和全球视野，正逐步在全球范围内塑造新的金融格局。出海拓展不仅有助于金融科技企业寻找新的增长点和发展空间，还能提升其国际影响力和竞争力。同时，通过与国际同行的交流与合作，金融科技企业可以借鉴国际先进的管理经验和业务模式，提升自身的国际化水平。

1. 促进金融服务全球化普及

金融科技出海的首要作用是推动了金融服务的全球化普及。传统金融体系往往受限于地域、文化、法律等因素，难以在全球范围内实现高效、便捷的服务。而金融科技企业通过技术创新和模式创新，打破了这些壁垒，将先进的金融产品和服务带到世界各地。例如，中国的支付巨头支付宝和微信支付，通过与国际商家和金融机构的合作，成功将移动支付服务扩展到海外市场，为海外消费者提供了与中国本土相同的便捷支付体验。这种全球化普及不仅提升了当地金融服务的水平，还促进了跨境贸易和人员往来的便利化。

2. 拓展市场与品牌国际化

金融科技出海与国际化发展还为企业提供了广阔的市场拓展空间和品牌国际化机遇。通过出海，金融科技企业可以接触到更多的潜在客户和合作伙伴，拓展新的业务领域和市场空间。同时，随着企业在国际市场上的不断深耕和布局，其品牌影响力也会逐渐提升，实现品牌国际化。例如，中国的金融科技独角兽企业——陆金所，通过在新加坡、美国等地设立分支机构，成功将业务拓展至全球市场，并树立了良好的品牌形象和口碑。这种市场拓展和品牌国际化不仅为企业带来了更多的商业机会和利润增长点，还提升了企业的国际竞争力和影响力。

3. 促进经济全球化与金融稳定

金融科技出海与国际化发展还促进了经济全球化和金融稳定。随着金融科技的全球化普及和应用，各国之间的经济联系与合作日益紧密，促进了贸易、投资等经济活动的全球化发展。同时，金融科技的应用还提高了金融体系的效率和稳定性，降低了金融风险和不确定性。例如，区块链技术通过去中心化、不可篡改等特性，为跨境支付、供应链金融等领域提供了更加安全、高效的解决方案；人工智能技术的应用则提升了金融风控和反欺诈能力，保障了金融市场的稳定运行。这些技术的应用不仅促进了金融行业的健康发展，还为全球经济的稳定和繁荣提供了有力支持。

• 思考题 •

1. 你认为推动金融科技创新的主要动力有哪些？

2. 我国金融科技发展的主要趋势有哪些？

3. 在云计算、人工智能等技术的支撑下，金融科技发展对金融行业的影响有哪些？

4. 如何解决金融科技面临的合规挑战？

5. 金融科技"出海"应该注意哪些方面的问题？

【即测即练题】

自测自练

扫描此码

参 考 文 献

[1]   ASHERALIEVA A, NIYATO D. Learning-Based Mobile Edge Computing Resource Management to Support Public Blockchain Networks[J]. IEEE Transactions on Mobile Computing, 2021, 20(3): 1092-1109.

[2]   BAHDANAU D, CHO K, BENGIO Y. Neural Machine Translation by Jointly Learning to Align and Translate[C/L]. [2024-08-20]. https://arxiv.org/pdf/1409.0409.0473v6.

[3]   BLEI D M, NG A Y, JORDAN M I. Latent Dirichlet Allocation[J]. Journal of Machine Learning Research, 2003(3): 993-1022.

[4]   CRAJA P, KIM A, LESSMANN S. Deep Learning for Detecting Financial Statement Fraud[J]. Decision Support Systems, 2020(139): 113421.

[5]   DEVLIN J, CHANG M-W, LEE K, et al. BERT: Pre-training of Deep Bidirectional Transformers for Language Understanding[J]. [2024-08-20]. https://arxiv.org/pdf/1810.04805.

[6]   DONOVAN J, JENNINGS JN, KOHARKI K, et al. Measuring Credit Risk Using Qualitative Disclosure[J]. Review of Accounting Studies, 2021, 26(2): 815-863.

[7]   DU JARDIN P. Dynamic Self-Organizing Feature Map-Based Models Applied to Bankruptcy Prediction[J]. Decision Support Systems, 2021(147): 113576.

[8]   DU X D, LI W, RUAN S M, et al. CUS-Heterogeneous Ensemble-Based Financial Distress Prediction for Imbalanced Dataset with Ensemble Feature Selection[J]. Applied Soft Computing, 2020, 97: 106758.

[9]   DYER T, LANG M, STICE-LAWRENCE L. The Evolution of 10-K Textual Disclosure: Evidence from Latent Dirichlet Allocation[J]. Journal of Accounting and Economics, 2017, 64(2-3): 221-245.

[10] HAJEK P, HENRIQUES R. Mining Corporate Annual Reports for Intelligent Detection of Financial Statement Fraud – A Comparative Study of Machine Learning Methods[J]. Knowledge-Based Systems, 2017(128): 139-152.

[11] HORNIK K. Approximation Capabilities of Multilayer Feedforward Networks[J]. Neural Networks, 1991, 4(2): 251-257.

[12] NAM R J. Open Banking and Customer Data Sharing: Implications for FinTech Lending. https://papers.ssrn.com/sol3/papers.cfm?abstract_id=4278803.

[13] LO K, RAMOS F, ROGO R. Earnings Management and Annual Report Readability[J]. Journal of Accounting and Economics, 2017, 63(1): 1-25.

[14] LOUGHRAN T, MCDONALD B. Measuring Readability in Financial Disclosures[J]. The Journal of Finance, 2014, 69(4): 1643-1671.

[15] MICALI S, RABIN M, VADHAN S. Verifiable Random Functions[C]//40th Annual Symposium on Foundations of Computer Science, 1999.New York:IEEE,1999.

[16] MIKOLOV T, SUTSKEVER I, CHEN K, et al. Distributed Representations of Words and Phrases and Their Compositionality[C]//Proceedings of the 26th International Conference on Neural Information Processing Systems-Volume 2. New York: Curran Associates Inc., 2013.

[17] VASWANI A, SHAZEER N, PARMAR N, et al. Attention is All You Need[C]. Advances in Neural Information Processing Systems 30, Morgan Kaufmann Publishers, 2017.

[18] ZHENG Z, XIE S, DAI H-N, et al. Blockchain Challenges and Opportunities: A Survey[J]. Web Grid Services, 2018, 14 (4): 352-375.

[19] 巴曙松，侯畅，唐时达．大数据风控的现状、问题及优化路径 [J]．金融理论与实践，2016（2）：23-26.

[20] 曹衷阳，王重润．金融科技概论 [M]．北京：机械工业出版社，2022.

[21] 陈红松．云计算与物联网信息融合 [M]．北京：清华大学出版社，2017.

[22] 陈伟伟．云计算 [M]．天津：天津科学技术出版社，2012.

[23] 苟小菊．金融科技概论 [M]．北京：中国人民大学出版社，2021.

[24] 过敏意．云计算原理与实践 [M]．北京：机械工业出版社，2017.

[25] 何平平，车云月．互联网金融 [M]．北京：清华大学出版社，2017.

[26] 胡娟．第三方支付技术与监管 [M]．北京：北京邮电大学出版社，2016.

[27] 华为区块链技术开发团队．区块链技术及应用 [M]．2 版．北京：清华大学出版社，2021.

[28] 黄达．金融学 [M]．精编版．北京：中国人民大学出版社，2009.

[29] 黄卓，王海明，沈艳，等．金融科技的中国时代：数字金融 12 讲 [M]．北京：中国人民大学出版社，2017.

[30] 姜富伟，孟令超，唐国豪．媒体文本情绪与股票回报预测 [J]．经济学（季刊）．2021，21（4）：1323-1344.

[31] 李成刚，贾鸿业，赵光辉，等．基于信息披露文本的上市公司信用风险预警——来自中文年报管理层讨论与分析的经验证据 [J]．中国管理科学，2021，31（2）：18-29.

[32] 林康平，王磊．云计算技术 [M]．北京：人民邮电出版社，2021.

[33] 林培光，周佳倩，温玉莲．SCONV：一种基于情感分析的金融市场趋势预测方法 [J]．计算机研究与发展，2020，57（8）：1769-1778.

[34] 陶皖．云计算与大数据 [M]．西安：西安电子科技大学出版社，2017.

[35] 魏松杰，吕伟龙，李莎莎．区块链公链应用的典型安全问题综述 [J]．软件学报，2022，33（1）：324-355.

[36] 徐恪，凌思通，李琦，等．基于区块链的网络安全体系结构与关键技术研究进展 [J]．计算机学报，2021，44（1）：55-83.

[37] 徐明星，田颖，李霁月．图说区块链 [M]．北京：中信出版社，2017.

[38] 徐忠，孙国峰，姚前．金融科技：发展趋势与监管 [M]．北京：中国金融出版社，2017.

[39] 杨则文，朱晓婷．区块链金融应用 [M]．北京：高等教育出版社，2022.

[40] 皮天雷，刘垚森，吴鸿燕．金融科技：内涵、逻辑与风险监管 [J]．财经科学，2018，（9）：16-25.

教师服务

感谢您选用清华大学出版社的教材！为了更好地服务教学，我们为授课教师提供本书的教学辅助资源，以及本学科重点教材信息。请您扫码获取。

>> 教辅获取

本书教辅资源，授课教师扫码获取

>> 样书赠送

财政与金融类重点教材，教师扫码获取样书

 清华大学出版社

E-mail: tupfuwu@163.com
电话：010-83470332 / 83470142
地址：北京市海淀区双清路学研大厦 B 座 509

网址：https://www.tup.com.cn/
传真：8610-83470107
邮编：100084